国家自然科学基金项目"基于多级 EVM 的大型建设项目多目标协同激励控制方法研究（71661026）"资助出版

内蒙古自然科学基金项目"基于 SRA 和 CC/BM 的大型建设项目控制方法优化研究（2019020519）"资助出版

建设项目控制模型与方法研究

吉格迪　长青/著

中国财经出版传媒集团

中国财政经济出版社

图书在版编目（CIP）数据

建设项目控制模型与方法研究／吉格迪，长青著. ——北京：中国财政经济出版社，2020.12
ISBN 978-7-5223-0276-8

Ⅰ.①建… Ⅱ.①吉… ②长… Ⅲ.①工程管理-研究 Ⅳ.①F40

中国版本图书馆 CIP 数据核字（2020）第 266324 号

责任编辑：闫 娟 庄 莉　　　责任校对：胡永立
封面设计：孙俪铭　　　　　　　责任印制：刘春年

建设项目控制模型与方法研究
JianShe XiangMu KongZhi MoXing Yu FangFa YanJiu

中国财政经济出版社 出版

URL：http：//www.cfeph.cn
E-mail：cfeph@cfeph.cn

（版权所有　翻印必究）

社址：北京市海淀区阜成路甲 28 号　邮政编码：100142
营销中心电话：010-88191522
天猫网店：中国财政经济出版社旗舰店
网址：https：//zgczjjcbs.tmall.com
北京财经印刷厂印刷　各地新华书店经销
成品尺寸：170mm×240mm　16 开　26 印张　402 000 字
2021 年 1 月第 1 版　　2021 年 1 月北京第 1 次印刷
定价：95.00 元
ISBN 978-7-5223-0276-8
（图书出现印装问题，本社负责调换，电话：010-88190548）
本社质量投诉电话：010-88190744
打击盗版举报热线：010-88191661　QQ：2242791300

前　言

　　项目控制是指在项目按事先制订的计划朝着最终目标挺进的过程中，由于前期工作的不确定性和实施过程中多种因素的干扰，项目的实施进展必然会偏离预期轨道，需要在各个项目控制时点上，通过表上作业将项目实际执行数据与原计划（或既定目标）进行比较，一旦发现偏差，就围绕计划采取措施进行纠偏，尽可能将项目执行状态纠正回到原计划上去，如果无法实现完全纠偏，则需要修改原计划，这是一个在项目执行过程中不断迭代的过程。可以把所有围绕项目计划进行纠偏的工作，都视为是一种控制行为。这个过程具有人力操作工作量大、信息传递周期长、协调困难等特点，这些特点往往会导致项目控制效率低下，很多好的项目控制方法得不到有效实施，这也成为了国内外多数建设项目在完成交付时，都会与初始计划存在或大或小差异的重要原因之一。

　　王众托教授早在2000年发表在《管理科学学报》上的一篇题为"信息化与管理变革"的文章中就指出：信息作为一种重要的资源，它的获取、传递、处理与有效利用成为重要的任务，要克服重视信息设施建设而忽视信息资源建设，应采用信息管理的新思想和新工具。这篇极具前瞻性的论文对最近二十年的建设项目管理与信息化发展有着精准的预测与指导意义。信息资源被经济学纳入"资源"范畴以来，已经进入"知识管理阶段"，强调重视与人交流，重视学习，重视知识资产，竞争优势与创新，同时将结构化信息与非结构化信息和人们利用信息的规则联系起来，做到了对知识的更好利用。在建设项目管理领域，建筑信息模型（Building Information Modeling，BIM）等一批先进项目管理系统的发展与应用，以及企业对"数据资产""知识挖掘"的日益重视，大大提升了项目执行数据的收集效率，项目执行状态识别的精准程度和项目控制的决策支持能力，为建设项目控制理论与方法在项目管理实践中的有效实施创造了条件。

作者在2006年获得资助的国家自然科学基金项目"工程项目基建绩效评价模型方法与技术实现的研究（70662001）"中，主要围绕项目集成控制方法（挣值管理，EVM）开展了一些研究。在研究中发现，包括关键路径法、关键链技术、项目集成控制方法等在内的项目控制方法，都更侧重于"事前计划"和"事中评价"，对于出现偏差后该如何去纠偏的"事后控制"，在方法上的延续性研究较为弱化。

面对上述问题，作者对建设项目控制相关模型与方法开展了多年的持续性研究，并在国家自然科学基金项目"基于多级EVM的大型建设项目多目标协同激励控制方法研究（71661026）"和内蒙古自然科学基金项目"基于SRA和CC/BM的大型建设项目控制方法优化研究（2019020519）"资助下，完成了本书的编写工作。本书共分为五篇：第一篇，项目控制时点选择与关键链计算模型（1—6章），第二篇，建设项目多要素协同激励控制模型（7—12章），第三篇，项目成本/进度集成控制模型（12—17章），第四篇，建设项目延误下业主与承包商最优策略选择模型（18—24章），第五篇，建设项目利益相关者关系分析与治理模型（25—30章）。本书内容紧扣建设项目控制理论与方法，每篇的研究内容相对独立，吉格迪作为主要执笔人完成全稿撰写，长青作为课题的主要参研人对书稿的结构和内容进行了全面梳理。同时，虽然每篇对研究所涉及的相关基础理论知识都有所介绍，但由于篇幅所限，并未全面、详尽地展开，需要读者在必要时自行查阅相关理论知识内容。

由于研究内容不够聚集和深入，兼之作者学识有限，导致本书内容的系统性和研究深度稍显不足。书中所提出的见解多为对项目管理理论的探索性研究和实践，疏漏和不足之处欢迎相关专家和同行多多提出宝贵意见，由于开放性学术研究无一不是在不断地提出理论假设、探索、证实（或证伪）的迭代过程中发展和成熟起来的。本书内容作为个人观点，希望可以为后续相关研究与实践提供一些参考。总之，能为项目管理理论与学科发展尽一份绵薄之力，是笔者一直以来的心愿和编著本书的初衷！

吉格迪
2020年9月

目　录

第一篇　项目控制时点选择与关键链计算模型

1 研究概述 …………………………………………………………… (3)
　1.1 研究背景 ……………………………………………………… (3)
　1.2 研究意义 ……………………………………………………… (4)
　1.3 国内外研究现状 ……………………………………………… (5)
　1.4 研究内容 ……………………………………………………… (7)
2 相关理论介绍 ……………………………………………………… (9)
　2.1 项目计划/控制相关理论 ……………………………………… (9)
　2.2 关键链缓冲区相关理论研究 ………………………………… (13)
　2.3 进度风险分析相关理论 ……………………………………… (18)
3 项目监控时点选择 ………………………………………………… (21)
　3.1 问题描述 ……………………………………………………… (21)
　3.2 项目监控时点选择策略 ……………………………………… (22)
　3.3 对比分析 ……………………………………………………… (28)
4 项目关键链缓冲区计算及控制模型 ……………………………… (33)
　4.1 项目缓冲设置方法改进 ……………………………………… (33)
　4.2 项目缓冲监控策略 …………………………………………… (37)
　4.3 面向缓冲区控制计划的项目管理者精力分配 ……………… (42)
5 案例分析 …………………………………………………………… (44)
　5.1 案例介绍 ……………………………………………………… (44)
　5.2 监控时点选择策略 …………………………………………… (47)
　5.3 项目缓冲设置 ………………………………………………… (50)
　5.4 面向缓冲区控制计划的管理者精力计算 …………………… (53)

6　本篇研究结论 …………………………………………………… (58)

第二篇　建设项目多要素协同激励控制模型

7　研究概述 ………………………………………………………… (63)
　　7.1　研究背景及意义 ………………………………………… (63)
　　7.2　国内外研究现状 ………………………………………… (66)
　　7.3　研究内容 ………………………………………………… (70)
8　相关理论介绍 …………………………………………………… (72)
　　8.1　激励机制相关理论 ……………………………………… (72)
　　8.2　委托代理相关理论 ……………………………………… (74)
　　8.3　显性激励及隐性激励理论 ……………………………… (77)
　　8.4　声誉理论 ………………………………………………… (77)
9　基于委托代理的多要素协同激励控制模型 …………………… (79)
　　9.1　模型的前提假设 ………………………………………… (79)
　　9.2　传统双要素模型 ………………………………………… (80)
　　9.3　多要素情况下的激励模型 ……………………………… (84)
10　引入双重声誉的多要素协同激励控制模型 ………………… (93)
　　10.1　传统模型介绍 ………………………………………… (93)
　　10.2　考虑双重声誉的多要素协同激励控制模型 ………… (97)
　　10.3　模型比较分析 ………………………………………… (103)
11　算例分析和数据模拟 ………………………………………… (106)
　　11.1　算例描述 ……………………………………………… (106)
　　11.2　多要素协同激励模型模拟分析 ……………………… (107)
　　11.3　考虑双重声誉的多要素协同激励控制模型模拟分析 … (110)
12　本篇研究结论 ………………………………………………… (118)

第三篇　项目成本/进度集成控制模型

13　研究概述 ……………………………………………………… (124)
　　13.1　研究背景 ……………………………………………… (124)

13.2　国内外研究现状 ……………………………………………（125）
　　13.3　研究内容 ……………………………………………………（128）
14　相关理论介绍 …………………………………………………（130）
　　14.1　工程建设项目相关理论研究 ………………………………（130）
　　14.2　挣值法相关理论 ……………………………………………（131）
　　14.3　卡尔曼滤波法相关研究 ……………………………………（144）
15　基于EVM的项目范围管理 ……………………………………（152）
　　15.1　项目范围管理 ………………………………………………（152）
　　15.2　挣值范围管理责任矩阵 ……………………………………（155）
16　基于EVM的趋势预测模型 ……………………………………（159）
　　16.1　模型构建 ……………………………………………………（161）
　　16.2　传统挣值管理趋势预测算例 ………………………………（169）
　　16.3　多级挣值管理趋势预测算例 ………………………………（174）
　　16.4　研究总结 ……………………………………………………（182）
17　基于EVM的激励引导模型 ……………………………………（184）
　　17.1　挣值激励引导模型概述 ……………………………………（185）
　　17.2　建立挣值管理激励模型 ……………………………………（186）
　　17.3　激励引导模型的实施建议 …………………………………（194）
　　17.4　算例研究 ……………………………………………………（195）

第四篇　建设项目延误下业主与承包商最优策略选择模型

18　研究概述 ………………………………………………………（209）
　　18.1　研究背景 ……………………………………………………（209）
　　18.2　研究意义 ……………………………………………………（210）
　　18.3　国内外研究现状 ……………………………………………（211）
　　18.4　研究内容 ……………………………………………………（216）
19　相关理论介绍 …………………………………………………（217）
　　19.1　工程延误相关理论 …………………………………………（217）
　　19.2　博弈理论 ……………………………………………………（220）
20　工程延误现状调研及延误处理分析 …………………………（224）

- 20.1 我国大型工程项目延误现状调查 ……………………………… (224)
- 20.2 工程延误处理 ………………………………………………… (229)

21 承包商导致延误时的博弈建模 ……………………………………… (233)
- 21.1 博弈模型构建 ………………………………………………… (233)
- 21.2 双方策略选择的效用函数 …………………………………… (237)
- 21.3 补偿系数确定时双方最优策略选择 ………………………… (240)
- 21.4 补偿系数为变量时双方最优策略选择 ……………………… (245)
- 21.5 最优策略选择条件总结 ……………………………………… (248)

22 业主导致工程延误时双方博弈建模 ……………………………… (249)
- 22.1 业主与承包商的博弈模型构建 ……………………………… (249)
- 22.2 双方各种策略选择的效用函数 ……………………………… (252)
- 22.3 补偿系数确定时双方最优策略选择 ………………………… (254)
- 22.4 补偿系数为变量时双方最优策略选择 ……………………… (260)
- 22.5 最优策略选择条件汇总 ……………………………………… (263)

23 算例分析 ……………………………………………………………… (264)
- 23.1 算例简介 ……………………………………………………… (264)
- 23.2 承包商原因导致延误时最优策略选择 ……………………… (265)
- 23.3 业主原因导致延误时最优策略选择 ………………………… (271)
- 23.4 实证建议 ……………………………………………………… (276)

24 本篇研究结论 ………………………………………………………… (279)

第五篇 建设项目利益相关者关系分析与治理模型

25 研究概述 ……………………………………………………………… (283)
- 25.1 研究背景及意义 ……………………………………………… (283)
- 25.2 国内外研究现状 ……………………………………………… (285)
- 25.3 研究内容 ……………………………………………………… (288)

26 相关理论介绍 ………………………………………………………… (289)
- 26.1 利益相关者关系治理理论 …………………………………… (289)
- 26.2 社会网络理论 ………………………………………………… (293)
- 26.3 本章小结 ……………………………………………………… (299)

27 热电项目利益相关者社会网络模型构建 …………………………（300）
    27.1 热电项目利益相关者社会网络模型的假设 …………………（300）
    27.2 热电项目社会网络模型的要素 …………………………………（301）
    27.3 数据获取 …………………………………………………………（312）
    27.4 热电项目社会网络模型关系矩阵 ………………………………（313）
    27.5 本章小结 …………………………………………………………（314）

28 热电项目利益相关者社会网络模型的分析 ……………………（315）
    28.1 利益相关者社会网络模型的形成与分布 ……………………（315）
    28.2 利益相关者社会网络结构属性分析 …………………………（317）
    28.3 利益相关者社会网络子群分析 ………………………………（320）
    28.4 利益相关者社会网络核心—边缘结构分析 …………………（322）
    28.5 模型分析—治理流程 …………………………………………（323）
    28.6 利益相关者关系治理建议 ……………………………………（325）
    28.7 本章小结 ………………………………………………………（327）

29 案例分析 …………………………………………………………（328）
    29.1 案例背景 ………………………………………………………（328）
    29.2 数据收集 ………………………………………………………（330）
    29.3 利益相关者社会网络模型的构建 ……………………………（331）
    29.4 利益相关者社会网络模型分析 ………………………………（332）
    29.5 分析结论 ………………………………………………………（348）
    29.6 利益相关者关系治理对策 ……………………………………（349）

30 本篇研究结论 ……………………………………………………（351）

第一篇附录 A　部分 LINGO 求解程序及结果 …………………（353）

第一篇附录 B　部分项目模拟结果数据 …………………………（364）

第二篇附录　MATLAB 部分运行程序 ……………………………（367）

第三篇附录　房地产建设项目挣值指标数据 ……………………（373）

第四篇附录　工程延误现状调查问卷 ……………………………（378）

参考文献 ……………………………………………………………（381）

后记 …………………………………………………………………（403）

项目控制时点选择与关键链计算模型

随着我国经济社会的不断发展,越来越多的工程项目趋向于大型、复杂化。大型工程建设项目由于周期长、较复杂、不可控因素较多等特点,导致实际施工在预定计划表和预期预算内未完工的现象屡屡发生。其中缺乏涵盖定性和定量指标的综合项目计划、控制技术是导致大型工程建设项目不能按时完工的主要原因之一。本篇通过研究项目计划/控制中存在的问题,通过引入进度风险分析技术(SRA)和关键链缓冲区(CM/BM)方法对大型建设工程项目计划/控制过程进行改进研究,以提高大型工程建设项目的完工率和稳定性。

(1)传统项目管理下以里程碑、均匀时点等为监控时点对项目执行绩效进行评价,该监控方法未考虑项目实际情况。本研究拟在编制项目网络图基础上通过充分考虑工序的不确定性、工序对项目持续时间的影响以及项目网络特征三种因素,在项目控制时点选择策略中引入工序重要度(VES)指标,提出确定项目监控时点的三种策略,有效避免传统方法中设置线性监控时点带来的控制低效或误差情况，同时可以确定需要重点监控的时点以及管理者精力分配等，为项目管理者制订项目监控点提供科学量化的方法。

（2）传统项目管理以"S"形曲线为控制基准，项目实际执行过程中偏离"S"形曲线是一种常态，在项目偏离"S"形曲线时进行控制与否缺乏理论依据和方法支持。本篇将关键链缓冲区技术以及行为组织学等思想引入项目管理中，在缓冲区设置时综合考虑工序的不确定性、工序对项目持续时间的影响、项目网络特征、资源紧张度、管理者风险偏好五个方面的指标，提出的缓冲区大小计算方法与传统缓冲区方法比较更加贴合项目实际，同时缩短了工期，降低了延误率。

（3）项目实际执行阶段需要根据项目执行绩效以及项目实际情况不断地动态调整，通过将 CC/BM 和 SRA 结合，提出缓冲区监控策略以及项目发生延误后管理者精力的分配方法以提高项目完工率和稳定性。研究提供三种控制策略，方法不仅能改善理论在实际应用中表现出的缺陷，还可直接为具体建设项目在管理和控制上提供方法指导和技术支持，为发展项目管理知识体系提供理论和方法支持，具有较好的理论价值与实际意义。

本篇针对以上问题进行研究，并通过蒙特卡洛模拟验证研究的有效性，为大型工程建设项目计划/控制过程研究提供新思路及方法。

1 研究概述

1.1 研究背景

随着大型工程建设领域的不断发展，建筑业已经成为我国国民经济发展的重要支柱之一，是我国 GDP 的重要组成部分。大型工程建设项目具有如下特点：(1) 投资数量大，施工周期长，经济风险巨大；(2) 项目具有明确的资源、工期、质量需求，对管理者管理水平要求高，实施难度大；(3) 能够带动经济和社会的发展，有着重要的战略地位；(4) 具有永久性，一旦项目开始动工，具有不可逆转性；(5) 效益变动性大。如果在大型建设项目实施过程中出现了工期、质量和成本上的问题，势必会给国民经济和企业带来巨大的、不可挽回的损失。项目管理计划/控制技术作为保障项目完工的主要技术手段有着重要的作用。通常大型工程建设项目在开工前要制订项目计划，包括绘制项目的网络图、进行资源等的准备、确定项目进展的"S"形曲线并对项目何时进行监控进行计划。因为项目周期长、资源消耗大、内部环境复杂、外部联系众多等特征，随着项目的不断进展，项目环境的变化以及天气、资源等因素的影响，项目初始计划不能适用，需要根据项目的实际情况动态地调整计划以及对项目进行管理控制。

在大型工程项目管理日益复杂和环境不确定性日益增强的今天，如何科学地制订项目计划并确定项目控制步骤对项目顺利完工有着重要的意义。结合关键链缓冲区管理方法以及进度风险分析法等较为全面地考虑项目工序的不确定性及项目特征，获得的缓冲区间和动态控制管理可以有助于项目风险识别，更好支持项目决策。同时，传统的项目管理方法对于管理者在项目各控制时点上是否需要投入一样的精力以及在项目深入到 WBS 水平采取纠偏措施时，哪些活动应该得到更多的管理控制没有明确的定量分析方法。如果在控制活动上的资源和成本投入有限制时，计划控制时点如何设置才能实现对更多工序的有效控制没有深入研究。所以研究拟通过现代项目管理中被广泛应用的项目管理技术：关键链缓冲区（CC/BM）管理方法和进度风险分析方法（SRA）对项目计划和控制阶段进行改进研究。

1.2 研究意义

关键链缓冲区管理方法（CC/BM）是通过同时考虑项目工序的逻辑关系以及资源约束进行关键链的识别，将位于关键链路上的工序的安全时间统一置于链路尾端形成项目缓冲 PB（Project Buffer），在非关键链路与关键链路汇入处插入接驳缓冲 FB（Feeding Buffer）以缓冲非关键链路对关键链路的影响，另外设置了资源缓冲 RB（Resource Buffer）以保证资源的及时供应。CC/BM 克服了由于学生综合征、帕金森定律、多任务影响等造成的安全时间的浪费，将抽取的时间集中进行监控分配不仅可以吸收项目执行过程中的不确定性还能降低项目的系统风险，保证了项目完工概率还能缩短工期，最大限度地发挥了人的能动性，有效地控制项目进度，提高了施工效率。进度风险分析方法（Schedule Risk Analysis，SRA）是 Hulett 于 1996 年提出的，该方法通过识别项目中高敏感度（对项目进展的影响较大）的活动进行管理和控制从而使项目能够顺利进行。通过学者们的不断研究形成了衡量活动敏感性的四种基础指标：关键度指数（CI）、重要性指数（SI）、相关性指数（CRI）、进度敏感性指数（SSI），使用这些指标便于项目管理者对项目工序进行监控。在此研究基础上，Madadi M 充分考虑工序的不确定性、工序对项目持续时间的影响以及项目网络特征三种因素，提出了进度风险分析改进指标工序重要度（VES）指标，较全面地评估项目工序的重要程度，为管理者在项目执行控制中提供一些有效的定量方法。

结合上述两种方法的优势，此处研究项目控制过程中的三个问题：项目监控时点的确定、缓冲区大小的设置以及缓冲监控中管理者精力分配方法，为项目管理者提供一种以提高项目的按时完工率为目标的项目控制方法。

1.3 国内外研究现状

1.3.1 国外研究现状

在项目监控时点的确定上，Turner（1993）提出控制时点应考虑灵活性、成本效益、有用性、及时性、准确性、操作的简单性等原则，但并未给出具体方法。Cleland（1988）建议设计项目的季度和每周绩效目标，并在重大里程碑处控制绩效目标。Partovi（1993）针对五种控制时间策略的有效性进行了模拟研究，模拟发现在项目的后期进行控制更为有效。De Falco（1998）提出了基于努力函数的确定控制点时间定量模型，定义该函数为在每个时间间隔内活动的总活动数量以及总松弛时间的非线性函数。Raz（2000）提出一个基于最大化控制点产生的信息量来确定项目控制点的最佳时间框架，将信息量描述为自上次控制点以来活动强度的函数，文献中控制的数量是固定的。Tareghian（2009）使用模拟优化寻找控制点的最佳数量及其时间，利用电磁理论加快模拟过程，并最大限度地降低运行成本，结论认为控制点的数量有一个上界，但是文章提出的方法无法很好地量化。Sabeghi N（2015）提出使用设施选址模型（FLM）的适应版本来寻找项目控制的最优时点，通过仿真模型来预测项目可能发生的中断情况并不断更新调整以确定项目全部的控制时点。

在缓冲区设置上，CC/BM方法中缓冲区大小计算有两种基本方法，分别是由Goldtatt（1997）提出的"剪切—粘贴法"，即把项目工序估计时间的一半作为项目缓冲，以及由Newbold（1998）提出的"根方差法"，即根据中心极限定理将切掉时间的根方差作为项目缓冲区。"剪切—粘贴法"将工序估计的一半时间作为缓冲太过主观，在实际的项目实践中的指导意义不大，同时，"根方差法"的使用条件是假设活动持续时间相互独立，但实际上项目活动的持续时间并不完全独立。为了改进上述不足，国内外学者通过识别影响活动相互独立的因素，并基于项目的不同属性特征，对根方差法确定的缓冲大小进行了调整。Tukel（2006）分别基于资源紧张度和网络复杂度提出了缓冲大小的两种计算方法：资源紧度求解和网络复杂度求解。Zhang（2016）综合考虑了资源的工作效率、成本及搭接关系等全面反映了项目工序信息。

缓冲区监控指的是项目管理者通过项目执行中缓冲区的消耗情况对项目进展状况实现判断，从而为保证项目的按时完工做出相应的决策。对缓冲区进行监控的方法最初是Goldtatt（1997）提出的静态三区域法，缓冲区被分为"绿色-黄色-红色"三个区域，根据项目缓冲区的使用情况对项目做出是否进行控制和管理的决策。Leach（2014）提出了一种相对缓冲区管理办法（RBMA），是在项目监控过程中设置缓冲触发点（绿色到黄色区域以及黄色到红色区域），这种设置更符合项目进展的实际情况，同时也能够减少错误的警告信号带来的管理活动浪费。Hu（2015）等提出了基于CC/BM的进度计划监测流程，该流程能够评估基于碰撞成本的项目成功可能性，并且确定采取加快哪项活动更具有高效益。Zhang（2015）等基于灰色预测软件建立了项目缓冲偏差监测和控制模型。Colin（2015）等将挣值管理/赢得时间表法（EVM/ES）与CC/BM结合，提出了具有多控制点的新项目控制方法，减少了项目管理者的工作量。

1.3.2 国内研究现状

在项目监控时点的确定上，近年来国内研究较少，张立辉等（2013）在重复性项目中，通过延迟阶跃函数拟合项目中各种类型工序来确定控制路线，提出了契合工程实际情况且灵活的控制方法。目前常用的控制时点选择方法有：里程碑法、定期控制（等距控制）、随机控制（突击检查）。里程碑控制常常根据经验判断，停留在形象进度节点选择上（如地基完成，工程封顶等）；定期控制的控制时点往往定在项目的执行报告期

(周、月等),当项目建设期较长时,项目执行数据偏离计划"S曲线"的情况会经常出现,控制活动也会随之频繁出现;随机控制的控制时点选择遵循随机性原则,但这种选择方式并未考虑项目执行风险和工序重要性信息。国内对项目监控时点的确定大多依靠项目经理经验,或者采用定期汇报等方式,并没有合理的定量方法用于确定项目监控时点。

在缓冲区设置方面,蔡晨(2003)和单汨源(2006)分别提出了活动弹性系数、位置权数,弹性系数可以用于吸收项目的不确定因素,但权数的影响因素并没有严格指出。褚春超(2008)在Tukel的研究基础上引入了管理者风险偏好因素,将人的主观因素纳入缓冲区中,使缓冲区设置更为合理,但没有解决延迟传递的问题,基于此,杨立熙提出将开工柔韧度加入缓冲区设置中以消除传递的效应。林晶晶(2010)和喻小光(2010)在缓冲区大小设置中考虑了资源的可替代性和资源柔性,施骞综合考虑了资源紧张度、网络复杂度和风险偏好等。

在缓冲监控方面,别黎(2010)在Leach的研究基础上提出动态监控缓冲区方法,根据项目实施的动态环境,计算缓冲区的大小以及调整控制触发点,进一步,别黎(2014)提出了基于活动敏感性信息的关键链动态缓冲监控方法。张俊光(2018)提出一种实时滚动的动态缓冲监控方法,可根据项目实际进展情况,将各监控点的缓冲监控剩余量,按照活动风险权重因子进行实时滚动和再分配,用于监控的缓冲量和监控基准点进行实时动态调整。近年来,国内对缓冲监控的研究较多,但在管理者在对项目实施状态信息收集掌握之后,该如何分配资源和精力来实施控制,以使项目能够按时完工,这方面的研究开展较少,本篇在这个问题上开展了一些相关探索和研究。

1.4 研究内容

本篇通过对项目监控时点的确定、缓冲区大小的设置以及缓冲监控和管理者精力分配的研究,提出了项目计划和控制阶段的综合控制方法。主要内容如下。

（1）研究概述。主要阐述了论文的研究背景及意义、国内外研究现状、研究方法以及论文的创新点。

（2）相关理论介绍。主要介绍项目计划/控制理论、关键链缓冲区理论以及进度风险分析理论，对理论中存在的问题进行了阐述并提出文章的思路及方法。

（3）项目监控时点选择。是对项目计划中监控时点的选择进行研究，通过综合考虑项目工序风险、工序对项目的影响以及工序在项目中的"地位"三方面，根据不同项目的实际情况制定了三种不同策略用来确定项目监控时点。

（4）项目关键链缓冲区计算及控制模型。首先基于进度风险分析技术研究关键链缓冲区的计算方法，将工序重要度引入项目缓冲区的大小计算中，其次对项目控制提出三种策略，同时有效地进行管理者精力的分配。

（5）案例分析。利用两个案例，对提出的项目计划/控制模型和传统方法进行对比研究，验证方法的有效性。

（6）研究结论。总结文中所提模型对项目计划/控制中存在的问题的解决程度，同时分析模型方法存在的不足，对未来的研究方向提出对策和建议。

2 相关理论介绍

项目计划和控制工作对项目能否顺利完成起着决定性的作用,一个好的项目计划可以为项目综合考虑资源、进度以及各种不可控因素,在项目施工前应尽可能全面地把项目所有可能发生和预见的事件考虑到,这样能够尽量保证项目进展符合计划。项目控制是项目在具体实施中,项目管理者按照项目监控时点对项目的进展及绩效信息进行检查,检查执行是否偏离计划,如果偏离计划就要采取相应的纠偏措施,使项目尽可能恢复到计划上,如果项目原计划不再适应项目的具体环境,则需要根据实际重新制订项目计划。本章主要对项目计划/控制、关键链缓冲区以及进度风险分析三个方面进行相关理论梳理,为本篇后续章节提供理论支撑。

2.1 项目计划/控制相关理论

2.1.1 项目计划相关理论

项目管理的一项关键任务是制订项目计划,项目计划是任何项目的开端。项目通常都是按照制订好的项目计划实施,所以好的项目计划是项目成功的关键。通常项目计划包括几大步骤:分析项目组成活动、编制项目网络图、对项目活动时间与资源等进行估算、制订项目进度/成本等计划、确定项目的监控时点、确定项目每阶段的预期绩效等。上述组成部分之间相互影响和关联,且在具体项目实施过程中相互贯穿。

(1) 分析项目组成活动

分析项目组成活动即工作分解结构（WBS），是对项目按照实际进展需要的具体任务进行分解，每项任务再继续分解为具体的活动，直到落实到每一个工作人员的具体任务上。WBS 是进行后续活动的基础，人员、资金、设备等分配工作都是在 WBS 的基础上进行的。

(2) 编制项目网络图

项目管理者可以利用网络图对项目进度进行监控。网络图是在 WBS 的基础上，将最后一层活动之间的逻辑关系进行识别，确定各项活动的前后顺序、依赖关系，通过节点或者箭头将其进行关联，可以形成完整的项目网络图。制定好的项目网络图可以显示工序紧前、紧后关系，还能显示并行和交叉作业关系。

(3) 活动持续时间、资源等的估计

项目计划的制订不仅包括确定项目活动的安排，还需要对具体活动的时间、资金、设备等进行估计，以支撑项目顺利地执行。通常，项目工序的持续时间是根据以往的项目经验估算获得，每项工序会留有一定的安全时间余量。同时，在进行项目计划制订过程中还需要对各项目工序所需的资金、设备等进行分配，这项工作往往参照相关行业标准，结合项目自身情况开展。

(4) 制订项目计划

在编制项目网络图和项目资源计划工作的基础上，项目管理者可以制订具体的项目计划。根据项目工序间的逻辑关系、资源的需求情况、风险等因素，将项目工序的具体开始时间和持续时间在网络图中进行体现，其中最长的一条链路的持续时间就是项目的计划工期。另外，还需制订项目的资源计划，以满足项目活动的正常执行。一旦项目在执行过程中发生延误，或者由于资源、天气等不可控因素导致了停工，项目计划需要重新规划。所以，项目计划不是一成不变的，会随着项目的实际执行状况不断地修正。

(5) 确定项目的监控时点

项目根据前期制订好的计划开始实施后，项目管理者需要对其执行情况进行实时监督和控制，但是为了避免管理者精力的浪费以及最大限度地放权，管理者不可能时时刻刻都把精力投入监控工作中，这就需要在项目开工之前制订项目控制时点计划。目前国内外普遍采用的控制时点制订方式一般有两种，分别是定期控制（每月、每周等），或者里程碑控制（地基落成、封顶等），本篇将探讨如何采用定量方法选取项目监控时点的位置，将在第 3 章展开论述。

（6）确定项目预期绩效

这个阶段是项目计划的最后阶段，管理者根据已经制订好的计划确定项目预期的绩效水平，并建立激励或惩罚措施，在项目监控点处进行绩效水平的收集和评价，如果达到预期的绩效目标可以进行奖励，否则对施工方采取惩罚措施。绩效目标与制订的计划是协同一致的，同时也随着计划的改变不断修正。

2.1.2 项目控制相关理论

项目施工方按照制订的项目计划进行施工，管理人员在规定的工期内按照计划制定的绩效目标对项目执行过程进行检查，如果出现与计划产生偏差的现象，就需要找出原因并采取措施进行纠偏，或者不断地修正计划直到项目完工。每次进行的项目控制活动，一般需要在项目监控时点上进行如下程序：收集项目绩效信息、检查与制定措施、对上次纠偏的结果进行检查、总结与分析。每一次控制活动都为下一次打基础和制定依据，整个步骤类似于信息反馈闭合回路。管理者通过多次的项目监控和调整，不断提高项目绩效水平，并采取相应的措施，如赶工、追加资源、变更内容等，使项目进度尽可能恢复到原有网络计划上，直到项目完工为止。

在项目具体的控制管理中，管理者通过会借助一些管理工具或者方法进行管理控制，其中有一些代表性的工具和方法。

（1）甘特图

甘特图又叫横道图、条形图等，是将项目各活动间的时间关系以图示的方式形象地进行显示。这种方法是由 Gantt 于 1917 年开发的，方法直观易懂，且操作简单，对项目管理者统计项目资源、设备等以及检查和计算活动工期都有着很大的帮助。但是，甘特图只适合于中小型项目，方法对于复杂的大型项目来说，不能将项目中错综复杂的工序关系进行展示，而且该方法对于重新计划和调整网络来说有很大的不便。

(2) 关键路径法（CPM）和计划评审技术（PERT）

关键路径法（Critical Path Method，CPM）是 1957 年雷明顿 – 兰德公司（Remington – Rand）的 JE Kelly 和杜邦公司的 MR Walker 提出的，是一种用于提高工作效率的方法。计划评审技术（Project Evaluation and Review Technique，PERT）是 1958 年由美国国防部组织美国海军研究推出的项目管理方法，方法一经提出就被广泛地运用于项目管理实践中。此后美国军方又推出了同时考虑项目工期与成本的项目计划评审方法（PERT/Cost），对项目管理控制起到了很大的帮助。接下来，美国国防部于 1967 年推出（并几经改进，而且一直在使用）的由美国空军为主研究开发的"成本/工期控制系统规范"（Cost/Schedule Control Systems Criteria——C/SC-SC），更是一种项目管理控制的实际应用方法。

CPM 和 PERT 两种方法虽然在实际应用中存在侧重点不同，但是在原理上的思路是一致的，都是确定项目最长链路为项目的关键路径，并对其进行重点监控。两者之间的差异在于，在 CPM 方法中，项目工序的持续时间被约定为确定时间，而 PERT 方法中的项目工序时间是以经验概率方法估算获得的。两种方法虽然被广泛地应用在项目管理中，但是在实际的项目实践中存在以下缺点：（1）方法均有资源不冲突的假设前提，但项目实际执行过程中很容易由于资源冲突，导致项目工期的延误；（2）两种方法在确定关键路径时没有考虑纳入风险因素，而项目实际实施中天气、资源等不可控因素很多，这些风险很容易造成项目计划的不适应，给项目实施带来很多成本和工期的浪费；（3）两种方法都致力于关键路径的研究，但是其他工序发生延误会同样会大大增加项目的风险，项目非关键路径上的工序一旦发生延误，很有可能导致关键路径发生改变，使得项目管理者的控制重点不得不重新安排。

(3) 挣值管理（EVM）

挣值管理方法是继 CPM 和 PERT 方法之后，20 世纪 60 年代由美国国防部研究的集项目进度、成本、范围为一体，能够同时对项目进度和成本进行绩效监控的方法，其少有的集成管理方法一直得到了广泛的关注和应用。在项目管理中使用 EVM 方法可以实现两大功能：其一是通过识别在监控时点上的执行状况利用挣值指标对项目进行状态评价；其二是利用挣值管理法判断项目实际执行情况是否偏离计划同时使用挣值指标对项目完工趋势进行预测。其中挣值预测对项目管理者进行决策和控制有着重要的作用，项目管理者可以通过挣值预测的结果进行赶工或者增加资源、资金等。

EVM 方法虽然集成了进度、成本等，但是使用该方法存在以下问题：(1) EVM 侧重于项目的整体绩效水平，在深入到 WBS 进行纠偏时 EVM 并不能进行说明，而且项目整体绩效水平偏好并不代表项目真正的绩效水平，比如 A 工序超前 B 工序延误但是整体效果是好的，这样很容易造成评价的失准性；(2) EVM 对关键路径与非关键路径并不能进行区分，如果监控不当项目很容易发生重要延误，且由于项目风险的存在，项目原始制定的 PV 很难维持不变；(3) EVM 方法是对监控时点上的绩效水平的监测，对历史执行绩效无法进行综合的评价，且其预测功能也是基于当前绩效水平，导致预测和评价不符合项目实际，导致项目发生重大延误。

由于在本书后面的篇章要对挣值管理研究做专门描述，因此在这里对具体原理和过程不做详细介绍。

2.2 关键链缓冲区相关理论研究

2.2.1 约束理论介绍

Goldratt 于 20 世纪 80 年代中期提出将约束理论运用到项目管理中，其内涵主要体现在两个方面：(1) 任何工程项目都是一个大的系统，而任何系统都存在约束，没有约束的系统是理想的系统，现实生活中是不存在的。同时，任何影响或者制约项目进展的都能成为项目的约束，如资源、风险、天气等。将约束理论应用到项目管理中，是将妨碍项目按时完工的因素考虑到项目管理中，对项目按时完工有着重要的意义。(2) 有约束就意味着有提高和改进的地方，虽然约束降低了系统的效率，但如果将约束进行优化，则能够提高整个系统的效率，使项目的进展发生大的改善。

约束理论建立在人的行为学假设的前提下，具体包括：

（1）在项目计划编制时，计划编制人员往往希望项目能够按时完工，有较高的完工率，所以在估计每道工序的持续时间时，根据所需工作量等确定的时间都较长。假设项目工序的持续时间服从正态分布 $N(\mu,\sigma)$，则计划编制人员通常为了更高的完工保证率而选择较长的时间。但是，较高的保证率花费的时间是较低保证率时间的 2—3 倍，这样制订的项目持续时间会造成很大的浪费，随着项目的实际开展势必浪费项目资源。

（2）在项目实施阶段，由于传统项目计划编制都会为项目工序留有安全时间，在项目具体实施中，安全时间如果没有被合理利用就会造成浪费，具体有以下几种行为原因：

学生综合征。"学生综合征"是对人性的一种假设，该假设认为人们总是在任务要求完成的最后时刻才开始努力。例如，学生们总是不会在作业布置下的时候就开始完成，而是等到要求截止之前才开始努力。在项目实施过程中同样存在这样的现象，施工方在项目经理或者监理要求的完成日期截止之前才开始抓紧时间赶工，这样的现象通过会让之前制订的项目计划的安全时间被浪费。同时，工作效率的低下、突发情况等也可能导致项目无法按时完工。

帕金森综合征。帕金森综合征是对组织中人的行为做出的规律性总结：一个不称职的官员最后都会选择让比自己能力更低的人来当助手，这就会使组织从上至下形成一个越来越臃肿、效率低下的体系。同时，在项目这个体系中也会存在这样的规律，人们不会给自己安排多项任务，认为只管好自己的任务就好，所以在一定程度上没有利用自己的充裕时间，导致了项目整个系统的效率低下，安全时间被浪费的现象。

多任务现象。多任务现象是指项目在实施中，随着前期任务的延误，后边的任务会跟着延误，项目整体会造成越来越严重的延误。而如果有些项目工序提前完工，项目人员也不进行汇报，因为即使汇报，项目经理不但不会给予奖励，还会要求工作人员干更多的活，所以越来越多的任务虽然提前完工了，但管理者得不到信息，相反任务延误会被传递，导致项目整体效率低下。

2.2.2 关键链缓冲区思想

关键链项目管理是 Goldratt 将约束理论应用到项目管理中产生的，其目的是将分散的项目工序风险集中到一起进行综合管理。这样既能缩短项目工期还能更好地降低"学生综合征"等带来的项目风险。具体的关键链思想和方法如下：

（1）项目工序时间估计。在制订项目计划时不再为了满足项目完工率而增大项目工序的持续时间，而是以50%可能概率的完工持续时间作为项目工序的完工预测时间，最大限度地发挥项目人员缩短项目工期的能力。

（2）识别项目的约束条件。关键链缓冲区最核心的思想是运用约束理论，在项目计划制订时将项目所面临的资源、设备等约束同时考虑，制订出的项目计划不仅考虑了项目工序间的逻辑关系，还能将项目具体实施时面临的约束进行考量。

（3）确定项目关键链。关键链不同于关键路径，是综合考虑项目工序逻辑关系和约束条件下的项目工序链路中最长的链路，通过将关键链路上工序的安全时间统一管理并进行优化控制，以达到项目按时完工的目标。关键链利用了约束理论中的系统思想，将各工序的不确定性统一于关键链路的尾端，能够降低项目的风险。

（4）缓冲区的设置。在已经确定关键链的基础上，将三种缓冲区插入，即项目缓冲区（PB）、汇入缓冲区（FB）和资源缓冲区（RB），图2-1是三种缓冲区的示意图。

①项目缓冲区。在确定好的关键链尾端需要插入项目缓冲区，项目缓冲区是由关键链上每道工序的安全时间组成的。将各工序的安全时间利用起来插入关键链尾端，不仅能有效地提高效率，还能在项目工序出现延误的时候保证项目的继续进行，同时克服了因项目工作人员的懒惰等导致的项目时间的浪费。

②汇入缓冲区。项目计划阶段识别的项目关键链是项目最长链路，但在项目关键链与非关键链的接驳区域需要考虑项目非关键链对项目关键链的影响，如果非关键链由于延误导致了项目关键链上的工序无法正常进展，则项目关键链需要重新进行识别并可能影响整体进度。因此，为了避免非关键链对关键链的影响，关键链方法中提出，在项目非关键链汇入关键链的接驳区域插入汇入缓冲区，其大小是位于非关键链上工序的安全时间。

③资源缓冲区。资源在项目的实施中是必不可少的,是项目完成的重要保障,合理且高效的资源利用可以节省成本,并且保证项目工序的按时开完工。在任务开始前应留有一定的资源准备时间,这段时间并不占用项目的持续时间,只是为了保证项目工序的按时开工。尤其是关键链上的工序,因为其对项目工期的重要影响,更需要在工序开工前进行资源的准备。同时项目管理人员需要根据资源的使用情况对项目工作进行不断调整。

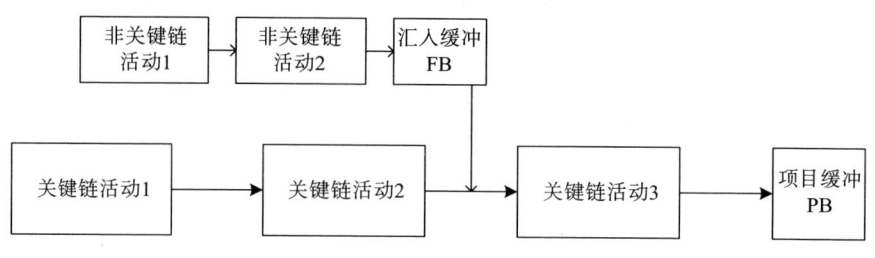

图 2-1 缓冲区示意图

(5) 缓冲区的监控。在项目计划制订后的项目具体实施过程中,管理者应该及时关注项目缓冲区的消耗情况,并通过适当调整工序持续时间以按时完工。

2.2.3 缓冲设置计算方法

目前,计算缓冲大小有两种主要的方法:剪切—粘贴法和根方差法,其他方法都是对这两种基本方法的改进和延伸。具体的计算过程如下:

(1) 剪切—粘贴法

剪切—粘贴法是 Goldratt 提出的,又叫 50% 法。该方法是将每道工序安全时间的一半作为缓冲液插入缓冲区中。具体计算步骤是,在计划阶段估计工序的完成时间,将工序完成时间按照 50% 的概率作为持续时间,剩余的 50% 作为安全时间,再将所有链路上的安全时间总和的一半作为总的缓冲时间,即 $PB = \frac{1}{2}\sum \sigma i$。该方法的优点是简单易行,缺点是这样考虑的安全时间太多,方法依据的是管理者经验,并没有严格明确的理论支撑,且容易造成因缓冲过大或者过小导致项目的控制效率受到较大影响。

（2）根方差法

根方差法是 Newbold 在 Goldratt 剪切—粘贴法的基础上，根据中心极限定理将切掉时间的根方差作为项目缓冲的方法。根方差法将项目风险加以考虑，考虑不同工序的非线性对总持续时间的影响，不再是简单地利用线性计算缓冲区。具体计算步骤是，将每道工序方法的一半进行汇总，对汇总结果开根号最后再乘以两倍作为项目缓冲，即：$PB = 2\sqrt{\left(\dfrac{\partial i}{2}\right)^2} = \sqrt{(\partial i)^2}$。根方差法由于利用中心极限定理，充分考虑了工序风险等，克服了线性时间的影响，是项目缓冲区计算的主要方法。目前对项目缓冲设置的计算方法改进研究，大多都是围绕根方差法进行的，具体的改进方法将会在第 4 章进行论述。

使用算例对上述两种方法进行说明。假设某工程项目有四项活动 A、B、C、D，其持续时间分别为 20 天、10 天、4 天、8 天。其中 B、C 是 A 的紧后工作，D 是 B 的紧后工作。假设资源等条件是充足的，则 A、B、D 是该项目的关键路径（关键链），C 是非关键路径（非关键链）。具体的项目示意图见图 2-2。那么按照关键路径法，该项目的工期为 20 + 10 + 8 = 38 天。

使用关键链法对项目进行分析，剪切—粘贴法下的项目持续时间如图 2-3 所示，其中项目缓冲为 19，汇入缓冲为 1。使用根方差法的项目持续时间如图 2-4 所示，其中项目缓冲为 11.87，汇入缓冲为 1。

图 2-2 某项目工序图

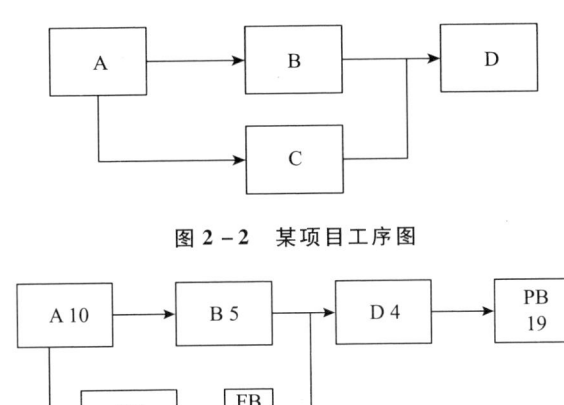

图 2-3 剪切—粘贴法的项目工期

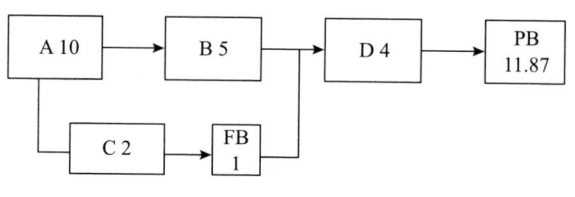

图 2-4 根方差法的项目工期

2.2.4 缓冲区管理

对项目缓冲进行管理是关键链方法的重要的组成部分，缓冲区的消耗情况能够很好地反映项目执行状况，如果链路上工序有延迟，则需要消耗缓冲时间，如果项目工序提前完工，则提前的时间也将补充到缓冲区中。项目管理人员利用缓冲区来控制项目的执行，在必要时采取相应的措施以确保项目按时完工。

Goldratt 在提出的关键链方法中将缓冲区大小分为三个区域，即红色和黄色和绿色区域：当缓冲消耗不超过 1/3 时，此时处于绿色区域，说明剩余缓冲可以保证项目的执行，此时不需要项目管理者制定措施；当缓冲消耗超过 1/3，但没超过 2/3 时，此时处于黄色区域，说明项目进展不顺利，需要项目管理者分析原因并制定相应的应对措施，对问题环节重点监控，一旦发生意外就立即进行控制；当缓冲消耗超过 2/3 时，此时处于红色区域，说明项目缓冲消耗太多，已经不能支撑项目的进行了，此时必须要采取如赶工、追加资源等措施，以保证项目的按时完工。

2.3 进度风险分析相关理论

进度风险分析方法是一种衡量项目活动特征的方法，方法通过测算项目工序的重要性来识别高敏感度（即对项目完工影响大）的项目工序，通过重点监控这些项目工序来保障项目的按时完工。关于衡量项目活动重要性的研究可以分为确定性网络研究和随机网络研究。

关于确定性网络，CPM 模型的发展可以被认为是第一步。在 CPM 模型中,放在关键路径上的活动被认为是至关重要的,但是 CPM 模型存在着忽略非关键路径的缺点。针对 CPM 模型的一些缺点,Kuchta (2002) 提出了一种模糊方法来衡量项目活动和整个项目的风险程度。Jassbi 等 (2008) 提出了一个模糊推理的系统来确定工序在确定性网络中的关键性。Mota 等 (2009) 提出了一个支持项目经理关注项目主要任务的模型。

现实生活中工程项目大多都为随机性网络,在随机网络中,网络结构更为复杂,这使得问题更加严峻。Martin (1965) 提出了第一个度量活动临界指数 (ACI)。活动的重要性被定义为活动落在最长线路上的概率。Martin 定义路径临界指数 (PCI) 的概念如下:

$$\text{PCI}(\pi_h) = Pr\left[Z(\pi_h) \geqslant Z(\pi_q) \ \forall \ \pi_q \in \pi, \pi_q \neq \pi_h\right] \qquad (2-1)$$

其中,$Z(\pi_h)$ 是第 h 条路径的长度,π 是网络所有路径的集合,r 是项目网络中路径的数量。然后,Martin (1965) 定义了 ACI,即 ACI 为包含考虑活动的路径的临界指数的总和。事实上,ACI 被定义为:

$$\text{ACI}(i) = \sum_{i \in \pi h} PCI(\pi h) \qquad (2-2)$$

由于识别所有的网络路径并确定它们的关键性比较困难,国内外学者对这个指标进行了广泛的研究。Dodin 和 Elmaghraby (1985) 提出了一个方法来计算 ACI,但对 PCI 没有考虑。Bowman (1995) 将 Monte Carlo 模拟与精确分析相结合,提出了利用无偏估计方法来估算活动和路径临界性。Fatemi Ghomi 和 Teimouri (2002) 提出了一个公式用于计算 PERT 网络中的 PCI 和 ACI。其他一些研究包括,Van Slyke (1963),Kulkarni 和 Adlakha (1986),Bowman 和 Muckstadt (1993),这些有关确定项目重要活动的研究都是在 Martins 关键活动定义的基础上制定的。Chanas 和 Zieliński (2002) 分析了间隔活动持续时间在网络中的关键性,他们对具有间隔活动持续时间的网络给出了关键性概念 (对于路径,活动和事件) 的自然泛化。Lin 和 Yao (2003) 将模糊数学与统计相结合的方法来定义项目活动的顺序,提出了一个基于统计置信区间估计的模糊意义关键路径定理。Chen (2007) 提出采用一对线性程序来处理项目网络的关键路径分析,其中活动持续时间是模糊数。Chen (2007) 提出了一个新的模型,结合模糊集理论和 PERT 技术来确定活动 (任务) 和路径的关键程度。Shankar 等 (2010) 提出了一个测量模糊项目网络临界性的分析方法,其中每个活动的持续时间由梯形模糊数表示。

Williams（1992）提出 ACI 并不总是提供信息，他举例说明了几个指数产生反直觉结果的情况，并提出了两个概念：第一个涉及风险的概念，如项目完成时间的不确定性，第二个涉及对项目完成时间的影响，如果管理层在某种程度上可以减少活动时间。由于 ACI 的缺点，为了考虑这两个概念，Williams 提出了以下指标：关键指数（CRI）和显著性指数（SI）：

$$CRI_i = Corr(d_i, C_{max}) = \frac{Cov(di, Cmax)}{Var(di) \times Var(Cmax)} \qquad (2-3)$$

$$SI(i) = E\left[\frac{Ti}{Ti + TFi} \times \frac{T}{E(T)}\right] \qquad (2-4)$$

其中，T_i，TF_i，T，$E(T)$ 分别表示活动 i 的持续时间，活动 i 的总自由时间，项目完成时间和项目完成时间的期望。

随着研究的深入，研究者发现 CRI 的主要问题是相关性显示了两个变量之间的线性关系，在某些情况下，随着 T_i 的增加，T_i 对 T 的影响变得更加显著，这意味着这两个变量之间存在非线性关系。此外，这一措施仅考虑了活动变化对项目持续时间的影响。Demeulemeester 和 Herroelen（2002）对这些指数的缺陷和特征进行了仔细的研究，Pmbok A. 在 2004 年出版的专著中提出了 SSI 指标，该指标通过将 CI 与项目工序和项目整体工期的标准差结合起来分析项目工序的重要性。活动 i 的 SSI_i 计算公式为：

$$SSI_i = \left[\sqrt{\frac{Var(di)}{Var(Cmax)}}\right] \times ACI_i \qquad (2-5)$$

3 项目监控时点选择

3.1 问题描述

项目监控是在项目执行过程中根据监控时点上收集的信息，将实际执行情况与项目网络计划进行比较并分析偏差，启动和实施纠正措施，以使项目回到正常状态的过程。在项目监控系统中，科学地计划项目监控时点，以确保管理者能及时发现项目可能发生的重大延误，并能够及时纠正显得尤为重要，项目管理者需要在项目实施前制定完整的监控时间表和监控精力分配计划，目前常用的监控时点选择方法有：里程碑法、定期监控（等距监控）、随机监控（突击检查）。里程碑监控常常根据经验判断，停留在形象进度节点选择上（如地基完成，工程封顶等）；定期监控的监控时点往往定在项目的执行报告期（周、月等），项目的复杂性和不确定性决定了执行数据偏离计划"S"形曲线的情况是会经常出现的，当项目建设期较长时监控活动将会频繁出现，什么状态下该采取控制措施常常让管理者难以把握；随机监控的监控时点选择遵循随机性原则，但这种选择方式并未考虑到项目执行风险和工序重要性信息，控制效率上势必受到影响。对几种常用的监控时点选择方法进行总结后发现的几个问题可以表述为：（1）管理者在项目各监控时点上是否需要投入一样的精力，能否根据监控时点上所涉及的工作的重要程度科学分配监控强度；（2）当设置的项目监控时点较多时，频繁的监控活动可能会造成对项目执行者的过度监控，是否有必要在所有常规监控时点上都开展监控活动；（3）当考虑在监控活动上的资源和成本投入限制时，计划监控时点如何设置才能实现对更多工序的有效监控；（4）因为偏差过大需要更新项目剩余工序网络时，项目计划期选择的监控时点是否还有效，对剩余工作监控时点该如何设置。这些都是值得深入思考和研究的问题。

本篇在研究监控时点选择策略时，在对以往时点选择方法进行研究的基础上，充分考虑了工序的不确定性、工序对项目持续时间的影响以及项目网络特征三种因素，在项目监控时点选择策略中引入工序重要度（VES）指标，该指标由 Madadi M（2012）首先提出，其目的是较全面地评估项目工序的重要程度，姬忠凯等人也验证了该指标的有效性。工序重要度指标的优点是集成了多种工序信息，同时兼顾对关键路线和非关键路线上工序重要程度的归一化计量。研究思路是：首先通过模拟仿真计算获得各工序的重要度，然后利用项目计划网络将各工序重要度数据对应分配到项目时点上，进而根据数据反映出的各项目时点上的工序重要程度制定适当的监控时点选择策略。通过这种方法，管理者可以根据自身情况选择监控时点，并能为项目监控时点上的监控活动强度分配提供依据，同时，方法可以在项目执行周期内发生网络计划更新后的控制工作中反复应用。

3.2 项目监控时点选择策略

3.2.1 VES 指标计算

根据 VES 指标计算原理，不确定性、工序对项目持续时间的影响以及项目网络特征三方面构成。首先工序执行时间的方差 σ_i 可以作为工序 i 风险的度量。随着工序风险的增加，工序控制的需求也随之增加；工序总时差的期望值被用来确定工序平均持续时间对项目完工时间的影响；此外，还需考虑的因素是区分具有不同复杂性或形态特征的项目。考虑图 3-1 中的三个子网络，假设这些网络中的所有工序具有相同的时间概率分布。很明显，因为在工序 i 之后衍生出来的项目不一样，工序 i 在这三个子网络（P_1，P_2 和 P_3）中的重要性是不一样的，使用在该工序之后放置的活动数量的影响来衡量工序在项目网络图中的"地位"。

定义工序 i 的重要度为：

$$VES_i = \frac{\sigma_i}{\sigma_{\max}} \times \frac{1}{1 + E(TF_i)} \times State_i \qquad (3-1)$$

其中，$State_i$ 表示工序 i 在网络图中的"地位"，具体计算公式为：

$$State_i = \frac{\sum_{k=1}^{m} \frac{\sigma_k}{\sigma_{\max}} \times \frac{1}{1 + E(TF_k)}}{\sum_{j=1}^{n} \frac{\sigma_j}{\sigma_{\max}} \times \frac{1}{1 + E(TK_j)}} \qquad (3-2)$$

其中，m 表示工序 i 以及其后续活动的数目，n 表示项目所有工序数，$\sigma_{\max}$ 表示项目工序持续时间标准差的最大值，σ_k 和 σ_j 表示工序 k 和工序 j 持续时间的标准差，其中 $k \in (1, 2, \cdots, m)$，$j \in (1, 2, \cdots, n)$。$E(TF_k)$ 和 $E(TK_j)$ 表示工序 k 和 j 的总时差的期望值。

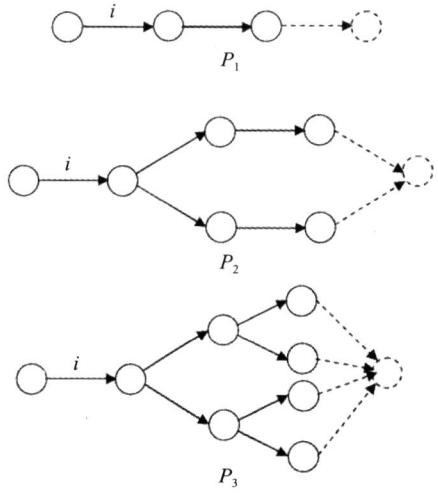

图 3-1　P_1、P_2、P_3 项目的网络图

3.2.2　项目时点 VES 计算

项目报告周期一般是根据项目执行期的长短进行细分确定（天、周或月），可以视为管理者可以选取控制时点的最小间隔单位，在各执行时

段经常会存在工序并行实施的情况,因此时点上涉及的执行工序越多或工序重要度越高,控制工作就会显得更为重要。因为前期在计算重要度时已经进行了归一化处理,所以不用考虑关键路线与非关键路线上的区别,将重要度指标在项目各时点进行叠加计算,以完成当前控制时点上所有正在执行工序的重要程度计量信息统计,通过项目执行周期的重要度分布图(图3-2)可以体现计量结果。

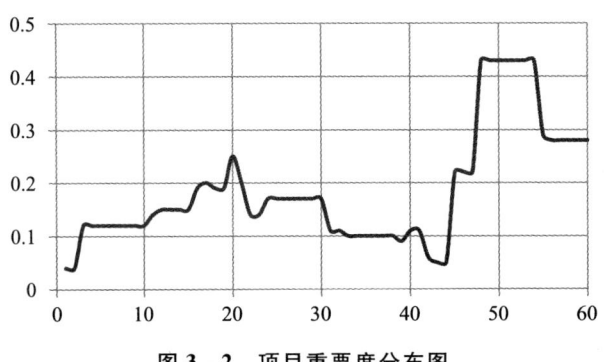

图 3-2 项目重要度分布图

(1) 情境1:项目连续监控下的管理者精力分配及监控强度确定

当管理者精力和资源足够多时,将所有项目报告时点作为监控时点可以获得近似全部的项目执行信息,所采取的监控与纠偏活动无疑是最及时的,但需要投入的资源和精力较大,而且频繁的监控活动也有可能带来过度控制的问题。鉴于上述问题,有学者研究尝试将监控时间间隔增大或降低监控频率的方式加以解决,然而监控时点确定后,管理者该如何对监控时点上执行工作重要程度进行计量,进而合理分配管理精力及监控强度,一直都缺乏有效方法指导。本章根据各时点上的工序重要程度信息划分了监控强度区域,对全部监控时点上工序重要度值计算平均值 μ 与标准差 σ,同时引入管理者风险偏好系数 α,区域划分标准为 $\mu \pm \alpha \cdot \sigma$,其中重要度在 $\mu + \alpha \cdot \sigma$ 以上的区域视为"特别重要区域";重要度在 $(\mu, \mu + \alpha \cdot \sigma]$ 区间的区域视为"重要区域";重要度在 $(\mu - \alpha \cdot \sigma, \mu]$ 区间的区域视为"一般重要区域";重要度在 $\mu - \alpha \cdot \sigma$ 以下的区域视为"次要区域"。图3-3为根据监控时点重要度划分的监控强度区间图,显然,监控时点上的重要度值越高,说明必然存在当前并行工序较多或单个工序执行风险较大情况,一旦监控不力势必会对整个项目造成较大风险,因此管理者可以根据各监控时点上的重要度值落入的区域确定投入精力和监控强度，甚至在重要度值较低的时点上不采取监控措施。

图 3-3　监控强度分布区间图

（2）情境2：固定监控频率下的监控时点选择

当管理者精力及资源有限时，需要考虑计划监控时点如何设置才能保证对项目的有效监控。当前情境下考虑在固定监控频率下如何确定监控时点使监控效果更佳。在确定具体监控时点上，根据项目管理者确定的监控步长 d 可以确定监控频率 $F(1,2,3\cdots)$，$F = T/d$，其中 T 为项目总工期，则第 i 次监控时，其监控时点 T_i 的计算公式为：

$$T_i = T_{max}(VES_j) \qquad (3-3)$$

其中，$i \in (1,2,\cdots,F)$，$j \in [i \times d, i \times d + 1 \cdots (i+1) \times d]$，即在每次监控区域 j 内选择工序重要度最大的点进行监控，如果同时存在很多最大值点，则选择最早的时点进行监控，可以最大限度地降低项目的不确定性，保证对项目的控制效率。

（3）情境3：资源约束下的最优监控点选择

该情境考虑当管理者精力及资源有限，同时又以最大限度发挥人的主观能动性为目的，进行放权处理的情况下的监控时点的最优选择问题。在情境2中，虽然能够确定固定监控频率下的监控时点如何选择，但是对风险较大区间的监控力度不足。当前情境考虑的是如何解决在管理者确定的监控目标下，既保证每个阶段都有监控，又满足风险较大区间加大监控力度，同时监控数量最少的问题。该问题可以归结为以下的 0-1 规划问题，求解方法如下：

$$\text{Min} \sum t_i$$
$$\text{s. t} \begin{cases} \sum_{dk} VES_{ti} \geq \varepsilon, \varepsilon \in (0,1) \\ \sum_{dk-(d-1)} t_i \geq 1, d \in (1,2,\cdots,T) \end{cases} \quad (3-4)$$

其中，t_i 表示在项目时点 i 上是否选择其为项目监控时点，1 表示选择该点为监控时点，0 表示不选择该点为监控时点；ε 表示监控风险总量指标值，其取值范围在 0 到 1 之间，由管理者确定；d 表示管理者确定的监控步长，其最大值是项目持续时间 T；$F = T/d$，是项目划分的阶段。

3.2.3 项目监控步骤

利用项目工序重要度指标进行项目监控的方法步骤如图 3-4 所示。

步骤 1：通过蒙特卡洛模拟计算项目工序的重要度指标。

步骤 2：进行项目时点的重要度计算，确定项目重要度分布。

步骤 3：根据管理者的风险偏好进行项目监控区域的划分，并确定重要监控工序。

步骤 4：按照项目的实际情况选择项目监控策略。

步骤 5：对项目进行监控，检查项目的进展情况。如果项目按计划进行则进入下一轮监控；如果项目偏离计划执行则需检查是否需要重新制订项目计划，返回到步骤 1；如果不需要更新项目计划则参考步骤 3，确定重点监控工序采取纠偏措施。

步骤 6：对下一监控点进行监控直至项目结束。

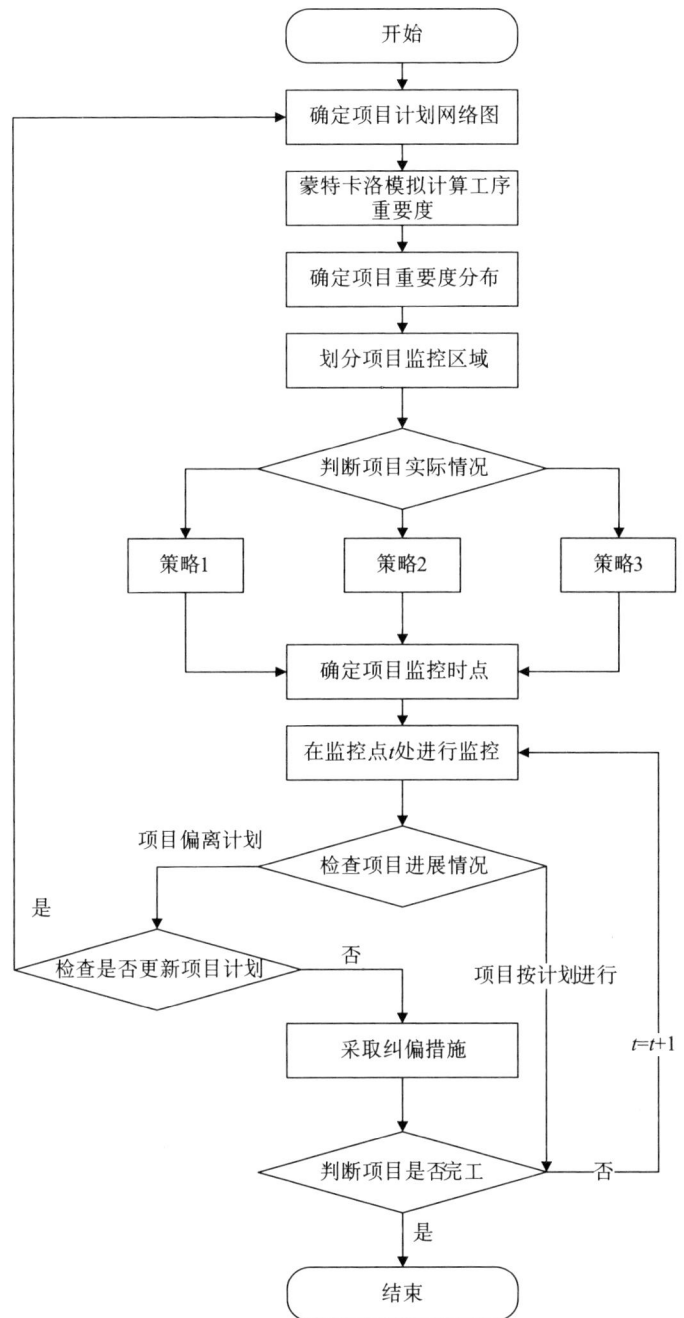

图 3-4 项目监控步骤

3.3 对比分析

3.3.1 蒙特卡洛方法原理

研究采用蒙特卡洛方法对项目工序随机工期的产生进行模拟。蒙特卡洛模拟法的实质是按一定概率分布产生随机数，以模拟项目中实际可能出现的随机现象，其原理是在模拟过程中从一定的概率分布中抽取独立样本进行试算，经过大量的模拟试算后，其统计值能够近似反映实际值。

对于项目工序持续时间概率分布确定，可选用诸如正态分布、β 分布、三点分布等，目前没有研究证明选用哪种概率分布是最优的。在计算工序 VES 的过程中，其 σ_i、σ_{max} 的参数可以直接求出，而对于一般的概率分布的工序，参数的求解需要借助蒙特卡洛模拟的方式进行近似求解。具体的计算公式如下，其中 N 为实验总次数，k 为单次实验，$k \in (1, 2, \cdots, N)$。

$$\begin{cases} \sigma_i = \sqrt{\dfrac{1}{N} \sum_{K=1}^{N} (t_{ik} - \overline{t_i})^2} \\ \sigma_{max} = \max_{j \in (1,2 \cdots n)} \sqrt{\dfrac{1}{N} \sum_{K=1}^{N} (t_{ik} - \overline{t_j})^2} \\ E(TF_i) = \dfrac{1}{N} \sum_{K=1}^{N} TF_{ik} \end{cases} \quad (3-5)$$

3.3.2 项目模拟

选择某大型工程建设项目作为案例进行分析描述，项目计划网络图，如图 3-5 所示。其基本活动参数如表 3-1 所示，每道工序的持续时间服从正态分布，即 $N(\mu, \sigma)$。根据项目监控步骤，运用蒙特卡洛模拟计算产生项目工序持续时间的模拟数，每道工序的持续时间在每次模拟中的值由 $N(\mu, \sigma)$ 的概率给出。项目模拟 1000 次（因为通过模拟发现：达到 1000 次之后无明显差异）。计算中利用公式（1）、公式（2）、公式（5）计算每道工序的 VES 指标，如表 3-2 所示。

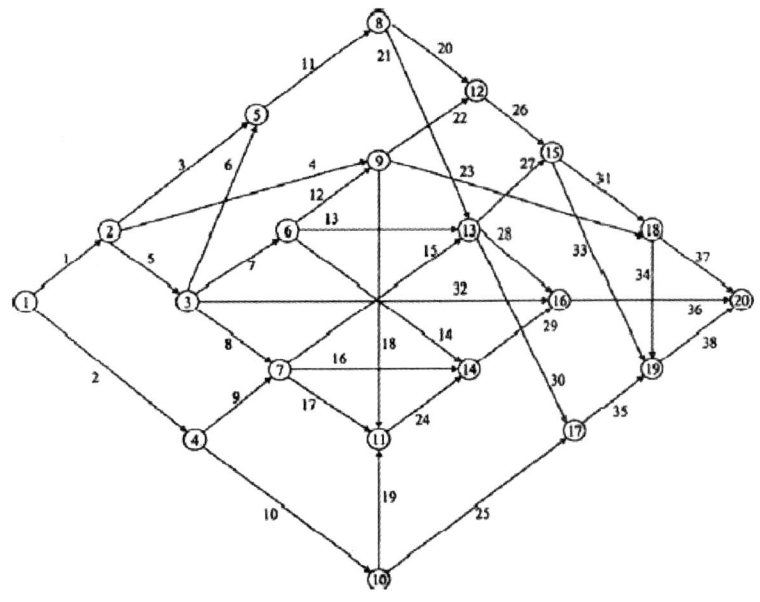

图 3-5 某大型工程建设项目网络图

表 3-1　　　　　　　　　　项目活动参数信息

工序	1	2	3	4	5	6	7	8
均值	10	2.33	4	12.5	1.5	2.66	4	2.5
方差	0.41	0.62	1.41	0.5	0.5	0.62	0.41	1.12
工序	9	10	11	12	13	14	15	16
均值	16.6	13	2	2	5.33	5.33	11	4
方差	0.62	0.63	0.82	0.82	0.62	0.62	2.45	1.08
工序	17	18	19	20	21	22	23	24
均值	2.33	2	5.5	4	3	14.5	2.67	19
方差	0.62	0.41	0.41	1.12	0.82	0.82	0.5	0.62
工序	25	26	27	28	29	30	31	32
均值	19	2.33	4	8	3.5	2	1.5	10
方差	4.9	0.62	0.82	2.86	1.12	0.82	0.5	0.82
工序	33	34	35	36	37	38		
均值	4	1.5	7	13	13.5	10		
方差	0.82	0.5	2.58	4.9	0.5	5.48		

表 3 – 2　　　　　　　　　　项目工序 VES 指标值

工序	1	2	3	4	5	6	7	8
VES	0.03	0.01	0.01	0.03	0.01	0.01	0.01	0.01
工序	9	10	11	12	13	14	15	16
VES	0.06	0.02	0.01	0.01	0.01	0.01	0.09	0.01
工序	17	18	19	20	21	22	23	24
VES	0.02	0.02	0.01	0.01	0.01	0.01	0.01	0.03
工序	25	26	27	28	29	30	31	32
VES	0.04	0.01	0.01	0.01	0.07	0.01	0.01	0.01
工序	33	34	35	36	37	38		
VES	0.01	0.01	0.05	0.28	0.01	0.14		

根据项目重要度分布图 3 – 6 所示，可以确定项目哪个阶段是需要重要监控的。然后根据项目管理者的风险偏好划分监控区域。案例选择风险偏好为 100% 来进行监控区域的划分，即划分标准为 $\mu \pm 100\% \cdot \sigma$，划分的项目监控区域如图 3 – 7 所示。利用上文提到的策略方法给出该项目的三种情境下的项目监控策略。

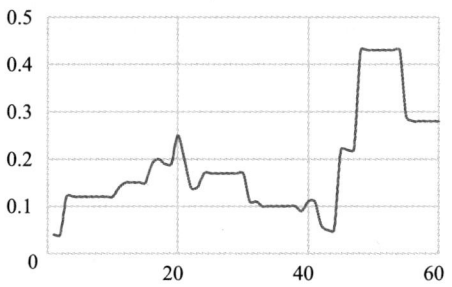

图 3 – 6　项目重要度分布图

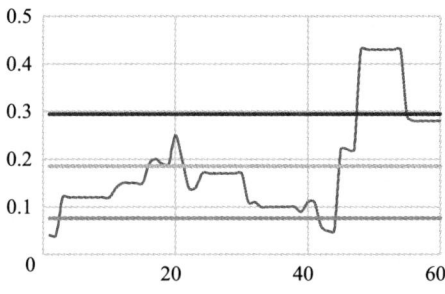

图 3 – 7　项目监控区域划分图

3.3.3 策略分析

策略 1：如果项目管理者精力以及资源是充足的，则项目监控的重点不在于项目监控时点的确定，而应该是管理者精力的分配以及监控强度的确定问题。根据图 3-7 得出的项目监控区域的划分图，可以对每个区域涉及的项目时点以及工序进行识别，从而确定项目的风险状况如表 3-3 所示，管理者可以在特别重要区域以及重要区域投入更多的精力，同时加大监控力度，在一般重要和次要区域可以进行放权处理，甚至可以对次要区域不采取监控措施。

策略 2：在项目管理者精力和资源有限以及确定的监控频率下，如何实现对项目的有效监控是情境 2 下研究的问题。假设该项目的监控步长为 10 天，项目的持续时间为 60 天，则项目共监控 6 次，根据情境 2 提供的计算公式得出监控时点的具体位置，同时将其与传统等距监控，即在监控区域的结束位置进行监控进行对比分析，可以得出情境 2 中的监控方法更能实现对项目的有效控制，其对比结果见表 3-4。通过对比传统等距监控方法和情境 2 中提出的利用重要度确定监控时点的方法，可以看出采用情境 2 中提出确定监控时点的方法比传统等距监控能监控到更多对项目影响较大的时点，控制效果要更好。

策略 3：考虑如何在管理者确定的监控效果值（即监控时点 VES 百分比）和监控步长下，既能在每个监控步长的范围内达到监控效果又能使总的监控次数最少。这里运用线性规划求解软件 Lingo 对监控步长分别为 5、6、10、12 个月，且监控效果分别为 50%、60%、70% 和 80% 进行了监控时点的求解，得到表 3-5 的结果。

表 3-3　　　　　　　　项目风险分析

风险区域	项目时点	涉及的工序
特别重要	48—54	36，37，38
重要	16—21；45—47；55—60	4，9，11，12，13，14，19，20，21，25，29，32，36，37，38
一般重要	3—15；21—41	1，3，4，5，7，9，10，11，15，16，18，22，23，24，25，27，28，32，33，34，35，37
次要	1—2；42—44	1，2，24，33，34，37

根据表 3-3，通过对项目工序重要度在时间周期上的走势分析，得出项目的风险状况。其中值得项目管理者高度重视的是第 48—54 个月的时候，此时项目风险最高，项目工序 36、工序 37、工序 38 的延迟会对项目整体工期造成很大影响。在第 16—21 个月、45—47 个月、55—60 个月等几个时期，项目处于重点关注阶段，此时也需要项目管理者投入一定精力加以关注，项目工序发生延误会对项目工期造成影响。其他时期项目管理者可以投入较少的精力，具体如表 3-4、表 3-5 所示。

表 3-4　　　　　　　　　监控效果对比分析

监控次数	传统方法监控时点	对应的重要度	本文方法监控时点	对应的重要度
1	10	0.12	3	0.12
2	20	0.25	20	0.25
3	30	0.17	21	0.2
4	40	0.11	31	0.11
5	50	0.43	48	0.43
6	60	0.28	51	0.43
总计		1.36		1.54

表 3-5　　　　　　　　　策略 3 项目监控时点分布

监控效果 \ 监控步长/月	5	6	10	12
50%	5、7、14、20、21、27、31、40、45、48—58	10、20、21、31、47—60	6、12、17、20、26、31、41、47—53、55—60	12、20、25、45、47—60
60%	5、7、14、20、21、27、30、31、40、45—60	10、16、17、19、20、21、30、31、45—60	6、12、17、19—21、26、31、41、45—60	12、16、17、19—21、25、45—60
70%	5、7、14、17、19—21、26—31、40、45—60	10、16、17、19、20、21、25—31、45—60	16、17、19—21、25—31、41、45—60	12、13、16、17、19—21、24—30、45—60
80%	5、7、12—17、19—31、40、45—60	3、4、11—17、19—31、45—60	6、11—17、19—31、41、45—60	3、4、7、11—17、19—30、45—60

4 项目关键链缓冲区计算及控制模型

4.1 项目缓冲设置方法改进

4.1.1 以往研究总结

缓冲区监控指的是项目管理者通过项目执行缓冲的消耗情况，对项目进展状况进行判断，从而为保证项目的按时完工做出相应的决策。经过文献梳理发现，缓冲区大小设置的研究大多基于指标或者项目资源替代的不同情形上开展，Tukel 分别基于资源紧张度和网络复杂度提出了缓冲大小的两种计算方法：资源紧度求解和网络复杂度求解。Zhang 综合考虑了资源的工作效率、成本及搭接关系等，全面地揭示了项目工序信息。蔡晨和单汨源分别提出了活动弹性系数；位置权数、弹性系数用以吸收项目的不确定因素，但权数的影响因素并没有指出。褚春超在 Tukel 研究的基础上引入了管理者风险偏好因素，将人的主观因素纳入缓冲中，使缓冲设置较合理，但没有解决延迟传递的问题；基于此杨立熙提出了将开工柔韧加入缓冲设置中以消除传递的效应。林晶晶和喻小光在缓冲大小设置中考虑了资源的可替代性和资源柔性，施骞综合考虑资源紧张度、网络复杂度和风险偏好等。

本章对指标的衡量方法和缓冲区大小的计算方法进行了系统梳理（见表4-1）。缓冲指标计算基本是围绕工序风险特征、工序对项目完工时间造成的影响、工序在网络图中的位置、资源紧张度以及管理者的风险偏好五个方面。通过对相关文献研究后发现：在衡量工序风险特征时，弹性系数指标在计算中必须设置各工序具体的三点估计时间，但在实际工程项目中，工序工期的衡量大多采用正态分布、对数分布等概率特征分布，所有使用弹性系数指标衡量项目工序风险特征对实际项目的指导意义不大。例如，按照常规分析，假定工序 $i(a,m,b)$ 的最乐观时间为 a，最可能时间为 m，最悲观时间为 b，项目 P 中有两项工序 A、B，其中 $A(2,4,6)$，$B(6,10,14)$。根据弹性系数的计算方法可得出 A、B 工序的弹性系数均为0.5，但显然 A、B 工序对项目的影响程度是不一样的，所以使用弹性系数在计算项目工序缓冲区大小上存在一定的局限性。另外，作为项目工序在网络图中的位置衡量指标的位置权数也存在一些问题，图4-1为三个不同的项目网络结构图，实线表示关键链路，假设项目完工时间一样，工序 i 的工期大小一样，按照传统方法计算，工序 i 在三个项目网络图中的位置权数是一样的，但很明显工序 i 在三个项目的重要程度不一样，所以使用位置权数指标对缓冲区大小进行计算仍存在局限性。

表4-1　　　　　　　　缓冲区大小计算指标总结

指标名称	计算公式	含义
弹性系数 K	$K = \dfrac{m-a}{b-a}$	a，m，b 为工序工期估计中的最乐观时间、最可能时间、最悲观时间。
位置权数 α	$\alpha = \dfrac{l}{L}$	L 为任务时间中点与项目开始时间的距离，L 为项目的时间长度。
工序复杂度 β_1	$\beta_1 = \dfrac{N_p}{N_t}$	N_p 代表工序所在链路上的紧前工序数，N_t 代表链路上的工序总数。
网络计划复杂系数 β_2	$\beta_2 = 1 + \dfrac{N_p - 1}{N_t}$	N_p 代表工序所在链路上的紧前工序数，N_t 代表链路上的工序总数。
风险偏好水平 ε	$\partial = \dfrac{f_{rg}}{2}$；$\tau = \dfrac{t_\sigma - \mu}{2\sigma}$	f_{rg}、t_σ 代表风险水平 ε 对应的标准差倍数。μ、σ 为项目工序的均值和标准差。∂、τ 为项目缓冲调整系数。
资源紧张度 α	$\alpha = \max\left(\sum_{k=1}^{m} \dfrac{r_{kt}}{R_t}\right)$ $t \in [ST_i, ST_i + D_i]$	R_t 表示项目在 t 时段的资源供应限量，r_{kt} 表示 t 时段工序 k 所需的资源量，m 表示 t 时段执行的工序总数，ST_i 为工序开始时间，D_i 为工序的工期。

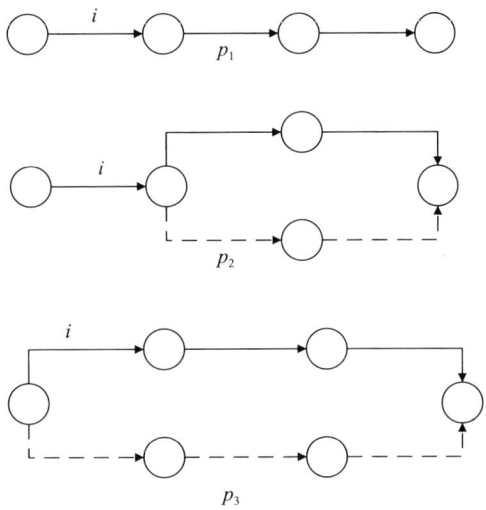

图 4-1　不同项目网络图

工序复杂度、网络计划复杂系数等指标用于衡量工序复杂程度，工序的复杂度取决于工序所在链路的复杂程度，是利用工序所在链路紧前工序总数与链路上总工序数的比值计算获得。图 4-2 是某项目网络示意图，其中实线代表项目的关键路线，工序 M、N 的工序复杂度（网络复杂度）计算结果是一样的，但是工序 M 位于非关键路线上，工序 N 位于关键路线上，工序 M 和工序 N 对项目的影响程度一定是不一样的。因此，仅通过工序所在链路的复杂程度信息来决定工序复杂程度，有时会与实际情况不相符。

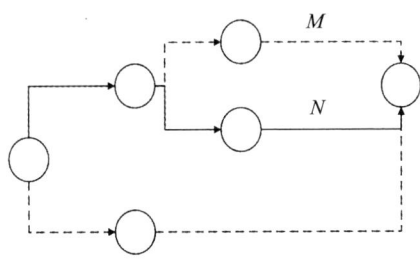

图 4-2　项目网络图

4.1.2　项目缓冲改进计算方法

通过借鉴研究者们对资源紧张度和管理者风险偏好指标的研究，本章对缓冲区大小进行计算时采用工序的不确定性、工序对项目持续时间的影响、项目网络特征、资源紧张度、管理者风险偏好五个方面的指标。其中前三个指标：工序的不确定性用工序执行时间的方差 σ_i，作为工序 i 风险的度量，即：$\dfrac{\sigma_i}{\sigma_{\max}}$。随着工序风险的增加，工序控制的需求也随之增加；工序总时差的期望值 $\dfrac{1}{1+E(TF_i)}$ 用来计量工序平均持续时间对项目完工时间的影响；选用指标 $State_i$ 来衡量工序在项目网络图中的"地位"及项目网络特征。利用 Madadi M 在 2012 年提出的指标 VES，将工序的不确定性、工序对项目持续时间的影响、项目网络特征三个信息在计算中进行体现，具体的计算公式如下：

$$VES_i = \frac{\sigma_i}{\sigma_{\max}} \times \frac{1}{1+E(TF_i)} \times State_i \tag{4-1}$$

$$State_i = \frac{\sum_{k=1}^{m} \dfrac{\sigma_k}{\sigma_{\max}} \times \dfrac{1}{1+E(TF_k)}}{\sum_{j=1}^{n} \dfrac{\sigma_j}{\sigma_{\max}} \times \dfrac{1}{1+E(TK_j)}} \tag{4-2}$$

其中，m 表示工序 i 以及其后续活动的数目，n 表示项目所有工序数，$\sigma_{\max}$ 表示项目工序持续时间标准差的最大值，σ_k 和 σ_j 表示工序 k 和工序 j 持续时间的标准差，其中 $k \in (1,2,\cdots,m)$，$j \in (1,2,\cdots,n)$。$E(TF_k)$ 和 $E(TK_j)$ 表示工序 k 和 j 的总时差的期望值。在资源紧张度计算时，将资源情况按项目阶段进行划分，第 i 阶段 j 工序的资源紧张度 α_i 可用式（4-3）表示：

$$\alpha_i = \max\left(\sum_{j=1}^{n} \frac{r_{ij}}{R_i}\right) \tag{4-3}$$

其中，R_i 为项目在 i 阶段的资源供应限量，r_{ij} 为 i 阶段 j 工序执行需要的资源量。管理者风险偏好计算时，假设项目管理者根据项目实际情况确定了项目风险水平为 ε，则项目完工率为 $1-\varepsilon$，对应正态分布表得到相应的 t_ε，求得风险偏好系数为：

$$\tau = \frac{t_\varepsilon - \mu}{2\sigma} \tag{4-4}$$

综上，设项目关键链路上共包含 n 个关键工序，其中工序 $i(i=1,2,$

$3,\cdots,n$)的持续时间服从均值 μ_i 和方差 σ_i^2 的正态分布,取标准差 σ_i 作为工序的安全时间,则改进后的项目缓冲大小为:

$$PB = \tau \left\{ \sum_{i=1}^{n} \left[\alpha_i \times (1 + VES_i) \times \sigma_i \right]^2 \right\}^{1/2} \quad (4-5)$$

4.2 项目缓冲监控策略

不同的活动对风险的影响和项目的预计完成时间是不一样的,各种活动对项目的顺利完成有不同的影响。基于这个事实,项目管理中最重要的问题之一是确定重要的活动和与重要程度相匹配的控制程度,从而促进项目高效地推进。在 CC/BM 缓冲监控中,缓冲液的使用情况对项目能否按时完工有着重要的影响,VES 作为衡量活动重要性的指标对项目管理者控制精力分配以及制订赶工策略都有着显著的作用。本章研究将 VES 与 CC/BM 结合,提出一种集项目缓冲监控方法和管理者控制精力分配、赶工策略制定为一体的项目控制方法。

4.2.1 固定 VES 控制阈值

在项目计划阶段通过模拟计算可获得各工序重要度,将计算得到的项目各工序的重要度进行排序,按照项目管理者的风险偏好选择监控力度,如:选择中位数点作为项目控制的阈值,大于阈值进行控制,小于阈值不做处理,使得项目有 50% 的活动均可以被监控到,不同的项目也可以根据项目的实际情况调整监控的力度。假设表 4-2 为某项目工序的重要度计算结果,则根据设定的阈值使得 50% 的项目工序得到监控,项目监控情况如图 4-3 所示,其中黑色代表要重点监控的工序,灰色代表不需要监控的工序。

表 4-2　　　　　　　　项目工序重要度

活动	1	2	3	4	5	6	7	8
重要度	0.61	0.35	0.23	0.48	0.09	0.52	0.43	0.37

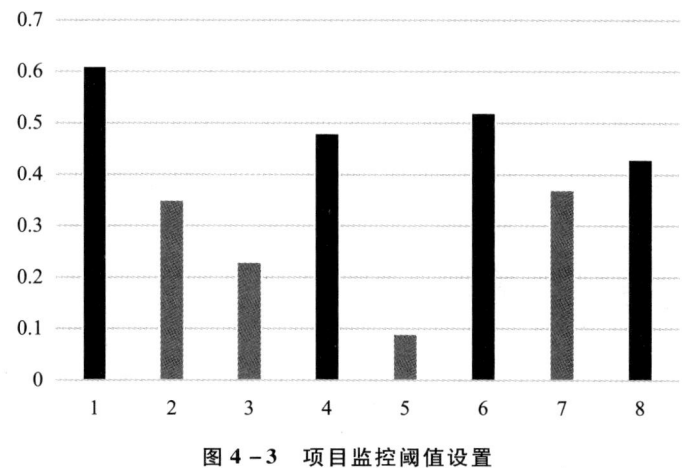

图 4-3 项目监控阈值设置

4.2.2 动态调整 VES 控制阈值

项目的动态特性使得项目在具体监控中设置的 VES 阈值应不断地调整。项目前期，将 VES 阈值设置得较高能够使较少且重要的活动更多地被关注和控制，此时项目管理者不应采取大量的行动，以防止增加项目管理者的负担，前期的工序工期延误也不会对项目整体造成影响。随着项目的不断进行，VES 的阈值应当不断调整，因为在项目的后期，剩余的工序较少，阈值设置较低时才能使更多活动被监控到。同时，重要度高的活动的延迟也会对项目整体造成了影响，所以在项目监控中应当动态调整 VES 阈值，随着项目的进展应当不断地降低阈值，这样管理者的监控力度也随之加大，也符合管理者精力分配原则。图 4-4 是项目工序 VES 阈值设置示意图，随着项目的不断进行，阈值越来越低，更多的项目工序能够被监控到。

4.2.3 将 VES 引入 CC/BM 监控

在项目执行中，监控项目缓冲区的使用情况有助于对项目执行风险的掌控，但无法确定工序级别的信息。同时，只对工序进行重点监控又容易造成对项目整体进度的疏忽。因此，将进度风险分析体系指标 VES 与关键键缓冲区管理方法进行融合，有助于对项目进行有效控制。

首先，在项目执行过程中，基于确定的监控时点，对各工序重要度进

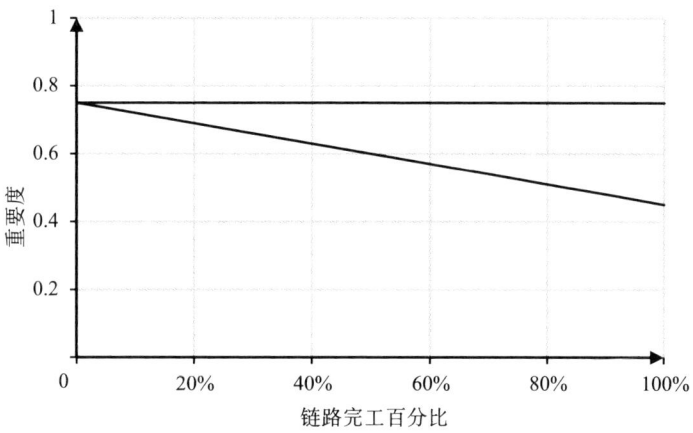

图 4-4 工序 VES 阈值设置

行计算,并动态确定 VES 阈值。高于阈值的工序可认为能对项目工期产生重要影响,一旦发生延误需要进行及时控制,否则会增大项目整体延误风险。其次,在项目缓冲监控中动态确定触发点,缓冲消耗落在红色区域说明项目严重延误,必须采取应对措施;缓冲消耗落在黄色区域说明项目进展发生问题,需要制订行动计划;缓冲消耗落在黄色区域以下说明项目进展顺利,剩余缓冲区可以保护项目进展。在红色区域采取措施时,管理者可根据项目工序 VES 大小进行管理者精力或资源分配,确定纠偏的优先级。在黄色区域制定计划纠偏措施时,可根据项目工序 VES 大小,判断项目重要度高的工序是否可能发生延迟,如发生延迟怎样对其进行纠偏。

如图 4-5 所示,上述提出的是一种基于 VES 的动态缓冲监控及管理者精力分配的方法和思路,具体实施步骤可总结如下。

步骤 1:制订项目计划。

步骤 2:计算各工序的 VES。

步骤 3:关键链调度产生并确定各缓冲区的大小。

步骤 4:项目执行,$t = t + 1$。

步骤 5:判断是否为项目监控点,如果是,执行步骤 6,如果不是,则转到 4。

步骤 6:计算缓冲消耗量并确定此时缓冲触发点。

步骤 7:判断缓冲消耗情况:

（1）如果缓冲消耗量低于第一个触发点，则执行步骤8；

（2）如果缓冲消耗量高于第一个触发点低于第二个触发点，则执行步骤9；

（3）如果缓冲消耗量高于第二个触发点，则执行步骤14。

步骤8：项目进展顺利，剩余缓冲能够保证项目完工，转到步骤5。

步骤9：项目执行存在问题，需要项目管理人员检查项目进展原因并制定应对措施，转到步骤10。

步骤10：检查目前进行的项目工序并计算VES。

步骤11：根据项目实际情况确定此时的VES监控阈值。

步骤12：对当前进行的工序状况进行判断，如果VES高于制定的阈值则说明该活动为高敏感度活动，转到步骤13，否则转到步骤5。

步骤13：判断步骤12中的高敏感度的活动是否发生延迟，如果是则执行步骤14，否则需要管理者重点监控转到步骤5。

步骤14：项目执行存在问题要重新制定管理者精力分配。采取的精力分配有两种情况：一种是缓冲消耗量达到红色区域，需要项目管理者对剩下活动进行赶工以确保缓冲消耗恢复到黄色区域；另一种是缓冲消耗在黄色区域内，此时需要对延迟的高敏感活动进行赶工。

步骤15：判断项目是否完工，项目完工转到步骤16，否则转到步骤5。

步骤16：项目完工。

4 项目关键链缓冲区计算及控制模型

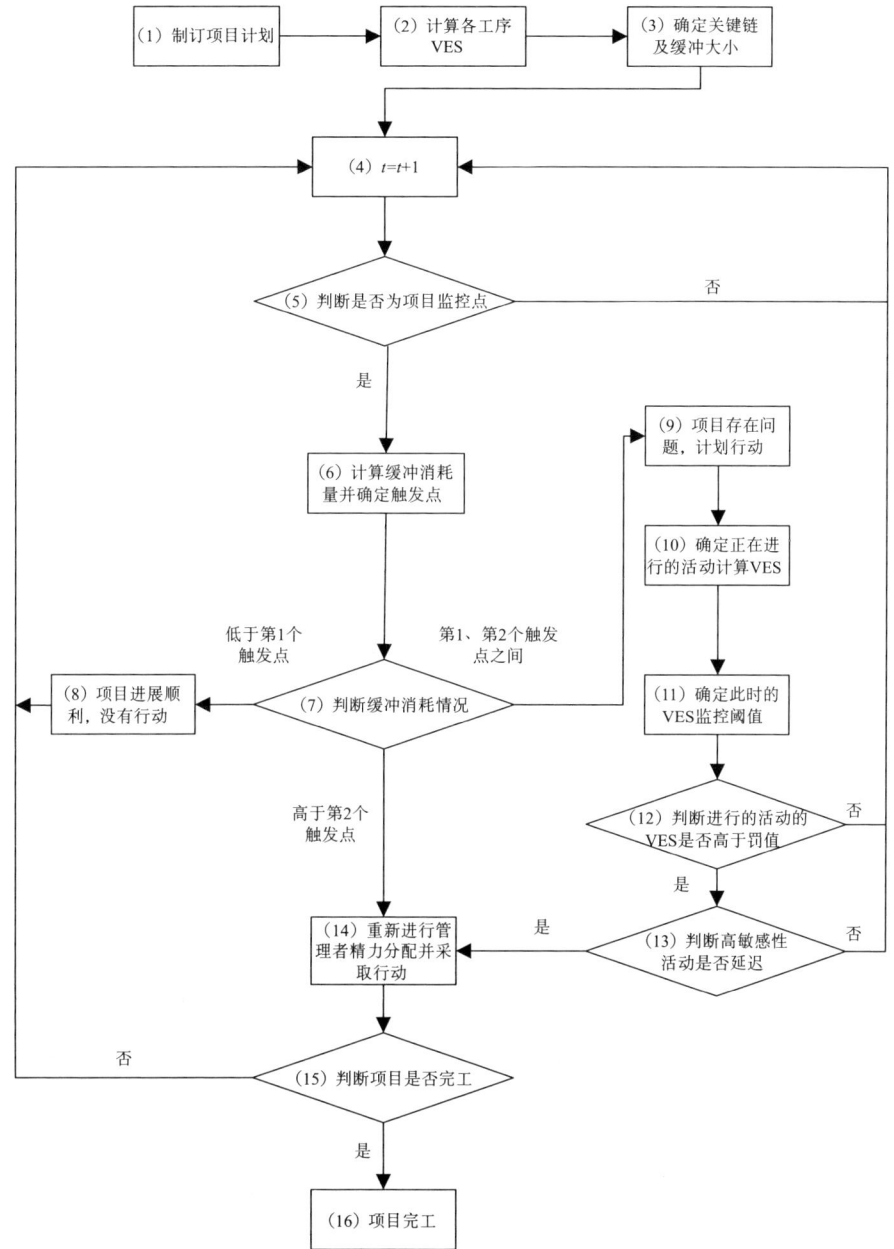

图 4-5　基于 VES 的动态缓冲监控及管理者精力分配步骤

4.3 面向缓冲区控制计划的项目管理者精力分配

本章讨论的另一个重要问题是如何在项目控制过程中进行管理者精力分配，这首先需要研究现有方法对管理者精力分配对项目造成的影响。在以往的研究中，有学者关注过将进度风险分析技术应用于项目管理者精力分配上，证明了使用重要度指标进行管理者精力分配效果最佳，但该研究不是面向缓冲区管理，因此本章尝试将基于 VES 的管理者精力分配方法应用到缓冲区管理中。同时，根据大型工程项目的复杂性和不确定性特点，有时会在项目执行阶段，根据项目实际情况对缓冲区计划进行重新修正，有些方法可以根据修正结果动态地对项目管理者精力重新分配，但仍有以下问题未解决：如何确定分配给各工序的管理者精力百分比，活动风险的降低是如何影响项目的持续时间，以及在项目管理者的监督和控制活动下风险将如何减少。针对上述一些问题，本章提出的一些解决思路如下：

首先，管理者精力分配的方法是基于指标的权重进行的，对于工序 i 分配的管理者精力为：

$$effort_i = \frac{VES_i}{\sum_{j=1}^{n} VES_j} \qquad (4-6)$$

即：分配给工序 i 的管理者精力为工序 i 重要度占全部工序的比重。

其次，对于路径 P 上的工序，其方差等于放置在路径上工序的方差之和，所以减少某一工序的方差会导致整条路径的方差减少。Elmaghraby（1999）等证明，在一个具有正态分布活动的串并联网络中，一个活动的可变性降低导致项目的平均持续时间减少。对于某一工序的具体执行过程中，由于管理者采取行动对其控制，工序持续时间的减少也不是一成不变的。事实上随着项目管理的强度加大，风险降低起初速度很快，而且随着分配的精力的增加，活动减少的速度降低，风险随之降低。此外，工序的可变性不会变为 0，最多可以降到初始风险系数。公式 7 为项目工序控制后的风险变化：

$$\sigma = \sigma_i \times C^{-effort_i} \qquad (4-7)$$

其中，σ 为活动 i 进行了控制后的新风险，σ_i 是初始风险，$effort_i$ 是项目管理人员对工序 i 进行的努力程度，C 是一个常数，由项目管理者根据项目特征进行设定，假设 C 为 6，则项目管理者的努力量与风险的变化关系见图 4-6，项目管理者通过花费 20% 的努力程度，将工序的风险降低到了 4.8，降低了初始风险的 20%，而接下来的 20% 的努力程度只降低了风险的 16%。

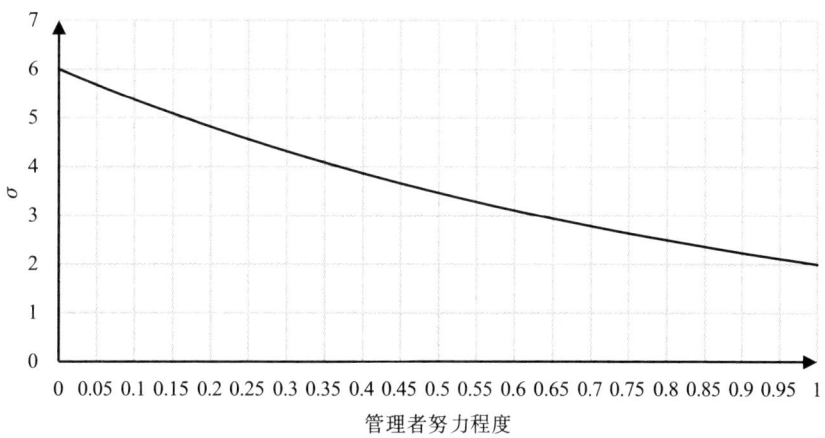

图 4-6 基于管理者努力的工序风险变化

5 案例分析

5.1 案例介绍

本章选择两个大型工程建设项目案例对前文提出的模型方法进行验证。图 5-1 和图 5-2 为项目 1 和项目 2 的计划网络图,其中项目 1 工序的具体信息见表 5-1,项目 1 共有 17 道工序,计划完工时间为 58 个月。通过蒙特卡洛模拟计算得到的项目 1 各工序的重要度以及工序资源情况(见表 5-2)。项目 2 工序的具体信息见表 5-3(项目 2 的各工序重要度见第 3 章),项目 2 共有 38 道工序,计划完成时间为 60 个月。通过蒙特卡洛模拟计算得到的项目 1 中各工序的重要度以及工序资源情况见表 5-4。

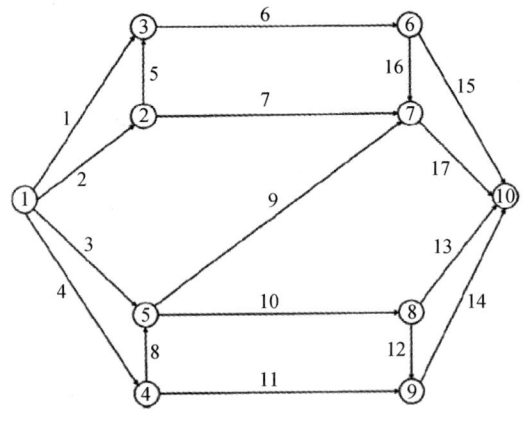

图 5-1 项目 1 网络图

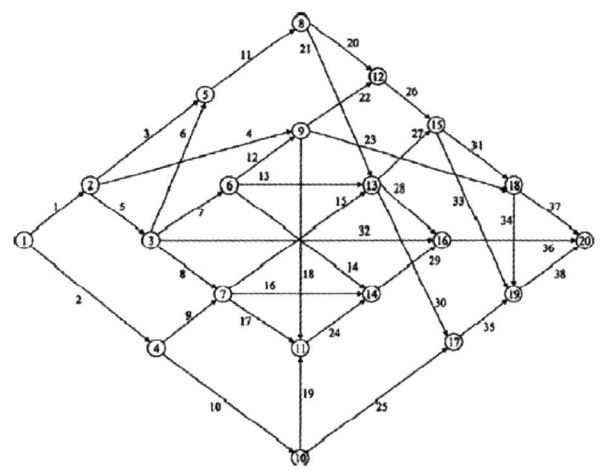

图 5-2 项目 2 网络图

表 5-1 项目 1 工序信息

工序	1	2	3	4	5	6	7	8	9
均值	16	6	8	8	10	10	12	10	10
方差	2.28	0.62	1.52	1.12	0.82	0.5	0.82	2.45	0.62
工序	10	11	12	13	14	15	16	17	
均值	16	8	10	8	6	8	8	16	
方差	0.5	2.86	0.41	0.82	1.12	1.62	2.49	2.7	

表 5-2 项目 1 工序重要度及资源情况

工序	阶段	所需资源	资源限额	资源紧张度	工序重要度
1		110			0.13
5		90			0.04
7	1	80	100	1.1	0.01
8		70			0.03
11		60			0.01
2		40			0.03
3	2	60	50	1.2	0.01
4		60			0.02
6		120			0.06
9	3	80	100	1.2	0.01

续表

工序	阶段	所需资源	资源限额	资源紧张度	工序重要度
10		90			0.02
12		160			0.01
13		120			0.01
14	4	90	200	1	0.02
15		80			0.01
16		200			0.35
17	5	240	300	0.8	0.31

表 5-3　　项目 2 活动参数信息

工序	1	2	3	4	5	6	7	8
均值	10	2.33	4	12.5	1.5	2.66	4	2.5
方差	0.41	0.62	1.41	0.5	0.5	0.62	0.41	1.12
工序	9	10	11	12	13	14	15	16
均值	16.6	13	2	2	5.33	5.33	11	4
方差	0.62	0.63	0.82	0.82	0.62	0.62	2.45	1.08
工序	17	18	19	20	21	22	23	24
均值	2.33	2	5.5	4	3	14.5	2.67	19
方差	0.62	0.41	0.41	1.12	0.82	0.82	0.5	0.62
工序	25	26	27	28	29	30	31	32
均值	19	2.33	4	8	3.5	2	1.5	10
方差	4.9	0.62	0.82	2.86	1.12	0.82	0.5	0.82
工序	33	34	35	36	37	38		
均值	4	1.5	7	13	13.5	10		
方差	0.82	0.5	2.58	4.9	0.5	5.48		

表 5-4　　项目 1 工序 VES 指标值和资源分配情况

工序	阶段	所需资源	资源限额	资源紧张度	工序重要度
1		110			0.13
5		90			0.04
7	1	80	100	1.1	0.01
8		70			0.03

续表

工序	阶段	所需资源	资源限额	资源紧张度	工序重要度
11		60			0.01
2		40			0.03
3	2	60	50	1.2	0.01
4		60			0.02
6		120			0.06
9	3	80	100	1.2	0.01
10		90			0.02
12		160			0.01
13		120			0.01
14	4	90	200	1	0.02
15		80			0.01
16		200			0.35
17	5	240	300	0.8	0.31

5.2 监控时点选择策略

按照第 3 章提出的方法，根据项目 1 中计算的重要度得到重要度分布图（图 5-3）以及监控区域划分图（图 5-4）。对项目 1 监控时点选择策略研究如下（项目 2 的监控时点选择策略在第 3 章中已经进行了叙述，此处不再赘述）：

策略 1：假设项目管理者精力以及资源是充足的。根据获得的项目监控区域划分图，可以对每个区域涉及的项目时点以及工序进行识别，从而确定项目的风险状况（表 5-5），管理者可以在特别重要区域以及重要区域投入更多的精力，同时加大监控力度，在一般重要和次要区域可以选择一般性处理，甚至可以对次要区域不采取控制措施。

策略 2：假设该项目的监控步长为 10 天，项目的持续时间为 58 天，项目共监控 6 次，根据策略 2 的计算公式得出监控时点的具体位置。将计算结果与传统等距监控(即在监控区域的结束位置进行监控)进行对比分析,得出策略 2 的监控方法更能对项目进行有效监控,其对比结果如表 5-6 所示,通过对比可以看出采用第 3 章提出的确定监控时点方法比传统等距监控方法效果更好,选择的监控时点更能监控到更多的项目信息。

策略 3:案例运用软件 Lingo 对监控步长分别为 5、6、10、12 个月且监控效果分别为 50%、60%、70% 和 80% 进行监控时点的求解,得到表 5-7 的结果。

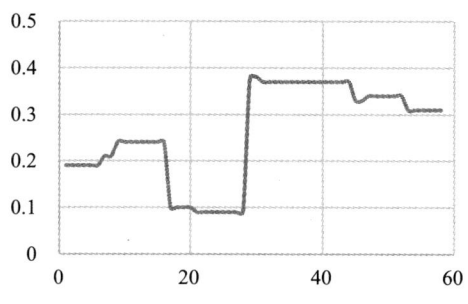

图 5-3 项目重要度分布图

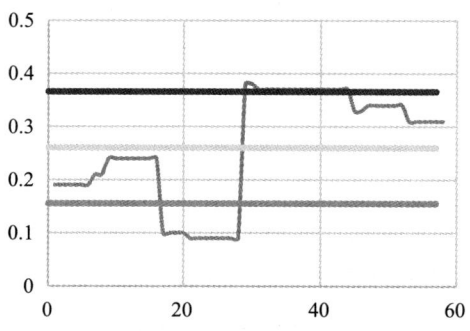

图 5-4 项目监控区域划分图

表 5-5　　　　　　　　项目风险状况

风险区域	项目时点	涉及的工序
特别重要	29—44	10,12—13,15—16
重要	45—58	12—14,17
一般重要	1—16	1—5,7—8,11
次要	17—28	7—10

根据表 5-5，在项目进行到 29 个月的时候需要项目管理者进行重点监控，一直到第 58 个月都是风险较高的阶段。如果深入到 WBS 层面，工序 10、12—17 是需要重要控制的，需要控制工序的执行时间，以免影响到整个工程的工期。反之，在第 1—28 月项目管理者可以不必花太多精力投入项目控制中，因为此时项目工序的重要度较低，即使项目工序发生延误等现象，对整个工程的影响也是较小的，可以通过后期赶工进行纠偏。

表 5-6　　　　　　　　　　项目监控效果对比

监控次数	传统方法监控时点	对应的重要度	本文方法监控时点	对应的重要度
1	10	0.24	9	0.24
2	20	0.1	11	0.24
3	30	0.38	29	0.38
4	40	0.37	31	0.38
5	50	0.34	41	0.37
6	58	0.31	51	0.34
总计		1.74		1.95

表 5-6 中结果显示，应用文中提出方法选择项目监控时点，可以监控到 1.95 的重要度，传统的定期监控方法只能监控到 1.74 的重要度，因此文中所提的监控时点选择方法效果更佳。

运用 Lingo 软件对监控步长分别为 5、6、10、12 个月，且监控效果分别为 50%、60%、70% 和 80% 进行监控时点选择模型进行求解（具体的求解程序见附录 1），得到了项目监控时点的选择分布结果。项目管理者可以按照自身的实际情况对项目监控效果进行选择，风险偏好较高的可以选择较低的监控效果，对部分不重要的工序进行放权处理，关注重要度高的工序。风险偏好较低的项目管理者可以选择较高的监控效果，即尽可能多地将所有的项目工序都监控到。同时按照选择的监控步长，监控时点的具体时间也不同，如果项目管理者想要项目能够按时完工，可以选择步长较小的方案进行监控时点的确定。

表 5-7　　　　　　　　　项目监控时点分布图

监控效果 \ 监控步长/月 \ 监控时点	5	6	10	12
50%	10, 13, 29—44, 49—52	9, 11, 29—44, 49—52	2, 12—13, 19, 29—44, 50—51, 55	10, 13, 29—44, 49—52
60%	10, 13, 29—52	9, 11, 29—52	2, 12—13, 19, 29—44, 47—52, 55	10, 13, 29—52
70%	10, 13, 29—55, 57—58	9, 11, 29—57	2, 12—13, 19, 29—52, 55—58	10, 13, 29—55, 57—58
80%	9, 11—16, 29—58	9, 11—16, 29—58	2, 9—12, 14—15, 19, 29—58	9, 11—16, 29—58

5.3　项目缓冲设置

结合项目信息对项目链路进行分析，得到项目链路分布图 5-5，其中工序 1、6、16、17 组成的链路为关键链。非关键链路有八条，分别是链路 1：工序 2、5；链路 2：工序 7；链路 3：工序 3、9；链路 4：工序 11；链路 5：工序 13；链路 6：工序 15；链路 7：工序 4、8、10；链路 8：工序 12、14，所以在非关键链与关键链交汇的地方插入 8 个汇入缓冲区。假定选择的风险偏好水平为 5%，即有 95% 的项目完工率。利用前文提出的方法计算各缓冲区，并进行 10000 次蒙特卡洛模拟（模拟进行到 10000 次时结果基本不发生太大变化）的基础上，与剪切粘贴法、根方差法的计算结果进行比较（如表 5-8 所示）。

根据表 5-8 中的计算结果，本文计算缓冲区大小的方法综合考虑了项目工序特征以及工序地位等因素，因此方法设置的缓冲区更接近于项目实际。与两种传统方法进行比较，文中提出的方法不仅在大小上缩短了缓冲区，超出概率也更小了。与剪切粘贴法和根方差法比，项目整体风险分别降低了约 12.5% 和 1%，这是因为该案例中项目网络并行活动较多，关

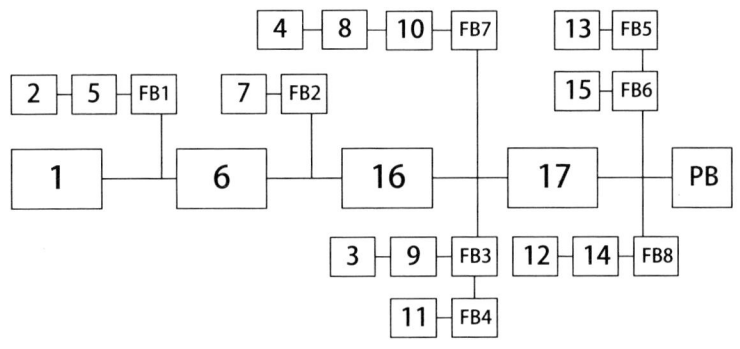

图 5-5 项目计划关键链及缓冲设置图

表 5-8 项目缓冲区设置及模拟结果统计

缓冲值	剪切粘贴法		根方差法		本文方法	
	大小	超出概率	大小	超出概率	大小	超出概率
PB	3.985	18.60%	4.351839	17.10%	4.331946	16.70%
FB1	0.72	22.80%	1.028008	13.80%	0.996231	13.30%
FB2	0.41	30.20%	0.82	15.30%	0.817384	11.30%
FB3	1.07	26.00%	1.641585	14.10%	1.636347	12.60%
FB4	1.43	30.20%	2.86	15.00%	2.613302	13.50%
FB5	0.41	32.30%	0.82	16.80%	0.681153	15.10%
FB6	0.81	29.20%	1.62	14.50%	1.345693	13.20%
FB7	2.035	21.60%	2.739872	14.80%	2.595504	15.00%
FB8	0.765	25.00%	1.192686	15.50%	0.999389	17.30%
均值		26.21%		15.21%		14.22%

键链上工序较少，故与根方差法计算结果较接近，如果项目关键链工序增多时，文中提出的方法优势会更明显一些。PB 的整体大小与剪切粘贴法的 3.985 月和根方差法的 4.35 月相比，文中所提方法为 4.33 月。项目工期（即 PB 所在的链路）的超出概率与剪切粘贴法的 18.6% 和根方差法的 17.1% 相比，文中所提方法超期概率更低一些，为 16.7%，证明了方法的效果。

同样，通过对项目 2 信息的分析得到了项目 2 的链路分布图（图 5-6），其中工序 1、4、18、24、29、36 组成了项目 2 的关键链。项目 2 共有非关键链 16 条，分别是链路 1：工序 2；链路 2：工序 6；链路 3：工序 14；

链路 4：工序 17；链路 5：工序 3、11、20；链路 6：工序 8、16；链路 7：工序 19；链路 8：工序 21；链路 9：工序 9、15、28；链路 10：工序 27；链路 11：工序 23、24；链路 12：工序 13、30；链路 13：工序 32；链路 14：工序 33；链路 15：工序 10、25、35、38；链路 16：工序 5、7、12、22、26、31、37，因此在非关键链与关键链交会的地方插入了 16 处汇入缓冲区。假定选择的风险偏好水平为 5%，即有 95% 的项目完工率。利用文中提出的方法计算各缓冲区，并与剪切粘贴法、根方差法的计算结果进行比较（见表 5－9）。

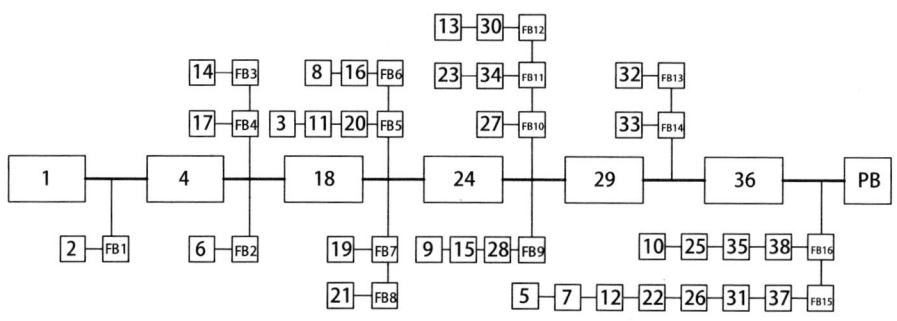

图 5－6　项目链路分布图

表 5－9　项目缓冲区设置及模拟结果统计

缓冲值	剪切粘贴法		根方差法		本文方法	
	大小	超出概率	大小	超出概率	大小	超出概率
PB	3.455	25.30%	4.99855	16.60%	4.984532	16.02%
FB1	0.31	31.32%	0.62	16.12%	0.618022	11.36%
FB2	0.31	31.00%	0.62	15.66%	0.618022	10.72%
FB3	0.31	30.36%	0.62	15.58%	0.618022	10.64%
FB4	0.31	31.30%	0.62	16.38%	0.618022	11.02%
FB5	1.675	20.18%	1.978611	16.66%	1.945057	16.54%
FB6	1.1	23.90%	1.555892	16.02%	1.550928	14.82%
FB7	0.205	31.24%	0.41	16.32%	0.374634	12.92%
FB8	0.41	29.76%	0.82	15.14%	0.817384	10.38%
FB9	2.965	21.10%	3.13897	20.02%	3.280276	18.54%

续表

缓冲值	剪切粘贴法		根方差法		本文方法	
	大小	超出概率	大小	超出概率	大小	超出概率
FB10	0.41	30.86%	0.82	15.84%	0.817384	11.56%
FB11	0.5	24.06%	0.707107	15.90%	0.704851	14.68%
FB12	0.72	23.34%	1.028008	15.62%	0.994515	15.18%
FB13	0.41	31.50%	0.82	15.96%	0.817384	10.80%
FB14	0.41	30.34%	0.82	15.20%	0.817384	10.00%
FB15	2.085	10.40%	1.627053	16.88%	1.621861	16.88%
FB16	6.795	18.24%	7.816246	14.92%	7.794134	14.66%
均值		26.13%		16.17%		13.34%

通过表 5-9 中的计算结果分析可知，因为该项目网络并行活动较多，关键链上工序较少，与根方差法计算结果较接近，利用本文方法计算得到的缓冲区比根方差法计算得到的缓冲区小，且通过模拟得到的项目超出概率也比根方差法和剪切粘贴法小，说明文章方法稳定性高。同时，在每个汇入缓冲区上，文中提出的方法计算得到的缓冲区距离小于根方差法，超出的概率均小于剪切粘贴法和根方差法。另外，计算各缓冲区的超出概率的均值，文中所提方法为 13.34%，小于剪切粘贴法的 26.13% 和根方差法的 16.17%。

5.4 面向缓冲区控制计划的管理者精力计算

根据 5.3 中各项目信息，可以对项目各工序的重要度进行排序。项目管理过程中按照"抓大放小"原则，对项目所有工序无法全部进行监控管理，需要项目管理者根据不同项目情况确定管控的比例。论文根据项目 1 中各工序重要度的大小，确定项目需要重点监控的工序及每项工序的管理者精力分配情况（见表 5-10）。假设项目管理者进行控制是平均分配精力，则该项目中每道工序分配到的管理者精力为 $1/17 = 0.058824$。

表 5 – 10　　　　　　　监控工序及管理者精力分配

工序	16	17	1	9	2	4
重要度	0.35	0.31	0.13	0.06	0.04	0.03
精力分配	0.324074	0.287037	0.12037	0.055556	0.037037	0.027778
工序	6	8	11	14	3	5
重要度	0.03	0.02	0.02	0.02	0.01	0.01
精力分配	0.027778	0.018519	0.018519	0.018519	0.009259	0.009259
工序	7	10	12	13	15	
重要度	0.01	0.01	0.01	0.01	0.01	
精力分配	0.009259	0.009259	0.009259	0.009259	0.009259	

根据项目工序的不同重要度，管理者分配的管理精力也各有不同。如：工序 16 的重要度最大，说明其在项目中的重要性最高，一旦发生延误会对总工期造成的影响最大，且赶工时间最多，所以分配的管理者精力也最多，其他的次之。比起平均分配管理者精力或者没有规律地分配，文中所提方法更加有说服力。对项目进行 10000 次蒙特卡洛模拟（10000 次之后结果无明显差异），模拟得到每条链路上的持续时间的最大值、最小值、均值和方差，见表 5 – 11。

表 5 – 11　　　　　　　模拟结果对比

链路	包含工序	最大值		最小值		均值		方差	
		未用策略	使用策略	未用策略	使用策略	未用策略	使用策略	未用策略	使用策略
关键链	1，6，16，17	67.60	61.86	33.45	37.53	50.02	49.98	4.34	3.29
链路 1	2，5	19.92	19.77	11.58	12.24	16.01	15.99	1.04	1.02
链路 2	7	15.61	14.83	8.78	8.85	12.00	11.99	0.81	0.80
链路 3	3，9	23.79	24.13	12.19	12.54	18.02	17.99	1.64	1.60
链路 4	11	18.53	17.83	1.53	1.14	8.03	7.98	2.85	2.77
链路 5	13	11.53	10.91	4.99	4.55	8.00	7.98	0.83	0.82
链路 6	15	16.38	14.26	1.56	1.74	8.03	7.99	1.63	1.60
链路 7	4，8，10	44.19	43.15	24.04	23.96	34.05	34.03	2.76	2.69
链路 8	12，14	20.02	19.86	10.91	11.35	16.01	15.98	1.19	1.18

通过表 5 – 11 的模拟结果可知，应用文中所提策略可以促进项目整体工期缩小，且波动程度也较低。关键链上的持续时间未使用策略时为

50.02 个月,使用策略为 49.98 个月,且关键链上的持续时间在未使用策略时最大值为 67.6 个月,最小值为 33.45 个月,方差为 4.34 个月。使用文中所提策略后关键链上的持续时间最大值为 61.86 个月,最小值为 37.53 个月,方差为 3.29 个月,波动程度明显较低,其他链路持续时间的均值和方差也有所降低。这说明文中所提方法不仅能够缩短工期,还能降低项目的执行风险,稳定性较高。

对项目 2 按照各工序的重要度的大小,确定项目需要重点监控的工序及每项工序的管理者精力分配情况(见表 5 - 12),根据项目工序的不同重要度,管理者分配的管理精力也各有不同。如:工序 36 的重要度最大,说明其在项目中的重要性最高,一旦工序发生延误对总工期造成的影响最大且赶工时间最多,所以分配的管理者精力也应最多,其他工序次之。如果按照项目管理者进行控制是平均分配精力策略执行,该项目中每道工序分配到的管理者精力为 1/38 = 0.026316。比起平均分配管理者精力或者没有规律地分配,文章方法更加有说服力。对项目进行 10000 次蒙特卡洛模拟后,得到每条链路上的持续时间的最值、均值和方差,见表 5 - 13。

表 5 - 12 管理者精力分配情况

工序	1	2	3	4	5	6
重要度	0.03	0.01	0.01	0.03	0.01	0.01
精力分配	0.026549	0.00885	0.00885	0.026549	0.00885	0.00885
工序	7	8	9	10	11	12
重要度	0.01	0.01	0.06	0.02	0.01	0.01
精力分配	0.00885	0.00885	0.053097	0.017699	0.00885	0.00885
工序	13	14	15	16	17	18
重要度	0.01	0.01	0.09	0.01	0.01	0.02
精力分配	0.00885	0.00885	0.079646	0.00885	0.017699	0.017699
工序	19	20	21	22	23	24
重要度	0.01	0.01	0.01	0.01	0.01	0.03
精力分配	0.00885	0.00885	0.00885	0.00885	0.00885	0.026549
工序	25	26	27	28	29	30
重要度	0.04	0.01	0.01	0.01	0.07	0.01
精力分配	0.035398	0.00885	0.00885	0.00885	0.061947	0.00885

续表

工序	31	32	33	34	35	36
重要度	0.01	0.01	0.01	0.01	0.05	0.28
精力分配	0.00885	0.00885	0.00885	0.00885	0.044248	0.247788

工序	37	38
重要度	0.01	0.14
精力分配	0.00885	0.123894

表 5-13　　　　模拟结果对比

链路	包含工序	最大值		最小值		均值		方差	
		未用策略	使用策略	未用策略	使用策略	未用策略	使用策略	未用策略	使用策略
关键链	1,4,18,24,29,36	86.31	73.77	41.68	46.18	60.06	59.96	4.92	3.99
链路1	2	4.56	4.41	0.35	0.13	2.33	2.31	0.60	0.60
链路2	6	5.26	4.68	0.46	0.18	2.66	2.64	0.61	0.60
链路3	14	7.66	7.40	3.41	2.84	5.33	5.32	0.60	0.60
链路4	17	4.53	4.68	0.12	0.32	2.32	2.31	0.60	0.60
链路5	3,11,20	17.89	16.88	3.48	2.25	10.04	9.99	1.92	1.97
链路6	8,16	11.60	11.70	1.27	1.42	6.53	6.47	1.52	1.51
链路7	19	6.98	6.88	4.22	3.60	5.50	5.49	0.41	0.40
链路8	21	5.87	5.82	0.24	0.17	2.99	2.98	0.79	0.80
链路9	9,15,28	50.62	49.23	20.43	21.53	35.63	35.53	3.69	3.69
链路10	27	6.57	6.78	1.37	1.12	4.01	3.98	0.80	0.80
链路11	23,34	6.76	6.78	1.52	1.66	4.17	4.16	0.69	0.68
链路12	13,30	10.83	10.81	3.83	3.85	7.34	7.31	1.00	0.09
链路13	32	12.87	13.02	7.32	6.98	10.01	9.98	0.79	0.80
链路14	33	7.12	6.95	0.84	0.77	4.02	3.98	0.79	0.76
链路15	5,7,12,22,26,31,37	44.98	45.19	32.93	33.83	39.37	39.29	1.60	1.57
链路16	10,25,35,38	79.00	71.73	20.74	24.93	49.10	48.92	7.68	7.19

通过表 5-13 的模拟结果可知，使用文中所提策略可以使项目整体工期缩小，且波动程度也较低，关键链上的持续时间未使用策略时为 60.06 个月，使用策略后为 59.96 个月，且关键链上的持续时间在未使用策略时最大值为 86.31 个月，最小值为 41.68 个月，方差为 4.92 个月。使用文中提出的策略后，关键链上的持续时间最大值为 73.77 个月，最小值为 46.18 个月，方差为 3.99 个月，波动程度明显较低。同时，其他链路持续时间的均值和方差也降低了，通过两个案例的计算验证，说明文中方法在应用中具有较高的稳定性。

6 本篇研究结论

本篇内容主要是围绕大型建设项目在计划和控制阶段存在的一些问题的改进研究,主要贡献如下:

(1) 项目监控时点的选择策略研究

项目管理者在实施项目控制前面临的两项重要任务是在项目实施阶段选择控制时点和合理分配控制强度,但这些工作常常都以历史经验或定性分析结果为依据开展,缺乏科学的量化方法的指导。通过对几种常用的控制时点选择方法进行总结后发现的几个问题可以概括为:①管理者在项目各控制时点上是否需要投入一样的精力,能否根据控制时点上所涉及工作的重要程度科学分配控制强度;②当设置的项目控制时点较多时,频繁的控制活动可能会造成对项目执行者的过度控制,是否有必要在所有控制时点上都开展控制活动;③当考虑在控制活动上的资源和成本投入限制时,计划控制时点如何设置才能实现让更多工序获得有效控制;④因为偏差过大需要更新项目剩余工序网络时,项目计划期选择的控制时点是否还有效,对剩余工作控制时点该如何设置。在研究分析上述问题的基础上,本篇提出了一种应用工序重要程度综合评价指标——工序重要度(VES),在项目计划阶段选择项目控制时点的方法。研究思路是:首先通过模拟仿真计算获得各工序重要度数据,然后利用项目计划网络将各工序重要度数据对应分配到项目时点上,进而根据数据反映出的各项目时点上的工序重要程度制定适当的控制时点选择策略。通过这种方法,管理者可以根据自身情况制定控制时点选择策略,并能为项目控制时点上的控制活动强度分配提供依据。同时,该方法可以在项目执行周期内发生网络计划更新后的控制工作中反复应用。方法共适用于三种情境：项目连续控制下的控制时点选择，固定控制频率下的控制时点选择，资源约束下的最优控制点选择。最后通过案例计算，验证了方法的有效性。

（2）项目缓冲区大小设置研究

通过对关键链缓冲区管理（CC/BM）理论的研究发现，CC/BM 存在以下缺陷：①在缓冲区大小设置中，未考虑单个工序重要程度对项目完成时间的影响，基于项目属性设置的缓冲大小对工序离散分析不全面，缓冲区的相关性能指标无法提供工序级别的信息，这可能导致警告信号的不准确，因此采取的控制措施效率低下；②项目管理中最重要的问题之一是确定重要的活动工序以及管理者应该给予的控制程度，缓冲机制在采取纠正措施时，因为忽视项目执行动态特征和相关活动信息等问题，无法说明哪些活动应该获得更多的管理控制。为了解决这些实际问题，研究引入了传统 PERT 框架下的进度风险分析（SRA）方法中的活动敏感性度量指标——活动重要度（VES），提出了基于活动敏感性分析的关键链缓冲区大小的计算方法，以及对缓冲区控制和管理者精力分配的计算流程，该计算方法能够提供关于与项目持续时间有关的相对活动临界性的重要信息，突出管理重点，便于项目管理和控制。

（3）项目缓冲监控及管理者精力分配研究

在 CC/BM 缓冲监控中，缓冲液使用的情况对项目能否按时完工有着重要的影响。VES 作为衡量活动重要性的指标，对项目管理者进行精力分配以及制订赶工策略都有着显著的作用。研究将 VES 与 CC/BM 结合，提出一种集项目缓冲监控、管理者精力分配、赶工策略制订为一体的项目控制方法。最后通过案例分析，验证了方法在项目工期控制、合理分配管理者精力、降低项目风险上的有效性。

第二篇

建设项目多要素协同激励控制模型

建筑行业在国民经济中扮演着越来越重要的作用,在很大程度上推动了我国的经济发展。当前,建筑市场的管理体系并不完善,因此建立一个更加规范、完善的建筑市场管理制度,提高市场上相关主体的运行效率至关重要。而对建筑市场进行管理的重点部分是业主对承包商的管理,其中业主一方作为十分重要的管理者,如何对承包商实施简单高效的激励是研究的重难点。

本篇运用了激励理论、委托代理理论以及声誉机制,针对签订了大型长期工程合作协议的业主与承包商两者间的委托代理关系进行了具体分析。站在业主方的角度,建立了业主对承包商的激励机制。首先引入挣值管理中两个基本业绩测度,同时将质量因素量化,考虑多要素间的可替代性,建立了一个多要素协同的激励控制模型;进一步考虑不同承包商的声誉情况,将声誉和要素的可替代性相结合,以业主视角构建了一套综合考虑显性声誉和隐性声誉的两阶段动态激励模型。最后通过算例分析和 MATLAB 数据模拟证明了模型的合理性和有效性。

通过模型构建、算例分析和 MATLAB 软件数据模拟得出以下结论：（1）在考虑各要素替代性的基础上，引入双重声誉机制，通过对承包商声誉值的不断修正，调整激励强度，实现了业主、承包商、社会总价值三方收益的进一步优化；（2）针对引入承包商声誉的多要素协同激励模型进行了数据模拟，分别分析了低声誉水平、高声誉水平承包商的情况，研究结果表明，对于声誉水平较高的承包商，可以适当地降低激励强度，仍然可以保证项目目标的实现；而对于声誉水平较低的承包商，则需要提高承包商的激励系数；（3）对承包商、业主、社会总价值三者与承包商声誉值的关系进行深入的研究，提出了确定双重声誉协同激励模型发挥作用的有效区间的方法。本篇通过前期的模型建立以及后期的算例模拟，为业主方简单高效地激励承包商提供理论上的参考。

7 研究概述

7.1 研究背景及意义

7.1.1 研究背景

建筑行业在国民经济建设中扮演着十分重要的角色，近年来，工程项目的数量和规模不断扩张，图 7-1 就反映了近 20 年来中国建筑业总产值的快速增长，然而，建筑工程规模越来越大、工程环境与技术越来越复杂，建筑行业的管理水平却没有随之迅猛发展，致使建设工程项目的运行过程出现诸多问题：整体的运转体系混乱；大量的违法分、转包现象；项目合约不完善，业主方管理不到位；承包商在建造过程中为了获得更多的收益而过度降低成本，忽视工程质量，出现多起工程延期事故；参与工程建设项目的各方做法达不到合同标准，忽视正确的管理方式的运用；业主方与各承包单位之间的交流不到位，项目建设过程缺乏严格的监督等。探讨造成建设工程项目的运行过程中出现诸多问题的原因正是本篇研究目的——建立更加完善的激励机制的先决条件。

一般大中型的工程建设项目都具有建设周期长、投资数额大、潜在风险因素多等特点，加上建筑市场上参与主体众多，主体之间信息不对称，沟通不到位，利益目标不一致，容易产生道德风险问题，最终会导致项目偏离整体目标，造成资源的浪费，出现一系列工程问题。实际上，业主和

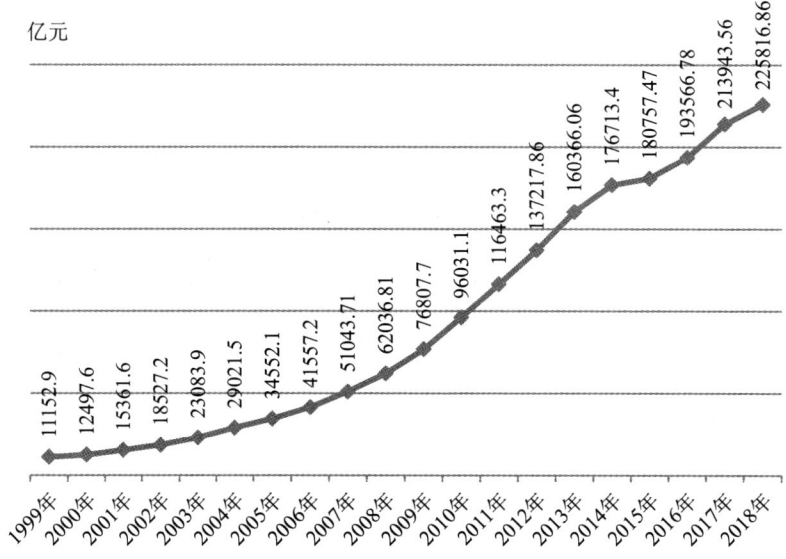

图 7-1 建筑业总产值

承包商之间的问题符合委托代理理论，因此，本篇结合激励理论、委托代理理论、声誉机制，从业主角度出发，研究建立了一种更加有效的激励机制，目的在于确保达到项目目标实现的同时，使建筑项目的业主和承包商双方在整个项目建设过程中实现共赢。

7.1.2 研究意义

长期以来，各国学者针对激励理论做了诸多研究，收获颇丰，其中将委托代理应用到建筑领域实施激励的也非常多。总的来说，包括对组织中的"人"进行激励、组织和组织之间的激励。承包商在项目的建设过程中起到至关重要的作用，一些学者也专门针对承包商的激励展开研究。然而，这些研究还有很多值得深入的地方，比如更深入地探讨项目各要素之间的关系，以及影响承包商决策的其他柔性因素。所以，现有的激励机制还需更进一步完善，一种有效的激励机制应该做到在调动承包商工作主动性的同时，使承包商自觉地采取对自身、对业主、对项目目标均有利的行动。详细来说，本篇研究意义有以下几点：

（1）补充、完善理论体系。现有研究中关于业主方如何对承包商实施有效激励的研究并不够完善，还存在一些可以深入挖掘的地方。本篇就是考虑了更多的现实因素,结合委托代理、声誉激励相关理论,构建了一个更完善的业主对承包商的激励体系,补充、完善了业主方的项目管理理论和激励机制在建筑行业的应用。通过激励、委托代理、声誉三种理论的结合研究,更全面地分析了业主和承包商之间在道德风险和信息不对称存在的情况下的激励策略,并采用构建委托代理模型、算例模拟等方式对研究结果的合理性和效果进行了验证。

(2) 为业主提供更有效的激励方式。随着建筑行业的兴起,作为施工单位的承包商同时参与多个建设项目的情况越来越多,而一个人或一个组织的精力和拥有的资源数量是有限的,这常常会造成承包单位不能把资源合理地分配到各个项目上,这势必造成了业主方项目目标难以达成风险的增加。为了合理地规避上述风险,确保建筑项目如期完成,业主方应提高管理水平,因此需要拿出更加有效的激励方式。

(3) 促进项目多个建设要素的完成。工程建设项目在施工的过程中需要承包商同时兼顾工期、质量、成本、人身安全等诸多要素,即承包商想要全面达到业主方的要求,需要做到在规定日期内保证项目竣工,同时确保施工项目质量合格,努力在合理范围内减少工程成本,确保工作人员的人身安全。本篇就是对多个项目要素进行了分析,将这些要素考虑到委托代理模型之中,从而使激励更加有效,确保承包商在施工过程中兼顾这些要素。

(4) 提高承包单位工作的主动性。实际上,业主方和承包方所追求的利益目标并不相同,承包单位具有"理性人"的特点,使其在工作过程中只追求自身的收益,常常不会自觉地兼顾到项目的成本和质量。本篇提出的两阶段双重声誉机制,可以使承包单位积极工作的同时,配合业主方达到自身追求的目标,实现两方的共赢。

(5) 提高承包单位的信誉。在建筑行业发展的过程中,不守信现象一直都存在,尤其是作为承包单位,他们的信誉情况会引起各参与方的重视。由于承包单位掌握着更多的工程信息,若出现失信现象,一定会对建筑项目的质量、工期、成本等要素造成影响,从而让业主方承担风险、造成整个建筑行业的混乱。本篇将承包商的信誉考虑到委托代理模型之中,分析了信誉情况对整个激励体系的影响,减少承包商的机会主义行为,在提高承包单位信誉的同时,促进实现建筑行业秩序的健康化。

7.2 国内外研究现状

7.2.1 国外研究综述

"激励"一词经常出现在当今的管理领域，已成为当代一种重要的管理方式，而激励理论研究的本质便是通过制订一系列的奖惩措施来提升特定个体工作的积极性。观察激励理论逐渐丰富完善的历程，从一开始的经济学范畴延伸到管理学领域，并不断渗透、应用到如今的各行各业，不难看出，整个激励体系在不断积累、创新，在如今的管理理论和应用中处于重要地位。现在，激励理论与方法在工程建设管理领域也有了普遍的运用。

最早研究委托代理的外国学者有 Wilson（1969）、Spence（1971）和 Zeekhauser（1971）、Ross（1973）、Mirrless（1974、1976）、Holmstorm（1979、1982）、Grossmans（1983）和 Hart（1983）等。Holmstorm 构建了一种只有单个代理人和一项代理任务的激励模型，运用委托代理理论探讨不能准确掌握代理人的信息时，该如何进行激励。然后，Holmstrom（1991）、Itoh（1991）、Slade（1996）、Luporini 和 Parigi（1996）、Sinclair-Desgague（1999）、Dikolli 和 Kulp（2002）等研究了多代理下的激励问题。之后，Mac.Donald（2001）、Dewatripont（2005）等分析了当多个代理任务之间具有相关性时对激励行为的影响。Garcia（2003）分析了多任务情况下，代理方故意遮掩有关自身行为信息时的激励。Hakan Tarakci、Kwei Tang（2006）等研究了合作方式为外包时对合约中激励方式的调整，研究得出在这种情况下，可以选择一定的目标水平加酬金的结算方式进行激励，同时还为业主方寻找最佳的合作单位订立了一个合约。Sillars、David N（2007）等针对公路建设项目，构建了业主对施工单位的激励模型，并且在文章中给出了奖励、惩罚的下限。Petter Osmundsen（2008）等专门分析了钻井项目合约中业主对施工单位的激励，此类合约相对较少，研究者采用修正合约结构的方法，提出了一种激励合约，促使施工单位人员研究、制定了全新的施工技术。Chen – Yu Chang（2009）等认为，在工程项目的合约中，很多业主已经开始采取激励的方式来鼓励承包单位减少工程成本。Brendan Gallagher（2012）等用实例分析的方式提出了采用激励手段可以明显改变项目的履行情况，首先，采用问卷的方式对英国和爱尔兰两个国家的有关项目展开调查，研究了支付方法与成本的潜在关系，对比了实施激励和未实施激励的项目，最终将不同的激励方式的激励效果进行比对，如单一激励和多种激励，证明了文章结论。通过上述研究发现，基于委托代理理论，实施激励的强弱在很大程度上依赖最优风险分担原则，因此，本篇从这一角度研究了工程项目合约激励，在对实际工程项目中的有关数据进行分析后，获得了可以应对风险情况的激励合约。

同时，研究发现不同承包商的个人能力、信誉水平等声誉评价指标各不相同，业主可以根据承包商的工作情况做出判断，以此作为结算报酬的依据之一，因此在重复的委托代理模型中，承包商在某一阶段的声誉情况可以直接或间接影响本阶段甚至未来的收入情况，所以他们会出于"声誉效应"的考虑自觉遵守合同，自觉完成项目目标。很多学者发现这一规律后开始将声誉因素引入模型：Fama（1980）首先提出，声誉激励可以作为业主对承包商激励机制的不完全替代，即使没有显性的激励措施，承包商也会努力提高他们在市场的声誉，从而改善自己当前和未来的收入，这一研究具有重要的奠基意义。Holmstrom（1982）将Fama的上述思想进行了模型化研究；Kreps、Wilson、Roberts和Milgrom（1982）四人最先采用重复博弈模型的方式，对声誉在激励机制中的作用效果进行了研究，他们所构建的KMRW声誉模型被认为是该研究方向的经典模型。Branconi（2004）认为，声誉在隐性激励下能够发挥积极作用，可以在很大程度上避免代理方的投机行为。Chi（2010）等采用动态规划、博弈、期望效用等方法，研究了基于能力和合作两种声誉因素的团队成员的激励问题。

7.2.2 国内研究综述

建筑行业在国内迅速兴起，建设项目管理领域的理论与实践问题也越来越引起了学术界的广泛关注，诸多学者尝试在建设项目管理中应用一些比较先进的管理学的理念，其中，在面向建设项目管理的激励理论与实践方法研究开展得较多。王健等（2004）、翁东风等（2010）采用多属性效用函数作为目标函数，将质量因素按等级进行划分，建立了工程项目管理的工期、质量、成本的综合均衡优化模型。戴春爱等（2009）利用进度偏差（schedule variance，SV）与成本偏差（cost variance，CV）之和作为业绩标准研究了项目管理的委托代理问题，该研究认为项目代理人为SV和CV付出的努力程度是不同的，进一步来说，考虑到在实际工程施工过程中，业主对SV和CV两个指标可能存在不同的要求，所以重新构建建立模型，将这两个指标分开激励（2010）。陆龚曙等（2011）认为工程施工产生的直接费用与施工工期之间的关联并不是线性的，从而选取成本和工期两个目标进行激励，以业主方的利益为目标函数建立了委托代理模型。李栗（2012）分析了代建制工程中的委托代理关系，以工程质量和施工工期两个要素作为激励因子，构建了双层的激励模型。施建刚等（2012）认为项目型组织之间是平等合作的，模型考虑了工程质量和工期两个要素，并以研究项目的价值增值为目标函数，建立、分析了以项目为导向的供应链跨组织激励模型。曹天等（2015）专门分析了拥有多个承包单位的工程项目质量激励问题，结合工程项目施工质量管理的具体特性，构建了团队质量激励的线性模型。陈勇强等（2016）综合考虑了工程的工期、质量、成本三项任务，假定它们是相互独立的，用拓展型Cobb-Douglas生产函数来衡量各项目目标均投入努力情况下的产出，构建了多要素激励模型。李强等（2016）分析了建筑工程项目发生工程变更的情况下业主和承包单位的关系，讨论了业主方在存在项目变更情况下的监督作用，并基于委托代理理论，从业主的角度上建立了工程变更情况下的激励模型。郭汉丁等（2017）基于工程质量政府监督代理理论，建立了双重委托代理机制，通过构建博弈模型并求解得到了工程质量的监督激励参数。房勤英等（2017）构建了存在多个委托方的委托代理模型，分别包括政府部门、工程建设方、监理单位，研究了三个委托方在委托代理过程中的行为模式、价值取向以及他们之间的联系。魏光兴等（2017）选取采用工程总承包模式的工程项目中，总包与分包两者的委托代理关系，研究了存在公平偏好、道德风险的情况下，总包对分包的激励方法。王绪民等（2019）提出了建设项目背景下基于单位时间的委托代理模型，使管理者在达到成本控制要求的同时，实现了工人利益的最大化。基于声誉激励理论,刘惠萍等(2005)建立了一个动态契约模型,该模型将经理人的声誉与显性的激励机制相结合,形成长期和短期相结合的激励模式,并给出模型实现有效激励的条件,以及提高激励效果的途径。段永瑞等(2012)等将团队共享、协同效应与激励相结合,研究了声誉在团队激励中的作用。郑梅华(2012)从业主视角出发,考虑到声誉激励的作用,构建了引入"公平偏好"的短期静态激励模型,以及 N 阶段长期动态激励模型。在委托代理理论框架下,孔峰等(2014)以企业长期业绩最大化为目标,结合国有企业经理人的行为特征,建立了一个考虑长期激励效果的双重声誉激励和股票期权激励结合模型。马力等(2016)基于委托代理理论和博弈理论,分析比较了建筑承包商作为代理人,在与委托人签订契约的显性激励与市场声誉的隐性激励下的效用函数,得到有效激励实现的条件和提高激励效应的途径,并建立了相关数学模型。张家旺(2016)以业主的目标为出发点,基于信息经济、委托代理的有关知识,分析了存在多个目标要素时业主对承包方的激励。曹启龙等(2016)分析了声誉效应在 PPP 项目中的作用机理,建立了一个考虑声誉效应的动态激励模型,该模型里对显性激励和隐性激励都有所涉及。杨俊杰等(2016)结合声誉理论、演化博弈理论,研究了企业高管和股东之间委托代理关系的动态演化机制,同时进行了稳定性研究。徐宁等(2017)研究了经理人的创新绩效与其工资、声誉情况的内在联系,认为采取有效的工资及声誉契约设计,激励经理人不断提出合理的创新意见,可以提高创新绩效。郭汉丁等(2017)基于工程质量政府监督委托代理链框架结构,从完全信息和不完全信息两方面,构建了一套工程质量监督的声誉动态博弈模型。时茜茜等(2017)将声誉机制引入重大工程工厂化预制商的激励模型中,分析了声誉的激励作用,构建了一套双重声誉和显性激励相结合的多阶段动态激励模型。陈艳等(2020)尝试把声誉理论引入再制造闭环供应链系统,并和没有采用声誉的情况进行了对比分析,研究表明,引入声誉后形成了动态激励模型可以达到闭环供应链的帕累托改进。

7.2.3 研究评述

通过对国内及国外建筑工程领域激励问题研究的相关文献进行梳理发现,有关这一方面的研究成果非常多。进一步可以将其分为六类:(1)针对不同合约类型的激励，此类研究针对不同格式的合约采用有区别的激励手段，主要的合约类型有确定总价、成本加奖励金等；（2）针对项目中单一要素的激励，在进行激励时仅仅以项目的某一个要素为单独的激励目标，如工期、质量、成本等；（3）针对项目中多个要素的激励，与第二类不同，这一激励类型会在模型中加入多个要素，但关于多要素激励的研究尚不成熟，常常忽略各要素之间的相关性，或者某一目标的评价方式，如质量；（4）显性、隐性激励，这一类型考虑的是显性激励和隐性激励作为不同的激励方式对承包单位的激励效果；（5）动态激励，在静态激励的基础上将模型扩展为动态重复激励；（6）声誉激励，声誉的引入使得激励机制更加完善，但对于建设项目要素实施协同激励的研究，大多忽视了承包商的个人声誉，一些考虑了声誉的研究也是假定各要素独立的基础上开展的。

总之，目前建设工程领域关于激励机制的研究还有很多值得深入的地方，这正是本篇研究的初衷。业主作为委托方希望摆脱信息劣势地位带来的不良影响，达成建设项目的综合目标，所以更加急迫地想要提出一种更实际、更高效的激励机制，来应对承包单位的道德风险事件，同时提高委托方的项目管理水平。同时，从承包单位的角度考虑，完善的激励体系可以在实现让承包商获得物质奖励的同时，激励其主动地保持优秀的声誉水平，提高在行业内的信誉，实现良性循环。本篇结合委托—代理理论，从业主方的视角出发，将承包单位的声誉情况纳入模型，构建了一个更加完善的双重声誉多要素协同激励控制模型。

7.3 研究内容

本篇采取了将激励机制、委托代理和声誉相结合的方式，结合实际情况分析了建设项目中业主和承包单位双方的委托代理关系，建立了双重声誉多要素协同激励控制模型。

（1）第7章，首先介绍了文章的研究背景和研究意义；其次对国内及国外建筑行业实施激励的文献进行了对比分析，提出了本篇的研究启示；之后是文章的研究内容以及用到的方法；最后明确了本篇的创新点和技术路线，构建了完整的行文思路。

（2）第8章，对本篇用到的激励理论、委托代理理论、显性及隐性激励理论以及声誉理论进行了归纳分析。主要包括：激励的含义及激励理论的分类情况，委托代理基本理论的起源，委托代理模型与方法，多任务委托代理发展过程，显性激励及隐性激励的内涵以及声誉理论的内涵及发展。

（3）第9章、第10章，构建了业主对承包商的激励模型。第9章从委托代理理论入手，首先介绍了传统的双要素模型，研究了质量目标的量化方式，再考虑工期、质量、成本之间的替代性关系，构建了一套多要素协同激励控制模型；第10章考虑声誉激励对业主和承包商的影响，将声誉引入多要素协同激励控制模型，并与传统的考虑声誉的单因素激励模型、未考虑声誉的协同激励模型进行了对比分析，验证了模型的优势，并确定了模型有效区间的方法。

（4）第11章通过算例对第9章、第10章所建立的委托代理模型进行分析，并利用MATLAB软件对模型应用进行数据模拟，验证了本篇提出的相关结论。

8 相关理论介绍

8.1 激励机制相关理论

8.1.1 激励含义

"激励"一词的含义是,实施者建立一定的规章制度和奖惩机制,采取提供合理的奖励方法、外部环境等方式,凭借有效的交流渠道去启发、指点、维持、规范被激励者的行为举止,从而确保整个组织及全员追求的目标得以快速、高效完成的组织活动。通过实施激励可以鼓励全体员工采取准确无误的举措,激发组织全体职工的主动性和创新能力,实现整体业绩的最优化。

8.1.2 激励理论

激励理论旨在研究如何激发组织全体职工的主动性,实现整体业绩的最优化的过程中归纳出来的技巧和准则。如今,关于激励问题的探索基本上可以分为两个类型,一方面是从诸多的实际经历中概括、归纳出来的激励理论,属于管理学的范畴;另一方面是通过建立前提假定及严谨地演算推理得到的激励理论,属于经济学的范畴。所以,激励理论往往被划为管理学激励理论和经济学激励理论两种研究范畴。

(1) 管理学激励理论

管理学范畴的激励理论又可以被分为四种类型，具体是内容型、过程型、行为后果、综合型。内容型的激励理论指的是专门分析激励的来源，以及实现激励效果主要要素的一种激励理论。过程型的激励理论着重分析行为动机的出现到实施行为的整个过程中的心理变化，这类激励理论的非常重要的任务是，要找出对员工的行为具有关键性作用的一些重要要素，在分析清楚它们之间的具体联系之后，来预测、指导员工的行为。行为后果激励理论的研究方向是员工的行为后果，分析怎样在行为之后进行下一步的激励，这一理论坚信行动的成果对行动本身有进一步深化的效果，因此实施激励者仅需把握好行动的成果，便能够掌握和调整职工的行动目标。最后一个是综合型的激励理论，这一理论是前面三个理论的综合，保留了前者的优势，去除了前者的不足，更加全面、综合地分析了对员工进行行为激励的全部流程。综上，管理学范畴的激励理论是站在激励主体的立场上，研究怎样适当地激发员工行为的主动性、规范性以及行为动机产生、拣选的过程。

(2) 经济学激励理论

经济学范畴的激励理论的建立、发展，和委托代理理论有着不可分割的联系。对委托代理相关理论的相关探索，大致可以分为三个方面：第一种指委托方亲自对代理方进行监察管理，这种形式仅仅可以从理论层面上认为，委托方亲自监管的方式能够缓解代理方的机会主义行为造成的过失，然而实际上并不能根本上打消代理方投机的想法。当双方得到的信息不同时，代理方便可以利用这一偏差，采取利于自身的行动，此时要想实施全面的监督，委托一方必然会投入更多的成本，此时的监管效率并不高。第二种是将剩余索取权交给代理方，这样，尽管可以消除代理方的投机行为，可对委托方来说将没有期望净收入。第三种是契约激励的方式，采用契约的形式，通过建立委托代理模型，使委托人和代理人可以按照合约共同分享剩余索取权，同时规定这将和代理方的业绩直接相关。最后这一种激励方式被采用的次数最多，并且在存在信息不对称的情况下，这种激励是最佳的选择。所以，委托方怎样建立一个合理、有效的激励契约来勉励和管理代理方的行动，是这一理论研究的关键。

8.2 委托代理相关理论

8.2.1 委托代理概述

委托代理理论于20世纪30年代开始兴起，最先出现在由著名经济学家伯利和米恩斯提出的"所有权与控制权分离"的理论中。委托代理理论以信息不对称下的博弈理论为基础，是处理委托、代理双方道德风险和逆向选择强有力的理论。著名学者维尔森、斯宾塞和泽克豪森、罗斯、莫里斯、霍姆斯特姆、格里斯曼和哈特等均是这一理论研究的先行者。萨平顿（1991）提到，委托代理研究的主要问题是在委托代理双方的追求目标相矛盾，且各自拥有的信息不同的情况下，委托一方该怎样建立激励合约来鞭策代理方。根据这一理论，委托、代理双方在追求的目标相同时，所有的矛盾和摩擦都将不存在。而实际情况下，委托代理双方各自的目的是不一样的，而且双方拥有的项目信息也不一样，委托方处于信息劣势地位，不能准确地观测到代理方的行为，因此便出现了道德风险问题。此时实施监管的成本会在很大程度上增加，就需要建立一个更加有效的激励机制，督促代理方减少机会主义行为，采取利于委托方的行动。

在信息经济学中，合作双方的委托代理关系被看作一项契约关系来开展研究。通常情况下，在契约约束下的委托代理事件中，委托一方委托代理人进行一些活动，这些活动都是服从于委托人的利益的，根据信息对称和不对称两种类型，可以将这种契约关系也划分成两类。第一类，在委托代理双方信息对称的情况下，委托方能够准确地观察到全部有关代理方活动的信息，根据这些信息进行奖励或惩罚。这种情况下可以达到帕累托最优。而第二种情况，委托人不能了解到代理人活动的真实信息，此时信息是不对称的，委托人和代理人各自追求的目标是不同的，处于信息优势地位的代理人会弱化委托人的目标，更多地去实现自身收益的最大化，显然此时双方的目标产生了矛盾，不能达到帕累托最优。而这种"经济人"假设正是委托代理理论的一种前提条件。

前面提到的"经济人"假设，表明两者在合作过程中，会给对方的利益带来很大程度的损失，从这一角度考虑，委托方将更在乎自身的目标，却忽略代理方的投入；同理，代理方将会在合作过程中减少投入成本来使自己获得更大的利润，使委托方的利益受损。上述情况下，委托方想要避免这类事件的发生，维护自己和项目的目标，将不得不制订一系列措施来引导、督促代理方进行有益于双方目标的行为。可以说，委托代理这一理论分析探讨的正是参与契约的双方拥有的项目信息不同时，怎样努力避免双方追求目标相矛盾产生冲突，使对方利润受损的问题，最终使两者的追求目标均可以完成，形成双赢的局面。

8.2.2 委托代理模型及方法

一般情况下，如果想要利用委托代理模型构建委托代理关系，需要符合以下三个条件：

（1）交易中的合作主体至少有两个，且所有主体相互独立，每个主体均希望在符合契约条件规定的情况下实现各自效益最优。

（2）市场上的每个主体都会遇到外界不确定性带来的风险，每个主体获得的项目信息都是不同的，代理一方更直接接触项目，拥有更多的项目相关信息，在这一点上代理方更占上风，委托方则相对较弱。

（3）当代理方利用自己的优势，选择利于自身却无视委托人效益的行为时，相对处于较弱地位的委托方的效益将被迫受损。

在委托代理理论中，存在很多种模型，比如评估模型、选择模型、监督模型、代理模型、声誉模型等。根据这些模型，也形成了三类不同的解答方法：第一种叫"状态空间模型化方法"，这种求解方式可以非常巧妙地呈现任何一种技术关系，建立者包括：Wilson、Zeckhauser、Ross 等，但是这种解法的缺点是不能取得真实有效的解；第二种叫"分布函数的参数化方法"，它是 Mirrlees 首先提出的，之后 Holmstrom 对这种解法进行了更深入的探索，其优点在于可以实现标准化；第三种是"一般分布方法"可以很轻松地建立简洁的问题模型，但是不能有效地表达代理方采取的活动和付出的投入。

多数情况下，委托代理理论希望将问题模型化，然后通过模型求解找到问题的答案。一般模型都是以委托方的期望效用函数作为目标函数，约束条件采用代理方的参与约束和激励相容约束，求解时，大部分采取第二类"分布函数的参数化方法"来解决这个两层规划模型，通过一阶条件求解得到有效的模型解。前面提到双方合作的过程中存在信息不对称，委托方不能准确地观察到代理方的实际活动，却希望自己摆脱信息劣势的地位，让代理方采取利于自身收益的行动，那么委托方就必须根据可以观测到的有限的活动信息，观察分析影响这部分信息的行为以及外界随机变量，进而研究怎样经过对这些可观测变量的激发、控制，来完成委托人追求的目标利益的最大化，实现双方的共赢。经历长期的探索，委托代理理论不断完善，这一理论处理的问题也从开始的单一要素扩充为多个。本篇提出的多要素委托代理模型，便是对这一理论领域的扩充进行的一次探索。

8.2.3 多要素委托代理

经过近50年的发展，委托代理理论不断完善。一开始，研究处理的仅仅是委托方、代理方所应对的代理事项都是一个要素的代理问题，之后，逐步丰富到可以处理多要素问题（指多个事项的委托代理）。在委托方的委托事项为多个的情况下，代理方不能将有限的时间、资源合理地分配给每个事项，事项越多，委托方的监管任务也会越困难。基于这一情况，Holmstrom 及 Milgrom 开始分析多要素代理事项与传统事项的区别，指出两者所用理论基本一样，而多要素要更加烦琐一些，委托方委托多个事项时，之前提出的主张将不能在多要素的情况下通用。他们认为在多要素的情况下，对某一种要素（事件）的激励情况除了和要素本身的观测性相关外，还和其他要素相关。尤其是，当委托方希望代理方在采取有利于某一要素的行动，这一要素却无法观测到时，委托方的奖励工资不能给到其余要素上。自此，Itoh、Slade、Dikolli 和 Kulp、Luporini 和 Parigi、Sinclair - Desgague 等若干研究人员都对多要素情况下的委托代理理论展开了探索性研究，并肯定了前者的有关论断。陈勇强（2016）综合考虑了工程的工期、质量、成本三项任务，假定它们相互是独立的，用拓展型 Cobb - Douglas 生产函数来衡量各项任务均努力投入情况下的产出，构建了多要素激励模型。房勤英（2017）分析了存在多个委托方的委托代理模型，分别包括政府单位、工程建设方、监理单位，研究了三个委托方在委托代理过程中的行为模式、价值追求以及他们之间的联系。郭汉丁等（2019）分析了政府监督工程质量的基本形式，是政府主管部门委托工程质量监督机构对工程建设主体的质量监督行为，以及政府对其结果的监督行为，本质是双重委托代理过程。

8.3 显性激励及隐性激励理论

对委托代理激励理论进一步细分，还可以分为显性、隐性两种激励形式。显性激励指代理方推测某段时间里能够拿到的实际报酬的全部，其中一部分是合同实际约定的固定报酬和奖励金额等实际收入，剩余一部分指的是合同约定的货币之外的其他补充，如表彰、升职等。而隐性的激励指的是除了显性激励以外，通过不明显的非收入方式实施的激励。代理人良好的市场声誉，会为其提供更多的机会，代理人经营的良好业绩，也会为其经营的项目或企业带来额外的回报。主要的形式有声誉、前景、精神等方面的非物质层面的激励。

8.4 声誉理论

声誉指委托代理关系中的双方在持久的合约下形成的一种动态的彼此间的约束体制。在一般的委托代理模型中，常常假定业主与承包商的委托代理关系是一次性的，这种静态模型常用于具有临时性特点的项目的管理中。而在业主和承包商掌握的信息存在偏差的建设领域，当契约建立起来以后，作为代理方的承包商就算不付出百分百的投入，也可以实现建筑项目的最终目标，因此并不耽误承包商再参与其他项目。同理，如果付出了百分百的投入也无法给承包商带来额外的项目。所以，在一个短期的项目中，代理方提高努力水平并不会增加声誉值，委托方就不能构建一种持久的声誉机制。但对于建设周期比较长的项目，一次性的激励合约一般不能应对整个项目建设周期中环境的变化，激励合约越长则越容易造成难以修复的项目损失，加上如今的互联网近乎全覆盖，消息的传达和交流变得更加容易，一个代理方以往完成的工程情况、信誉、能力等声誉因素会构成其在建筑领域的评价标准，以至于会影响其将来承揽额外项目的情况。因此，可以利用代理人的声誉对其将来效益的影响，通过声誉激励促使代理人付出更多的投入，当代理方存在投机行为时，会出于声誉效应的考虑放弃行动。在声誉的持久作用下，代理方除了重视当前收益，还会思考与委托方持久协作的预期，这将使项目建设进程中用于鞭策代理方的成本显著减少，所以声誉机制将在双方合作过程中发挥正向的促进作用。声誉激励可以作为显性激励，也可以是隐性激励，两者互补，都是非常有效的激励方式。业主可以选择使用过去的信用、以往工程质量等来判断承包商的声誉情况，并根据对承包商声誉的评估结果来确定下一阶段对承包商的激励强度，从而使业主与承包商的目标趋向一致。

9 基于委托代理的多要素协同激励控制模型

业主和承包商作为建设项目参与双方,所拥有的信息是不均衡的。此时,掌握更多项目信息的承包方很可能会利用自身的有利条件,采取一些有损业主利益的投机行为,造成工期拖延、工程返修等一系列工程事件。本章研究的是在信息不对称和道德风险存在的情况下,业主如何设计最优契约激励承包商的问题。首先,将以双要素激励模型为例介绍传统的委托代理模型;进一步,结合实际情况,分析建设项目工期、质量、成本三大要素之间的替代性关系,建立基于委托代理的多要素协同激励控制模型,模型中工期、成本目标的衡量采用挣值管理体系中的进度偏差和成本偏差指标;对传统模型进行改进性研究,针对质量目标难以量化的问题给出了一套质量评价方式,使之更加符合实际情况,减少了承包商的机会主义行为,也实现了激励效果的进一步优化。

9.1 模型的前提假设

业主方对承包方的激励控制过程可以概括为,业主方选择采取一定的激励方式来影响承包商的行为选择,从而控制承包商的行为,确保业主方追求的目标效益的实现。这种激励模型是基于委托代理理论的,模型构建需要满足以下四个最基本的前提条件：

假设一：业主和承包商拥有的信息不对称。承包商比业主更加直接地接触项目，因此承包商拥有更多的项目信息，而业主方是无法直接得到的，所以在信息的掌握情况这一方面，承包单位比业主更有优势。

假设二：不确定性假设。影响承包单位最终交付项目的因素有很多，除了各方的努力水平，还有不能掌控的一些外在因素。

假设三：业主和承包商的追求目标存在冲突。根据委托代理理论，业主和承包商都是"经济人"，承包商追求自身收益期望效用函数的最大化，他们往往会选择成本投入最低的行动，而忽视业主效益和项目执行期望。

假设四：业主和承包商两者都是非常理性的。

9.2　传统双要素模型

9.2.1　模型假设

结合工期—质量情况下模型的具体特征，提出双要素情况下的激励模型的几点假设：

假设一：假设 $a(a_1,a_2)>0$ 代表承包单位在工期、质量两个要素上投入的努力水平，在整个合作的过程中，这一数值只有承包方明确地掌握，业主是不能直接获得的；设项目的价值增值函数为 $R(a_1,a_2) = A_1a_1 + A_2a_2 + \varphi\, a_1^m a_2^{1-m} + \eta$，其中 A_1、A_2 分别为工期、质量要素上付出努力的产出系数，φ 为关联系数，m、$1-m$ 为关联因子中各自所占比重，η 是外生随机变量，影响项目的价值增值函数，另外为了符合 Hyers – Ulam 稳定性，假设 $\eta \sim N(0, \sigma_\eta^2)$。

假设二：假设工期要素的产出函数为 $x_1 = \text{SV} = h\,a_1 - \text{PV} + \varepsilon_1$，其中 $\text{SV} = \text{EV} - \text{PV}$，$\text{EV} = h\,a_1 + \varepsilon_1$，SV、EV、PV 分别取自挣值管理体系中进度偏差、已完工程量的预算定额、计划工程量的预算定额三个指标；同时假设质量要素的产出函数为 $x_2 = Q = q\,a_2 + \varepsilon_2$；系数 $h>0$，$q>0$ 用于刻画承

包商工期、质量要素努力程度变化对产出函数的影响。建设项目的产出除了受到承包商的努力水平影响外,还受其他不确定性因素的影响,ε_i,$i=1$,2 为外生随机变量,表示外界不确定性因素对项目产出的影响,ε_i 服从正态分布 $\varepsilon_i \sim N(0, \sigma_i^2)$;

假设三:假定努力成本函数为 $C(a_1, a_2) = \frac{1}{2}\alpha(a_1^2 + a_2^2 + 2k_1 a_1 a_2)$,代表承包单位采取努力行为需要投入的成本,这些努力包括赶工添加的人工、提高质量和效率添加的设备等,这些努力成本能够用货币来度量,其中 $\frac{\partial C}{\partial a_i} > 0$,$\frac{\partial C^2}{\partial a_i^2} > 0$,代表努力成本函数是严格递增的凸函数,$\alpha$ 是努力水平成本化的努力系数,k_1 为控制要素努力水平的边际成本替代率,反映了要素之间的关联性,即:提高控制目标努力水平对实现另一目标边际成本的影响。如果 $k_1 = 0$,表示对两个要素的控制是相互独立的,当提高两个要素中的其中一项的努力水平时,对另一项要素的边际成本没有影响。如果 $k_1 < 0$ 表示对两个要素的控制是互补的,当提高两个要素中的其中一项的努力水平时,会降低另一项要素的边际成本。如果 $k_1 > 0$,表示对两个要素的控制是可替代的,当提高两个要素中的其中一项的努力水平时,会提高另一项要素的边际成本。而在一般情况下认为工期、质量是有替代性关系的,即 $0 < k_1 < 1$。

假设四:合同采用固定报酬加奖金的形式,业主方会在工程施工的过程中,依据掌握的工程产出信息 x_i,以及双方签订的合约中的付款方式确定承包单位可以得到的收入,设报酬函数形式为 $S = \varpi + \beta_1 x_1 + \beta_2 x_2$,$\varpi$ 代表承包商的固定工资,设为一个常量,β_i 代表针对工期或质量要素业主对承包商的边际激励强度,$\beta_i > 0$。

假设五:双方面对风险的态度不同,业主方持中性,而承包单位希望可以回避掉一切风险,因此设:承包单位的负效用函数具有不变绝对风险规避系数,不管是在状态上还是时间上都满足可加性,风险成本计算公式为:$\frac{1}{2}\rho Var(S)$,其中 ρ 为承包商绝对风险规避系数。

假设六:承包商的约束条件满足参与约束 IC (Incentive Compatibility Constraint)。"参与约束"也可以叫"个人理性约束",这一约束代表了承包单位作为理性人，必须保证参与工程建设获得的效益大于等于不参与工程建设的保留效益$\overline{W_1}$，这也是承包单位同意签订合同的必要条件。

假设七：承包商的约束条件满足激励相容约束 IR（Individual Rationality Constraint）。假设双方还没有签订合约时，业主没有了解到承包单位的努力程度，但是还期望承包单位在合作过程中选择最大化业主方效益的行为，那么合约里必须规定，参与工程建设后承包商拿到的效益大于等于采取不属于业主希望的行为时得到的效益，从而激发其工作的主动性。

9.2.2 模型建立

承包商的收益函数 W_1 由报酬函数减去成本函数组成，根据上述假设：

$$W_1 = \varpi + \beta_1(ha_1 - PV + \varepsilon_1) + \beta_2(qa_2 + \varepsilon_2) \\ - \frac{1}{2}\alpha(a_1^2 + a_2^2 + 2k_1a_1a_2) - \frac{1}{2}\rho(\beta_1^2\sigma_1^2 + \beta_2^2\sigma_2^2) \quad (9-1)$$

收益期望效用函数：

$$E(W_1) = \varpi + \beta_1(ha_1 - PV) + \beta_2 qa_2 \\ - \frac{1}{2}\alpha(a_1^2 + a_2^2 + 2k_1a_1a_2) - \frac{1}{2}\rho(\beta_1^2\sigma_1^2 + \beta_2^2\sigma_2^2) \quad (9-2)$$

业主的收益函数 U 由项目价值增值函数减去支付给承包商的报酬组成：

$$U_1 = A_1a_1 + A_2a_2 + \eta - \varpi - \beta_1(ha_1 - PV + \varepsilon_1) - \beta_2(qa_2 + \varepsilon_2) \quad (9-3)$$

收益期望效用函数为：

$$E(U_1) = A_1a_1 + A_2a_2 + \eta - \varpi - \beta_1(ha_1 - PV) - \beta_2 qa_2 \quad (9-4)$$

在实际项目执行过程中，业主与承包商之间存在着信息不对称情况，但在激励契约下承包商总是选择使自己收益最大的行动。因此，业主可以通过激励契约促使其选择自身希望的行动而达到收益最大，综合考虑承包商在合作关系中的激励相容约束和参与约束，以业主收益期望效用函数的最大化为目标函数，建立模型如下：

$$\max_{(a_i, \beta_i)} E(U_1)$$
$$\text{s. t} E(W_1) \geq \overline{W_1} \quad (\text{IC})$$
$$a \in \arg\max E(W_1) \quad (\text{IR}) \quad (9-5)$$

9.2.3 模型求解

模型求解的过程，即：通过求解承包商的激励相容约束找到使承包商收益期望效用函数最大化的努力程度，进而将结果代入业主的收益期望效用函数，得到为了使承包商付出期望的努力，业主应选择的激励强度，从而影响承包商的目标选择，实现双方共赢的局面。

第一步，求解承包单位应该投入的最佳努力水平，对模型的激励相容约束（IR）求其一阶条件得到：

$$\frac{\partial E(W_1)}{\partial a_1} = \beta_1 h - \alpha a_1 - \alpha k_1 a_2 = 0$$

$$\frac{\partial E(W_1)}{\partial a_2} = \beta_2 q - \alpha a_2 - \alpha k_1 a_1 = 0 \quad (9-6)$$

对上式求解得到 a_1，a_2 的表达式为：

$$a_1 = \frac{\beta_1 h - k_1 \beta_2 q}{\alpha(1-k_1^2)}, a_2 = \frac{\beta_2 q - k_1 \beta_1 h}{\alpha(1-k_1^2)} \quad (9-7)$$

根据一般委托代理模型的求解方式，将承包商的最优努力水平代入模型的目标函数，求解最优努力水平下的激励系数，业主收益的期望效用函数的一阶条件为：

$$\frac{\partial E(U_1)}{\partial \beta_1} = 0, \frac{\partial E(U_1)}{\partial \beta_2} = 0 \quad (9-8)$$

进一步求解得到工期、质量要素协调均衡时业主对承包商最优激励强度如下：

$$\beta_1 = \frac{A_1 h + \alpha PV}{2h^2}, \beta_2 = \frac{A_2 h + k_1 \alpha PV}{2qh} \quad (9-9)$$

9.2.4 传统模型中存在的问题

研究表明，委托代理模型可以有效地解决工程中存在的信息不对称、道德风险等一系列问题，实现业主和承包商双方共赢。但是，传统的建设工程项目委托代理模型多考虑的是一个或某两个要素的激励控制，容易导致工程项目在施工过程中忽视一些重要因素。例如，在工期—成本激励模型中，承包商可能会出于未来收益的考虑，将更多的精力放在可以为其带来直接效益的工期、成本要素上，从而忽视质量问题，造成工程返修、质量缺陷、甚至报废等不必要的损失。目前有关多要素激励的研究尚不成熟，且对于质量要素缺乏具体的量化方式。针对上述问题，本章在9.3节中提出了多要素情况下的委托代理模型。

9.3 多要素情况下的激励模型

9.3.1 模型假设

在充分考虑工期、质量和成本三个要素之间的关联性，建立多要素协同情况下的委托代理模型，模型具体假设如下：

假设一：承包商工期、质量和成本要素的努力水平为 $a(a_1,a_2,a_3)$，$a>0$，则项目的价值增值函数为：

$$R(a_1,a_2,a_3) = A_1 a_1 + A_2 a_2 + A_3 a_3 + \varphi_1 a_1^m a_2^{1-m} + \varphi_2 a_1^n a_3^{1-n} + \varphi_3 a_2^t a_3^{1-t} + \eta \tag{9-10}$$

其中，A_1，A_2，A_3 为工期、质量和成本要素上付出努力的产出系数，φ_i 为关联系数，m、n、t 为关联因子中各自所占比重，η 是外生随机变量，影响项目的价值增值函数，另外为了符合 Hyers-Ulam 稳定性，假设 $\eta \sim N(0,\sigma^2)$，$\varphi_i = 0$。

假设二：承包商在工期、质量和成本要素上投入一定的努力需要付出一定的代价，用货币的形式来衡量，即努力成本，假定承包商努力成本函数为：

$$C(a_1,a_2,a_3) = \frac{1}{2}\alpha(a_1^2 + a_2^2 + a_3^2 + 2k_1 a_1 a_2 + 2k_2 a_2 a_3 + 2k_3 a_1 a_3) \tag{9-11}$$

其中，$\frac{\partial C}{\partial a_i} > 0$，$\frac{\partial C^2}{\partial a_i^2} > 0$，$C$ 为承包商努力成本函数，是严格递增的凸函数，α 代表努力水平成本化的努力系数，k_i 代表控制要素努力水平的边际成本替代率，在这里仍然认为对工期、质量和成本的控制是可替代的，即 $k_i > 0$，且 $k_i < 1$。

假设三：遵循一般的委托代理分析框架，假定：业主为风险中性，承包商则会尽可能地规避风险，属于风险规避的类型。因此，设承包单位的负效用函数具有不变绝对风险规避系数，不管是状态还是时间上都满足可加性，风险成本计算公式为：$\frac{1}{2}\rho Var(S)$，其中：ρ 为承包商绝对风险规避度，S 为承包商所得报酬，报酬公式将在假设五中涉及。

假设四：承包单位付出了多少努力对业主方来说是不能直接获得的，但能够根据在各要素上的产出函数推理得到，定义工期、质量和成本要素的可观测信息变量，即产出函数为 $x=(x_1,x_2,x_3)$，在挣值管理体系中，基于已完工程量的预算定额（Earned Value，EV）提出了两个变量，用来观测承包商在工程进度和工程成本两个目标上的业绩；其中 SV 代表工程工期方面的偏差；CV 代表承包商在工程成本方面的偏差，其具体公式如下：

SV = EV – PV

CV = EV – AC

以上公式里，计划工程量的预算定额（Planned Value，PV）是给定的，而 EV 和已完工程量的实际费用（Actual Cost，AC）与代理人的努力程度相关。针对这种相关性，假设：

$EV = h a_1 + \varepsilon_1$

$AC = f - g a_3 - \varepsilon_3$

在上述假定中，f 为最大可能的实际项目成本，外生随机变量 ε 对项目业绩有 2 个影响：当承包商的努力水平确定时，ε 越大表明工程的工期越短，消耗的成本越低，反之也同理。所以，ε 越大则表明工程的进展越顺利，这也和实际情况相符。因此有：

$x_1 = SV = ha_1 - PV + \varepsilon_1$

$x_2 = Q = qa_2 + \varepsilon_2$

$x_3 = CV = ha_1 + ga_3 - f + \varepsilon_1 + \varepsilon_3$　　　　　　(9 – 12)

其中，系数 $h>0$，$q>0$，$g>0$ 分别用于刻画代理人努力变化对业绩指标 SV，Q，CV 的边际影响，Q 为工程质量优良率，可用质量随检的合格率来衡量。ε_i 仍然是外生随机变量，业主和承包商双方都无法操纵，假设 $\varepsilon_i \sim N(0,\sigma_i^2)$ 且 ε_1，ε_2，ε_3 互不相关。

关于质量要素产出函数难以量化的问题，这里提出 x_2 可用质量随检的优良率来衡量。为了准确地计算出工程质量的优良率，提出分层描述的方法对项目指标进行分级：一级指标为衡量工程质量的核心要素，包括质量管理和质量分析 2 个一级指标；二级指标为一级核心要素所包含的基本元素，其中质量管理指标下设质量目标分解率、质保措施落实率、过程监督到位率 3 个二级指标，质量分析指标下设质量评定达标率、设备安装达标率、性能试验达标率、构件性能达标率、材料检测达标率 5 个二级指标，具体评价体系如表 9-1 所示：

表 9-1 质量检查优良率评价标准

一级指标及权重		二级指标及权重	
指标 p_i	权重 ϑ_i	指标 p_{ij}	权重 ϑ_{ij}
质量管理	0.43	质量目标分解率	0.31
		质保措施落实率	0.35
		过程监督到位率	0.34
质量分析	0.57	质量评定达标率	0.21
		设备安装达标率	0.20
		性能试验达标率	0.20
		构件性能达标率	0.20
		材料检测达标率	0.19

采取这样的分类方式使指标体系结构清晰，同时又保证了整个质量评价体系的系统性和完整性。最后，通过设定工程质量管理和质量分析涉及的基本元素，以及各自权重得到质量优良率的计算值，工程质量优良率计算公式如下。

$$Q = \begin{vmatrix} p_1 & p_2 \end{vmatrix} \begin{vmatrix} \vartheta_1 \\ \vartheta_2 \end{vmatrix} = \begin{vmatrix} p_{11} & p_{12} & p_{13} & 0 & 0 \\ p_{21} & p_{22} & p_{23} & p_{24} & p_{25} \end{vmatrix} \begin{vmatrix} \vartheta_{11} & \vartheta_{21} \\ \vartheta_{12} & \vartheta_{22} \\ \vartheta_{13} & \vartheta_{23} \\ 0 & \vartheta_{24} \\ 0 & \vartheta_{25} \end{vmatrix} \begin{vmatrix} \vartheta_1 \\ \vartheta_2 \end{vmatrix} \quad (9-13)$$

其中，p 为质量检查优良率的评价指标，ϑ 表示各指标的权重。

假设五：业主对承包商的报酬函数选择线性的形式，一来使得整个激励机制的现实可操作性增强，业主方可以凭借承包单位的具体业绩来实施奖惩，这和实际情况下双方约定的基于绩效的奖惩机制是完全相同的；二来一般的委托代理模型中也都选择了线性报酬函数的形式。因此，建立业主方提供给承包单位的契约报酬函数如下。

$$S = \varpi + \beta_1 x_1 + \beta_2 x_2 + \beta_3 x_3 \quad (9-14)$$

这里 ϖ 是承包单位获得的固定工资，设成一个常量；β_1、β_2、β_3 分别为工期、质量和成本要素上业主对承包单位的边际激励强度，$\beta_i > 0$。

9.3.2 模型建立

在 9.3.1 节，分别对模型的价值增值函数、努力成本函数、风险规避成本函数、产出函数以及承包商的报酬函数做了假设，根据上述假设，得到承包商的收益函数为：

$$W_2 = \varpi + \beta_1(ha_1 - PV + \varepsilon_1) + \beta_2(qa_2 + \varepsilon_2) + \beta_3(ha_1 + ga_3 - f + \varepsilon_1 + \varepsilon_3) - C(a_1, a_2, a_3) - \frac{1}{2}\rho[(\beta_1^2 + \beta_2^2)\sigma_1^2 + \beta_2^2\sigma_2^2 + \beta_3^2\sigma_3^2] \quad (9-15)$$

承包商收益函数的形式为报酬函数减去努力成本和风险规避成本，其中：σ_i^2 为外生随机变量 ε_i 的方差，$\frac{1}{2}\rho[(\beta_1^2 + \beta_2^2)\sigma_1^2 + \beta_2^2\sigma_2^2 + \beta_3^2\sigma_3^2]$ 为承包商为了规避风险付出的成本。

进而，得到承包商收益期望效用函数为：

$$E(W_2) = \varpi + \beta_1(ha_1 - PV) + \beta_2 qa_2 + \beta_3(ha_1 + ga_3 - f) - C(a_1, a_2, a_3) - \frac{1}{2}\rho[(\beta_1^2 + \beta_2^2)\sigma_1^2 + \beta_2^2\sigma_2^2 + \beta_3^2\sigma_3^2] \quad (9-16)$$

业主的收益函数为：

$$U_2 = A_1 a_1 + A_2 a_2 + A_3 a_3 + \varphi_1 a_1^m a_2^{1-m} + \varphi_2 a_1^n a_3^{1-n} + \varphi_3 a_2^t a_3^{1-t} + \eta - \varpi - \beta_1(ha_1 - PV + \varepsilon_1) - \beta_2(qa_2 + \varepsilon_2) - \beta_3(ha_1 + ga_3 - f + \varepsilon_1 + \varepsilon_3) \quad (9-17)$$

业主收益期望效用函数为：

$$E(U_2) = A_1 a_1 + A_2 a_2 + A_3 a_3 + \varphi_1 a_1^m a_2^{1-m} + \varphi_2 a_1^n a_3^{1-n} + \varphi_3 a_2^t a_3^{1-t} - \varpi - \beta_1(ha_1 - PV) - \beta_2 qa_2 - \beta_3(ha_1 + ga_3 - f) \quad (9-18)$$

整个项目的社会总价值为业主和承包商收益之和：

$$B = A_1 a_1 + A_2 a_2 + A_3 a_3 + \varphi_1 a_1^m a_2^{1-m} + \varphi_2 a_1^n a_3^{1-n} + \varphi_3 a_2^t a_3^{1-t} + \eta - C(a_1, a_2, a_3) - \frac{1}{2}\rho[(\beta_1^2 + \beta_2^2)\sigma_1^2 + \beta_2^2\sigma_2^2 + \beta_3^2\sigma_3^2] \quad (9-19)$$

则：

$$E(B) = A_1 a_1 + A_2 a_2 + A_3 a_3 + \varphi_1 a_1^m a_2^{1-m} + \varphi_2 a_1^n a_3^{1-n} + \varphi_3 a_2^t a_3^{1-t} -$$

$$C(a_1,a_2,a_3) - \frac{1}{2}\rho[(\beta_1^2+\beta_2^2)\sigma_1^2 + \beta_2^2\sigma_2^2 + \beta_3^2\sigma_3^2] \quad (9-20)$$

综合考虑承包商在合作关系中的激励相容约束和参与约束，以业主收益期望效用函数的最大化为目标函数，建立模型如下：

$$\max_{(a_i,\beta_i)} E(U_2)$$
$$\text{s.t} \ E(W_2) \geq \overline{W_2}$$
$$a_i \in \arg\max E(W_2) \quad (9-21)$$

其中$\overline{W_2}$为承包商可以接受的最低收益，即承包商的保留效益。

9.3.3 模型求解

首先，承包商愿意付出的最优的努力水平需满足模型的激励相容约束，承包商收益的期望效用函数的一阶条件为：

$$\frac{\partial E(W_2)}{\partial a_1}=0, \frac{\partial E(W_2)}{\partial a_2}=0, \frac{\partial E(W_2)}{\partial a_3}=0 \quad (9-22)$$

将模型假设中确定的函数$E(W)$代入上式，对a_1，a_2，a_3求偏导得到：

$$\frac{\partial E(W_2)}{\partial a_1} = \beta_1 h + \beta_3 h - \alpha a_1 - \alpha k_1 a_2 - \alpha k_2 a_3 = 0$$

$$\frac{\partial E(W_2)}{\partial a_2} = \beta_2 q - \alpha a_2 - \alpha k_1 a_1 - \alpha k_3 a_3 = 0$$

$$\frac{\partial E(W_2)}{\partial a_3} = \beta_3 g - \alpha a_3 - \alpha k_2 a_1 - \alpha k_3 a_2 = 0 \quad (9-23)$$

对上式进一步求解得到工期、质量和成本要素协调均衡时承包商最优努力水平：

$$\begin{cases} a_1 = \dfrac{(1-k_3^2)(\beta_1 h - \beta_2 q k_1 + \beta_3 h) + (k_1 k_3 - k_2)(\beta_3 g - \beta_2 g k_3)}{\alpha(1 - k_1^2 - k_2^2 - k_3^2 + 2k_1 k_2 k_3)} \\[2mm] a_2 = \dfrac{(1-k_2^2)(\beta_2 q - \beta_1 h k_1 - \beta_3 h k_1) + (k_1 k_2 - k_3)(\beta_3 g - \beta_3 h k_2 - \beta_1 h k_2)}{\alpha(1 - k_1^2 - k_2^2 - k_3^2 + 2k_1 k_2 k_3)} \\[2mm] a_3 = \dfrac{(1-k_1^2)(\beta_3 g - \beta_1 h k_2 - \beta_3 h k_2) + (k_1 k_2 - k_3)(\beta_2 q - \beta_1 h k_1 - \beta_3 h k_1)}{\alpha(1 - k_1^2 - k_2^2 - k_3^2 + 2k_1 k_2 k_3)} \end{cases}$$

$$(9-24)$$

在满足了承包商的激励相容约束之后，将最优努力水平代入模型的目标函数，求解最优努力水平下业主对承包商的激励系数，业主收益的期望效用函数的一阶条件为：

$$\frac{\partial E(U_2)}{\partial \beta_1}=0, \frac{\partial E(U_2)}{\partial \beta_2}=0, \frac{\partial E(U_2)}{\partial \beta_3}=0 \qquad (9-25)$$

同理求解得到工期、质量和成本要素协调均衡时业主对承包商最优激励强度如下：

$$\begin{cases} \beta_1 = \dfrac{A_1(1-k_3^2) - A_2(k_1-k_2k_3) - A_3(k_2-k_1k_3) + (2qk_1 - qk_1k_3^2 + gk_1k_3^2 - 2gk_2k_3)\beta_2}{2h(1-k_3^2)} \\ \qquad + \dfrac{(2hk_3^2 - 2h + 2gk_2 - 2gk_1k_3)\beta_3}{2h(1-k_3^2)} + \dfrac{PV\alpha(1-k_1^2-k_2^2-k_3^2+2k_1k_2k_3)}{2h^2(1-k_3^2)} \\ \beta_2 = \dfrac{-A_1q(k_1-k_2k_3) + A_2q(1-k_2^2) + A_3q(k_1k_2-k_3) + qh(2k_1-k_1k_3^2-k_2k_3)\beta_1}{2q^2(1-k_2^2)} \\ \qquad + \dfrac{gh(k_1k_3^2-k_2k_3)(\beta_1+\beta_3) + qh(2k_1-k_1k_3^2-k_2k_3)\beta_3 + 2qg(k_3-k_1k_2)\beta_3}{2q^2(1-k_2^2)} \\ \beta_3 = \dfrac{A_1(h-hk_3^2+k_1k_3g-k_2g) - A_2(hk_1-k_1k_2g+k_3g-hk_2k_3) + A_3(g-k_1^2g-hk_2+hk_1k_3)}{2h^2(1-k_3^2) - 4gh(k_2-k_1k_3) + 2g^2(1-k_1^2)} \\ \qquad + \dfrac{2gh(k_2-k_1k_3)\beta_1 - 2h^2(1-k_3^2)\beta_1 + k\alpha(1-k_1^2-k_2^2-k_3^2+2k_1k_2k_3)}{2h^2(1-k_3^2) - 4gh(k_2-k_1k_3) + 2g^2(1-k_1^2)} \\ \qquad + \dfrac{[gh(2k_1-k_1k_3^2-k_2k_3) + gh(k_1k_3^2-k_2k_3) + 2qg(k_3-k_1k_2)]\beta_2}{2h^2(1-k_3^2) - 4gh(k_2-k_1k_3) + 2g^2(1-k_1^2)} \end{cases}$$

$$(9-26)$$

为了证明上述求解得到的 β_i 为极大值点，采用海森矩阵进行说明，令业主收益期望效用函数 $E(U_2)$ 的 Hessian 矩阵为：

$$H(U_2) = \begin{bmatrix} \dfrac{\partial^2 E(U_2)}{\partial \beta_1^2} & \dfrac{\partial^2 E(U_2)}{\partial \beta_1 \beta_2} & \dfrac{\partial^2 E(U_2)}{\partial \beta_1 \beta_3} \\ \dfrac{\partial^2 E(U_2)}{\partial \beta_2 \beta_1} & \dfrac{\partial^2 E(U_2)}{\partial \beta_2^2} & \dfrac{\partial^2 E(U_2)}{\partial \beta_2 \beta_3} \\ \dfrac{\partial^2 E(U_2)}{\partial \beta_3 \beta_1} & \dfrac{\partial^2 E(U_2)}{\partial \beta_3 \beta_2} & \dfrac{\partial^2 E(U_2)}{\partial \beta_3^2} \end{bmatrix} \quad (9-27)$$

根据模型假设所确定的函数 $E(U_2)$，求二阶偏导函数 $\dfrac{\partial^2 E(U_2)}{\partial \beta_1^2}$，$\dfrac{\partial^2 E(U_2)}{\partial \beta_2^2}$，$\dfrac{\partial^2 E(U_2)}{\partial \beta_3^2}$，$\dfrac{\partial^2 E(U_2)}{\partial \beta_1 \beta_2}$，$\dfrac{\partial^2 E(U_2)}{\partial \beta_1 \beta_3}$，$\dfrac{\partial^2 E(U_2)}{\partial \beta_2 \beta_3}$，得到如下结果：

$$\frac{\partial^2 E(U_2)}{\partial \beta_1^2} = \frac{-2h^2(1-k_3^2)}{\alpha(1-k_1^2-k_2^2-k_3^2+2k_1 k_2 k_3)}$$

$$\frac{\partial^2 E(U_2)}{\partial \beta_2^2} = \frac{-2q^2(1-k_2^2)}{\alpha(1-k_1^2-k_2^2-k_3^2+2k_1 k_2 k_3)}$$

$$\frac{\partial^2 E(U_2)}{\partial \beta_3^2} = \frac{-2h^2(1-k_3^2)+4gh(k_2-k_1 k_3)-2g^2(1-k_1^2)}{\alpha(1-k_1^2-k_2^2-k_3^2+2k_1 k_2 k_3)}$$

$$\frac{\partial^2 E(U_2)}{\partial \beta_1 \beta_2} = \frac{(1-k_3^2)qk_1 h + (1-k_2^2)qk_1 h + (k_1 k_3 - k_2)gk_3 h + (k_1 k_2 - k_3)qhk_2}{\alpha(1-k_1^2-k_2^2-k_3^2+2k_1 k_2 k_3)}$$

$$\frac{\partial^2 E(U_2)}{\partial \beta_1 \beta_3} = \frac{-2(1-k_3^2)h^2 - (k_1 k_3 - k_2)gh + (1-k_1^2)gk_2 h + (k_1 k_2 - k_3)ghk_1}{\alpha(1-k_1^2-k_2^2-k_3^2+2k_1 k_2 k_3)}$$

$$\frac{\partial^2 E(U_2)}{\partial \beta_2 \beta_3} = \frac{(1-k_2^2)qhk_1 - 2(k_1 k_2 - k_3)qg + (k_1 k_2 - k_3)qhk_2 + (1-k_3^2)qk_1 h + (k_1 k_3 - k_2)gk_3 h}{\alpha(1-k_1^2-k_2^2-k_3^2+2k_1 k_2 k_3)} \quad (9-28)$$

设 $H(U_2)$ 的一阶、二阶、三阶顺序主子式分别为 D_1，D_2，D_3，从而：

$$D_1 = \frac{\partial^2 E(U)}{\partial \beta_1^2} < 0$$

$$D_2 = \frac{\partial^2 E(U)}{\partial \beta_1^2} \times \frac{\partial^2 E(U)}{\partial \beta_2^2} - \left(\frac{\partial^2 E(U)}{\partial \beta_1 \beta_2}\right)^2 > 0$$

$$D_3 = \frac{\partial^2 E(U)}{\partial \beta_1^2} \times \frac{\partial^2 E(U)}{\partial \beta_2^2} \times \frac{\partial^2 E(U)}{\partial \beta_3^2} + \frac{\partial^2 E(U)}{\partial \beta_1 \beta_2} \times \frac{\partial^2 E(U)}{\partial \beta_2 \beta_3} \times \frac{\partial^2 E(U)}{\partial \beta_3 \beta_1} +$$

$$\frac{\partial^2 E(U)}{\partial \beta_1 \beta_3} \times \frac{\partial^2 E(U)}{\partial \beta_2 \beta_1} \times \frac{\partial^2 E(U)}{\partial \beta_3 \beta_2} - \frac{\partial^2 E(U)}{\partial \beta_1 \beta_3} \times \frac{\partial^2 E(U)}{\partial \beta_2^2} \times \frac{\partial^2 E(U)}{\partial \beta_3 \beta_1} -$$

$$\frac{\partial^2 E(U)}{\partial \beta_1 \beta_2} \times \frac{\partial^2 E(U)}{\partial \beta_2 \beta_1} \times \frac{\partial^2 E(U)}{\partial \beta_3^2} - \frac{\partial^2 E(U)}{\partial \beta_1^2} \times \frac{\partial^2 E(U)}{\partial \beta_2 \beta_3} \times \frac{\partial^2 E(U)}{\partial \beta_3 \beta_2} < 0$$

(9 – 29)

将 $0 < k_i < 1$ 代入即得证,可以看出 $H(U_2)$ 的奇数阶顺序主子式全小于 0,偶数阶顺序主子式大于 0,则 $H(U_2)$ 为负定矩阵,根据多元函数极值性质,$E(U_2)$ 在 β_i 点处取得极大值。

9.3.4 模型应用步骤

步骤 1:根据建筑工程项目的人工、材料、施工机具、工期要求等实际情况,编制项目的施工进度计划;

步骤 2:将施工进度计划进行分段,可以按月分段,也可以根据所进行工序的重要程度进行划分;

步骤 3:在每个施工段完工后,收集实际工程数据,包括已完工作预算费用、已完工作实际费用、计划工作预算费用、质量管理指标、质量分析指标等,计算 SV、Q、CV;

步骤 4:将第 3 步得到的指标值,代入模型进行求解,确定承包商在该阶段的激励系数,并以此为依据结算承包商的报酬。

与以往的单阶段激励模型相比,通过对工程项目进行划分的方式,实现对承包商的分段激励,承包商是否努力工作,将直接影响到承包商在该阶段的收益,这样不仅可以最大限度地减少承包商的机会主义行为,还能为业主实现项目工期、质量、成本的协同激励控制,如图 9 – 1 所示。

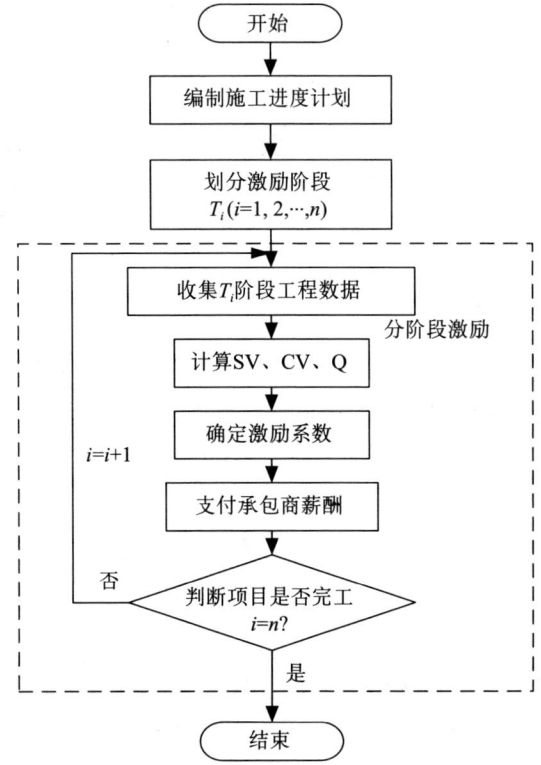

图 9-1 激励控制步骤图

10　引入双重声誉的多要素协同激励控制模型

对现有的有关激励机制的研究分析发现，业主对承包单位的激励按照激励方法能够将其归为两种：显性、隐性激励。前者指委托方和代理方在项目合约中设置的关于业绩工资的约定，还有就是在项目合约中不存在具体的规定，但代理单位能够推断出来的奖赏，该激励方式非常明显的特征在于承包单位能够清晰地了解业主方实施的激励方式，这种对双方均可以获取来的信息实施项目合约制定的形式，就是所说的"显性激励"。而隐性激励是指在重复、动态的博弈过程中，采取非公开的隐蔽收入的奖励方式，来激发承包商的主动性，例如，当承包商与业主签订了时间较长的协议后，承包单位会出于自身声誉的考虑，自觉履行合约的规定，保证工程质量以维持承包商在建筑行业的形象。本章将各要素的替代性和声誉激励研究相结合，进一步讨论显性声誉和隐性声誉对模型的影响；为了研究方便，在此以相互替代的工期—质量两要素为例开展研究，关于工期、质量、成本协同的激励模型可在此框架下直接加入一个变量，做进一步的扩展。

10.1　传统模型介绍

10.1.1　考虑声誉的单因素激励模型

（1）工期激励模型

首先说明，考虑到声誉在长期合作中的作用，将模型分为两个阶段。

假设承包商工期要素的努力水平为 a_j，$a_j > 0$，项目的价值增值函数为 $R_j = A a_j + \eta$，其中 A 为工期要素努力的产出系数，η 为影响项目产出的外生随机变量，假定 $\eta \sim N(0, \sigma^2)$；承包商努力成本函数为：$C = \dfrac{\alpha a_j^2}{2\varphi}$，是一个严格递增的凸函数；设业主对风险持中性态度，而承包单位会为了规避风险付出一定的成本；设衡量承包商努力水平的产出函数为 x_j，其中 $x_j = \gamma_j + h a_j + \varepsilon_j$ 表示工期的提前（延误）时间，$h > 0$，刻画承包商在工期要素上的努力水平对产出函数的影响，$\gamma_j \sim N(0, \sigma_{\gamma_j}^2)$ 为承包商的声誉值，$\varepsilon_j \sim N(0, \sigma_{\varepsilon_j}^2)$ 为影响产出的外生随机变量，令 $\sigma_1^2 = \sigma_{\gamma_j}^2 + \sigma_{\varepsilon_j}^2$；承包商报酬函数为 $S_j = \varpi_j + \beta_j x_j$，其中 ϖ_j 为固定报酬，β_j 为工期要素的边际激励强度。根据以上假设，综合考虑承包商在合作关系中的激励相容约束和参与约束，以业主收益期望效用函数的最大化为目标函数，首先建立第二阶段的最优激励模型。

$$\max_{(a_2, \beta_2)} E(u_2)$$

s.t $E(w_2) \geq \overline{w_2}$ （IR）

$a_2 \in \mathrm{argmax} E(w_2)$ （IC） (10-1)

其中：

$$E(w_2) = \varpi_2 + \beta_2 [\tau(x_1 - h a_1) + h a_2] - \dfrac{\alpha a_2^2}{2\varphi} - \dfrac{1}{2}\rho \beta_2^2 (\sigma_2^2 - \tau_{\sigma 1}^{22}) \quad (10-2)$$

$$E(u_2) = A a_2 - \varpi_2 - \beta_2 [\tau(x_1 - h a_1) + h a_2] \quad (10-3)$$

同理，建立第一阶段的最优激励模型为：

$$\max_{(a_1, \beta_1)} E(U_1)$$

s.t $E(W_1) \geq \overline{W_1}$

$a_1 \in \mathrm{argmax} E(W_1)$ (10-4)

其中：

$$E(W_1) = E(w_1) + E(w_2) = \varpi_1 + \beta_1(\gamma_1 + h a_1) - \dfrac{\alpha a_1^2}{2\varphi} - \dfrac{1}{2}\rho \beta_1^2 \sigma_1^2 + \varpi_2$$

$$+ \beta_2 [\tau(x_1 - h a_1) + h a_2] - \dfrac{\alpha a_2^2}{2\varphi} - \dfrac{1}{2}\rho \beta_2^2 (\sigma_2^2 - \tau_{\sigma 1}^{22}) \quad (10-5)$$

$$E(U_1) = E(u_1) + E(u_2) = Aa_1 - \varpi_1 - \beta_1(\gamma_1 + ha_1) + Aa_2 - \varpi_2 - \beta_2[\tau(x_1 - ha_1) + ha_2] \tag{10-6}$$

求解得到模型的最优解为:

$$a_1 = \frac{\varphi\beta_1 h - \varphi\beta_2 \tau h}{\alpha} \tag{10-7}$$

$$a_2 = \frac{\varphi\beta_2 h}{\alpha} \tag{10-8}$$

$$\beta_1 = \frac{A}{2h} + \frac{\tau\beta_2}{2} - \frac{\alpha\gamma_1}{2\varphi h^2} \tag{10-9}$$

$$\beta_2 = \frac{A\varphi h - \alpha\tau\gamma_1}{2\varphi h^2} \tag{10-10}$$

（2）质量激励模型

对于考虑了声誉的质量激励模型，和工期激励模型的唯一区别只是在于各参数的数值上，建模方法和求解方式相同，此处不再做赘述，直接给出模型的最优解如下。

$$a_1 = \frac{\varphi\beta_1 q - \varphi\beta_2 \tau q}{\alpha} \tag{10-11}$$

$$a_2 = \frac{\varphi\beta_2 q}{\alpha} \tag{10-12}$$

$$\beta_1 = \frac{A}{2q} + \frac{\tau\beta_2}{2} - \frac{\alpha\gamma_1}{2\varphi q^2} \tag{10-13}$$

$$\beta_2 = \frac{A\varphi q - \alpha\tau\gamma_1}{2\varphi q^2} \tag{10-14}$$

其中 $q > 0$ 用来刻画承包商在质量要素上的努力水平对产出函数的影响。

10.1.2 不考虑声誉的协同激励模型

假设承包商工期、质量要素上的努力水平为 $a(a_1, a_2)$，$a > 0$，项目的价值增值函数为 $R(a_1, a_2) = A_1 a_1 + A_2 a_2 + \varphi a_1 a_2 + \eta$，公式中 A_1，A_2 为承包商在工期、质量要素上努力水平的产出系数，φ 为工期和质量上承包商努力水平的关联系数，η 是外生随机变量，影响项目的价值增值函数。另外，为了符合 Hyers – Ulam 稳定性，假设 $\eta \sim N(0, \sigma^2)$，$\varphi = 0$；承包商努力成本函数为：$C(a_1,a_2) = \frac{1}{2}\alpha(a_1^2 + 2k a_1 a_2 + a_2^2)$，是一个严格递增的凸函数，$k$ 为控制要素努力水平的边际成本替代率，反映任务之间的关联性，考虑到工期和质量之间存在相互替代的关系，取 $0 < k < 1$；假定业主为风险中性，承包商风险规避；承包商努力水平的产出函数为 $x(x_1,x_2)$，其中 $x_1 = h a_1 + \varepsilon_1$ 表示工期的提前（延误）时间，$x_2 = q a_2 + \varepsilon_2$ 可用质量随检合格率、优良率表示，$h > 0$，$q > 0$ 刻化承包商努力水平对产出函数的影响，ε_i 为影响产出的外生随机变量；承包商报酬函数为 $S = \varpi + \beta_1 x_1 + \beta_2 x_2$，其中 ϖ 为固定报酬，β_1，β_2 分别为工期、质量要素的边际激励强度。则承包商的收益期望效用函数如下。

$$E(W_2) = \varpi + \beta_1 h a_1 + \beta_2 q a_2 - \frac{1}{2}\alpha(a_1^2 + 2k a_1 a_2 + a_2^2)$$
$$- \frac{1}{2}\rho(\beta_1^2 \sigma_1^2 + \beta_2^2 \sigma_2^2) \tag{10-15}$$

业主的收益期望效用函数为：

$$E(U_2) = A_1 a_1 + A_2 a_2 - \varpi - \beta_1 h a_1 - \beta_2 q a_2 \tag{10-16}$$

由此，综合考虑承包商在合作关系中的激励相容约束和参与约束，以业主收益期望效用函数的最大化为目标函数，建立模型如下：

$$\max_{(a_i,\beta_i)} E(U_2)$$
$$\text{s.t} E(W_2) \geq \overline{W}_2$$
$$a_i \in \text{argmax} E(W_2) \tag{10-17}$$

求解得此问题的最优解：

$$a_1 = \frac{\beta_1 h - \beta_2 q k}{\alpha(1-k^2)} \tag{10-18}$$

$$a_2 = \frac{\beta_2 q - \beta_1 h k}{\alpha(1-k^2)} \tag{10-19}$$

$$\beta_1 = \frac{A_1}{2h} \tag{10-20}$$

$$\beta_2 = \frac{A_2}{2q} \tag{10-21}$$

10.1.3 传统模型中存在的问题

在建筑市场中，越高的信用等级、越好的历史工程业绩可以在工程招投标环节为承包商带来很大的竞争优势，给承包商带来的未来收益也越高。因此，在重复的委托代理模型中，承包商会出于声誉效用的考虑，自觉遵守合约。经过实践分析发现，将声誉激励的引入委托代理模型可以使建设项目激励机制更加完善，但现有研究中，对于建设项目要素实施协同激励模型的研究大多忽视了承包商的个人声誉，而一些考虑了声誉的研究也是在假定各要素独立的基础上开展的。上述两类模型在应用中都可能存在激励失效的问题，具体表现为：在长期的合作中，承包商会出于声誉效应的考虑自觉遵守合约，但模型未考虑声誉有可能导致激励投入过剩现象；考虑声誉的单要素激励模型，则容易导致承包商过度地追求单个要素收益，忽视与其他项目要素间紧密的关联性，进而引起激励失衡，影响项目综合目标的实现。对此，本章在下一节提出了综合考虑要素替代性和声誉的激励控制模型，旨在解决上述问题。

10.2　考虑双重声誉的多要素协同激励控制模型

10.2.1　模型假设

假设一：业主和承包商都是完全理性的，他们以自己收益期望效用函数最大化为目标做出决策，并且业主和承包商之间存在信息的不对称，承包单位掌握更多工程项目的信息，业主方只能通过收集承包单位的产出来间接推测这些信息；

假设二：在此考虑声誉在长期激励合约中的作用，因此将工程分为两个阶段，设：承包单位的努力水平为 $a_{ij} > 0$，$i = 1$ 代表工期，$i = 2$ 代表质量，$j = 1$，2 代表第 j 个时期，项目的价值增值函数为 $R(a_{1j}, a_{2j}) = A_1 a_{1j} + A_2 a_{2j} + \varphi a_{1j} a_{2j} + \eta$，其中 A_1，A_2 分别为工期、质量要素努力的产出系数，φ 是两要素的关联系数，η 是外生随机变量，影响项目的价值增值函数，另外为了符合 Hyers–Ulam 稳定性，假设 $\eta \sim N(0, \sigma^2)$，$\varphi = 0$；

假设三：设承包单位的努力成本函数为：$C(a_{1j}, a_{2j}) = \dfrac{\alpha(a_{1j}^2 + 2k a_{1j} a_{2j} + a_{2j}^2)}{2(1+\theta)}$，

式中 $\alpha > 0$ 是用来衡量努力成本的努力系数,且努力成本函数是关于努力水平的严格单调递增的凸函数,即 $\frac{\partial c}{\partial a_i} > 0$,$\frac{\partial c^2}{\partial a_i^2} > 0$;$1 + \theta$ 是一个激励系数,用来衡量隐性激励,这种激励方式产生效果的机理是,声誉值较高的承包商更容易接到项目,从而使承包单位的未来收益增加,在此用当期成本的减少来衡量,故 $\theta > 0$,令 $\varphi = 1 + \theta$ 则有 $\varphi > 1$;k 为控制要素努力水平的边际成本替代率,反映了要素之间的关联性,在一般情况下认为对工期、质量的控制是可替代的,取 $0 < k < 1$;

假设四:业主对风险持中性态度,而承包单位会为了规避风险而付出一定的成本,是风险规避型;设承包单位的负效用函数具有不变绝对风险规避特征,不论是状态还是时间上都满足可加性,风险成本计算公式为:$\frac{1}{2}\rho Var(S)$,其中 $\rho > 0$ 为承包商绝对风险规避度,S 为承包商所得报酬。

假设五:承包商努力的产出函数为 $x(x_{1j}, x_{2j})$,$x_{1j} = \gamma_{1j} + h a_{1j} + \varepsilon_{1j}$,表示承包商在第 j 个时期工期要素上努力的产出函数,即工期的提前或延误时间;$x_{2j} = \gamma_{2j} + q a_{2j} + \varepsilon_{2j}$,表示承包商在第 j 个时期质量要素上努力的产出函数,可用质量随检的合格率、优良率衡量;其中 $h > 0$,$q > 0$ 分别用于刻画代理人努力变化对业绩指标 x_{1j},x_{2j} 的边际影响,$\gamma_{ij} \sim N(0, \sigma_{\gamma_{ij}}^2)$ 为承包商的显性声誉(可用承包商的能力、信誉、已完工程情况表示),$\varepsilon_{ij} \sim N(0, \sigma_{\varepsilon_{ij}}^2)$ 表示独立于承包商努力程度的外生随机变量对产出函数的影响,γ_{ij},ε_{ij} 互不相关;

假设六:业主提供给承包商的报酬函数采用线性形式,$S_j = \varpi_j + \beta_{1j} x_{1j} + \beta_{2j} x_{2j}$,$\varpi_j$ 为第 j 个时期承包单位的固定报酬,设为常量;$\beta_{ij} > 0$ 是业主对承包单位工期、质量要素上的边际激励强度;

假设七:在合同签订初期,承包商的声誉是不确定的,因此业主只能根据已有信息确定一个估计值,在第一阶段结束后,业主将根据观察到的项目产出等信息,根据理性预期公式:

$$E(\gamma_{12} | x_{11}) = (1 - \tau_1) E(\gamma_{12}) + \tau_1 (x_{11} - h a_{11}) \quad (10-22)$$

$$E(\gamma_{22} | x_{21}) = (1 - \tau_2) E(\gamma_{22}) + \tau_2 (x_{21} - q a_{21}) \quad (10-23)$$

对承包商的声誉进行修正,其中 $\tau_i = \frac{Var(\gamma_{i1})}{Var(\gamma_{i1}) + Var(\varepsilon_{i1})}$ 代表 γ_{i1} 的方

差和 x_{i1} 的方差的比率,反映了 x_{i1} 包含的有关 γ_{i1} 的信息,$0<\tau_i<1$,那么第二阶段的预期产出则分别为:

$$E(x_{12}|x_{11}) = \tau_1(x_{11}-ha_{11})+ha_{12} \quad (10-24)$$

$$E(x_{22}|x_{21}) = \tau_2(x_{21}-qa_{21})+qa_{22} \quad (10-25)$$

根据条件方差公式 $Var(x_{i2}) = E[Var(x_{i2}|x_{i1})]+Var[E(x_{i2}|x_{i1})]$ 可得:

$$E[Var(x_{12}|x_{11})] = Var(x_{12})-Var[E(x_{12}|x_{11})] = \sigma_{12}^2-\tau_1^2\sigma_{11}^2 \quad (10-26)$$

$$E[Var(x_{22}|x_{21})] = Var(x_{22})-Var[E(x_{22}|x_{21})] = \sigma_{22}^2-\tau_2^2\sigma_{21}^2 \quad (10-27)$$

其中,$\sigma_{ij}^2 = \sigma_{\gamma_{ij}}^2 + \sigma_{\varepsilon_{ij}}^2$。

10.2.2 模型建立与求解

(1) 第2阶段激励模型

在10.2.1节提出了模型假设后,这里将构建激励模型,首先,具有风险规避特征的承包商的收益期望效用函数为:

$$E(w_2) = \varpi_2 + \beta_{12}[\tau_1(x_{11}-ha_{11})+ha_{12}] + \beta_{22}[\tau_2(x_{21}-qa_{21})+qa_{22}]$$
$$-\frac{\alpha(a_{12}^2+2ka_{12}a_{22}+a_{22}^2)}{2\varphi} - \frac{1}{2}\rho\beta_{12}^2(\sigma_{12}^2-\tau_1^2\sigma_{11}^2)$$
$$-\frac{1}{2}\rho\beta_{22}^2(\sigma_{22}^2-\tau_2^2\sigma_{21}^2) \quad (10-28)$$

则第2阶段风险中性业主的收益期望效用函数为:

$$E(u_2) = A_1a_{12}+A_2a_{22}-\varpi_2-\beta_{12}[\tau_1(x_{11}-ha_{11})+ha_{12}]$$
$$-\beta_{22}[\tau_2(x_{21}-qa_{21})+qa_{22}] \quad (10-29)$$

在信息不对称的情况下,业主和承包商的最优决策由 β_{i2}、a_{i2} 共同决定,以承包商的参与约束和激励相容约束作为约束条件,建立第2阶段的激励模型如下:

$$\max_{(a_{i2},\beta_{i2})} E(u_2)$$
$$\text{s.t} E(w_2) \geq \overline{w_2} \quad (IR)$$
$$a_{i2} \in \arg\max E(w_2) \quad (IC) \quad (10-30)$$

其中,$\overline{w_2}$ 代表在第2阶段承包商的保留效用;

对模型中的(IC)约束使用一阶条件 $\frac{\partial E(w_2)}{\partial a_{12}}=0$,$\frac{\partial E(w_2)}{\partial a_{22}}=0$,且

$\frac{\partial^2 E(w_2)}{\partial a_{i2}^2} < 0$,求导得到承包商在第 2 阶段的最优努力水平为:

$$a_{12} = \frac{\varphi \beta_{12} h - \varphi k \beta_{22} q}{\alpha(1-k^2)} \tag{10-31}$$

$$a_{22} = \frac{\varphi \beta_{22} q - \varphi k \beta_{12} h}{\alpha(1-k^2)} \tag{10-32}$$

在得到承包商的最优努力水平之后,代入上述激励模型的目标函数,求解最优努力水平下的激励系数,业主的收益期望效用函数的一阶条件为:

$$\frac{\partial E(u_2)}{\partial \beta_{12}} = 0, \frac{\partial E(u_2)}{\partial \beta_{22}} = 0, \text{又有} \frac{\partial^2 E(u_2)}{\partial \beta_{i2}^2} < 0 \tag{10-33}$$

同理求解得到工期、质量要素协调均衡时业主对承包商最优激励强度如下。

$$\beta_{12} = \frac{A_1}{2h} - \frac{\tau_1 \gamma_{11} \alpha}{2\varphi h^2} - \frac{\tau_2 \gamma_{21} \alpha k}{2\varphi hq} \tag{10-34}$$

$$\beta_{22} = \frac{A_2}{2q} - \frac{\tau_2 \gamma_{21} \alpha}{2\varphi q^2} - \frac{\tau_1 \gamma_{11} \alpha k}{2\varphi hq} \tag{10-35}$$

(2) 第 1 阶段激励模型

业主在第 2 阶段开始前通过对第 1 阶段产出的观察来判断承包商的声誉水平,进而确定第 2 阶段的激励情况,而承包商则可以通过努力水平对产出函数的作用来影响这种判断,所以承包单位第 1 个阶段投入的努力和当期以至于未来的收益息息相关,以此来鼓励承包单位要对自身的选择行为负责。声誉能够在长期的合作下达到激励效果的原理正在于此。所以,第 1 阶段的模型和第 2 阶段的不同在于,委托代理两者在决策时衡量的不是第 1 阶段的短期收益,而是两个阶段加在一起的整体收益。

则两个阶段风险规避型承包商的总的收益期望效用函数为:

$$\begin{aligned}E(W_3) = E(w_1) + E(w_2) =\, & \varpi_1 + \beta_{11}(\gamma_{11} + ha_{11}) + \beta_{21}(\gamma_{21} + qa_{21}) \\ & - \frac{\alpha(a_{11}^2 + 2ka_{11}a_{21} + a_{21}^2)}{2\varphi} - \frac{1}{2}\rho\beta_{11}^2\sigma_{11}^2 - \frac{1}{2}\rho\beta_{21}^2\sigma_{21}^2 + \varpi_2 \\ & + \beta_{12}[\tau_1(x_{11} - ha_{11}) + ha_{12}] + \beta_{22}[\tau_2(x_{21} - qa_{21}) + qa_{22}] \\ & - \frac{\alpha(a_{12}^2 + 2ka_{12}a_{22} + a_{22}^2)}{2\varphi} - \frac{1}{2}\rho\beta_{12}^2(\sigma_{12}^2 - \tau_1^2\sigma_{11}^2)\end{aligned}$$

$$-\frac{1}{2}\rho\beta_{22}^2(\sigma_{22}^2 - \tau_2^2\sigma_{21}^2) \tag{10-36}$$

同理，两阶段风险中性业主的总的收益期望效用函数为：

$$\begin{aligned}E(U_3) &= E(u_1) + E(u_2) = A_1 a_{11} + A_2 a_{21} - \varpi_1 - \beta_{11}(\gamma_{11} + h a_{11}) \\ &\quad - \beta_{21}(\gamma_{21} + q a_{21}) + A_1 a_{12} + A_2 a_{22} - \varpi_2 - \beta_{12}[\tau_1(x_{11} - h a_{11}) \\ &\quad + h a_{12}] - \beta_{22}[\tau_2(x_{21} - q a_{21}) + q a_{22}]\end{aligned} \tag{10-37}$$

因此，在第 1 阶段的最优激励模型为：

$$\begin{aligned}&\max_{(a_{i1},\beta_{i1})} E(U_3) \\ &\text{s.t} E(W_3) \geq \overline{W_3} \quad (IR) \\ &a_{i1} \in \operatorname{argmax} E(W_3) \quad (IC)\end{aligned} \tag{10-38}$$

其中，$\overline{W_3} = \overline{w_1} + \overline{w_2}$ 代表承包商在第 1 阶段和第 2 阶段的保留效用之和。

与上一节的求解方式相同，对最优激励模型中的（IC）约束求一阶条件 $\frac{\partial E(W_3)}{\partial a_{11}} = 0$，$\frac{\partial E(W_3)}{\partial a_{21}} = 0$，且存在 $\frac{\partial^2 E(W_3)}{\partial a_{i1}^2} < 0$，从而求解得到承包商在第 1 阶段的最优努力水平为：

$$a_{11} = \frac{\varphi h \beta_{11} - \varphi \beta_{21} q k + \varphi \beta_{22} \tau_2 q k - \varphi \beta_{12} \tau_1 h}{\alpha(1-k^2)} \tag{10-39}$$

$$a_{21} = \frac{\varphi q \beta_{21} - \varphi \beta_{11} h k + \varphi \beta_{12} \tau_1 h k - \varphi \beta_{22} \tau_2 q}{\alpha(1-k^2)} \tag{10-40}$$

同理，在求得承包商第 1 阶段的最优努力水平之后，将上式代入最优激励模型的目标函数，求解在第 1 阶段最优努力水平下的激励系数，业主总收益的期望效用函数的一阶条件为：

$$\frac{\partial E(U_3)}{\partial \beta_{11}} = 0, \frac{\partial E(U_3)}{\partial \beta_{21}} = 0, \text{又有} \frac{\partial^2 E(U_3)}{\partial \beta_{i1}^2} < 0 \tag{10-41}$$

进一步求解得到第一阶段工期、质量要素协调均衡时，业主对承包商最优激励强度如下。

$$\beta_{11} = \frac{A_1 + 2h\tau_1\beta_{12}}{2h} - \frac{\gamma_{11}\alpha}{2\varphi h^2} - \frac{\gamma_{21}\alpha k}{2\varphi h q} \tag{10-42}$$

$$\beta_{21} = \frac{A_2 + 2q\tau_2\beta_{22}}{2q} - \frac{\gamma_{21}\alpha}{2\varphi q^2} - \frac{\gamma_{11}\alpha k}{2\varphi h q} \tag{10-43}$$

10.2.3 模型应用步骤

在考虑双重声誉的多要素协同激励模型的作用下,业主与承包商的合作过程存在着一种博弈关系。假设建设项目分为两个阶段,双方的博弈顺序为:(1)业主向承包商提供重复作契约的形式,并根据已有关于承包商的了解大致判断承包商的声誉值,双方对第一个时期的激励契约开始讨论;(2)承包单位此时拥有选择权,当选择不接受时,双方合作终止;如果选择接受,则承包商将根据契约内容确定自己的最优努力水平;(3)在第一阶段结束之后,业主结算给承包商第一阶段的报酬,并根据承包商在第一阶段的产出推断承包商的声誉,对承包商的声誉值进行修正,重新制定第 2 阶段的激励方式;(4)承包商选择第二阶段的最优努力水平,结算给承包商剩余收益,合作结束。具体流程如图 10-1 所示。

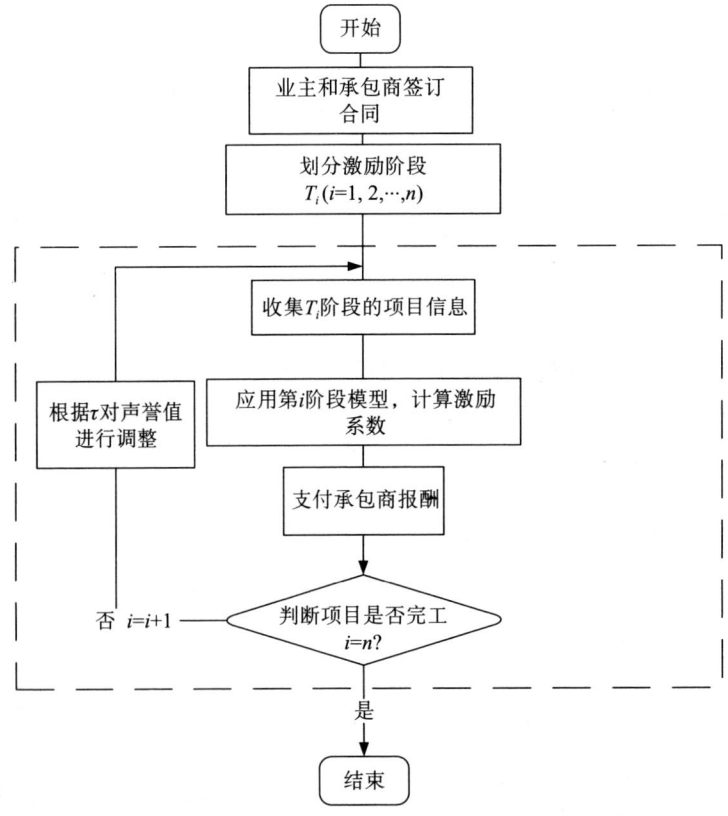

图 10-1 模型应用步骤图

10.3 模型比较分析

10.3.1 模型对比

本节分析第 10 章提到的三种模型,通过对考虑声誉双重声誉的多要素协同激励模型与单因素激励模型、不考虑声誉的协同激励模型的对比研究,得到了有关双重声誉协同激励模型的几点研究结论。首先,对考虑双重声誉的协同激励模型和单因素激励模型进行对比分析,提出了以下几个结论:

命题一:承包单位的声誉值和业主的激励系数成反比关系,即声誉越高的承包商需要的激励水平越低;

证明:

$$\beta_{11} = \frac{A_1 + 2h\tau_1\beta_{12}}{2h} - \frac{\gamma_{11}\alpha}{2\varphi h^2} - \frac{\gamma_{21}\alpha k}{2\varphi hq} \quad (10-44)$$

$$\beta_{21} = \frac{A_2 + 2q\tau_2\beta_{22}}{2q} - \frac{\gamma_{21}\alpha}{2\varphi q^2} - \frac{\gamma_{11}\alpha k}{2\varphi hq} \quad (10-45)$$

根据第一阶段工期、质量的激励系数公式可以看到,当其他参数不变时,β_{11}、β_{21} 随着 γ_{11} 的增加而减小,也会随着 γ_{21} 的增加而减小,因此,当承包商的声誉值较高时,业主可以适当降低激励节约成本;同理,根据第二阶段工期、质量的激励系数公式,可以得到同样的结论;

命题二:双重声誉协同激励模型中,工期要素最终的激励系数小于单因素激励模型;

证明:在考虑双重声誉的协同激励模型中,工期要素的最终激励系数公式为:$\beta_{12} = \frac{A_1}{2h} - \frac{\tau_1\gamma_{11}\alpha}{2\varphi h^2} - \frac{\tau_2\gamma_{21}\alpha k}{2\varphi hq}$,工期激励模型中的激励系数为:$\beta_2 = \frac{A\varphi h - \alpha\tau\gamma_1}{2\varphi h^2}$,

则:$\beta_{12} - \beta_2 = -\frac{\tau_2\gamma_{21}\alpha k}{2\varphi hq} < 0$,证明使用双重声誉协同激励模型,可以降低承包商在工期要素上的激励系数,为业主方节约成本,上述结论得证;

命题三:双重声誉协同激励模型质量要素最终的激励系数小于单因素

激励模型；

证明：在考虑双重声誉的协同激励模型中，质量要素的最终激励系数公式为：$\beta_{22} = \frac{A_2}{2q} - \frac{\tau_2 \gamma_{21} \alpha}{2\varphi q^2} - \frac{\tau_1 \gamma_{11} \alpha k}{2\varphi hq}$，质量独立激励模型中的激励系数为：$\beta_2 = \frac{A\varphi q - \alpha \tau \gamma_1}{2\varphi q^2}$，则：$\beta_{22} - \beta_2 = -\frac{\tau_1 \gamma_{11} \eta k}{2\varphi hq} < 0$，与命题二同理，协同激励模型可以降低承包商在质量要素上的激励系数，为业主方节约成本，上述结论得证；

命题四：双重声誉协同激励模型中业主对承包单位第 2 阶段的激励系数小于不考虑声誉效应时的激励系数，这表明通过引入双重声誉激励模型，业主可以用较少的激励达到更好的激励效果。

证明：

$$\beta_{12} - \beta_1 = \frac{A_1}{2h} - \frac{\tau_1 \gamma_{11} \alpha}{2\varphi h^2} - \frac{\tau_2 \gamma_{21} \alpha k}{2\varphi hq} - \frac{A_1}{2h} = -\frac{\tau_1 \gamma_{11} \alpha}{2\varphi h^2} - \frac{\tau_2 \gamma_{21} \alpha k}{2\varphi hq} < 0 \quad (10-46)$$

$$\beta_{22} - \beta_2 = \frac{A_2}{2q} - \frac{\tau_2 \gamma_{21} \alpha}{2\varphi q^2} - \frac{\tau_1 \gamma_{11} \alpha k}{2\varphi hq} - \frac{A_2}{2q} = -\frac{\tau_2 \gamma_{21} \alpha}{2\varphi q^2} - \frac{\tau_1 \gamma_{11} \alpha k}{2\varphi hq} < 0 \quad (10-47)$$

所以，$\beta_{12} < \beta_1$，$\beta_{22} < \beta_2$。

命题五：与承包商在工期要素上的最优努力水平比较发现，双重声誉激励模型工期要素的努力水平，在一定条件下，可以实现承包商在第 2 阶段的努力水平高于不考虑声誉机制时的努力水平。

证明：

$$a_{12} - a_1 = \frac{\varphi \beta_{12} h - \varphi k \beta_{22} q}{\alpha(1-k^2)} - \frac{\beta_1 h - \beta_2 qk}{\alpha(1-k^2)} = \frac{\varphi \beta_{12} h - \varphi k \beta_{22} q - \beta_1 h + \beta_2 qk}{\alpha(1-k^2)}$$

$$(10-48)$$

当满足条件 $\varphi \beta_{12} h - \beta_1 h \geq k(\varphi \beta_{22} q - \beta_2 q)$ 时，承包单位在工期这一要素上付出的最优努力水平会有进一步的改善。

命题六：同理，与承包商在质量要素上的最优努力水平比较发现，双重声誉激励模型质量要素的努力水平，在一定条件下，可以实现承包商在第 2 阶段的努力水平高于不考虑声誉机制时的努力水平。

证明：

$$a_{22} - a_2 = \frac{\varphi \beta_{22} q - \varphi k \beta_{12} h}{\alpha(1-k^2)} - \frac{\beta_2 q - \beta_1 hk}{\alpha(1-k^2)} = \frac{\varphi \beta_{22} q - \varphi k \beta_{12} h - \beta_2 q + \beta_1 hk}{\alpha(1-k^2)}$$

$$(10-49)$$

由此得到，双重声誉激励在质量要素，在满足条件 $\varphi\beta_{22}q - \beta_2 q \geqslant k(\varphi\beta_{12}h - \beta_1 h)$ 的情况下，最优努力水平高于不考虑声誉激励的模型。

10.3.2 模型作用的有效区间

本节对双重声誉协同激励模型能够发挥作用的有效区间进行探讨。10.2.3 节中提到在双方合作开始前，业主会对承包商的声誉有一个初始的估计值，如果业主对承包商声誉的估计值落在计算的有效区间时，使用文中提出的双重声誉协同激励模型的激励效果会优于不考虑激励的情况，业主会采用该模型来激励承包商；如果承包商的声誉值没有落在有效区间内，则该考虑双重声誉的协同激励模型对业主来说并不是最优的选择。

以业主方的视角为例，考虑双重声誉的多要素协同激励模型想要有效发挥作用，需保证在双重声誉激励模型下，业主的期望收益大于等于考虑声誉的单因素激励模型和不考虑声誉的协同激励模型。如果是站在承包商和社会总价值的角度，也同样如此。因此，想要找到模型作用的有效区间，需要求解三个模型下业主、承包商、社会总价值期望收益曲线的交点，进而分别找到声誉值 γ_{11}、γ_{21} 的最小值和最大值。

以业主角度为例，工期激励模型下业主的收益期望效用函数为：

$$E(U_1) = E(u_1) + E(u_2) = Aa_1 - \varpi_1 - \beta_1(\gamma_1 + ha_1) + Aa_2 - \varpi_2 - \beta_2[\tau(x_1 - ha_1) + ha_2] \quad (10-6)$$

不考虑声誉的协同激励模型中业主的收益期望效用函数为：

$$E(U_2) = A_1 a_1 + A_2 a_2 - \varpi - \beta_1 h a_1 - \beta_2 q a_2 \quad (10-16)$$

考虑双重声誉的多要素协同激励模型下业主的收益期望效用函数为：

$$E(U_3) = E(u_1) + E(u_2) = A_1 a_{11} + A_2 a_{21} - \varpi_1 - \beta_{11}(\gamma_{11} + ha_{11}) - \beta_{21}(\gamma_{21} + qa_{21}) + A_1 a_{12} + A_2 a_{22} - \varpi_2 - \beta_{12}[\tau_1(x_{11} - ha_{11}) + ha_{12}] - \beta_{22}[\tau_2(x_{21} - qa_{21}) + qa_{22}] \quad (10-37)$$

联立公式（10-6）、公式（10-37）和公式（10-16），对计算结果取交集，即可得到业主视角下声誉值的有效区间。文中求解过程是借助 MATLAB 软件对上述方程组完成计算的，最后获得了声誉值 γ_{11}、γ_{21} 的有效区间，由于公式过于冗长，故不在此处做演算展示，将在第 11 章通过算例和数据模拟的形式对过程进行演示。

11 算例分析和数据模拟

11.1 算例描述

设 M 市的公路建设项目的委托方是政府单位，项目采取在招标平台上发布招标公告的形式，公开寻找符合要求的代理单位，整个公路建设工程执行总承包模式，即：委托代理单位执行公路建设的所有工作，并且负责整个工程的管理工作，确保工程的施工质量、施工工期、施工成本三个要素的实现。合约中规定，公路建设工程的报酬采取固定工资加奖金的方式，政府作为委托单位会按合约规定给代理单位一定的固定报酬，另外还会依据代理方业绩的完成情况给予一定的追加奖励。政府单位作为委托方，对风险持中性态度，而代理单位希望可以投入一些成本来规避掉风险，属于风险规避型。同时，为了让代理单位考虑到声誉对自身收益的影响，使声誉激励发挥效益，M 市已经建立了一个完整的信用评价体系。根据以往经验，政府单位作为委托方对建筑项目的管理能力不足，经常会发生工程拖延、质量不合格、工程成本超标等事件。因此，政府单位非常希望推出一个更有效的管理机制，可以根据代理单位的具体特征，采取适当的激励手段来监控代理单位，督促代理方可以同时实现工程工期、质量、成本三大项目目标。

11.2 多要素协同激励模型模拟分析

本节旨在通过算例分析，对本篇第 9 章提出的两个模型进行对比验证，说明模型的合理性及适用性，进一步分析多要素协同激励模型中承包商努力水平和可观测变量 x 的关系，承包商努力成本函数和承包商努力水平的关系，业主收益的期望效用函数和最优激励系数的关系，进而验证和进一步丰富第 9 章所得结论。

11.2.1 模型指标确定及结果对比

ϖ 代表承包单位的固定工资，事实上，固定工资的多少不会对激励强度和努力水平造成影响，因此，根据不同数量代理任务的模型，设三个要素的协同激励模型中 $\varpi = 900$，双要素激励模型中 $\varpi = 600$。在此设定几个产出函数，x_1 代表代理方在工程工期方面的偏差，x_2 代表工程质量情况指标，用工程优良率提高度衡量，x_3 代表代理方在工程成本方面的偏差，最大可能的实际项目成本 f 取 15，A_1、A_2、A_3 分别代表单位时间内（如每个月）代理方在工期、质量、成本要素上的产出系数，β_1 是委托方选择的代理方实现工期提前的激励强度，β_2 是工程质量优良率增加百分之一时委托方给出的激励强度，β_3 为委托方提供的代理方实现节约成本（每月）的激励强度。同时假定项目的可压缩工期为 4 周，承包商承诺的作业优良率为 90%，项目可节约成本为 4 万元。则有：$0 \leqslant x_1(\mathrm{SV}) \leqslant 4$，$0 \leqslant x_2(\mathrm{Q}) \leqslant 10$，$0 \leqslant x_3(\mathrm{CV}) \leqslant 4$；这里假定各项二级质量评价指标的检测结果均达到 100%，则根据质量优良率计算公式有：

$$Q = \begin{vmatrix} p_1 & p_2 \end{vmatrix} \begin{vmatrix} \vartheta_1 \\ \vartheta_2 \end{vmatrix} = \begin{vmatrix} 1 & 1 & 1 & 0 & 0 \\ 1 & 1 & 1 & 1 & 1 \end{vmatrix} \begin{vmatrix} 0.31 & 0.21 \\ 0.35 & 0.20 \\ 0.34 & 0.20 \\ 0 & 0.20 \\ 0 & 0.19 \end{vmatrix} \begin{vmatrix} 0.43 \\ 0.57 \end{vmatrix} = 1$$

即承包商的实际作业优良率达到了 100%，此时 x_2 取 10。按照工期、质量、成本协调均衡的多要素协同激励模型和相关参数取值：$x_1 = 4$，$x_3 = 4$，$\rho = 0.6$，$\sigma_1^2 = 0.005$，$\sigma_2^2 = 0.01$，$\sigma_3^2 = 0.005$，$A_1 = 45$，$A_2 = 40$，$A_3 = 45$，$\alpha = 1$，$h = 1$，$g = 1$，$q = 1$，$PV = 10$，$k_1 = 0.2$，$k_2 = 0.2$，$k_3 = 0.2$，对模型进行计算，对应的双要素激励模型中相关参数的取值参照多要素协同激励模型，并将两模型的计算结果进行对比分析，得到表 11 – 1。

表 11 – 1　工期、质量、成本协调均衡激励与双要素激励结果比较

	多要素协同激励	工期—质量激励	工期—成本激励	质量—成本激励
(a_1, a_2, a_3)	(21, 14, 19)	(25, 16, 0)	(24, 0, 21)	(0, 16, 19)
$(\beta_1, \beta_2, \beta_3)$	(2, 22, 26)	(28, 21, 0)	(2, 0, 26)	(0, 20, 22)
承包商净收益	541	401	103	519
业主净收益	1128	843	1026	607
社会总价值	1669	1244	1129	1126

通过表 11 – 1 中计算结果可以发现，多要素协同激励模型下承包商在工期、质量、成本上付出的努力水平相对均衡；另外，不论从承包商净收益的角度，还是业主净收益或社会总价值上比较，多要素协同激励模型下的收益均高于工期—质量激励模型、工期—成本激励模型和质量—成本激励模型，验证了应用该多要素协同激励模型可以使承包商平均分配资源和努力水平，确保多要素协同发展，并且可以实现承包商收益、业主收益、社会总价值的进一步优化。

11.2.2　数据模拟

（1）承包商努力水平 α 和可观测变量 x 的关系

在第 9 章模型建立时，我们得到了承包商努力程度 α 和可观测变量 x 的函数关系，在此借助 MATLAB 软件，对两者的关系式进行图形化处理，能更直观地观测两者的变化情况，图 11 – 1 可以直观反映出，当承包单位在三个要素上付出的努力增加时，相应的业绩指标也随之增加，整体呈现正相关关系。

（2）承包商的努力成本函数 C 和努力水平 α 的关系

承包商单位努力成本的数量是承包商在决策时要考虑的重要因素，关系着承包商的最终收益。从图 11 – 2 可以看出，当承包商努力水平增加

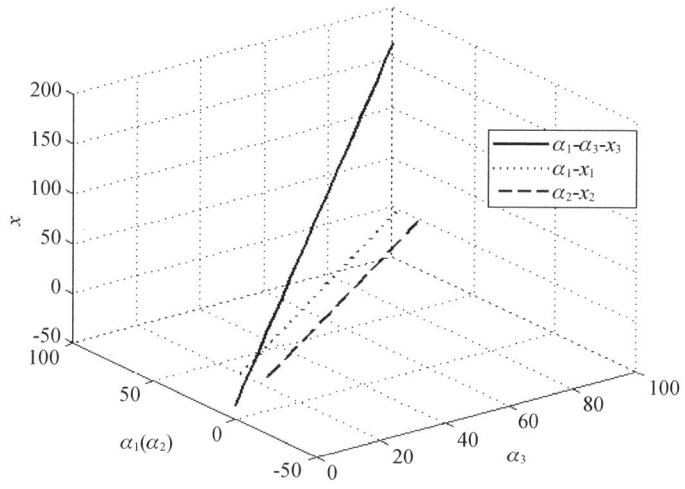

图 11-1 承包商努力程度 α 和相应的可观测变量 x 的关系

时,成本函数会随之增加,这与实际情况是相符的。因此,承包商会结合业主的激励系数、自身的参与约束和激励相容约束确定一个最佳的努力水平。

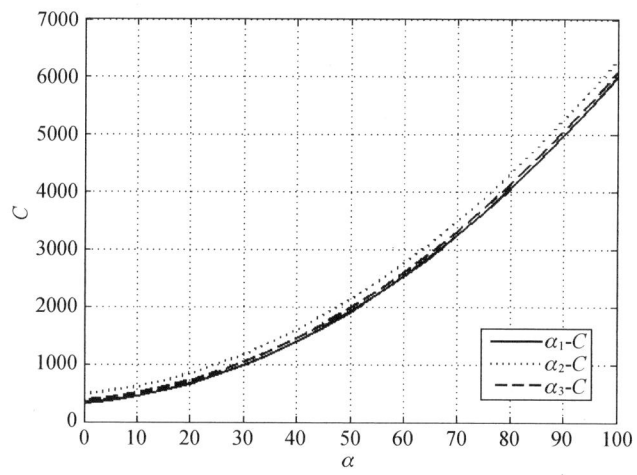

图 11-2 承包商努力成本函数 C 和承包商努力水平 α 的关系

(3) 业主收益的期望效用 U_2 和最优激励系数 β 的关系

将第 9 章求解激励相容约束得到的承包商的最优努力水平代入业主的收益期望效用函数,其他相关参数的取值参照 11.2.1 节算例分析,得到

$U_2(\beta_1, \beta_2, \beta_3)$ 的关系式为：

$$U_2 = -1.07\beta_1^2 - 1.07\beta_2^2 - 1.79\beta_3^2 + 0.36\beta_1\beta_2 - 1.79\beta_1\beta_3 + 0.71\beta_2\beta_3 \\ + 43.04\beta_1 + 26.79\beta_2 + 81.07\beta_3$$

应用 Matlab 软件对数据进行图形化处理，得到图 11-3。

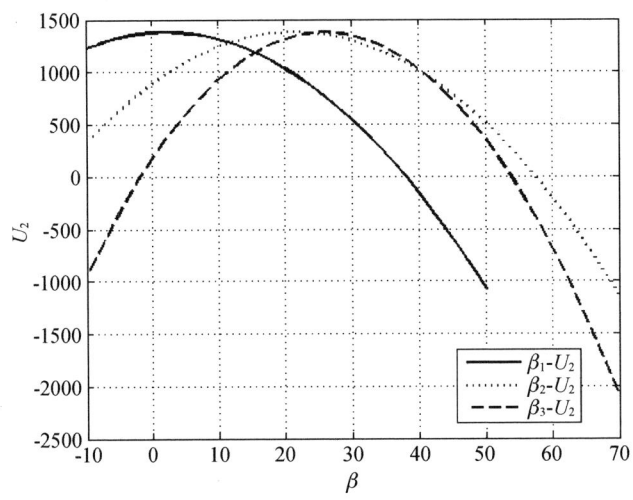

图 11-3　业主收益的期望效用 U_2 和最优激励系数 β 的关系

从图 11-3 可以直观看出，随着业主对承包商工期、质量、成本三个要素上最优激励系数的增加，业主收益的期望效用函数是一个先增加后减少的趋势，且存能在使业主收益的期望效用值最大的最优激励系数（β_1，β_2，β_3）。

11.3　考虑双重声誉的多要素协同激励控制模型模拟分析

第 10 章建立的考虑双重声誉的多要素协同激励控制模型可以概括为：对不同声誉水平的承包商不应按同一水平进行激励，并且在重复的委托代理模型中，承包商会出于"声誉效应"的考虑，自觉遵守合约。本节将通过算例证明模型的合理性，在模型算例中引入承包商的声誉激励，并和考虑声誉的单要素激励模型、不考虑声誉的协同激励模型进行对比，并进一步分析业主、承包商、创造的社会总价值三者与承包商声誉值的关系，并计算和展示双重声誉协同激励模型的有效作用区间。

11.3.1 模型指标确定及结果对比

（1）低声誉水平承包商的情况

根据第 10 章工期、质量协同激励模型的假设条件，取承包商在工期、质量要素上努力水平的产出系数为 $A_1 = 45$，$A_2 = 40$；承包商第一、第二阶段的固定报酬为 $\varpi_1 = 50$，$\varpi_2 = 50$；各个要素上努力水平的边际成本替代率 $k = 0.3$，替代率取值大于零，表明工期、质量之间存在替代性关系，提高在工期要素上的投入时会提高承包商在质量要素上的边际成本；努力水平成本化的努力系数 $\alpha = 2$；隐性声誉的激励系数 $\varphi = 1.5$；承包商在工期、质量上的声誉值取相对较低的值 $\gamma_{11} = 3$，$\gamma_{21} = 5$，相应的修正指标为 $\tau_1 = 0.1$，$\tau_2 = 0.1$；模型中其他相关参数取值如下：$h = 1$，$q = 1$，$\rho = 0.6$，$\sigma_{11} = 0.005$，$\sigma_{12} = 0.01$，$\sigma_{21} = 0.005$，$\sigma_{22} = 0.01$，$\sigma_{\gamma_{11}} = 0.0016$，$\sigma_{\gamma_{21}} = 0.0016$；工期、质量单因素激励模型以及不考虑声誉的协同激励模型的取值参考双重声誉协同激励模型中各参数的取值，通过计算得到结果如表 11-2 所示：

表 11-2 低声誉水平承包商情况下三种激励模型结果比较

	a_{11}	a_{21}	β_{11}	β_{21}	a_{12}	a_{22}	β_{12}	β_{22}	U	W
双重声誉协同激励模型	12.1	8.4	21.7	18	13.4	10.7	22.2	19.6	719.2	754.6
工期激励模型	14.5	—	21.6	—	16.7	—	22.3	—	546.9	531
质量激励模型	11.8		17.7		14.8		19.7		365.23	459.9
不考虑声誉的协同激励模型	9.1	7.3	22.5	20					601.5	449.6

观察表 11-2 可以发现：（1）双重声誉协同激励模型的最终激励系数小于单因素激励模型；从业主和承包商的收益上来看，双重声誉协同激励模型下业主和承包商的收入均高于单因素激励的情况，说明使用双重声誉协同激励模型可以降低激励系数，为业主节约成本。（2）在双重声誉

激励模型中第二阶段的激励强度 β_{12}、β_{22} 小于不考虑承包商声誉的模型，承包单位的努力水平 a_{12}、a_{22} 下，承包商和业主最终的收益也高于不考虑声誉的情况。(3) 对低声誉水平承包商的双重声誉协同激励模型中的两阶段的激励系数进行比较发现，在承包商声誉水平较低时，即 $\beta_{12}>\beta_{11}$，$\beta_{22}>\beta_{21}$，此时承包商的能力较弱，业主需要提高对承包商的激励来保证项目的顺利完成。

（2）高声誉水平承包商的情况

在分析高声誉水平的承包商时，一些与承包商声誉相关的参数的取值将发生变化，比如高声誉水平承包商的声誉值、声誉修正指标应高于低声誉水平的承包商，取 $\gamma_{11}=4$，$\gamma_{21}=6$，$\tau_1=0.4$，$\tau_2=0.4$；而受声誉的影响当承包商在一项要素上付出努力时，对另一项要素成本的影响减少，投入成本也将有所减少，取 $k=0.2$，$\alpha=1$；声誉指标的方差增加，取 $\sigma_{\gamma_{11}}=0.0032$，$\sigma_{\gamma_{21}}=0.0032$。其他参数的取值仍然参照上一节，对模型进行计算，并与另外两个激励模型计算结果进行比较，得到表 11-3。

表 11-3　高声誉水平承包商情况下三种激励模型结果比较

	a_{11}	a_{21}	β_{11}	β_{21}	a_{12}	a_{22}	β_{12}	β_{22}	U	W
双重声誉协同激励模型	26.9	21.3	29.5	25.4	28.1	23	21.8	19.1	1409.43	1843
工期激励模型	25.2	—	25.6	—	33	—	22	—	1010.28	1034.03
质量激励模型	21.24	—	21.84	—	28.8	—	19.2	—	707.64	867.10
不考虑声誉的协同激励模型	19	16	22.5	20	—	—	—	—	1395	856.4

同样，观察表 11-3 可以发现：(1) 双重声誉协同激励模型最终阶段的激励系数小于单因素激励模型，业主和承包商的期望收入均高于单因素激励模型。(2) 使用双重声誉协同激励模型，最终的激励强度将小于不考虑声誉的情况；同时，承包商会出于自身声誉考虑，提高在工期、质量要素上的努力程度；最后，从承包商和业主双方的收益上可以看出，采用双重声誉激励模型，双方所得收益将高于不考虑声誉的情况。(3) 双重声誉协同激励模型中 $\beta_{12}<\beta_{11}$，$\beta_{22}<\beta_{21}$，表明面对声誉水平较高的承包商，说明其业务能力和信誉较强，则不需要太高的激励也可以达到同样的

效果，因此，业主通过双重声誉激励模型可以降低对承包商的激励强度，这对业主来说是有利的。

11.3.2 数据模拟

本节以低声誉水平承包商的算例分析为例，借助 MATLAB 模拟获得函数图，找出使双重声誉协同激励模型发挥作用的有效区间；模拟得到双重声誉协同激励模型、单因素激励模型、不考虑声誉的协同激励模型的对比图 11-4，业主、承包商以及社会总价值随承包商声誉变动的曲线如下，通过对图 11-4 分析可以获得业主、承包商、社会总价值视角下的有效区间。

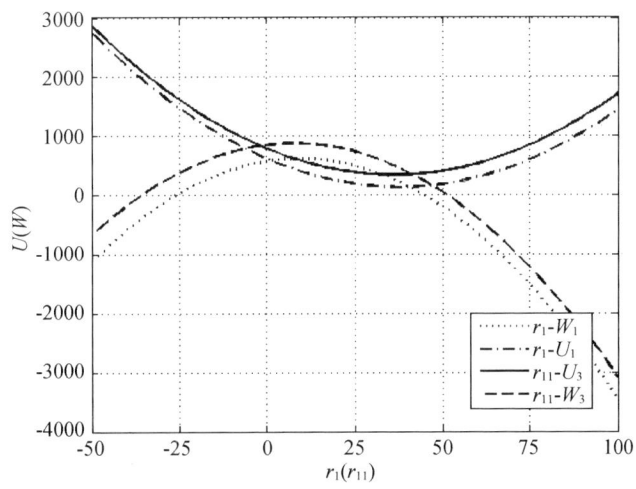

图 11-4 双重声誉协同激励模型与工期激励模型下业主和承包商收益与 γ_1 的关系

（1）图 11-4 展示的是在双重声誉协同激励模型和工期激励模型下，业主和承包商的收益对比情况。可以看出，在双重声誉协同激励模型下，承包商的声誉值变动时，收益均高于单因素激励的情况，说明不论承包商声誉如何，模型都是有效的。

（2）根据图 11-5、图 11-6、图 11-7 的显示结果分析，承包商的声誉值 γ_{11} 在区间 [-35.5, 51.5]，γ_{21} 在区间 [-29.5, 53] 时，才能保证承包商所得期望收益为正值。因此，承包商会努力将声誉保持在该区间

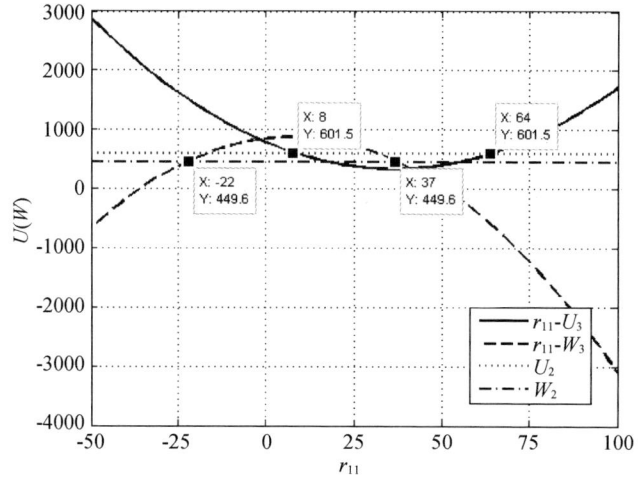

图 11-5 双重声誉协同激励模型与不考虑声誉的协同激励
模型下业主和承包商收益与 γ_{11} 的关系

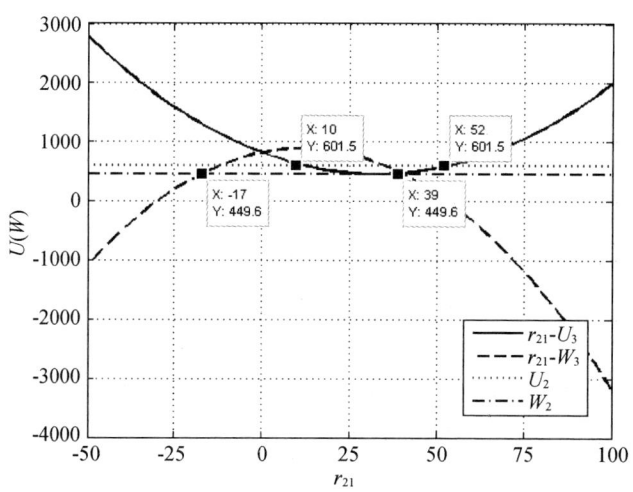

图 11-6 双重声誉协同激励模型与不考虑声誉的协同激励
模型下业主和承包商收益与 γ_{21} 的关系

内,同时,为了达到承包商的保留效用,承包商还会努力提高声誉以使期望收益大于其可接收最低水平。

(3) 从业主的角度分析,在一定区间内承包商的声誉值越高,业主给定的激励系数将会越大,因此业主的期望收益会随着声誉值的增加而降

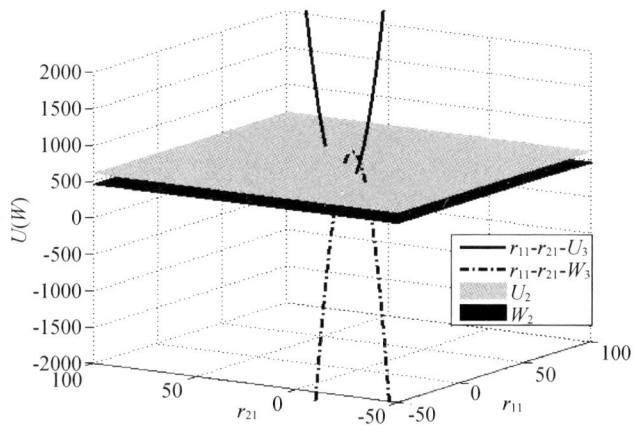

图 11-7 双重声誉协同激励模型与不考虑声誉的协同激励模型下的收益对比图

低,但随着声誉提高带来的收益会增加,业主的期望收益会在达到拐点后再逐步提升。

(4)从承包商的角度分析,声誉值 γ_{11} 在区间 $[-22, 37]$, γ_{21} 在区间 $[-17, 39]$ 时,双重声誉激励模型作用下承包商的收益高于不考虑声誉的情况;从业主的角度来看,承包商的声誉值 γ_{11} 在区间 $[-\infty, 8]$ 以及 $[64, +\infty]$, γ_{21} 在区间 $[-\infty, 10]$ 以及 $[52, +\infty]$ 时,双重声誉激励模型作用下业主的收益高于不考虑声誉的情况。

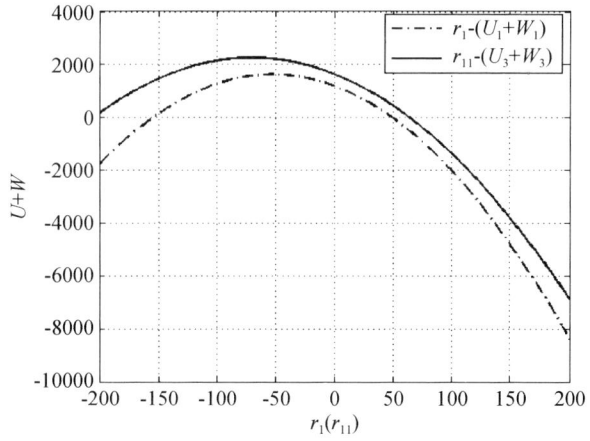

图 11-8 双重声誉协同激励模型与工期激励模型下社会总价值与 γ_1 的关系

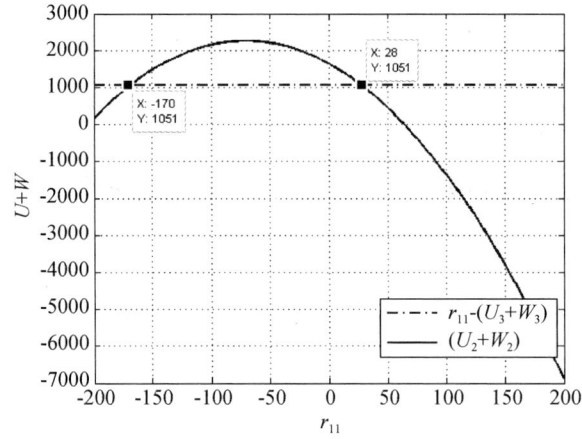

图 11-9　双重声誉协同激励模型与不考虑声誉的协同
激励模型下社会总价值与 γ_{11} 的关系

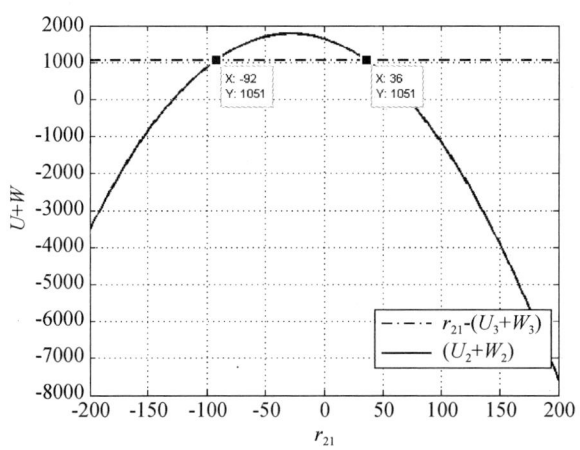

图 11-10　双重声誉协同激励模型与不考虑声誉的协同
激励模型下社会总价值与 γ_{21} 的关系

(5) 观察图 11-8 可以得到与图 11-4 相同的结论,即在双重声誉协同激励模型下,不论承包商的声誉值如何变动,创造的社会总价值均高于单因素激励的情况,说明不论承包商声誉如何,模型都是有效的。

(6) 如图 11-9、图 11-10、图 11-11,社会总价值会随着承包商的声誉值的增加呈现先增加而后减少的趋势,且存在声誉值 γ_{11} 在区间 [-170, 28],γ_{21} 在区间 [-92, 36] 时,可以使双重声誉激励机制有效发挥作用。

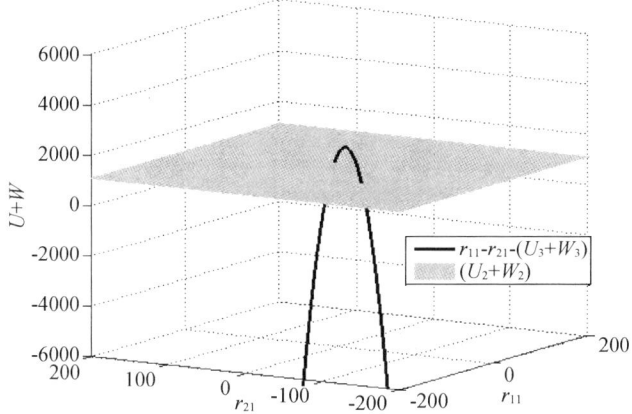

图 11-11　双重声誉协同激励模型与不考虑声誉的协同激励模型下社会总价值与 γ_{11}、γ_{21} 的关系

12 本篇研究结论

在建设工程领域,委托方该怎样激励控制代理方,能够保证代理单位达到自己期望的收益的同时,也会付出努力确保委托方预期目标的达成,这是建设工程领域委托单位进行管理的主要工作,同时也是本篇研究的重点部分。本篇共研究构建了两个激励模型,分别探讨了多个项目要素相互关联情况下对代理方的激励控制模型,以及在此基础上引入双重声誉之后的激励模型。基于委托代理理论、声誉激励等理论,探讨了委托单位对代理单位的激励契约的制定方式,为建设委托方提供一个更有效的激励方案,促使代理单位能在积极主动地达到自身效用目标的同时,努力追求委托方的收益,实现共赢的局面。文中涉及模型及主要研究结论如表 12-1 所示。

表 12-1 各模型参数与解的对比

	产出函数	报酬函数	努力成本函数	激励系数	努力水平
传统的双要素模型	$x_1 = ha_1 - PV + \varepsilon_1$ $x_2 = qa_2 + \varepsilon_2$	$S = \varpi + \beta_1 x_1 + \beta_2 x_2$	$C(a_1, a_2)$ $= \frac{1}{2}\alpha(a_1^2 + a_2^2 + 2k_1 a_1 a_2)$	$\beta_1 = \frac{A_1 h + \alpha PV}{2h^2}$ $\beta_2 = \frac{A_2 h + k_1 \alpha PV}{2qh}$	$a_1 = \frac{\beta_1 h - k_1 \beta_2 q}{\alpha(1 - k_1^2)}$ $a_2 = \frac{\beta_2 q - k_1 \beta_1 h}{\alpha(1 - k_1^2)}$
多要素协同激励控制模型	$x_1 = ha_1 - PV + \varepsilon_1$ $x_2 = qa_2 + \varepsilon_2$ $x_3 = ha_1 + ga_3 - f + \varepsilon_1 + \varepsilon_3$	$S = \varpi + \beta_1 x_1 + \beta_2 x_2 + \beta_3 x_3$	$C(a_1, a_2, a_3)$	$(\beta_1, \beta_2, \beta_3)$	(a_1, a_2, a_3)

续表

	产出函数	报酬函数	努力成本函数	激励系数	努力水平
工期激励模型	$x_j = \gamma_j + ha_j + \varepsilon_j$	$S_j = \varpi_j + \beta_j x_j$	$C = \dfrac{\alpha a_j^2}{2\varphi}$	$\beta_1 = \dfrac{A}{2h} + \dfrac{\tau\beta_2}{2} - \dfrac{\alpha\gamma_1}{2\varphi h^2}$ $\beta_2 = \dfrac{A\varphi h - \alpha\tau\gamma_1}{2\varphi h^2}$	$a_1 = \dfrac{\varphi\beta_1 h - \varphi\beta_2\tau h}{\alpha}$ $a_2 = \dfrac{\varphi\beta_2 h}{\alpha}$
质量激励模型	$x_j = \gamma_j + qa_j + \varepsilon_j$	$S_j = \varpi_j + \beta_j x_j$	$C = \dfrac{\alpha a_j^2}{2\varphi}$	$\beta_1 = \dfrac{A}{2q} + \dfrac{\tau\beta_2}{2} - \dfrac{\alpha\gamma_1}{2\varphi q^2}$ $\beta_2 = \dfrac{A\varphi q - \alpha\tau\gamma_1}{2\varphi q^2}$	$a_1 = \dfrac{\varphi\beta_1 q - \varphi\beta_2\tau q}{\alpha}$ $a_2 = \dfrac{\varphi\beta_2 q}{\alpha}$
不考虑声誉的协同激励模型	$x_1 = ha_1 + \varepsilon_1$ $x_2 = qa_2 + \varepsilon_2$	$S = \varpi + \beta_1 x_1 + \beta_2 x_2$	$C(a_1, a_2) = \dfrac{1}{2}\alpha(a_1^2 + 2ka_1 a_2 + a_2^2)$	$\beta_1 = \dfrac{A_1}{2h}$ $\beta_2 = \dfrac{A_2}{2q}$	$a_1 = \dfrac{\beta_1 h - \beta_2 qk}{\alpha(1-k^2)}$ $a_2 = \dfrac{\beta_2 q - \beta_1 hk}{\alpha(1-k^2)}$
考虑双重声誉的多要素协同激励控制模型	$x_{1j} = \gamma_{1j} + ha_{1j} + \varepsilon_{1j}$ $x_{2j} = \gamma_{2j} + qa_{2j} + \varepsilon_{2j}$	$S_j = \varpi_j + \beta_{1j} x_{1j} + \beta_{2j} x_{2j}$	$C(a_{1j}, a_{2j}) = \dfrac{\alpha(a_{1j}^2 + 2ka_{1j}a_{2j} + a_{2j}^2)}{2(1+\theta)}$	β_{11} $\beta_{12} = \dfrac{A_1}{2h} - \dfrac{\tau_1\gamma_{11}\alpha}{2\varphi h^2} - \dfrac{\tau_2\gamma_{21}\alpha k}{2\varphi hq}$ $\beta_{22} = \dfrac{A_2}{2q} - \dfrac{\tau_2\gamma_{21}\alpha}{2\varphi q^2} - \dfrac{\tau_1\gamma_{11}\alpha k}{2\varphi hq}$	a_{11} a_{21} $a_{12} = \dfrac{\varphi\beta_{12}h - \varphi k\beta_{22}q}{\alpha(1-k^2)}$ $a_{22} = \dfrac{\varphi\beta_{22}q - \varphi k\beta_{12}h}{\alpha(1-k^2)}$

（1）模型具有"多要素"属性。工期、质量、成本是建筑项目的三大目标，研究针对建筑项目多要素进行激励的研究尚不成熟，要素间的相关性没有得到充分考虑，且存在一些要素难以量化等问题，从委托单位的视角出发，基于委托代理理论，充分分析了代理单位在建筑工程施工过程中关注的工程工期、施工质量、投入成本三个要素，明确了三个要素之间的替代性关联，指出若忽略这一问题，则容易造成激励效能的弱化，产生因过度寻求工期缩短以及成本减少出现的工程质量问题。进一步，给出了

难以量化的质量要素的评价标准,将模型从传统的双要素扩展为多要素协同激励控制模型。最后,通过求解激励模型得到满足模型条件时委托单位的最佳激励强度,以及代理单位的最优努力水平,模型实现了让承包商平均分配资源和努力水平,确保多要素协同发展,并且使承包商收益、业主收益、社会总价值实现进一步优化,为双方提供理论参考。

(2) 在重复的委托代理模型中,代理单位的声誉情况可以直接或间接影响本阶段甚至未来的收益情况。可以说声誉在委托代理关系中发挥着不容忽视的作用,而以往对声誉的研究还存在一些不足,例如考虑了代理方的声誉却忽视要素间的联系,或者考虑了各要素间的联系却没有体现声誉的影响,这都可能会造成激励的失效。为了弥补这一不足,文章将边际成本替代率 k 引入努力成本函数,体现工期、质量目标间的替代性关系,进一步考虑声誉机制在增加代理单位当期报酬和降低未来成本两个方面的作用,构建双重声誉的协同激励模型。通过对比分析,模型明显优于考虑声誉的单因素激励模型、不考虑声誉激励的协同激励模型。

(3) 文中提出的双重声誉多要素协同激励控制模型是一种动态模型。模型将建设项目分为若干阶段,通过对每一阶段的声誉值的不断修正,动态调整对代理单位的激励强度,对于声誉水平较高的代理单位,在适当地降低激励强度后,仍然可以保证项目目标的实现;而对于声誉水平较低的代理单位,则需要适当提高对代理单位的激励,通过案例分析发现,模型可以很好地做到这一点。总而言之,模型可以动态监控项目实施情况,激发代理方的主动性,优化委托方、代理方、社会总价值三方收益。

(4) 模型研究中考虑了声誉值的有效作用区间。在分别应用双重声誉协同激励模型与不考虑声誉的协同激励模型、考虑声誉的单因素激励模型计算获得的收益进行对比后发现,文中提出的模型是更有效的。基于此,本篇分析了委托方期望收益、代理方期望收益、社会总价值三者与代理方声誉值的关系,提出了确定双重声誉协同激励模型发挥作用的有效区间的方法,为委托单位更高效地进行激励管理提供方法支持。

第三篇

项目成本/进度集成控制模型

项目集成管理一直都是项目管理领域中一项重要的工作。近年来,随着我国国民经济飞速发展,工程建设项目越来越趋于大型化、复杂化,并逐渐成为国民经济的重要支柱。随着项目实施过程中复杂性与不确定性的增加,有效地实施项目集成管理,通过项目集成管理对项目成本、进度、范围、资源等要素目标进行有效协同控制,已经成为项目管理必不可少的管理工作。挣值法是一种可以整合成本、进度及技术绩效,同时兼顾风险管理的一套项目集成管理方法。这种方法起源于美国军工、国防项目的成本、进度的集成控制工程实践中,后来被引入民用项目,在国内外工程建设项目管理学术和实践领域中被广泛研究和采用。在一段时期内,由于建设项目大型化、复杂性、不确定性提高等情况的出现,以及挣值法在实际项目控制中对精益化和数据管理水平要求较高,导致了挣值法在建设项目实践中很难得到有效应用。随着时代的发展,大型工程建设项目管理信息化及精益化水平明显提升,为包括挣值法在内的很多项目管理控制方法与工具的有效落地实施创造了条件。

本篇主要是聚焦挣值法(Earned Value Management,EVM)

在管理实践中表现出缺陷开展的一些研究，首先，针对挣值法中的趋势预测问题，发现现有的计算方法容易受奇异数据点影响，导致产生错误趋势预测结果，影响管理者的判断；项目实时评价指标仅考虑当前监控时点数据值，未考虑各历史监控时点数据的综合效率，容易造成对项目未来执行效率进行预判与评价时出现较大误差；其次，挣值管理体系本身存在重评价、轻控制的特性，具体表现为：在应用中注重数据分析对项目进度-费用的绩效评价，缺乏与项目范围和责任管理的有效结合模式，容易造成项目执行中的权责不清，进而影响项目实施的效果；挣值管理的绩效评价多体现在事后评价，缺乏事前激励与控制功能，极易使项目陷入重挣值，轻质量、安全的误区。针对上述两类问题，本篇中开展的主要研究工作可以概括为如下两部分。

（1）针对挣值法中的趋势预测问题，在项目挣值管理体系中引入了一种最优线性估计的学习算法——卡尔曼滤波法，其优势在于，能够综合考虑历史数据的变化规律，对项目未来执行趋势做出正确判断；同时，该方法通过滤除量测过程中存在的随机干扰噪声，以获得最接近真实值的最优估计值。研究步骤为：首先，设计了"卡尔曼滤波法"在挣值管理评价与预测过程中的运算逻辑顺序，根据对项目当前和历史执行量测值的测算，可以降低传统挣值管理对项目执行绩效的动态评价与未来趋势预判时的计算误差；其次，将"卡尔曼滤波法"引入"多级挣值管理"中，结合传统挣值管理理论、关键路径法（CPM）和工作分解结构（WBS）设计了算法实现流程，可以进一步提高挣值管理评价与预测的准确性，并获得更多项目执行分析信息；最后，通过采用某房地产建设项目实证数据验证模型和算法的可行性。实证结果表明，随着项目执行深入，可用于测算的项目执行数据越多，经卡尔曼滤波优化后的挣值管理的评价与预测误差逐渐减小。

（2）针对挣值管理体系本身存在的重评价、轻控制的特性，首先，在挣值管理中引入项目范围管理，建立项目管理范围变更责任矩阵，对项目的范围和责任变更实施监测和控制，并提出范围变更的应对措施，能够较好地控制项目范围因素的变更对项目实施造成的影响；其次，在挣值管理中引入激励引导模型，建立香蕉图激励区间，这样既改善了挣值管理中成本－进度标准化要求，调节成本、进展、质量三者的平衡，还能改进传统挣值管理方法中"事前计划，事后评价再控制"的功能在项目管理实践中表现出的不足，利用该模型在项目计划阶段建立的项目进度激励控制区间，可以实现对项目管理人员的事前激励，使其主动向项目事先设定的计划目标方向努力，最终既可以完成项目的总体目标，又能实现执行人员的利益追求。最后，采用算例的形式证明了该激励模型在应用中的有效性。

本篇研究可作为对完善挣值管理理论体系的一种尝试和探索，希望可以为提高项目管理效率，改善我国工程建设项目成本/进度管理水平提供理论及方法上的借鉴。

13 研究概述

13.1 研究背景

工程建设项目常常在复杂的自然环境与社会环境中完成，具有建设周期长、投资多、内部结构复杂、外部联系广泛等特点。项目的实施过程中存在很多不确定性，施工风险常常影响工程项目的顺利实施，甚至造成巨大的财产损失和人员伤亡，项目管理与控制尤为困难。

伴随着项目执行控制过程中复杂性与不确定性的增加，有效地实施项目集成管理，通过项目集成管理对项目成本、进度、范围、资源等各方面的目标进行有效协同控制，一直都是学术界和业界广泛关注的问题。在项目集成管理中，任何一项要素的变化，都会直接或间接影响到其他要素的改变。项目的成本、进度管理作为项目管理中两大控制要素，一旦出现控制失衡，很容易因过度赶工导致出现安全隐患，或因过度控制成本引发质量问题。例如，2015年4月台湾捷运绿线项目，因为过度赶工而造成4死4伤的安全事故。在项目成本管理方面，项目施工方为尽可能节约成本，常常存在偷工减料等问题，导致工程质量出现问题。例如，某市某小区两栋楼由于前期成本控制不力，导致主体建设期开始对建筑材料减配，导致主体结构抗压强度不够，在新住户未入住前，墙面已经出现断裂等现象；同样，目前我国大部分城市依然存在大量烂尾楼，这些工程项目的烂尾，通常情况下是因为开发商无力支付工程款或施工单位成本控制不当，导致无法继续施工造成的。总之，由于过度追求某一项目目标诱发或导致的安全风险、质量隐患等，在我国工程建设项目实践中屡见不鲜，这些问题的存在严重制约了我国工程建设项目管理水平和实践能力的提升。

挣值法是国内外项目集成管理领域普遍认可的一种项目绩效评价与控制技术。挣值管理系统（Earned Value Management System，EVMS）则是以挣值法为核心技术，整合成本、进度及技术绩效，同时兼顾风险管理的一套项目集成管理控制系统。这种理论方法最初是在美国空军研发项目中提出，产生于美国国防部（DOD）于1967年推出的项目"成本/进度控制系统规范（Cost/Schedule Control System Criteria，C/SCSC）"。1996年，该规范被推介给私营部门，美国业界根据国内项目管理实践状况对这套系统进行了改进，形成了项目挣值管理系统。2004年，EVMS通过了美国国家标准协会和美国电子协会的批准后形成美国国家标准，同时，美国项目管理学会（PMI）也推出了自己的EVM规范，还成立了专门的EVM学会。至今，EVM一直都是国内外学者在现代项目管理领域的一个重要的研究方向。

13.2 国内外研究现状

13.2.1 国外研究现状

国外针对挣值法的研究现状也是集中于理论改进研究、实际应用研究以及数据模拟仿真研究三方面。在理论改进研究方面，Iman Attarzadeh（2009）提出了一种可以广泛在完成费用预测估计中应用的Enhancement Method，并且通过实际软件模拟验证预测结果的准确性。Walt Lipke（2009）、Leila（2011）、Byung-Cheol Kim（2011）、Jose Luis（2012）、Timur Narbaev（2014）等在EVM的评价指标优化、费用/进度预测过程中尝试引入各种数理方法或模型，对EVM理论本身所产生的一些缺陷均有一定程度的改善，其中值得一提的是，Kim. B（2010）在挣值管理进度趋势预测中引入了卡尔曼滤波法，并通过与其他各种进度预测方法的比较验证了方法的有效性和准确性，为项目执行过程中能依据可靠预测信息实施评价与控制创造了条件。Hong Long Chen（2015）提出了一个简单模型，用以提高项目执行前对项目计划值估计的准确性，并引入了平均绝对百分比误差。该模型的改进提高了预测的主动性。Jordy Batselier（2015）提出了基于时间维度的挣值法（EDM（t）），并指出预测项目绩效的所有方法并没有在实际中应用，并且没有在大数据环境中进行测试，因此论文中对几种方法进行测试，证明 EDM（t）是比较有效的项目绩效预测方法。

在实际应用研究方面，学者主要通过方法应用研究，验证在不同管理体制下，不同类型的项目中，挣值法的适用性。M. Vertenten（2009）研究了挣值管理方法在南非的大型项目管理环境中的实施效果；A. Naderpour（2011）研究了在教育中心基建项目中应用挣值管理方法对项目绩效的改进效果，AwadS. Hanna（2012）探讨了挣值管理方法在电力建设项目中应用的可行性；Howard Hunter（2012）等在应用挣值管理方法改善项目费用监控上做了很多有益探索。

在数据模拟仿真方面，Abdel Azeem S. A.（2014），Jeroen Colin（2015）结合各类经验数据及项目数据集，采用仿真模型及定量化研究模型，对项目绩效评价方法的输出结果进行对比分析，得出最有效的项目绩效评估方法。

通过上述研究发现，近年来，随着项目管理信息化的不断完善和大数据时代的到来，使得应用数理方法进行数据分析，实现绩效评价与预测分析优化成为 EVM 理论的一个必然研究趋势。

13.2.2　挣值法国内研究现状

在中国，对挣值管理的研究始于 20 世纪 90 年代，1995 年，清华大学吴之明教授首先在项目整体化管理中提及"挣值"概念（也有译作：赢得值），并于 1999 年提出了"项目投资三值监控指标"。2002 年，"挣得值"法被写入了《中国项目管理知识体系纲要》。自此以来，多数项目管理书籍中都对挣值管理系统（EVMS）有详细的阐述，目前也成为了现在项代管理领域备受关注的控制方法之一。

南开大学戚安邦教授是我国较早开展 EVM 研究的学者，他翻译了美国系统介绍项目挣值管理应用的著作，在诸多国内权威期刊上发表了有关挣值管理理论介绍、方法改进及应用的文章。如：戚安邦（2002）基于挣值管理理论，提出了以成本管理为核心，基于项目工期、质量、范围和风险等多要素项目集成管理方法；2004年在文章中指出了项目成本预测方法存在着一些问题和局限性，并提出了项目定期的变动、调整、预测和安排，应采用项目成本和工期双因素分别、逐步、协调地变动和调整方法，去实现项目完工成本与工期的科学预测；2010年分析了项目管理中的"软"风险因素和"硬"风险因素，提出了项目风险全面集成管理的模型和方法；2012年提出了项目质量、范围、成本和时间在内的，项目四个"硬"要素两两分步集成的基本方法和技术，为项目集成管理提供了借鉴；同年，又提出了当时EVM绩效评估方法具有多个项目要素影响评估失真和信息缺失的实际问题与理论缺陷，并在项目范围管理绩效和项目资源价格变化两个方面，增加了全新的项目绩效分析与度量指标，更为科学地界定了项目时间（进度）和项目成本（价值）两个方面的管理绩效分析和度量指标。

挣值法在国内的其他学术研究，主要集中在理论改进研究、数据与模拟仿真研究等方面，实际应用研究在国内相对比较缺乏。在理论改进研究方面，长青，吉格迪等（2006）等提出了对挣值管理在项目集成控制表现出的一些缺陷进行改善的方法——二级挣值法，并以此为基础逐步拓展为多级挣值管理法。欧阳红祥等（2013）应用灰色Verhulst模型实现对未来AC、EV指标预测，可以达到当前CPI、SPI指标与预测指标相互印证的效果。刘广平等（2013）提出了基于活动和关键路径视角的项目绩效评价改进方法，并引入案例对方法效度进行了实证检验。郑生钦等（2014）将改进后的因素分析法引入挣值管理的成本偏差分析中，提高了传统挣值法的成本偏差的分析能力。王佳敏等（2014）针对现阶段不确定性因素频发的工程建设项目中，无法实现准确有效的成本进度集成控制的问题，对挣值法进行改进。杨小平等（2015）等在考虑时间序列的基础上，将统计方法引入挣值管理进度指标体系中，用更加科学的方法对项目进度指标进行描述，并在此基础上基于贝叶斯推断方法，加入专家意见，从统计学的角度提出了进度绩效指数的动态预测模型。

在数据与模拟仿真研究方面，徐哲等采用统计学及数据仿真方法，针对EVM中表现出的一些缺陷进行了改进。李南等（2015）提出了运用缓冲区定期监测项目成本与进度风险动态变化的定量方法，该方法定义了项目成本与时间的动态缓冲区，用于表示项目成本与工期在受控范围内的变化量，并运用蒙特卡洛模拟获取动态缓冲区尺寸，在此基础上，结合挣值分析指标，构建了项目成本与进度风险动态预警指标，对预警指标值的范围进行划分与说明。

根据文献分析，近年来以 EVM 为主线开展的系统性课题研究主要如下两个。

徐哲教授主持完成了国家自然科学基金项目"基于仿真和统计分析的大型工程项目费用与进度联合分析与控制（7081004）"，研究团队采用网络计划技术、Monte Carlo 仿真技术、概率联合分布理论和回归分析等方法，通过建立费用与进度仿真模型，以及在项目绩效评价研究中提出含权费用绩效指数法，对 EVM 进行了改进。

长青教授研究团队在完成的国家自然基金项目"工程项目基建绩效评价模型方法与技术实现的研究（70662001）"中，主要提出了对于项目集成控制的挣值管理存在的缺陷进行改善的方法——二级挣值法，并以此为基础逐步拓展为多级挣值管理法，吉格迪提出项目不确定条件下的 EVM 的改进及技术实现上进行了研究并给出了很多结论、建议，研究成果形成的国内较早专门介绍项目挣值管理理论最新研究进展的学术专著，在国内的工程项目管理学术领域具有一定的影响。

13.3 研究内容

13.3.1 研究一：基于 EVM 的项目范围管理研究

通过对项目范围管理的研究，分析项目四大影响因素：成本、进度、范围、质量之间的相互关系，尝试构建一套挣值管理范围变更矩阵，对项目范围进行监控，实现评价的权责一致。

13.3.2 研究二：基于 EVM 的趋势预测模型研究

主要针对 EVM 在成本/进度预测方法上表现出的一些缺陷，将卡尔曼滤波与挣值法结合，提出了对工程建设项目成本/进度集成管理中的预测方法的优化方案。卡尔曼滤波法是一种以最小二乘法为基本准则，对数据进行最优估计的数理方法。研究首先采用卡尔曼滤波法对挣值法成本、进度绩效评价指标进行修正，进而对挣值法预测指标进行优化，以期得到更为接近真实状态的挣值评价指标体系及挣值预测结果；其次，将优化后的模型引入多级挣值管理中，通过修正项目各级子项目绩效评价指标，优化各级子项目挣值预测评价结果，为项目管理者在建设项目控制过程中进行正确管理决策提供方法依据；最后，以某大型房地产开发项目作为算例，验证了该方法的可行性。

13.3.3 研究三：基于 EVM 的激励模型

为实现 EVM 控制下的委托方和代理方得"激励相容"，在挣值管理进度/成本控制模型中引入"香蕉图"与新苏维埃激励引导模型，旨在解决项目质量、项目成本、项目进度三者间的相互协调，达到均衡进展，还能够使项目执行人员的利益与项目目标相一致，起到事前激励、事前预防的控制效果，利于项目的有效控制，最后采用算例的形式验证了该激励模型在应用中的有效性。

14 相关理论介绍

挣值法集项目工作范围、进度安排和成本目标于整个项目控制过程中，通过客观测量项目成本、进度绩效指标，适时评价项目的执行情况，实现对项目多要素集成管理的目的，在项目管理领域的实践中具备许多优点。本章主要围绕工程建设项目理论、挣值管理理论以及研究相关的模型方法进行概括性介绍，为后续章节提供理论依据和方法支持。

14.1 工程建设项目相关理论研究

14.1.1 工程建设项目定义及复杂性特征

工程建设项目是以建筑物或构筑物为代表的房屋建筑工程和以公路、铁路、桥梁等为代表的土木工程。更为准确地说，工程建设项目是项目投资者或业主以一定数额的投资，通过对项目进行前期策划、设计、施工、验收等一系列过程，在一定的成本、工期、资源等条件的约束下，进行的一次性任务。工程建设项目除了具有一般工程项目特点外，还具有投资规模大、建设周期强、建设风险大、建设范围广、施工结构复杂、管理方法多样化等特点。

工程建设项目一般具有一次性、独特性等特征，而大型工程建设项目除了具备上述特征外，还具有建设周期长、建设规模大、投资多、利益相关者多、管理复杂等特点。通常情况下，大型工程建设项目往往包含众多复杂的子项目，这些子项目之间在管理、建设等方面相互制约，往往存在牵一发而动全身的风险。因此，对大型工程建设项目的管理方法有着更高的要求。

14.1.2 工程建设项目集成管理的目标及方法

工程建设项目成本与进度之间均存在相互制约的关系。随着项目的开始与深入，进度拖延会导致成本的增加，当成本控制出现问题时，也需要对项目施工进度进行相应调整，项目常常会由于不可抗因素产生一定的绩效偏差。因此，工程建设项目集成管理的目标是以质量为保证，实现成本和进度的协调控制。现实施工过程中，项目管理者往往对进度和成本实施分开管理，忽略了二者之间的联系，从而导致很多问题。在某一观测时点，项目成本超支或节约可能是由于进度提前或拖延而导致，反之亦然。因此，在项目管理中，必须综合考虑成本和进度的发展情况。

随着大数据时代的到来，关于成本进度集成管理的方法上的研究也在提出、实践、优化、再实践的循环过程中不断深入，例如成本－进度－资源法，工期成本优化法，挣值法等。本篇主要内容是针对挣值法在理论模型和实践中表现出的一些缺陷开展的优化研究，这里对于其他成本进度集成管理方法不做赘述。

14.2 挣值法相关理论

14.2.1 挣值法的原理介绍

挣值法作为项目进度—成本集成管理方法，主要是根据对一系列项目执行期动态绩效指标数据的收集与分析，实现对项目执行绩效的评价、控制和未来趋势预测。这里的主要指标包括三大类：基本指标、评价指标以及预测指标。如图 14－1 所示。

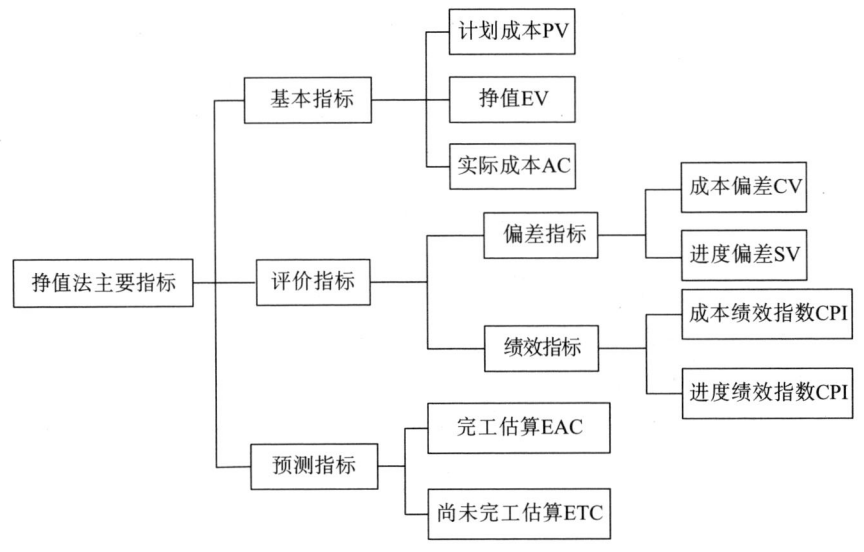

图 14-1 挣值法主要评价指标

（1）挣值法的三个基本指标

挣值法的三个基本指标分别是：计划成本（Plan Value，PV），即根据项目的计划工作量与预算单价数值，计算获得的截止到某个时点上对应累积计划工作量的预算成本；实际成本（Actual Cost，AC），指截止到某个时点，项目已完成作业的实际成本；挣值（Earned Value，EV），指截止到某一时点，项目已完成工作量的预算成本，挣值是一个用于计算的中间变量，不具有实际意义。三个变量具体计算公式如下：

$$PV(t) = \sum_{0}^{t} 计划工作量 \times 预算单价成本 \qquad (14-1)$$

$$AC(t) = \sum_{0}^{t} 实际工作量 \times 实际单价成本 \qquad (14-2)$$

$$EV(t) = \sum_{0}^{t} 实际工作量 \times 预算单价成本 \qquad (14-3)$$

其中，t 为当前监测时点，T 是项目结束时间，$0 \leq t \leq T$。PV、AC、EV 三指标值用于衡量项目某一检测时点是否按原计划完成工作。但是，只通过计算三个指标并不能反映项目绩效的全貌，也不能评价项目绩效的执行情况，因此，还需要提出两个偏差评价指标和两个指数评价指标。

（2）两个差异评价指标

挣值法的两个偏差评价指标包括项目成本差异（Cost Variance，CV）和项目进度差异（Schedule Variance，SV），具体计算公式是：

$$CV = EV - AC \tag{14-4}$$

CV < 0，表示成本超支；CV > 0，表示成本节约。

$$SV = EV - PV \tag{14-5}$$

SV < 0，表示进度落后；SV > 0，表示进度提前。

（3）两个指数评价指标

两个指数评价指标分别是进度绩效指数（Schedule Performance Index，SPI）和成本绩效指数（Cost Performance Index，CPI），具体计算公式如下：

$$SPI = \frac{EV}{PV} \tag{14-6}$$

如果 SPI < 1.0，说明进度滞后；如果 SPI > 1.0，说明进度提前。

$$CPI = \frac{EV}{AC} \tag{14-7}$$

如果 CPI < 1.0，说明已完成工作的成本超支；如果 CPI > 1.0，则说明成本有结余。

挣值法的两个绩效指数指标可以提供项目的评价时点执行状态信息，在项目的实际执行过程中，通常以一周或者一个月作为项目监测周期，对 EV、AC 值进行监测。事实上，项目管理者通过将具体时点上的 EV 指标值同 PV、AC 指标值进行比较，对项目实施过程进行评估。进度绩效指数（SPI）用来度量项目实际进度与计划的一致性，成本绩效指数（CPI）用来衡量项目实际消耗的成本与事前制定的预算是否相符，通常将每个周期的 SPI、CPI 和 1 相比对项目执行效果进行评价，如果 SPI、CPI 小于 1，则项目处于控制状态。然而，项目实施过程中 SPI 和 CPI 产生的微小的变化（仍然在 1 附近），可能包含关于项目当前或未来状态的预警信息，提示项目管理人员需要采取措施纠正。除此之外，相对于普通项目而言，在重大项目中这种微小的变化可能更为重要，但评估和监控项目实施过程的传统方法不能识别出这种小变化。因此，建立更为有效的方法以评估和监控项目的进度和成本，同时也能对其相关变化进行监控是非常有意义的。同时，EVM 控制过程并不能提供进度、成本指标所允许变化范围的附加信息,即项目的不确定性决定了偏差在项目实际执行中是会频繁出现的,但控制阈值应该设为多少等问题常会让项目控制工作变得复杂。

(4) 预测指标

挣值法不仅可以对项目成本和进度绩效情况进行实时监控,还提供了根据检查日期的挣值绩效评价指标预测项目的最终完工成本(EAC)和完工时间(ECD)的功能。预测项目的最终完工成本一般分为下面三种情况。

假设项目未来执行效率与当前执行效率基本一致,项目未完工部分按照当前的工作效率进行,则:

$$EAC = 总成本/成本绩效指数 = BAC/CPI \quad (14-8)$$

假设不考虑项目已完成工作执行效率,在不变更项目预算成本的情况下,项目未完工部分按照原计划执行效率进行,则:

$$EAC = 实际费用 + (总预算 - 挣值) = AC + (BAC - EV) \quad (14-9)$$

假设项目监测时点日期的成本执行情况和原计划的预算成本差别很大,则:

$$EAC = 实际费用 + 重新估计剩余的工作费用 \quad (14-10)$$

预测项目完工工期一般分为两种情况。

假设项目未来执行情况和当前执行情况基本保持一致,即项目未完工部分按照当前的工作效率进行,那么:

$$ECD = 计划总工期/进度绩效指数 = PD/SPI \quad (14-11)$$

假设项目检测日期以后的工作量均按照原计划的工作效率执行,那么:

$$ECD = 检测日期执行工期 + 剩余工作量按照原计划进度顺延的持续时间 \quad (14-12)$$

14.2.2 传统挣值法的应用流程

在项目全生命期管理活动中,以挣值分析为中心的项目成本/进度综合控制的步骤如图 14-2 所示。

(1) 收集项目信息,明确项目任务;

(2) 进行项目分解,在项目资源约束下,分解项目工作结构,确定项目组织分解结构,落实责任分工,最后确定项目的代码和编码系统,编制进度计划、进行费用估算;

(3) 确定观测点,建立执行效果测量基准曲线;

（4）记录已完工进度和实际成本消耗，计算挣值；

（5）计算并分析绩效指标，预测关键指标，得出项目成本/进度初步考评，进行投资/进度差异分析和趋势预测，如果在偏差允许范围，则项目继续进行，如果偏差超出允许范围，调整施工方法或项目计划后项目继续进行；

（6）重复以上（3）—（5）步直至项目结束。

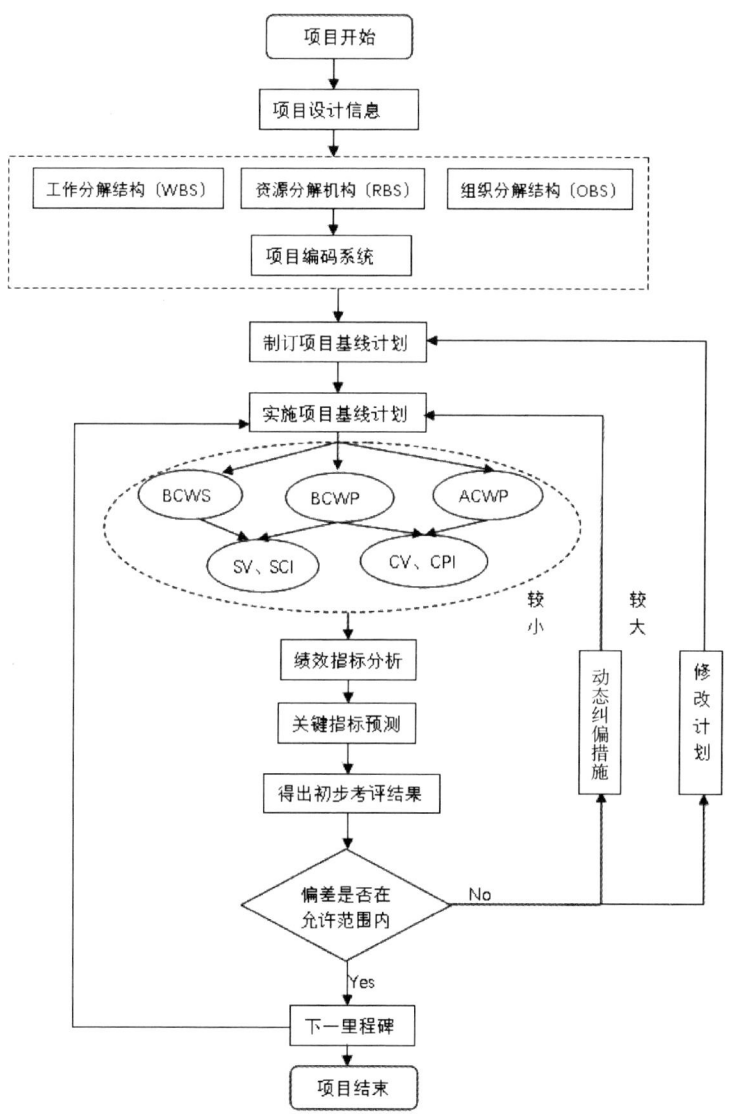

图 14 – 2　全生命周期中的挣值法控制流程

当在执行绩效评价过程中发现偏差较小，可以选择不采取控制措施，仍然按照原计划实施。这种情况是正常存在的，因为项目的"复杂性""一次性"特点决定了实际执行情况不大可能与计划完全相符，一般情况下 AC 和 EV 动态曲线都会围绕着计划预算基准线（PV）上下浮动，这种较小的偏差属于正常的随机偏差。

当在执行绩效评价过程中发现偏差较大，则可以判定是执行过程已经偏离了原计划，需要采取相应的纠偏措施，让实际成本开支和进度在后续的项目实施过程中向计划预算基准线靠拢，力求能够回归到原计划的轨道上。

当在执行绩效评价过程中发现偏差很大，则可以判定原定计划已与实际情况不相符，也即原计划基本已失败，则需要根据实际成本开支的发展趋势修正后续工作的预算，从而让计划回归现实。

14.2.3 多级挣值法

一些学者针对传统挣值法注重整体分析，而忽略项目内部工序间逻辑关系，注重整体预测，而忽略项目内部工序的执行情况等问题，提出了二级挣值法，并在二级挣值法的基础上推广到多级挣值法。

复杂的工程建设项目可以采用 WBS 分解出多个子项目，子项目又可以分解出多个工作包，各级项目管理者可以根据各个项目工作包的特点编制项目计划，用于项目执行监控。在对项目整体绩效进行监控时，可将各级子项目的绩效测量结果作为依据，在对各级子项目进行管控的基础上，预测整个项目的未来发展趋势。

设项目活动层次分解体系的层级数为 N 级，总项目为 P_0 级，一级子项目有 M_1 个，任一级子项目 $P_1(0 < P_1 < M_1)$ 下含有二级子项目 M_2 个，二级子项目 $P_2(0 < P_2 < M_2)$ 下又有三级子项目 M_3 个，依次类推，任一 $N-1$ 级子项目指标 $P_{N-1}(0 < P_{N-1} < M_{N-1})$ 下又有 N 级指标 M_N 个，由此构成的项目层次结构图，如图 14-3 所示。

多级挣值法采用传统挣值法的计算规则，分别对各级子项目实施绩效评价与未来完工情况预测。这样做不仅可以对各级子项目实施管控，还可以通过各级子项目的进展情况，了解整个项目的实际进展，并明确整体项目绩效偏差情况是由哪一级子项目造成的，而采用传统挣值法并不能从项

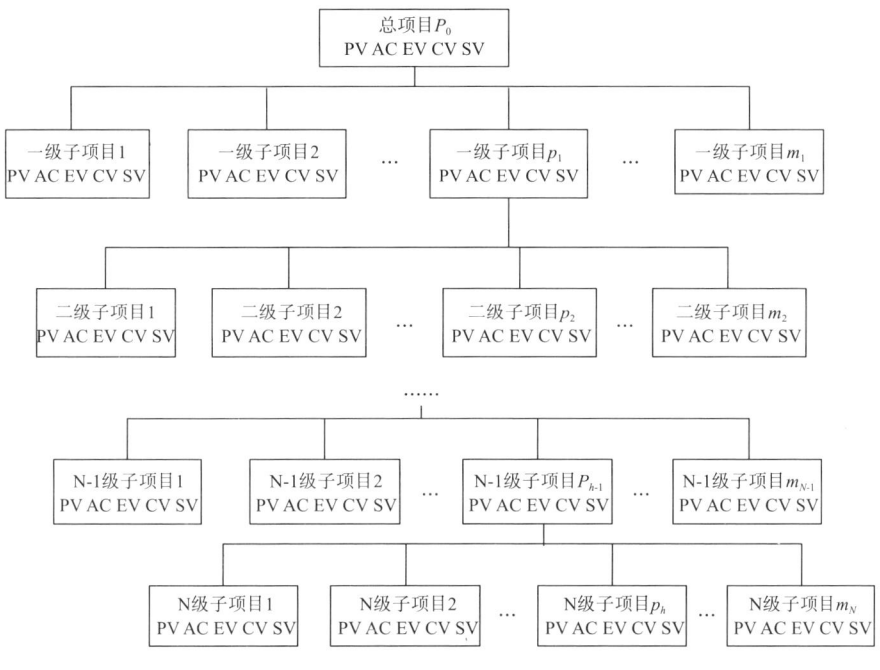

图 14-3 多级挣值法层次框架图

目微观层面对项目绩效进行评价和预测。

14.2.4 挣值法的适用范围

(1) 传统挣值法的适用范围

虽然很多研究学者都认为挣值管理是现代项目管理中的有效控制方法之一,但目前在国内却没有得到广泛的应用,或者没有充分发挥作用,原因之一是挣值管理中没有明确界定适用范围,致使项目管理者不知在何种项目的执行控制中,如何正确地应用该方法。因此,明确适用范围对于挣值管理今后的应用推广具有重要作用。本章在借鉴以往研究的基础上,针对对挣值管理的内容、特点以及作用,提出挣值管理的应用范围。

①根据挣值管理的特点确定其适用范围

ⅰ. 目标清晰的项目

挣值理的目的是通过在项目执行过程中的动态评价与控制,使项目能够按照项目最初的计划和目标进行实施。如果一个项目没有确定和清晰的目标,管理者将无法准确地确定项目的路径和结束时点,也就不能有效、准确地计量挣值管理的三个关键变量数据，从而失去挣值管理的作用和意义。

ⅱ. 复杂程度高的项目

挣值管理是进度/费用集成控制的一种方法，可以帮助项目管理者及时发现项目执行中存在的问题，保证项目的顺利进行。如果一个项目工序简单，或者项目预算不高，项目管理者完全可以通过最直接的方式，去获取详尽准确的信息来判定项目进展是否顺利，从价值工程的角度考虑，完全不需要花费多余的时间和费用去进行挣值分析。因此，对于复杂程度高的项目，管理者直接获取项目执行状态信息较为困难，挣值管理才能够更加充分发挥其效用。

ⅲ. 采用新工艺、新方法、创造性的项目

随着社会经济的发展，目前很多工程项目建设开始采用新的工艺、新方法，在有效提升项目建设水平的同时，也使项目建设过程中容易产生较多不确定性因素，进而增加项目建设的风险。应用挣值管理，可以对项目执行进展绩效及时地做出评价，又可以对项目的最终竣工工期和费用做出趋势性预测，发现项目中存在的问题并预测可能产生的风险，做到及时预防。因此，在此类项目中应用挣值管理，能够更加直接地体现出挣值管理的价值。

②根据挣值管理的要求确定其适用范围

ⅰ. 团队合作、沟通较好的项目

挣值法是一种"自下而上"的方法，需要一线的项目实施人员定期上报项目的执行状态信息，而后进行数据的综合、分析、整理，最终得出评价结果，制订相应控制措施。项目生命周期的全过程都需要参与项目的各方面专家、工程师、项目经理，以及各个部门的关键工作人员充分地协作和沟通，以获得有效的挣值管理绩效数据。对于一些工序相对比较独立，信息交流不够充分，人员协作不够理想的项目，应用挣值管理不但起不到有效控制的作用，反而会增加项目的管理费用。因此，只有对于那些管理水平较高，团队合作较好，沟通充分的项目，采用挣值管理才能够真正地发挥其效用。

ⅱ. 工期较长、总报价较高的项目

在项目执行控制过程中应用挣值管理需要收集大量的基础数据，需要投入较多的人员和工作精力,相应会增加项目的管理费用。同时,数据的收集处理需要应用辅助工具,如 MS Excel、MS Project 等,甚至有时还需要更加高端、先进、专业化的工具,如使用更专业的 Primavera 5.0 软件或 Cobra 软件等。工作人员需要经过专业培训,通过培训增加挣值管理在项目管理工作中的认可度,起到上行下效的作用。对总预算较低的项目,挣值管理作用不但得不到充分的发挥,还会增加项目管理人员的工作量和管理成本。另外,挣值管理的主要功能就是项目成本和工期的预测,对于工期较短的项目,预测基本发挥不了具体的作用,有时还会因为数据的不稳定性,导致产生错误的指导,为项目管理者的决策造成干扰。

③针对项目的管理类型分析挣值管理的应用范围

ⅰ.挣值管理适用的项目组织结构模式类型

目前,项目管理中经常采用的项目组织结构模式一般可分为三种。

第一种是线性组织结构。这种组织结构的特点是每一个工作部门只能对其直接的下属部门下达工作指令,每一个工作部门也只有一个直接的上级部门。由于该组织结构的直线制管理模式,整个项目的交流协作不够充分,因此采用此种组织结构模式的项目不适合采用挣值管理。

第二种是职能组织结构。这种组织结构的特点是每一个职能部门可根据它的管理职能,对其直接和非直接的下属工作下达工作指令。该组织结构模式是从职能部门的角度对项目进行管理,缺乏工作部门之间的交流和协作,此类型的组织结构管理模式亦不适合采用挣值管理。

第三种是矩阵组织结构。这种组织结构的特点是在最高指挥者下设纵向(职能管理部门)和横向(工作部门),每一项工作是由纵向和横向两个工作部门的交汇,使各项工作之间具有很好的交流与协作能力。采用此类型的组织结构的项目,宜采用挣值管理方法,可以充分利用该种组织结构的管理水平较高,交流协作关系能力较强的优势,对项目进行进度/绩效集成控制。

ⅱ.挣值管理适用的承包模式

工程承发包是指业主和承包商之间通过签订合同的形式,将建设项目的部分或者全部任务发包给承包商,并由业主支付给承包商一定的报酬。

施工平行发包模式,是指项目业主通过与设计、施工单位、材料设备供应商以签订合同的形式,将工程项目设计、施工与设备材料的采购分解，分包给以上各单位。上述各单位属于平行关系，并在项目施工过程当中接受业主或业主委托的监理公司的协调与监督。采用此种模式的项目中，各个承包商之间交流不够充分，协作关系不够融洽，当项目进展的资源受到限制或者项目发生变更时，处理协调较慢，容易耽误工期、增加费用。此种模式下，在项目中应用管理挣值管理具有一定的难度，并且不容易得到有效实施。

工程项目总承包模式，是指业主在项目立项后，将工程的设计、施工、设备材料的采购一次性整体发包给某个项目承包公司，或者多个施工单位的组合体，项目的设计、施工和采购全部由承包单位负责，双方以签订合同的形式规定权利义务内容，最后由承包单位向业主交付一个达到工程使用标准的项目。这种承包形式也称为"交钥匙"合同，对应的这种模式发包的工程也称为"交钥匙工程"。采用这种模式的项目设计、采购、施工等各个部门之间协调、交流比较充分，不受项目资源限制，对于项目的变更处理比较灵活，有利于项目成本/进度的集成控制，为项目应用挣值管理创造了有力的管理环境，有望促进项目按照计划顺利实施。

施工总承包管理模式，是指业主与某个具有丰富施工管理经验的单位或者多个单位的联合体签订施工总承包管理协议，由其全面负责整个项目的施工组织与管理工作，一般总承包管理单位不参与具体的施工。项目承包管理单位对项目进行全过程管理，从项目一开始就介入，对项目的投资、进度和质量进行全程控制。管理过程中，采用挣值管理能够及时发现项目管理过程中的问题，以及对剩余未完成项目内容进行趋势预测，有利于保证项目按照计划顺利实施。同时，作为项目承包管理者，对各个工作单位具有密切的联系，能够很好地协调和交流，有利于挣值管理的实施。

iii. 挣值管理对应的施工合同类型

施工单价合同，亦称"单价不变合同"。由合同确定的实物工程量单价，在合同有效期间原则上不变，并作为工程结算时所用单价；而工程量则按实际完成的数量结算，即量变价不变合同。此种合同以单价合同为基准，不但使用范围较宽，而且可以有效地规避分摊风险。通过这种形式，还能够鼓励承包商采用提高功效等方法达到节约成本提高利润的目的。采用挣值管理能够帮助管理者对项目进度/成本进行绩效管理，但是由于应用挣值管理需要进行数据的收集、处理、分析，会增加项目的管理费用。

总价合同。根据合同规定的工程施工内容和有关条件，业主以规定金额（即明确的总价）支付给承包商。整个工程的合同价款总额已经确定，在工程实施中不再因物价上涨、工程量变化而变化。采用总价合同的项目一般信息比较详细，工期较短，项目总体报价较低，此合同类型的项目采用挣值管理方法，会增加项目的管理成本，投资多，收益小。

成本价加酬金合同。与固定总价合同支付过程相反，即工程施工的最终合同价格是由工程实际成本与一定的附加酬金两部分组成。合同签订时实际成本通常不能确定，只能确定酬金取值比例或计算原则，所以此类合同也被称为成本补偿合同。由业主向承包单位支付工程项目的实际成本，并按事先约定的某一种方式支付酬金的合同类型。该合同一般适合于采用新型设备、新技术、新工艺的项目建设，或者工程的内容和技术指标不确定，以及项目风险较大的项目。应用挣值管理能够及时发现项目实施过程中产生的问题，提前制订风险控制措施，有效地控制项目总成本和进度。同时，能够预测项目未完成部分的进展趋势，及时地检验新技术、新工艺的实施效果。

（2）多级挣值法的应用范围研究

多级挣值管理方法是由长青等（2006）在专著中提出的。基本原理是：传统挣值管理是从宏观层面上通过累加的数据计算实现对项目执行绩效的评价，是对数据"先汇总，再分析"，多级挣值管理是在借鉴传统挣值管理基本方法基础上，依据工作结构分解 WBS 中的项目层次划分而进行的，对具备分析条件的基层工作包进行挣值分析，汇总所有基层工作包分析数据，上报给上一级工作包，以此逐级上报，最终汇总得到项目的挣值分析结果。在多级挣值管理的应用过程中，首先，需要对项目进行工作结构的分解，来确定每一等级的项目工作包，分析总结每一项工作的成本/进度绩效状况；其次，为了使挣值分析结果更加准确、有效，需要对每一项工作数据进行详细准确的收集和管理，这不但会增加项目的工作量，同时会增加项目的管理费用。采用多级挣值管理能够对项目的费用/进度绩效实现更详细、准确的分析，同时也会增加项目的成本和工作量。为此，为充分发挥多级挣值管理的作用，作者认为多级挣值管理更适合以下两类项目。

①能准确做到 WBS 分解的项目。由于多级挣值管理是依据 WBS 分解

中的各级层次划分进行的，如果项目本身不需要进行 WBS 分解，那么应用多级挣值管理时，计量和汇总各个项目的挣值便具有一定的难度，这会降低多级挣值管理的应用效率。因此，项目的 WBS 不但能够帮助项目管理者清楚地了解项目的具体工作任务，同时还能给多级挣值管理的应用提供管理标准。

②采用新工艺、新方法的创新型项目。随着社会的不断进步，创新性的建设工艺和手段在项目建设中的需求不断增加。采用新工艺、新方法和新技术的项目能够给社会带来与众不同的感受，备受人们的欢迎。同时，这也增加了对项目建设和管理要求，创新型的建设项目具有很强的不确定性和风险性，需要管理者具有较高的应变和控制能力。因此，在此类项目中应用多级挣值管理方法能够帮助管理者及时有效地了解到各个细分工作的成本/进度绩效状况，及时发现项目中存在问题，制订控制措施。在创新型项目中应用多级挣值管理，虽然也会增加项目的工作量和控制成本，但是其所能带来的效益往往远大于其花费的时间和成本。因此，在采用新工艺、新方法的创新性的项目中应用多级挣值管理是值得的。

14.2.5 挣值法应用的注意事项

EVM 是一种有效的现代项目管理方法，可以对项目的费用和进度进行综合监测与控制，项目管理者能够及时地发现项目实施中预算和进度执行存在的问题，以便针对问题及时做出反应与调整，促进项目的顺利进行。同时，可以通过仿真模拟，对项目未来的预算和进度做出趋势预测，以便进行事前预防与控制，促进项目能够按照计划顺利地实施。为保证挣值法能够在项目集成控制中发挥效用，在应用中需要注意以下几点事项：

（1）保证项目质量是挣值法应用的前提条件

挣值法在功能上主要是对项目预算和进度执行绩效进行集成控制，方法本身并不涉及质量因素。为了保证对项目的质量、成本、进度三大目标协同控制，需要考虑项目质量管理与挣值管理的协同问题。在应用挣值法进行成本/进度集成控制时，首先要以项目质量达标为前提，并及时对已完成工作量进行工程质量检测与验收，以实现质量、成本、进度的协同管理。

(2) 监测时点的选取

监测时点的选择是实施成本/进度联合控制的关键环节，挣值管理过程中需要定期检查计划值（PV）、挣值（EV）和实际值（AC）基本数据，绘制累计计划值曲线、累计挣值曲线和累计实际值曲线，以此为依据对工程的预算和进度进行跟踪监控。监测时点需要根据项目计划工期的长短进行确定，监测频率过低起不到监测效果，监测频率过高则会增加工作量和管理成本，以至于产生"过度控制"问题。因此，监测时点的选取决定着挣值管理能否最大限度地发挥控制效用。

(3) 已完成工作量的测度

挣值管理能否有效实施的关键在于对已完成工作量的准确测度。对已完成工作的度量应基于项目功能点或里程碑等控制时点进行，并注意测量结果与真实情况的偏差分析。对较大的工作单元应注意工作分解，针对各类工作的性质与特点，应选择适当的工作量测度方法，以保证测度的准确性和数据的可靠性。

(4) 注意项目WBS中的活动和工作包

应用挣值管理时，应注意考虑WBS中的活动或者工作包，以及它们之间的逻辑关系。项目WBS中的二级（或者多级）子项目中经常会有进展不均衡问题出现，比如：有些工作包进展较快，而有些出现延迟，这时累计的项目挣值（EV）却比计划值（PV）要大，根据传统挣值法计算就可以得出较好的整体绩效评价结果，然而实际上WBS中存在进展延迟的工作包，项目进度执行绩效并没有得到真实体现。因此，项目管理者在应用挣值管理方法时，要充分地考虑项目WBS中的活动和工作包间的逻辑关系。

(5) 应用挣值管理时要区分关键路径与非关键路径

关键路径决定了一个项目执行的最长工期，在挣值管理的进度控制中要注意关键路径的影响，控制不当会直接影响其后序工作的进行，进而影响整个项目的工期。对于非关键工作，因为存在一定的自由时差，所以非关键工作的延迟并不一定会导致整个工期的改变，甚至可以通过对非关键工作的调整，对挣值管理中进度控制措施进行调整。

14.3 卡尔曼滤波法相关研究

14.3.1 卡尔曼滤波法的提出

卡尔曼滤波法是由最小二乘法发展而来，最小二乘法是由德国著名数学家、物理学家、天文学家、大地测量学家约翰·费里德里希·高斯于1795年在《天体运动理论》一书中提出的。最小二乘法具有计算简便的特点，同时也是目前公认的，应用最广泛的基础预测方法。后来学者们发现，最小二乘法并没有考虑被估参数和观测数据的统计特性，因此，应用这种方法获得的结果并不是最优估计。随后，英国统计与遗传学家罗纳德·费希尔于1912年提出了极大似然估计法，该方法从概率密度的角度考虑了估计问题。1940年，控制论的创始人之一，美国学者诺伯特·维纳根据军事火力控制上的需求，提出了一种在频域中设计统计最优滤波器的方法，称为维纳滤波，由于当时计算条件所限，以及维纳滤波方法自身具有运算复杂、求解困难，整批数据处理需要很大的存储空间等特性，导致其适用范围极其有限，仅适用于一维平稳随机过程的信号滤波。针对维纳滤波的缺陷，匈牙利裔美国数学家鲁道夫·卡尔曼提出了一种时域滤波方法——卡尔曼滤波法（Kalman filtering），这种方法采用状态空间的形式描述系统的状态，并结合递推算法，实现了数据最优估计。卡尔曼滤波法作为一种重要的最优估计理论，被广泛应用于惯性导航、制导系统、全球定位系统、通信与信号处理系统、目标跟踪系统以及金融等多个领域。在实际应用中，为了实现对动态系统的控制，首先需要了解被控制对象的实时状态，对于复杂动态系统应用，通常无法测量每一个需要控制的变量，而卡尔曼滤波法能够利用这些有限的、不直接的、包含噪声的测量信息去估计那些缺失的信息。此外，卡尔曼滤波也被用于预测动态系统未来的变化趋势，例如：洪水流量、星体运动轨迹以及商品交换价格等。

14.3.2 卡尔曼滤波法原理介绍

卡尔曼滤波法是一种基于观测时刻 k 的观测量，求状态量 X 的最优估计值的方法。根据 Z_k 和 X_k 在时间上存在的不同对应关系，可以将卡尔曼滤波分为预测、滤波和平滑三种类型。假定该时刻 $k = k_1$，则：

（ⅰ）当 $k > k_1$ 时，超出样本的观测区间，是对未来状态的估计问题，称为预测；

（ⅱ）当 $k = k_1$ 时，是对现在状态的估计问题，称为滤波；

（ⅲ）当 $k < k_1$ 时，是基于利用现在为止的观测值对过去状态的估计问题，称为平滑。

卡尔曼滤波器的上述三种问题研究中，预测为滤波的前提，滤波为平滑的前提。

（1）卡尔曼滤波基本公式

卡尔曼滤波计算过程可以概括为，把一个系统建模引入状态空间中，并采用具体的算法进行求解，算法的核心思想是卡尔曼滤波。卡尔曼滤波是在 k 时刻基于所有可得到的信息计算状态向量的最理想的递推过程，它是以最小方差估计为最佳估计准则，通过建立观测值与噪声的状态空间模型，根据建立的状态方程和量测方程处理输入的数据，使数据满足最优估计。卡尔曼滤波算法具有以下特点：（ⅰ）可以估计信号的过去和当前状态，甚至估计信号的将来状态；（ⅱ）卡尔曼滤波对信号的每一次更新估计都是由前一次估计和新输入的数据计算得到，因此，只需要存储一次数据，即可对信号不断地进行修正和预测。定义系统状态变量时需满足四个前提假设条件：（ⅰ）系统的状态转换过程可以描述为一个离散时间的随机过程；（ⅱ）系统状态受控制输入的影响；（ⅲ）系统状态及观测过程都不可避免受噪声影响；（ⅳ）对系统状态是非直接可观测的。

定义系统状态变量为 X，其中 $X \in R^n$，系统控制输入为 U_k，系统过程激励噪声为 W_k，可得出系统的状态随机差分方程为：

$$X_k = AX_{k-1} + BU_k + W_k \tag{14-13}$$

定义观测变量 $Z_k \in R^m$，观测噪声为 V_k，得到量测方程：

$$Z_k = HX_K + V_k \tag{14-14}$$

公式（14-13）和公式（14-14）中，X_k 是 K 时刻的系统状态，U_k

是 K 时刻对系统的控制量。A 和 B 是系统参数,对于多模型系统,它们以矩阵形式表示。Z_k 是 K 时刻的测量值,H 是测量系统的参数,对于多测量系统,H 为矩阵。

卡尔曼滤波假设 W_k,V_k 为相互独立、正态分布的白色噪声,过程激励噪声协方差矩阵为 Q,观测噪声协方差矩阵为 R,这里假设它们不随系统状态变化而变化,即:

$$W_k \sim N(0,Q) \tag{14-15}$$

$$V_k \sim N(0,R) \tag{14-16}$$

A,B,H 统称为状态变换矩阵,是状态变换过程中的调整系数,假设为常数。

卡尔曼滤波估算系统的最优化输出过程如下所示。

首先利用系统的过程模型预测下个状态的系统。假设现在的系统状态是 k,根据系统的模型,可以基于系统的上一状态而预测出现在的状态:

$$X(k|k-1) = AX(k-1|k-1) + BU(k) \tag{14-17}$$

其中,$X(k|k-1)$ 是利用上一个状态预测的结果,$X(k-1|k-1)$ 是上一个状态最优的结果,$U(k)$ 为现在状态的控制量,如果没有控制量,可以设 $U(k)=0$。

系统状态更新之后,对 $X(k|k-1)$ 所对应的协方差进行更新,用 P 表示协方差:

$$P(k|k-1) = AP(k-1|k-1)A' + Q \tag{14-18}$$

其中,$P(k|k-1)$ 是 $X(k|k-1)$ 对应的协方差,$P(k-1|k-1)$ 是 $X(k-1|k-1)$ 对应的协方差,A' 是 A 的转置矩阵,Q 是系统过程的协方差。

有了当前状态的预测结果,同时收集当前状态的测量值,结合预测值和测量值,可以得到当前状态 K 的最优化估算值 $X(k|k)$。其中:

$$X(k|k) = X(k|k-1) + Kg(k)(Z(k) - HX(k|k-1)) \tag{14-19}$$

其中,Kg 为卡尔曼增益:

$$Kg(k) = P(k|k-1)H' | (HP(k|k-1)H' + R) \tag{14-20}$$

到此为止,已经得到了 K 状态下最优估算值 $X(k|k)$。但是,为了令卡尔曼滤波器不断地运行下去,直到系统过程结束,还要更新 K 状态下 $X(k|k)$ 的协方差,即

$$P(k|k) = (I - Kg(k)H)P(k|k-1) \tag{14-21}$$

其中，I 为单位矩阵，对于单模型单变量，$I=1$。当系统进入 $K+1$ 状态时，$P(k|k)$ 就是公式（14-19）中的 $P(k-1|k-1)$，算法依次自回归地运算下去。卡尔曼滤波所涉及的公式如表 14-1 所示。

表 14-1　　　　　　　卡尔曼滤波法预测方程和更新方程

预测方程	更新方程
$\hat{x}_k^- = A\hat{x}_{k-1} + B_k u_k$	$kg(k) = P_k^- H^k (H P_k^- H^T + R)^{-1}$
$p_k^- = A P_{k-1} A^T + Q$	$\hat{x}_k = \hat{x}_k^- + kg(k)(z_k - H\hat{x}_k^-)$
	$P_k = (I - kg(k)H) P_k^-$

卡尔曼滤波器的使用原理如图 14-4 所示。

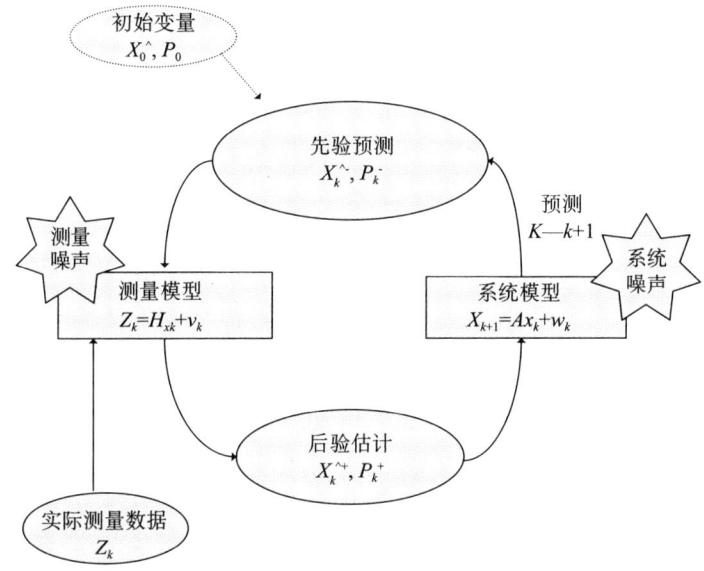

图 14-4　卡尔曼滤波器工作原理图

（2）卡尔曼滤波协方差存在形式

（i）一维协方差

假设存在一组一维的包含噪声的数据，每次测量值均不同，但是均围绕一个中心值，此时表示状态最简单的方法就是记下中心值与方差，实质是假设这组数据服从高斯分布，如图 14-5 所示。

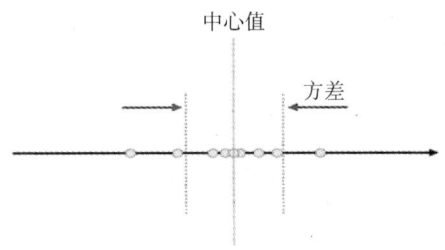

图 14-5 一维协方差表示图

(ⅱ) 二维协方差

二维包含噪声的数据分别对两个坐标轴进行投影,假设噪声在两个坐标轴均服从高斯分布,此时噪声协方差分三种情况进行分析。

第一,两维噪声独立时,可分别计算各自噪声方差;

第二,两维噪声相关,当其中一维噪声增大时,另外一维噪声也增大;

第三,两维噪声相关,当其中一维噪声增大时,另外一维噪声减小。

第二种和第三种情况下,除了分别记录各自的方差之外,还需要引入二者协方差表示两维度的相关程度,如图 14-6 所示。

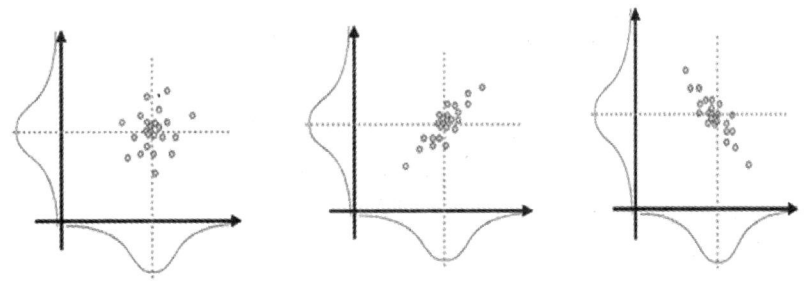

图 14-6 二维协方差表示图

(ⅲ) 噪声协方差矩阵的传递

根据协方差矩阵的性质,得到噪声协方差矩阵

$$p_t^- = FP_{t-1}F^T + Q \qquad (14-22)$$

其中,Q 表示预测模型本身的噪声。

14.3.3 卡尔曼滤波法建模注意事项

(1) 模型向量的选取

对于实际的动态系统建模时,模型向量的选取很关键。卡尔曼滤波模型向量包括状态向量和量测向量。状态向量的选取与量测向量的选取具有以下原则。

(i) 状态向量的选取

卡尔曼滤波器状态向量由任意一组足以完全描述该系统无干扰变化的量所组成。当给出具体时刻的状态向量以及该时刻的噪声状态时,可以确定任意时刻的状态。状态向量的选取应根据实际建模系统的要求,不同的应用领域,状态向量的选取也不同。

(ii) 量测向量的选取

量测向量的选取是固定的,其选取由实际观测值决定。

(2) 噪声统计特性的确定

对于给定的测量设备,观测噪声 $V(t)$ 是确定的,一般也不随时间变化。因此,主要问题是确定系统噪声 $W(t)$ 的统计性质。系统噪声的选取与卡尔曼滤波精度有关,若系统噪声较大,则使滤波在过去观测量上的加权衰减过快,进而使滤波器不能很好地利用已有观测量的信息,导致预测精度降低;反之,若系统噪声选取过小,使得滤波在过去观测量上的加权衰减过慢,随着滤波的递推,会引发越来越大的噪声,使滤波误差越来越大。现实估计中,要准确获取系统噪声比较困难,一般处理方法是通过经验数据反复测算得到。例如,机器人小车在光滑的玻璃上行驶和在粗糙的路面上行驶,两者对比即可获得在路面上行驶阻力因素,从而测得阻力噪声方差 $Q(t)$。

(3) 滤波初值的确定

要确定系统在某一时刻的状态,首先要知道系统的初始状态,即系统的初值。针对实际问题,滤波前系统的初始状态一般难以测量,只能近似给定,但是初值较大则可能导致滤波结果中含有较大误差,由此得到的滤波结果会不真实,滤波波动过于离散,因此,合理确定滤波初值十分重要。系统滤波的初始值包括:状态向量初始值 X_0,方差矩阵 P_0,系统噪声均值 $\hat{q}_k$,及其相应的方差矩阵 Q_k,观测噪声均值 $\hat{r}_k$,及其方差阵 R_k。

卡尔曼滤波器在对系统被测状态的预测过程中，存在着收敛与发散的问题。对于某些特定的系统，无论初值是多少，系统均可以收敛得很好。而对于一些不确定的系统，初值的选择会直接影响到算法的收敛速度。在问题的实际求解过程中，通常系统的真实状态是难以获取的，卡尔曼滤波的初值确定只能给定一个近似值。初值选取过大会引起系统的发散，初值选取越接近于真实情况，对实际问题的滤波效果就越好。

14.3.4 卡尔曼滤波法与最小二乘法的区别

最小二乘法是由德国数学家高斯提出的，又称最小平方法，它是一种无偏估计方法，通过最小化误差的平方和寻找数据的最佳函数匹配，是将测量残差 $e_i' = z_i - H_i \hat{x}$ 的平方和最小作为最优估计准则的估计方法。如果不知道 x 和 z 的一阶矩阵和二阶矩阵以及它们的概率密度，便可以采用最小二乘法得到最优估计值，即：利用最小二乘法可以简便地求得一组数据，并使得这些求得的数据与实际数据之间误差的平方和为最小，除此之外，最小二乘法还可用于曲线拟合，其他一些优化问题也可通过最小化能量或最大化熵用最小二乘法来表达。

最小二乘法的基本原理可以简单表达成：已知一组样本观测值 $\{(X_i, Y_i): i = 1, 2, \cdots, n\}$，最小二乘法要求样本回归函数应尽可能好地拟合这组值，即样本回归线上的点 $\hat{Y}_i$ 与真实观测点 Y_i 的"总体误差"尽可能小。普通最小二乘法的判别标准是：被解释变量的估计值与实际观测值之差的平方和 $Q = \sum_{i=1}^{n} e_i^2 = \sum_{i=1}^{n} (Y_i - \hat{Y}_i)^2$ 最小。

最小二乘法是以样本观测值与估计值残差平方和最小为标准对未知参数进行估计的一类参数估计方法。普通最小二乘法在估计线性回归模型时具有较强的估计精度。针对线性回归模型 $Y = \beta \times X + U$，最小二乘法估计量的求解，本质上是一个求样本观测值和估计值偏差平方和最小的极值问题。最小二乘法主要应用于回归拟合、函数匹配等问题，不需要知道数据的整体分布情况，但若数据整体满足正态分布假设，使用最小二乘法预测的效果会更好。但是，最小二乘法易受到极端值的影响，当观测值出现"奇异点"时，由于奇异点与拟合直线上对应点的误差较大，平方和后差值更大（根据最小二乘法的原理），于是就出现了拟合直线"失真"的现象。在工程项目建设过程中，不确定性和突发性状况会经常出现，以及不可抗因素的存在，在项目执行过程中出现观测"奇异点"是比较常见的现象，极易发生因观测"奇异点"上的极端值影响导致预测结果失真问题，另外，最小二乘法没有考虑随机误差和事物之间的内在规律。因此，考虑到上述理论方法在实践中表现出的问题，学者们通过不断地探索，提出了卡尔曼滤波法。卡尔曼滤波在处理极端值数据要优于最小二乘估计，可以根据事物内在规律，解决一些其他方法解决不了的问题，从而得到对事物更加综合、真实的评价。

15 基于 EVM 的项目范围管理

15.1 项目范围管理

15.1.1 项目范围管理概念

工程项目范围,是指工程项目建设过程中所必须要进行的各个活动的总和,或者项目组织者为了实现项目的各个活动的目标,最终使项目成功完成而必须要完成的全部活动。所谓"必须"要完成的活动,是指一个项目如果不把这些活动全部完成,就会导致整个工程项目无法竣工;全部活动,即工程项目的范围,包括了项目竣工必须要完成的,不可以缺少或遗漏的所有活动。

工程项目范围管理,是指对从项目建议书开始到竣工验收交付使用为止的全过程中,所涉及的活动范围进行界定和管理的过程。项目的工作范围,不应超出为完成项目既定产出物和实现项目目标所必须完成的活动,更不能少于这些活动范围。在项目开始前,应对项目范围进行界定,明确项目中应该包含的工作,澄清项目工作范围和条件,帮助管理组织者获得一个清晰的工作目标,以便专心致志地完成项目范围内的工作,避免在不必要的项目工作上浪费时间和成本。项目的实际工作内容和原定范围,需要在项目实施过程中不断地监测和度量,根据项目的实际进展的损益情况,判断是否需要对项目的管理范围进行调整,以提高项目实施的综合质量。

项目范围管理的意义在于，通过对项目工作范围和条件的界定，明确项目任务实施范围的边界和框架，并用这个边界和框架去约束和规范项目组织者的实际行为。

15.1.2 项目范围管理内容

项目范围管理可以帮助约束和管理项目组织者按照要求范围，实施项目中必须要完成的活动，包括项目的启动、项目范围规划、项目范围定义、项目范围核实以及项目范围变更等。图 15-1 为项目范围管理流程图。

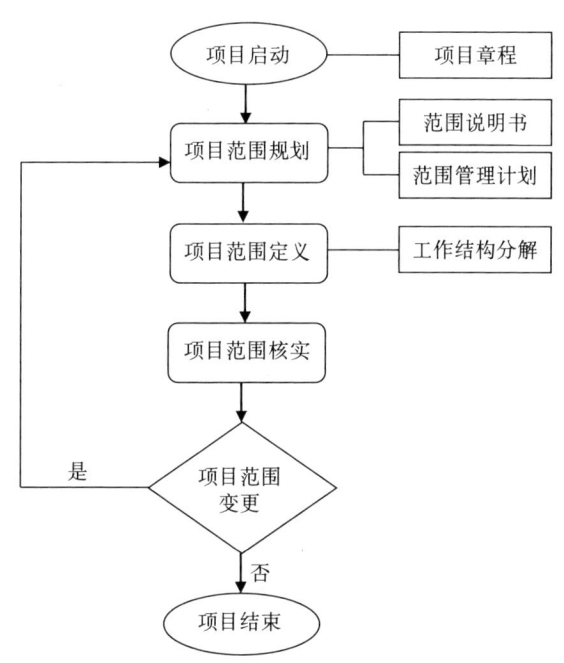

图 15-1 项目范围管理流程图

（1）项目启动

项目启动指当组织正式开始一个新项目，或者继续项目下一个新的阶段。项目章程作为项目范围管理的一个重要依据，是粗略地界定项目的范围，规定项目的具体内容，是启动过程的一个重要输出。项目经理的权利以及组中各成员的职责均在项目章程中有明确的规定。同时，项目章程规定了在后续的项目范围管理工作中，各个项目成员该如何将本职工作做好，以使项目工作能顺利地进行。因此，项目的启动过程在项目范围管理中起到标志性作用。

（2）项目范围规划

项目范围规划包括项目说明书和范围管理计划，这项工作是项目未来决策的基础，可以衡量一个项目的各个阶段进展是否符合标准，以及能否顺利地完成。

项目说明书是项目未来决策的依据，是为项目参与者提供一个范围的参考和说明，并在各参与方之间达成一定的共识。范围说明书主要包括：项目论证、项目产品、项目可交付成果和项目目标项等内容。

范围管理计划主要是描述项目范围的管理，以及如何将项目范围的变化与项目要求保持一致等问题。范围计划编制是将产生项目产品所需进行的项目工作（项目范围）渐进明细和归档的过程。计划编制的过程是对项目章程中粗略的约定进行深入和细化。

（3）项目范围定义

范围定义，是指将项目主要的可交付成果细分成较小的、更易管理的组成部分。在这个过程中，要进行项目工作结构分解（WBS），将项目的工作进行逐级分解，形成一种等级结构形式。这样不但能够帮助项目组织者梳理整个项目的工作活动，使项目结构更加清晰，还能够为项目管理提供依据，明确项目管理团队各项工作的目标。如果项目实施过程中不建立WBS，或者没有明确地定义项目的范围，那么在项目实施过程中将不断产生变更，甚至会产生项目返工，增加项目的成本，延误项目进展，降低团队工作效率等不良后果。

（4）项目范围核实

范围核实是指正式认定项目的范围，明确以及定义项目最终可交付使用的项目成果。该过程是在项目范围确定之后，执行实施之前各方相关人员的承诺问题，能够保证项目范围得到较好的管理和控制。范围核实的工作内容包括：核实项目的假设前提，是否合理和符合实际目标宗旨，是否正当和准确完善；核实项目的任务指标，是否可靠并切实有效；核实约束限制，是否真实和符合实际；核实实施风险，是否可以承受或规避；核实成本收益，成本收益比是否合理。

（5）项目范围变更

项目范围变更是指，在项目实施过程中，由于某些客观和主观的原因造成的项目内容或工作的变更。项目范围的变更可分为两种情况，一是有利范围变更，这种变更有利于项目的实施和管理；二是不利范围变更，即发生这种变更会导致项目成本增加、进度拖延等不利于项目进展的后果。对项目范围过多或过大的变更，都会直接影响到项目成本、进度和质量等项目目标的达成。因此，如何对项目范围变更进行控制和管理，在项目管理中起关键性作用。对项目范围变更进行管理，需要项目组织机构根据相关的政策对变更的情况进行监测和控制。如果项目范围变更较小，仍在项目控制范围之内，需要进行变更评估，监测变更对项目成本、进度和质量的影响；如果项目范围变更较大，超出项目的控制范围，则需要项目各参与方通过谈判或者变更合同等方式，确定是否制定改善措施，或增加费用、延长工期，还是放弃变更等。总之，项目范围变更控制的目的不是控制变更的发生，而是对变更进行管理，确保变更有序地进行。

15.2　挣值范围管理责任矩阵

在项目管理过程中，成本、质量、进度、范围是影响项目的四大因素，而且这四个因素之间具有很强的关联性，相互影响、相互作用，可以形成以项目范围为核心三角图关系，如图15-2所示。项目的范围的大小可以直接或者间接地影响到项目的成本、进度、质量三个要素。因此，项目的范围管理是项目管理的核心内容之一。项目挣值管理主要是对项目的成本和进度进行集成控制，管理体系中并没有考虑项目范围和质量的影响。项目的唯一性和不确定性特征决定了项目管理中，即使项目执行人员不管如何努力工作，仍会出现诸如进度拖延、成本超出预算等现象。因此，本节中采用例外原则，假设项目执行人员努力工作的前提下，研究项目的范围变更对项目管理的影响。

项目范围大小与项目的成本和进度成反比例关系。项目的范围增大，会导致项目的成本和进度会增加；反之，项目范围的减小，同样会减少项

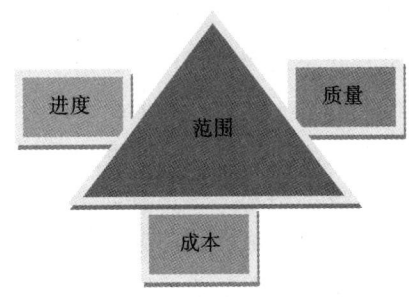

图 15 – 2　项目四要素关系图

目的成本、进度。在挣值管理中，考虑到成本和进度之间的相互影响，成本的增加不一定是因为进度提前造成的，也有可能是项目范围管理不力所导致。同样，项目进度延迟的诱因也可能是项目范围的变更。因此，在挣值管理体系中引入范围因素，能够帮助提高挣值管理的控制能力，同时还能够通过协调项目各个影响因素之间关系，以确保项目的有效实施。

15.2.1　挣值管理范围变更矩阵

对于项目管理中的成本和进度执行情况影响较大，也难以控制的是项目范围的变更。当项目范围增大时，项目的成本和工期就会增加。因此，挣值管理作为项目成本/进度集成控制的主要方法，在实施过程中必须要考虑项目的范围变更问题。

在图 15 – 3 中，将项目的范围变更分为了有利变更和不利变更两种情况，并且为每种情况都设置了可控范围和不可控范围。

项目范围的有利变更是指，由于外界因素或者项目本身的原因使项目的范围向着有利于项目发展的方向变化，也即项目的范围变化能够降低项目的成本，或者缩短项目的工期。项目范围的不利变更是指，由于外界的因素影响或者项目管理不善等原因，使得项目的范围向着不利于项目发展的方向变化，使得项目的成本增加或者工期增大。

可控范围与不可控范围是指，项目的变更超出了一定的范围后，在现有的项目管理水平和技术条件下，项目正常进展无法承受住的变化幅度。比如，当项目的范围变化未超过原范围 25%（举例值）时，项目的主要负责人为项目经理，设计单位作为监督者，监督项目经理的应对措施。此时项目经理可以通过调整项目的工期或者成本来应对项目的范围变化，或者项目可以通过采用先进的管理方法进行调整，而当项目的范围变化超过了原范围的 25%（举例值）时，在现有的管理条件和技术水平下，无法在保证项目顺利进行的情况下，应对项目范围的变化，此时，项目的主要负责人便是业主，需要业主对项目的变更做出应对决策，如进行合同变更，此时设计单位将作为配合人员，对项目的变更做出相应的配合措施。此时，25%（举例值）便是项目的可控点，由于不同的项目对于范围的应对能力不同，因此，控制点应根据项目的具体情况而定。

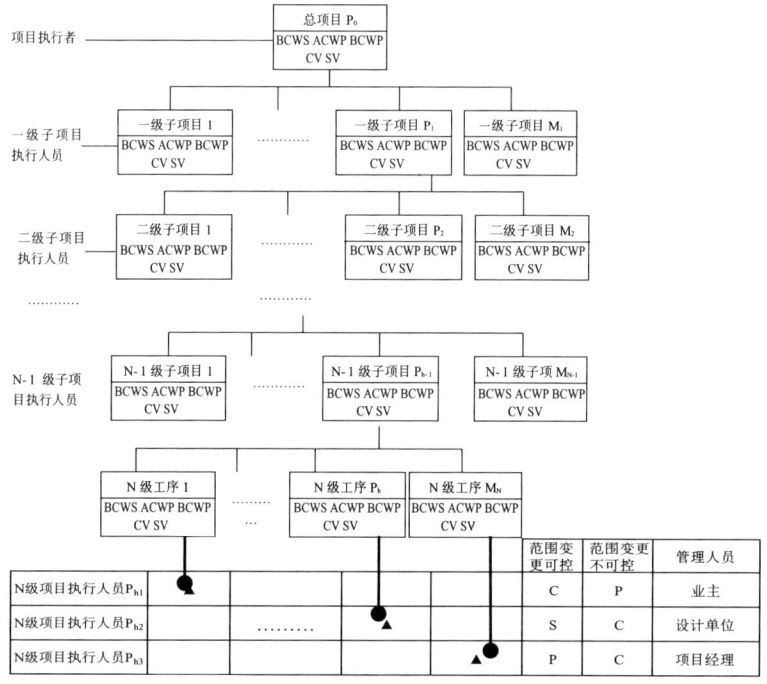

图 15-3　项目挣值管理范围变更责任矩阵

15.2.2　挣值管理中范围变更矩阵的应用

项目范围变更后，对于项目成本和进度的影响程度的确定，是项目管理中的一个难点。项目管理人员不能仅依靠变更范围的大小，来判断项目范围对整个项目执行过程的影响，而应该根据对项目的成本和进度的影响程度加以判断，做出相应的控制决策，如图 15-4 所示。

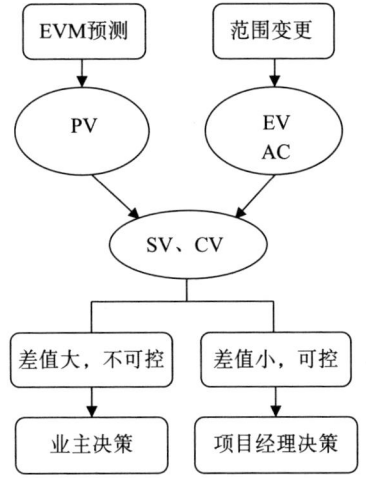

图 15-4 挣值管理范围控制图

假设项目进展到整个工期的 1/3 时,项目的范围发生了变更,此时判断项目范围变更对于项目的影响程度,可以根据 EVM 预测得到 PV 值与范围变更后获得的 EV 和 AC 值进行比较后做出判断。计算进度偏差 SV 和成本偏差 CV,当 SV 和 CV 均小于(或者小于)0,且差值较大时,说明项目的范围变更对项目的执行绩效影响较大,这时可以适当确定一个控制阈值,作为决策的依据,当项目范围影响超过此控制阈值时,项目管理者应当适时做出控制决策;当差值在阈值范围内,说明项目的范围变更对项目的成本和进度影响较小,此时即使项目的范围变更较大,也不能盲目地对项目进行控制,应由项目管理者判断后再进行决策,否则可能不但不能提高项目执行效率,反而会因为过度控制造成管理成本的增加。因此,项目范围变更的影响,应结合挣值管理方法和项目实际执行情况进行判断,进而做出正确的项目管理决策。

因此,在挣值管理中引入项目范围因素,不但可以加强对范围变更的监控,还可以通过采取调整成本、工期,或者合同变更等方法进行控制,实现对项目的成本、进度和范围的集成控制,充分利用三要素之间的相互影响、相互作用的关系,科学准确地做出项目控制决策,保证项目的顺利实施。

16 基于 EVM 的趋势预测模型

工程建设项目具有建设周期长、不确定性大等特点，特别是大型工程建设项目，管理的复杂化导致项目施工过程中数据获取存在很大误差，因此，经常会存在工程建设项目施工过程中监控失败，从而导致项目管理者决策失误，为整个项目的实施造成一定的损失。另外，在项目实施过程中，一些特殊情况，例如连续降雨、机器设备损坏等不可抗因素导致项目停工，这种状态的诱因并非来自项目管理效率，此时项目管理者记录的观测结果，与前一时刻的观测结果和后一时刻的观测结果往往具有很大的差别，该观测点成为项目执行监控中的奇异点，对应点上常常出现极端值的记录。传统挣值法在评价具体监测时点上的项目执行绩效时，仅关注当前执行状态绩效指标，并未考虑观测点之前的历史工作效率，而卡尔曼滤波法能够结合项目执行绩效的历史数据，有效地滤除奇异点。鉴于此，本章尝试在挣值管理趋势预测过程中引入了卡尔曼滤波法，构建一套挣值管理趋势预测模型。具体建模原理如图 16-1 所示。

该建模流程同样适用于多级挣值管理过程，通过采用上述建模流程，优化项目各级子项目的绩效评价指标，进而修正未来项目执行趋势预测结果，为各级子项目管理者提供子项目产生偏差的微观原因，提高控制决策的准确性。本章所涉及的指标参数如表 16-1 所示。

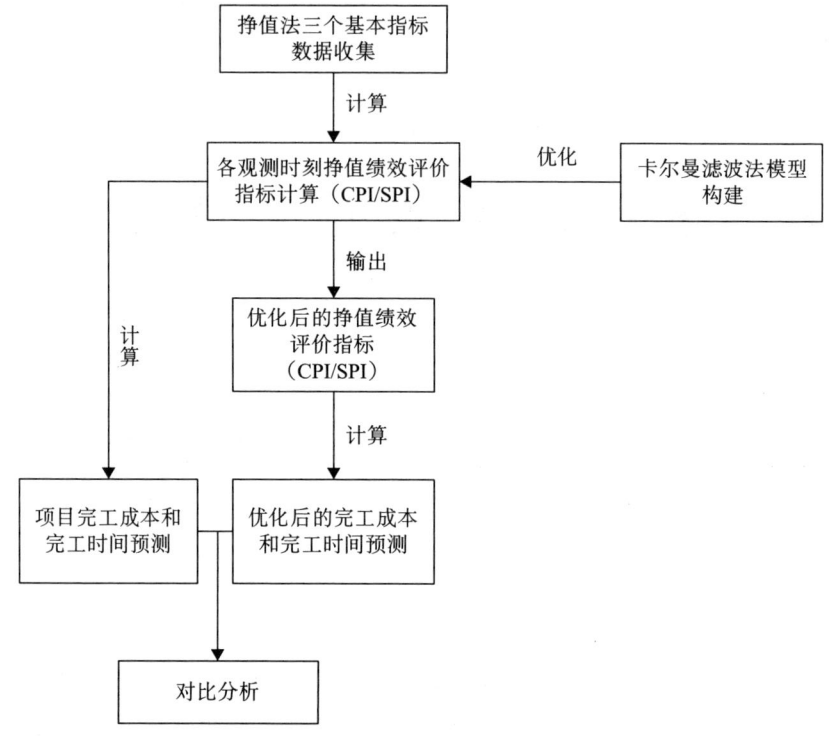

图 16-1　卡尔曼滤波法与挣值法结合建模的基本流程

表 16-1　　　　　　　　挣值管理指标及参数表

参数	公式
计划价值（Plan Value）	PV
实际成本（Actual Value）	AC
挣值（Earned Value）	EV
成本偏差（Cost Variance）	CV
进度偏差（Schedule Variance）	SV
成本绩效指标（Cost Performance Index）	CPI = EV/AC
进度绩效指标（Schedule Performance Index）	SPI = EV/PV
完工预算（Budget At Completion）	BAC
完工成本估算（Estimate At Completion）	EAC
完工持续时间估算（Estimate Duration At Completion）	EDAC

16.1 模型构建

16.1.1 建模原理

卡尔曼滤波与挣值法结合建模之前,对收集到的各观测时刻三个基本的挣值指标进行整理与计算,得到挣值绩效评价指标,即成本绩效评价指数 CPI 和进度绩效评价指数 SPI。

卡尔曼滤波法状态方程和量测方程分别为:

$$X_k = A_k x_k + w_k \tag{16-1}$$

$$Z_k = H x_k + v_k \tag{16-2}$$

挣值法的绩效评价指数计算公式为:

$$\text{CPI} = \frac{\text{EV}}{\text{AC}} \tag{16-3}$$

$$\text{SPI} = \frac{\text{EV}}{\text{PV}} \tag{16-4}$$

将公式(16-1)和公式(16-2)输入到公式(16-3)和公式(16-4)中,得到两组推导公式:

其中 CPI 的卡尔曼滤波公式为:

$$\frac{\text{EV}_k}{\text{AC}_k} = A_k \times \frac{\text{EV}_{k-1}}{\text{AC}_{k-1}} + w_{k1} \tag{16-5}$$

$$Z_k = H \times \frac{\text{EV}_k}{\text{AC}_k} + v_k = H \times \left(A_k \times \frac{\text{EV}_{k-1}}{\text{AC}_{k-1}} + w_k \right) + v_{k1} \tag{16-6}$$

同理得到 SPI 的卡尔曼滤波公式:

$$\frac{\text{EV}_k}{\text{PV}_k} = A_k \times \frac{\text{EV}_{k-1}}{\text{PV}_{k-1}} + w_{k2} \tag{16-7}$$

$$Z_k = H \times \frac{\text{EV}_k}{\text{PV}_k} + v_k = H \times \left(A_k \times \frac{\text{EV}_{k-1}}{\text{PV}_{k-1}} + w_k \right) + v_{k2} \tag{16-8}$$

其中,w_{k1},v_{k1} 分别为 CPI 的测量误差和状态误差,w_{k2} 和 v_{k2} 分别为 SPI 的测量误差和状态误差。根据上述方差组之间的关系,采用 MATLAB

软件，分别以 CPI 和 SPI 为变量，编制基于卡尔曼滤波的挣值管理趋势预测算法。采用 Excel 软件，输入 EV、PV、AC 值后，计算得到 CPI 和 SPI 的挣值法测量值。

项目管理者在监控项目执行绩效时，选择特定监测时间点对项目成本、进度绩效执行情况进行跟踪监测，并记录实际数据和计算绩效指标，发生偏差时及时采取纠偏控制措施。将卡尔曼滤波引入挣值管理体系后，能够利用项目挣值绩效评价数据预测项目未来发展趋势，并且能够动态修正项目观测点前后的项目执行状态数据，便于项目管理者做出正确决策，防止项目管理者由于某一观测点的偏差程度较大而产生恐慌，造成控制过当。

16.1.2 建模优势

卡尔曼滤波作为一种以最优估计理论为基础的数值优化方法，具有较强的应用性。因此，使用卡尔曼滤波解决实际问题时，重要的不仅是编程算法的实现和优化问题，还有利用应用领域的状态系统对其进行形式化描述，建立精确的数学模型，再从模型出发，完成对卡尔曼滤波器的设计。

卡尔曼滤波由一系列递归数学公式描述，融入挣值管理体系后，将成本绩效评价指标（CPI）和进度绩效评价指标（SPI）作为可观测的变量，将不可观测因素作为状态变量。卡尔曼滤波量测方程可以描述可观测变量与不可观测变量之间的关系，转移方程用于描述状态变量的更新过程。卡尔曼滤波在功能上具有适应性强、计算量小、存储量低等特点，通过分析实测值之间的内在关联，对未来预测结果进行不断修正，能够适应工程建设项目施工管理复杂性的特点，具有较高的预测精度。

（1）决策优势

卡尔曼滤波能够根据监控数据之间的关系，去除奇异点，防止由于一次项目执行绩效偏差较大而引起管理过当等情况。例如，在长跑比赛中，选手一开始采用 100 米冲刺的速度进行起跑，用最初的速度预测跑完全程的时间趋势，必然与实际长跑完成时间有着较大的偏差。

（2）动态修正优势

卡尔曼滤波能够根据数据之间的关联性，动态修正各个观测时点的绩效评价指标，使各观测点的绩效评价值尽可能接近于项目执行的真实状态,为项目管理者提供准确的决策依据,在滤波值出现预警信号时及时采取纠偏控制措施,防止项目执行状况持续恶化。

16.1.3 建模过程

(1) 模型参数的选择

项目执行过程中,每个监测时点上(一般周期为 1 周或 1 个月),项目管理者都要收集记录项目实际执行状态数据,即:查询 PV 值,收集 AC 值,计算 EV 值,然后再计算项目成本绩效指数 CPI 和项目进度绩效指数 SPI。将项目已经执行的 CPI、ΔCPI 作为成本绩效滤波变量,将 SPI、ΔSPI 作为进度绩效滤波变量,输入卡尔曼滤波模型中,进行滤波,滤除奇异点。

(2) 模型建立

i. 成本绩效评价指数模型建立

设当前 K 时刻的状态为:

$$x_k = \begin{bmatrix} \mathrm{CPI}_k & \dfrac{d\,\mathrm{CPI}_K}{dt} \end{bmatrix}^T \tag{16-9}$$

其中,CPI_k 为 k 时刻成本绩效指数,$\dfrac{d\,\mathrm{CPI}_K}{dt}$ 表示成本绩效指数单位时间内的变化率。

由 k 时刻挣值状态,可以得出状态方程为:

$$\hat{x}_k^- = A_k \hat{x}_{k-1} + w_{k-1} \tag{16-10}$$

状态均是包含噪声的,状态方程的协方差矩阵用 P 表示,那么

$$P_k^- = F P_{k-1}^+ F^T + Q_{k-1} \tag{16-11}$$

其中,A_k 表示状态转移矩阵,$A_k = \begin{bmatrix} 1 & \Delta t \\ 0 & 1 \end{bmatrix}$,它指如何从上一时刻状态推测当前时刻状态;$w_{k-1}$ 是控制量噪声,鉴于挣值法计算过程不涉及仪器的使用,因此控制量设为 0,那么控制量噪声也为 0。

假设用挣值法对项目实际执行绩效进行测量,测量方程为:

$$z_k = H x_k + v_k \tag{16-12}$$

假设 $H = [1 \ 0]$,v_k 表示观测噪声,噪声的协方差矩阵用 R 来表示。

状态更新:

$$\hat{x}_k^+ = \hat{x}_k^- + K(z_k - H\hat{x}_k^-) \tag{16-13}$$

其中，K 为卡尔曼增益，它也是一个矩阵，用方程式表达为：

$$K = P_k^- H^T (H P_k^- H^T + R)^{-1} \tag{16-14}$$

卡尔曼增益具有两个重要作用：一是权衡预测值与实际观测值的大小，来决定我们是相信预测值多一点还是相信观测值多一点；二是把残差的表现形式从观察域转换到状态域。

最后一步是更新最佳估计值的噪声分布，用于下一轮迭代。卡尔曼滤波器是在这种不确定性的变化中寻求一种平衡。

$$P_k = (I - K_k H) P_k^- \tag{16-15}$$

最后，根据观测量 z_k 修正预测量 $\hat{x}_k^-$。

ⅱ．进度绩效评价指数模型建立

由于本章中成本绩效评价指数的滤波算法与进度绩效评价指数的滤波算法中噪声参数相同，这里公式不作噪声参数修改。

设当前 K 时刻的状态为：

$$y_k = \begin{bmatrix} \mathrm{SPI}_k & \dfrac{d\,\mathrm{SPI}_K}{dt} \end{bmatrix}^T \tag{16-16}$$

其中，SPI_k 为 k 时刻进度绩效指数，$\dfrac{d\,\mathrm{SPI}_K}{dt}$ 表示进度绩效指数单位时间内的变化率。

由 k 时刻挣值状态，可以得出状态方程为：

$$\hat{y}_k^- = A_k \hat{y}_{k-1} + w_{k-1} \tag{16-17}$$

状态均是包含噪声的，状态方程的协方差矩阵用 P 表示，那么

$$P_k^- = F P_{k-1}^+ F^T + Q_{k-1} \tag{16-18}$$

其中，A_k 表示状态转移矩阵，$A_k = \begin{bmatrix} 1 & \Delta t \\ 0 & 1 \end{bmatrix}$，它指如何从上一时刻状态推测当前时刻状态；$w_{k-1}$ 是控制量噪声，鉴于挣值法计算过程不涉及仪器的使用，因此控制量设为 0，那么控制量噪声也为 0。

假设用挣值法对项目进度实际执行绩效进行测量，测量方程为

$$z_k = H y_k + v_k \tag{16-19}$$

假设 $H = [1 \quad 0]$，v_k 表示观测噪声，噪声的协方差矩阵用 R 来表示。

状态更新：

$$\hat{y}_k^+ = \hat{y}_k^- + K(z_k - H\hat{x}_k^-) \qquad (16-20)$$

其中，K 为卡尔曼增益，它也是一个矩阵，用方程式表达为：

$$K = P_k^- H^T (H P_k^- H^T + R_k)^{-1} \qquad (16-21)$$

$$P_k = (I - K_k H) P_k^- \qquad (16-22)$$

最后，根据观测量 z_k 修正预测量 $\hat{y}_k^-$。

（3）卡尔曼滤波实现过程

卡尔曼滤波与挣值法结合建模之后，需要针对模型编制 MATLAB 算法，将挣值法计算过程融入卡尔曼滤波模型中。卡尔曼滤波与挣值法结合 MATLAB 程序实现流程如图 16-2 所示：

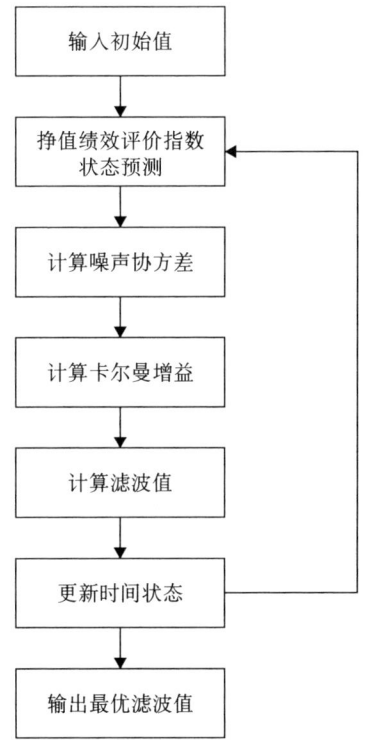

图 16-2 程序实现流程

卡尔曼滤波法在挣值管理趋势预测中的 MATLAB 运算过程中，计算量测噪声协方差需要另外编制 MATLAB 程序。状态噪声协方差的计算一般没有具体过程，本章根据历史经验数据，以 0.01 为步长进行试算，直到滤波结果显示最优。

需要注意的是,当历史数据过多时,为了方差测算的准确性,最好将数据分组进行方差计算,然后汇总,再求平均数,从而得到所有历史数据之间的噪声方差。

模型具体实现 MATLAB 程序如下:

```
clear all
Z = importdata('aaa.txt');
T = Z(:,1);
N = length(T);
Lvbo = zeros(N,2);
Lvbo(:,1) = T;Lvbo(1,2) = Z(1,2);
X = [1;0];% 状态初值
A = [1 1;0 1];% 状态方程矩阵
H = [1 0];% 测量方程矩阵
% - - - -需要调试的参数
P = [0.0001 0;0 0.0001];% 状态协方差,通常认为两个变量不相关
Q = [0.0000001 0;0 0.0000001];% 噪声协方差,通常认为两个变量不相关
R = 0.000017;% 测量噪声方差
% - - - -需要调试的参数
I = eye(2);
for k = 2:N
    X = A × X;
    P = A × P × A' + Q;
    Kg = (P × H')/(H × P × H' + R)
    X = X + Kg × (Z(k,2) - H × X);
    P = (I - Kg × H) × P;
    Lvbo(k,2) = X(1);
end
plot(Z(:,1),Z(:,2),'-g');ylim([0.7 1.1]);
hold on
plot(Lvbo(:,1),Lvbo(:,2),'-sb');ylim([0.7 1.1]);
legend('原始值与滤波值对比')
```

量测噪声方差计算程序如下：

```
clear all
T = 1:1:4;
X = [a b c d];
p = polyfit(T,X,3);
Z = zeros(1,4);
Z = polyval(p,T);
sum = 0;
for i = 1:4
    sum = sum + (X(i) - Z(i))^2;
end
fangcha = sum/4
```

16.1.4 多级挣值管理趋势预测流程

工程建设项目,特别是大型工程建设项目都含有多个层次,采用工作分解结构(WBS)可以将项目分解为二级子项目、三级子项目……N级子项目、工作包、工序等层次,每个项目执行层分别编制各自的工作执行计划。项目管理者在对整体项目进行绩效评价和控制时,通常将项目内部工作的执行情况作为决策依据。多级挣值管理在对各级子项目进行成本、进度预测的基础上,可以实现对整个项目的发展趋势进行修正,并得到更多的项目执行绩效信息。由于现实施工过程中,对各级子项目的绩效评价指标进行数据采集难度较大,控制过程复杂,且会增加额外的监控成本,所以,在项目实践过程中建议根据项目的复杂程度,慎重选择项目的执行监控层级。同理,在多级挣值管理中引入卡尔曼滤波算法,最终实现项目费用、进度未来趋势预测优化的过程中,也只针对工序复杂、工期持续时间长的大中型工程建设项目开展研究。具体操作流程如下：

(1)假设可以将项目预算可以分摊到N个工作层级上,使用WBS方法,将项目分解为N个工作层级,将PV按项目计划进度分摊到第N个工作层级的各个工序上,并且对各工作层级上的子项目或工序绘制网络图,确认关键路径。

(2)在各监控时点上,收集第N级上各工序的计划预算(PV)、挣值

(EV)、实际成本(AC)等三个绩效状态数据,采用卡尔曼滤波运算程序对 N 级(最底层)工序的挣值绩效评价指标进行滤波修正,运用滤波后的指标对项目完工成本(EAC)、完工时间(EDAC)进行趋势预测。

(3)将 N 工作层级各工序的趋势预测值向 N-1 层级汇集。汇集时,N-1 层级上各子项目 EAC 值是通过 N 工作层级上各工序的 EAC 向上累加获得。N-1 层级上各子项目 EDAC 值的获得方式复杂一些,首先要利用 N 工作层级上各工序的 EDAC 更新项目网络图,然后根据工序归属情况统计 N-1 层级上各子项目 EDAC 值(常常是下层级工序网络中路径最长持续时间)。N-2 层级上的各子项目对应的 EAC、EDAC 值的获取方式与 N-1 层级方式相同,按照这种方式,数据依次向上层层汇集。

(4)项目第一层级趋势预测数据可以由下边各工作层级上子项目层层汇总获得,也可以假定项目只存在一个工作层级,参照(2)的分析计算过程,对整个项目的三个绩效状态数据完成收集后,采用卡尔曼滤波运算程序对绩效指标进行滤波修正,再根据修正后指标 CPI、SPI 预测项目完工成本和项目完工时间。

(5)绘制各层级的三个绩效状态数据曲线和趋势预测线,为项目未来的成本、进度的集成控制提供依据。

卡尔曼滤波修正各个工作层级上的子项目绩效评价指标,是为了得到各层级的最优估计值。当大型工程建设项目工序过多时,需要对各个工作层级进行滤波预测,并由各工作层级项目管理者对当前层级上的子项目做出正确估计后,再将数据推送给上一工作层级的项目管理者,依次类推,得到整体项目的绩效执行绩效状况。卡尔曼滤波法具有迭代次数越多精度越高的特点,对于大型及超大型工程建设项目更具意义,因此,为了提高卡尔曼滤波法使用的精准性,建议选取实施持续时间较长的工序进行卡尔曼滤波优化。

16.1.5 模型效果评价的指标体系

一个模型预测结果的好坏要有一个评价标准,所以本章采用多个误差评价指标来评价趋势预测模型的预测效果。

(1)预测误差平方和(SSE)

$$\text{SSE} = \sum_{i=1}^{N} (x_i - \hat{x}_i)^2 \qquad (16-23)$$

(2) 均方误差（MSE）

$$\text{MSE} = \frac{1}{N}\sqrt{\sum_{i=1}^{N}(x_i - \hat{x}_i)^2} \qquad (16-24)$$

(3) 平均绝对误差（MAE）

$$\text{MAE} = \frac{1}{N}\sum_{i=1}^{N}|x_i - \hat{x}_i| \qquad (16-25)$$

(4) 平均绝对百分比误差（MAPE）

$$\text{MAPE} = \frac{1}{N}\sum_{i=1}^{N}\left|\frac{x_i - \hat{x}_i}{x_i}\right| \qquad (16-26)$$

(5) 均方百分比误差（MSPE）

$$\text{MSPE} = \frac{1}{N}\sqrt{\sum_{i=1}^{N}[(x_i - \hat{x}_i)/x_i]^2} \qquad (16-27)$$

其中，在研究过程中，$\hat{x}_i$ 为项目实际成本和实际完工时间。平均绝对误差说明了预测值的总体平均偏离程度，平均绝对误差越大说明预测偏离越大。而均方误差表示了预测总体的可靠性，该指标越大，表明预测误差越大，即是说预测值的平均误差越不可靠；反之，误差越小，表明预测误差越小，也就是说，平均误差越可靠。平均绝对百分比误差和均方百分比误差则表示了相对的平均偏离程度和可靠程度。

16.2 传统挣值管理趋势预测算例

本节选取某房地产建设项目为具体算例，首先研究了奇异点对挣值法的影响，并采用趋势预测模型对奇异点进行滤除，修正绩效评价指标；进而优化项目趋势预测结果。最后，将趋势预测模型和传统挣值法计算结果进行对比分析，验证了模型的有效性。

16.2.1 算例介绍

鉴于获取真实项目数据存在困难，本节在前人研究的基础上，引用前人所收集到的 ZJ 房地产公司开发项目成本数据（见附录），验证趋势预测模型在评价项目绩效时的优越性。该项目总建筑面积约为 55 万平方米，住户约为 1000 户，包括高层建筑和多层建筑两种类型。项目开工时间为 2009 年 8 月 1 日，预计竣工时间为 2014 年 8 月，项目工期长达 61 个月。根据调查了解，项目实际完工时间为 2014 年 10 月，进度拖延期 2 个月，最终完工成本 65998 万元。该项目进度和预算管理过程较为复杂，同时，项目实施过程中存在较多不可抗因素，造成项目实施过程中预测结果与实际偏差较大。

16.2.2 传统挣值法计算

本节采用传统挣值法，选取特定的观测时点，计算项目执行绩效，观察项目即时执行情况，并在检测时点上对项目未来完工情况进行趋势预测分析。

（1）执行绩效评价

应用传统挣值法计算时，首先根据附表计算得到该房地产建设项目各观测时点的计划成本累计值、挣值累计值以及实际成本累计值。通过挣值法三个基本指标计算方法，得到项目成本绩效评价指标 CPI 与进度绩效评价指标 SPI，进而绘制出 CPI 与 SPI 的变化趋势图，如图 16-3 所示。

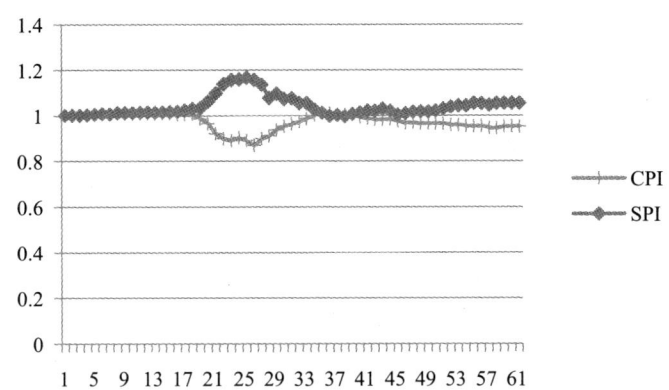

图 16-3 传统挣值法绩效评价趋势图

通过对图 16-3 观测可以看出，2010 年 6 月至 2011 年 10 月，涵盖了 17 个监测时点，成本绩效水平出现大幅度的下降，情况较差，但进度绩效水平却呈现大幅度的正变动，显示进度超前。经过调查发现项目的执行实际状况是，这期间处于项目正式施工阶段，期间需要进行大量原材料采购工作，由于受市场行情影响，资源价格比项目预算价格高出很多；同时，项目开展的初期阶段存在大量的基础工作，资金、人力配备以及开工面临很大的压力，因此造成成本偏高，导致成本控制状况不佳。成本绩效下降的同时，工期并没有按时完工，拖延至 2014 年 10 月份交房。过度追求工期超前，成本就会快速增加，从而导致绩效也大幅度下降，与原计划成本相比较，出现严重超支现象；2011 年 11 月至 2012 年 3 月，成本和进度绩效指数回归稳定状态，基本稳定在 1 左右。从时间上看出，此阶段是冬季，当年冬天降雨和降雪天气比往年要多，经常因为雨雪天气造成停工现象，拖延了工期的同时，各项资源投入量减少，实际成本也相应下降，从而缓解了上一阶段激进措施给工期和成本带来的影响。2012 年 11 月起，从进度情况来看，进度绩效不断提升且均高于 1，而成本绩效却出现了不断下降的趋势。

现假设项目进行到第 26 个观测点，即 2011 年 9 月，在当前时刻对项目实际执行绩效进行评价，由公式 CPI = EV/AC 和公式 SPI = EV/PV，并结合附录 A 的实际执行数据，计算得到该观测点：CPI = 0.87，SPI = 1.16。以 2011 年 9 月末绩效评价结果显示，成本超支，进度超前现象较为严重。

（2）趋势预测

对于项目的完工趋势预测，随着项目执行情况的不同，预测值也会有很大的变化。本章假设项目剩余施工成本和进度均按照相同的效率进行，选取 2011 年 9 月末作为观测时刻，预测项目未来完工情况。

由公式 EAC = BAC/CPI 和公式 EDAC = PD/SPI 计算得到：EAC = 68434 万元，EDAC = 53 个月。根据 2011 年 9 月末的绩效评价情况和预测结果，得到传统挣值法的计算结果如表 16 - 2 所示。

表 16 - 2　　　　传统挣值法绩效评价与预测结果

观测时刻	绩效评价		预测结果		实际完工情况	
	CPI	SPI	EAC（万元）	EDAC（月）	EAC（万元）	EDAC（月）
2011 年 9 月	0.87	1.16	68434	53	65998	63

16.2.3　趋势预测模型计算

卡尔曼滤波算法能根据历史数据，发现数据之间的规律与关联性，最终滤波得到最为接近于真实值的一组数据。当前仍然选取2011年9月末作为观测点,将传统挣值法计算得到的CPI和SPI指标值输入卡尔曼滤波法优化程序中。采用滤波后的数据进行数据奇异点的滤除和预测结果修正。

(1) 数据奇异点的滤除

由图16-3观察得到,2011年9月末的成本绩效指数CPI达到最低,而进度绩效指数达到最高,该观测点周围数据波动较大,对于数据波动较大的点,可以看作是项目控制过程中的奇异点。现选取卡尔曼滤波优化后的数据对该点的绩效评价指标进行计算,并对预测结果进行修正,优化结果如表16-3所示,当项目执行过程中遇到奇异点之后,采用趋势预测模型进行计算,发现得到的预测结果与实际完工情况较为接近。

表16-3 优化后的挣值绩效评价与预测结果

观测时刻	优化绩效评价		优化预测结果		实际完工情况	
	CPI	SPI	EAC（万元）	EDAC（月）	EAC（万元）	EDAC（月）
2011年9月末	0.91	1.02	65426	60	65998	63

(2) 预测结果优化

通过表16-2与表16-3中的计算结果对比发现,优化后的模型比传统挣值法计算得到的完工预计成本和完工预计工期更接近于项目实际执行结果。因此,采用滤波修正后的绩效评价指标,在当前观测时点（即2011年9月末）对项目预计完工情况进行结果优化,优化后的趋势曲线如图16-4所示。

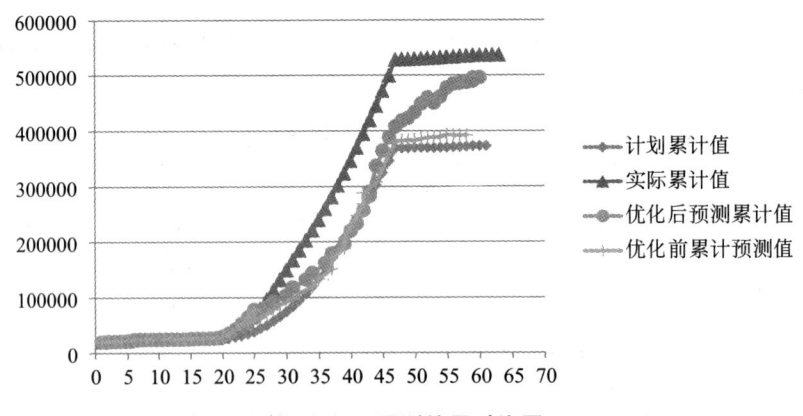

图16-4 预测结果对比图

以当前观测时点作为预测起点，综合考虑优化后的累计成本值与优化后的预测完工持续时间，并逆推绘制出计划成本累计值、实际成本累计值、优化后预测累计值以及优化前累计值散点图。从图中观察到，当项目执行越到后期，优化后的预测累计值会越接近实际累计值曲线。从整体上观察优化前的累积曲线发现，预测过程中有几处波动，且最终预测值与实际值相差较远。图16-4展示结果说明，传统挣值法在项目完工结果的趋势预测功能上，只考虑了当前监控时点状态，如果在项目执行监控中存在奇异点，预测功能就基本失效了；在应用趋势预测模型对预测完工结果进行预测的过程中，可以较为有效地滤除项目执行监控中的奇异点，获得的曲线较为平滑，且呈缓缓上升趋势，项目后期累计值更贴近于真实值。

16.2.4 整体效果对比分析

为详细验证卡尔曼滤波法在数据处理方面的特性，将项目执行工期分为项目前期、项目中期、项目后期三个阶段。其中项目施工前期为前13个月，即2009年8月至2010年3月；项目施工中期为2010年4月至2012年11月；项目施工后期为2012年12月至2014年8月。分别应用滤波前SPI、CPI和滤波后SPI、CPI数据，计算得到滤波前后的项目完工预测成本EAC和完工时间预测EDAC。根据15.1.5节的模型效果评价公式计算得到表16-4结果。

表16-4　　　　　　　　模型效果评价指标体系结果对比

项目时期		CPI					SPI				
		SSE	MSE	MAE	MAPE	MSPE	SSE	MSE	MAE	MAPE	MSPE
早期	滤波前	71.56	0.65	2.33	0.0574	0.0160	2.43	0.12	0.35	0.0082	0.0028
	滤波后	71.06	0.65	2.33	0.0572	0.0160	2.09	0.11	0.32	0.0074	0.0026
中期	滤波前	653.82	1.70	6.32	0.1754	0.0479	368.31	1.28	4.53	0.1207	0.0034
	滤波后	674.83	1.73	6.39	0.1782	0.0490	414.16	1.36	4.93	0.1321	0.0039
后期	滤波前	154.64	0.83	3.34	0.0846	0.0244	36.97	0.47	1.41	0.0344	0.0115
	滤波后	148.57	0.81	3.22	0.0816	0.0239	17.64	0.32	0.95	0.0228	0.0078

由表16-4分析可以看出，在项目早期和项目后期CPI与SPI滤波后的评价指标值均小于滤波前的评价指标值。结合项目早期CPI与SPI趋势

图，发现项目早期绩效执行情况较为平稳。从项目后期评价指标来看，滤波前与滤波后评价值相差较大，滤波后的值越来越接近于真实值。通过数据对比验证了了卡尔曼滤波的特性，即：迭代次数越多，卡尔曼滤波值越接近于真实值。

16.3 多级挣值管理趋势预测算例

由于传统挣值法在实际应用中，往往只注重整体数据分析，而忽略了项目内部工序之间的逻辑关系，注重整体绩效评估，而忽略了项目内部工序的绩效执行情况。因此，本节仍然以前面理论建模为基础，以上节中房地产建设项目中所包含的子项目作为绩效评价对象，从项目内部各级子项目的角度，采用趋势预测模型进行奇异点滤除，修正绩效评价指标，进而对项目整体预测结果实现优化。最后，采用对比分析的方法直观展示滤波前后的项目执行情况。

16.3.1 编制项目工作分解结构

建设项目施工过程中，采用工作分解结构，即把承包商职责范围内的全部工作内容，按照层次从总体一直分配到具体工序上。在施工过程中，承包商确定了施工项目的总任务、总目标之后，编制工作分解结构具有十分重要的意义。

对于复杂的工程建设项目，进行工作分解结构是项目进度、成本管理工作的基础。根据 ZJ 房地产项目的建设流程，将该项目分解为七项工作，分别为初期确立阶段、设计阶段、招标阶段、施工准确阶段、施工阶段、竣工验收阶段和销售阶段。为了便于项目管理，需要对各级项目进行编码，第一层级七项工作编码分别为：1100、1200……1700，第二层级工作按照 1110、1120、1210、1220、1310、1320……以此类推的规律进行编号。根据 WBS 编码原则，最后得到 ZJ 房地产建设项目的工作分解结构图，如图 16-5 所示。

16 基于 EVM 的趋势预测模型

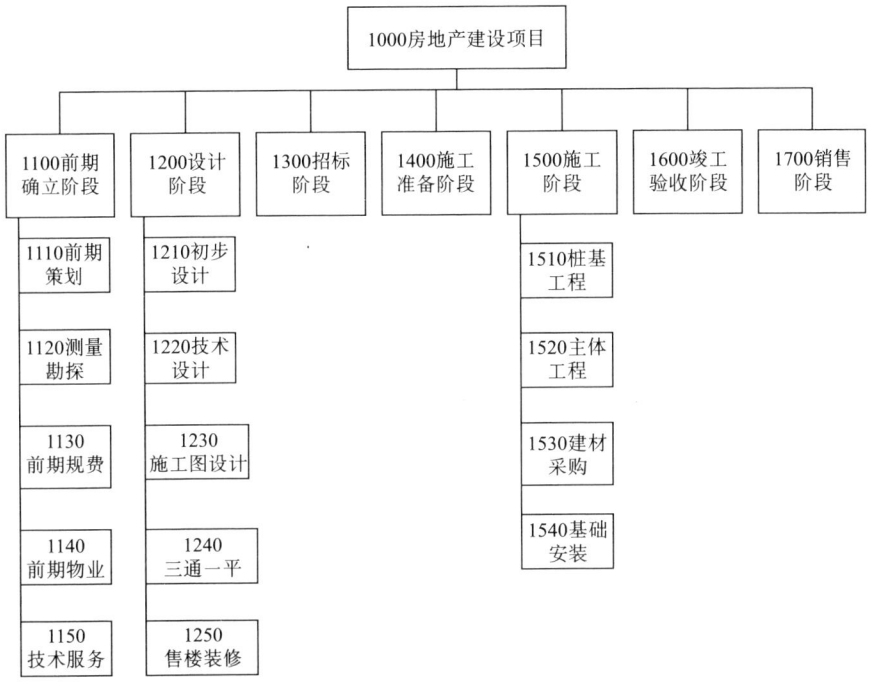

图 16-5　ZJ 房地产项目工作分解结构图

16.3.2　编制项目施工计划

ZJ 项目施工进度为 2009 年 8 月至 2014 年 10 月，计划工期为 61 个月，实际工期为 63 个月。具体的项目施工进度计划表如表 16-5 所示。

表 16-5　　　　　　　　项目进度计划表

序号	任务名称	施工日期	计划工期（月）
1	土地费用	2009.8—2009.9	2
2	前期规划	2009.10—2009.11	2
3	测量勘探	2009.9—2009.10	2
4	前期规费	2009.12—2010.1	2
5	前期物业	2009.11—2009.12	2
6	技术服务	2009.11—2010.1	3
7	初步设计	2009.12—2010.1	2
8	技术设计	2009.12—2010.1	2

续表

序号	任务名称	施工日期	计划工期（月）
9	施工图	2010.1—2010.3	3
10	三通一平	2009.12—2010.3	4
11	销售装修	2010.2—2010.8	7
12	桩基工程	2010.9—2011.1	5
13	主体工程	2011.2—2013.6	29
14	建材采购	2011.6—2011.12	7
15	基础设施	2013.7—2014.6	14
16	竣工验收	2014.7—2014.8	2
17	销售	2014.9—2014.10	2

根据上面的施工进度计划表，选用甘特图描绘工序之间的关系，如图16-6所示。

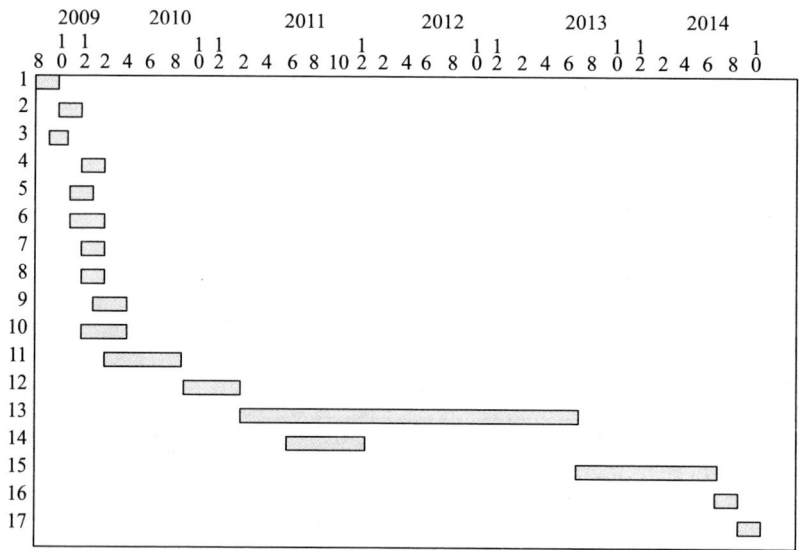

图16-6 施工进度计划图

由图16-6甘特图中子项目中进度计划关系，可知项目的关键路径按工序编号可表示为：1、2、4、11、12、13、15、16，最长持续工期为61个月。

16.3.3 关键工序传统挣值计算

(1) 关键工序总体执行绩效评价

在附录 A 中对项目执行状态数据中, 挑选出子项目中主体工程的三个状态数据进行分析, 具体数据统计结果如表 16-6 所示。

表 16-6　　主体工程的三个状态数据汇总表

序号	观测时刻	主体工程		
		PV	EV	AC
1	2010.8	200	290	790
2	2010.9	340	1175	2310
3	2010.1	790	2653	5325
4	2010.11	1050	4003	7585
5	2010.12	1810	5463	9935
6	2011.1	2162	6863	11435
7	2011.2	2802	7613	13295
8	2011.3	3075	8173	15555
9	2011.4	5073	9753	16105
10	2011.5	6273	10203	16805
11	2011.6	6930	10843	17025
12	2011.7	8755	11877	17332
13	2011.8	9345	12600	17655
14	2011.9	10715	13208	17763
15	2011.1	11630	14125	17980
16	2011.11	13495	14840	18095
17	2011.12	15295	15930	18595
18	2012.1	17307	17310	20005
19	2012.2	17667	17842	20865
20	2012.3	18337	18262	21285
21	2012.4	18387	18822	21845
22	2012.5	18435	19207	22925
23	2012.6	18555	19707	23625
24	2012.7	19200	20306	24524

续表

序号	观测时刻	主体工程		
		PV	EV	AC
25	2012.8	19300	20926	25144
26	2012.9	20200	21339	25550
27	2012.1	21645	21914	26625
28	2012.11	21815	22384	27495
29	2012.12	22815	23784	28895

数据表明，主体工程的施工时间是2010年8月至2012年12月，历时29个月。根据上表数据计算得到主体工程和基础设施各个观测时刻的CPI与SPI值，得到子项目CPI与SPI走势图，如图16-7所示。

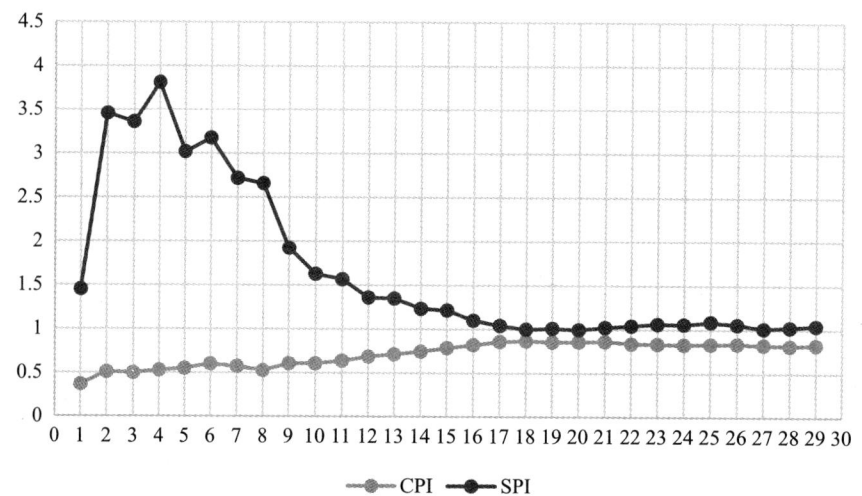

图16-7　主体工程CPI与SPI走势图

由主体工程CPI与SPI走势图分析得出，CPI走势图在项目执行前8个检测时点上，CPI值较低，在0.5附近缓慢波动，表明项目在第8个检测时点之前成本超出预算较多，其原因可能是成本管理不当，也可能是进度超前导致实际成本支出高于预算计划；在第9个监测时点上，CPI值开始上升，而SPI值突然下降，该监测时点与前后执行绩效差别较大；从第10个监测时点开始，CPI曲线缓慢上升，直至第18个监测时点，CPI绩效指标值逐渐趋于平稳，从CPI值总体变化趋势看，主体工程成本应该有所超支。通过观察主体工程的 SPI 走势图可以看出，SPI 绩效指标值波动较大，前 15 个监测时点上，SPI 绩效指标值较大且波动明显，说明进度超前于计划，与 CPI 值综合考虑，主体工程在施工早期的成本绩效较差的评价效果是由进度超前带来的；从第 6 个监测时点开始，SPI 绩效指标值逐渐下降，且下降幅度较大；当施工进行到第 18 个观测点时，SPI 值基本趋于 1，且保持平稳直至项目完工。由图 16-7 观察，第 8 个观测点项目执行绩效与前后执行绩效完全不符，因此，该点为关键路径工序上的观测奇异点。

（2）关键工序执行绩效与预测结果评价

仍然选取 2011 年 9 月末作为绩效监测时点，对关键路径上的工序进行绩效评价。从项目原始数据表（见附录 A）得知，2011 年 2 月末，关键路径上的工序主体工程已经开工，而基础设施尚未开工，因此由主体工程的计划成本累计值 3075 万元，实际成本累计值为 15555 万元，挣值累计值为 8173 万元，计算得到当前观测时刻的 CPI 值为 0.53，SPI 值为 2.66。计算结果显示，当前时刻的成本绩效显示成本严重超支，而进度绩效显示进度明显提前，通过图 16-7 观测得到，该点为奇异点，产生的原因为施工方前期过度赶工，而不能体现实际工作效率。按照当前时点挣值管理绩效评价指标，预测关键路径的未来完工情况，得到预计完工成本为 EAC = BAC/CPI = 45266 万元，预计完工工期为 EDAC = PD/SPI = 29/2.66 = 11 个月。根据上述计算结果，汇总得到采用传统挣值法预测的绩效评价与预测结果如表 16-7 所示。

表 16-7　　　　　主体工程绩效评价与预测结果

观测时刻	绩效评价		预测结果		实际完工情况	
	CPI	SPI	EAC（万元）	EDAC（月）	EAC（万元）	EDAC（月）
2011 年 9 月末	0.52	2.66	45266	11	28895	29

由表 16-7 可知，采用传统挣值法对子项目进行实时绩效评价和未来完工趋势预测时发现，由于只考虑了当前监测时点上的状态数据，计算得到的预测完工成本为 45266 万元，而实际成本为 28895 万元，预测结果比实际多出了约 60%；当前监测时点上的预测完工工期为 11 个月，而实际完工工期为 29 个月，预测结果严重偏离实际。

16.3.4 多级挣值管理趋势预测

（1）执行绩效与预测结果对比

鉴于上述分析过程中，传统挣值法对关键路径上的工序绩效评价效果较差，预测结果严重失真，因此需要对关键路径上的工序进行数据优化。优化得到滤波后的 CPI 值为 0.617，SPI 值为 2.1。根据滤波后的绩效评价指标值计算得到优化后的挣值执行绩效和未来预测结果，并与传统挣值计算的结果对比分析，如表 16-8 所示。由于项目早期存在过分赶工的情况，才会带来某个监测时点上出现绩效异常问题，应用趋势预测模型进行优化后，绩效评价结果比优化前更接近于项目实际执行情况。

表 16-8　主体工程优化前与优化后绩效评价与预测结果对比

观测时刻	传统绩效评价		传统预测结果		优化绩效评价		优化预测结果		实际完工情况	
	CPI	SPI	EAC	EDAC	CPI	SPI	EAC	EDAC	EAC	EDAC
2011年2月末	0.52	2.66	45266	11	0.617	2.1	38548	14	28895	29

（2）关键路径进度修正

应用趋势预测模型计算完工成本预测结果，得到该关键路径预测完工工期为 14 个月，因此，关键路径上的工序都预计提前 15 个月完工，但这与实际结果仍然存在一定差距。综合考虑产生上述情况的原因：当前监测时点为奇异点，但是该点执行前的历史数据结果显示项目趋势为提前完工，传统挣值法计算得到的完工工期为 11 个月，在趋势预测模型中引入卡尔曼滤波法后，虽然综合考虑了所有可得到的历史数据，但由于项目监控时点较早，可以参考的历史数据不多，因此滤波后得到的绩效评价结果和预测结果，虽然比传统挣值法更接近于实际，但仍和实际结果存在一定差距。随着项目执行不断地深入，历史数据会越来越多，到项目中后期，趋势预测模型的计算结果会越来越准确。

通过关键路径上的进度修正，表明了卡尔曼滤波具有综合考虑历史数据特性，滤除奇异点的特性。该工序的卡尔曼滤波优化结果与传统挣值计算结果评价指标对比值如表 16-9 所示。

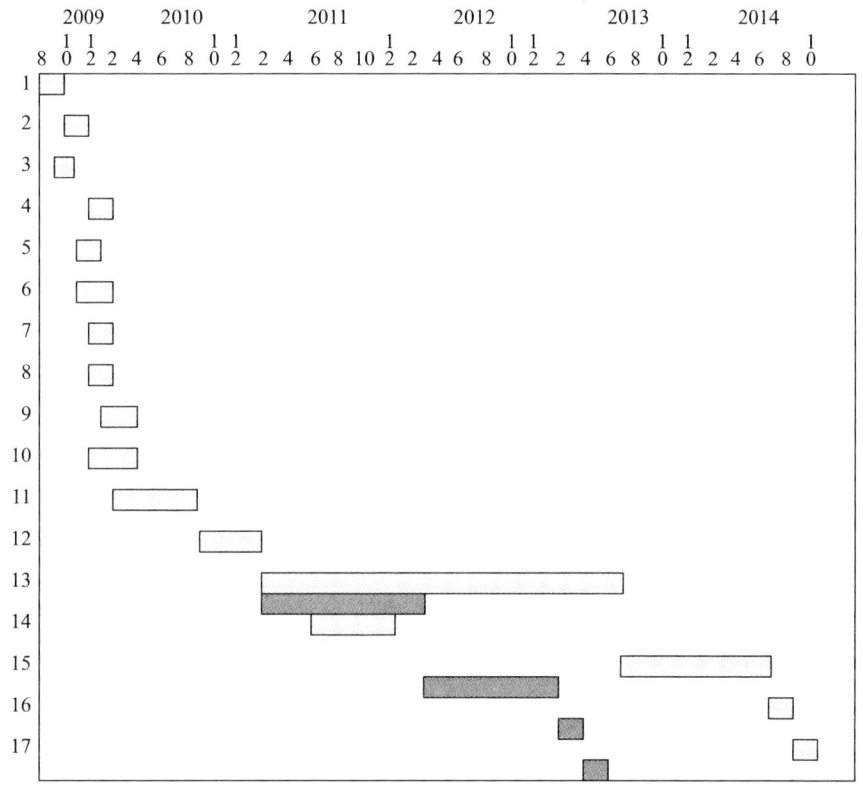

图 16-8 关键路径进度修正图

表 16-9　　　　　主体工程完工绩效预测评价指标对比

	预计完工成本评价			预计完工时间评价	
	滤波前	滤波后		滤波前	滤波后
SSE	75884114	50556563	SSE	195.4924	125.2006
MSE	483.9527	395.0174	MSE	0.77677	0.621628
MAE	1835.421	1443.215	MAE	2.282797	1.950345
MAPE	0.064771	0.050099	MAPE	0.095239	0.07705
MSPE	0.003598	0.002783	MSPE	0.005291	0.004281

由表 16-9 对比分析得到,主体工程的预计完工成本和预计完工时间在滤波前和滤波后,分别与实际完工成本和实际完工时间进行对比后发现,滤波后的评价结果均优于滤波前的评价结果,但是评价结果之间的差值不大。该计算结果再一次证明,卡尔曼滤波法在可观测历史数据较多的

情况下，优化效果更好。

16.4 研究总结

16.4.1 理论研究结论

本章深入研究了传统挣值管理方法在实践中表现出的缺陷及形成原因，针对挣值法在进行绩效评价时只考虑当前观测时点，不能综合考虑项目历史数据，且计算容易受奇异数据点影响而产生错误趋势预测结果，影响管理者的判断这两种缺陷，将卡尔曼滤波方法引入传统挣值管理体系中开展了一些模型优化研究。首先，在模型构建、算法设计、Matlab编程实现上开展研究；其次，研究模型在多级挣值管理中的实施路径，对挣值管理方法进行优化，改善项目成本/进度集成控制中的绩效评价及趋势预测效果；再次，通过具体算例，将优化后的方法在传统挣值管理体系中实施，通过修正运算结果与传统方法的计算结果、项目实际执行结果间的对比分析；最后，结合工作分解结构（WBS）、关键路径法（CPM），将趋势预测模型在多级挣值管理体系中实施，验证理论研究结果在实践中的有效性。

16.4.2 实证研究结论

将卡尔曼滤波法引入挣值管理体系的趋势预测功能中，目的是解决挣值法在大中型建设项目集成控制过程中，面对异常状态数据时容易出现的评价与预测失效问题。通过具体算例研究发现，项目管理者在使用趋势预测模型进时，需要注意以下几点。

（1）卡尔曼滤波算法在数据优化过程中，迭代次数越多，迭代时间越长，滤波值越趋向于项目实际。因此，此模型用于管理难度大、过程复杂的大型工程建设项目时，效果更好，尤其是在项目绩效监测的中后期，模型评价与预测效果更优。

（2）只有当项目工期较长时，使用该模型才有意义，如果项目过程简单、工期短，使用复杂模型会增加额外的管理费用和工作量，反而会增加项目的管理难度。

（3）挣值管理趋势预测模型可以与传统挣值管理预测同时使用。在对大型工程建设项目进行集成控制时，正常情况下获得的信息结论会比较相近，如果在监测时点上出现奇异点，趋势预测模型的评价与预测效果要优于传统方法。因此，趋势预测模型可以和传统方法可以在项目管理实践中同时使用，可以达到相互印证的目的。

17 基于 EVM 的激励引导模型

在理论上，挣值管理已被证明是一种有效的项目集成控制方法。该方法不但能够及时地向管理人员提供项目成本/进度执行绩效状态数据，还能够对项目的完工成本和工期做出趋势预测，帮助项目管理者对项目剩余部分工作做好事前控制。然而，在实际应用过程中，挣值管理并没能实现理论研究预期效果，究其原因在于以下两点：一是挣值管理方法的精髓没有得到真正理解和应用，比如有些项目为了追求表面的管理前沿而采用了挣值管理，实际上并没有真正地将其贯彻实施，也没有组织学习或者培训工作，致使部分项目执行人员不能从原理上了解该方法，更难以进行实际的操作和应用；二是挣值管理方法在应用过程中难以顺利执行，如果项目执行人员没有认真地收集和分析基础数据，或者为了自身的利益而没有如实上报项目的真实进展状况，都有可能导致项目管理者根据执行状态数据。此时，应用挣值管理方法不但不能够发挥管理监控作用，反而会增加项目工作量和管理成本。

为了充分发挥挣值管理方法在项目管理实践中的作用，要为挣值管理方法在项目中的有效实施创造良好的环境和条件。项目管理者首先要正确地认识和掌握该方法，项目执行人员也要认真地学习操作流程和执行标准，必要时应进行挣值管理实操陪训。其次，应该建立有效的激励引导机制，利用激励手段促使挣值管理执行人员能积极、主动地配合项目管理经理的工作，使项目成本/进度绩效评价及集成控制工作能顺利地开展。

17 基于 EVM 的激励引导模型

17.1 挣值激励引导模型概述

（1）在挣值管理中建立激励引导模型，不但可以调动项目执行人员对自身工作的积极性，还能够激励他们积极配合项目管理者的工作，能够为管理者提供及时、准确的执行状态数据，进一步保证了挣值管理方法的有效实施。

（2）可以保证项目工作协调开展。成本、进度、质量是项目管理工作中需要重点控制的三个重要因素，这三个因素相互影响、相互制约，关系到项目的成败。传统的挣值管理方法中集成了成本和进度的联合监控功能，并未涉及质量控制。通过 EVM 的计算公式可知，要想在 EVM 过程中获得良好的执行绩效，只要通过控制，使挣值 EV 不低于 PV 值，或者 AC 值不高于 EV 值就可以实现。但是，对于一个项目，超额完成预算表面看来是件好事，但实现预算"超额目标"的原因却有多种，从积极的方面分析，可能是项目管理者努力的结果，而从消极的方面看，则有可能是因为管理冒进。项目执行人员如果一味地追求成本和进度的表面绩效，忽略了工艺标准和技术要求而进行过度赶工，使累加起来得到的 EV、AC 值相对较高，也能获得 EVM 下良好的执行绩效。在实际项目实施过程中，经常出现通过"偷工减料"过度地追求成本的节约和进度的加快，此时极易导致项目陷入了一种注重成本或进度绩效，而轻视质量控制的误区。质量是项目的成功之本，如果一个项目没有了质量的基石，表面绩效越好，潜在风险就越大，项目顺利完成的机会就越小。因此，在挣值管理中引入激励引导模型，利用激励手段引导项目管理者在关注成本/进度绩效的同时，也能兼顾控制项目质量，对于项目成功是很有价值的。

（3）项目管理工作中，有些工序执行人员，为了给自己的团队争取更多的缓冲空间和获得更多的奖励，使自己的工作呈现出一种表面良好的绩效，常常故意隐瞒真实的预算数额，向上一级上报虚假的预算成本和工期，造成了项目的成本增加或工期的延迟。制订激励引导模型可以充分地调动项目执行人员的积极性，引导、激励他们如实地上报各个工序的预算执行情况,以积极、热情、主动的态度去完成工作任务,进一步节约成本,减少浪费,提高效率。

(4) 项目绩效评价与控制工作是为了保证项目计划的顺利完成,而激励可以提高计划完成的效率。传统 EVM 实现了在各个监测时点上对项目成本/进度的集成控制功能,具有事前计划和事后评价与控制的特点,不具备事前激励功能。项目执行者追求更多的是个人收益,常常偏离项目管理者的目标函数。因此,在项目实施的过程中,采用传统的 EVM 能对项目进行事后评价和管理,一旦发现问题,只能事后投入大量的时间、费用和精力进行改善和纠偏。目前,项目执行的激励一直独立地工作,没有纳入 EVM 系统中,一定程度上影响了 EVM 的控制效果。

17.2 建立挣值管理激励模型

17.2.1 建立 PV 计划香蕉图控制区

(1) 建立 PV 控制区的必要性

PV 是由计划完成工程量和预算单价相乘而得到的,PV 计划曲线表示在各个项目监测时点上计划投入的累计预算数额,是项目成本/进度绩效执行状况的评价和控制的基准,需要在项目计划编制时制定完成。应用挣值管理方法对项目执行状况进行评价的理想状态是:EV 曲线、AC 曲线与 PV 曲线的趋势和走向是否完全一致并且是否能够达到重合。由于项目本身就具有一定的复杂性,而在施工过程中又具有很强的不确定性,最终导致大部分的项目在执行过程中难以实现 EV 曲线、AC 曲线与 PV 曲线的重合,也即项目执行的理想状况难以实现。这样的结果会让项目管理者认为挣值管理方法不够灵活,同时会诱导项目执行人员忽视工程的工艺和质量标准等规范标准,过多地追求项目表面绩效,甚至因一时的急功近利导致整个项目的失败。例如:在项目执行过程中,如果绩效状态数据上出现 EV > AC、EV > PV 的情况,且差异较大,则说明存在项目执行人员为了追求项目一时良好的成本/进度绩效,依靠牺牲施工质量来实现成本结余和进度提前的风险，此时需要抽出部分工作人员，放慢项目进度，完全按照项目实施的工艺标准和技术规范进行施工，对项目的工程质量进行监督和控制；如果 EV < AC，EV < PV，但偏差在可控范围内，就说明项目是由于工期的延迟造成了项目成本的增加，存在质量风险较低，可以尝试通过施工资源优化、改进施工工艺或加强日常管理等方法，促使项目执行回归计划的正常轨道，则不需要采取控制措施。传统 EVM 是通过计算成本绩效指数 CPI 和进度绩效指数 SPI 等指标，对项目的进展状况进行评价和预测，并不能向项目管理人员客观地说明上述问题。因此，三条执行状态曲线上所做的简单偏差分析，无法真实地反映项目执行中的风险程度信息，需要建立相应的控制基准。

（2）香蕉图的定义

香蕉图是由两条以上"S"形曲线组合而成的闭合曲线。最早香蕉图在项目管理中，是用来绘制由各项工作最早开始和最迟开始的两条进度曲线，由于这两条曲线闭合而形成的图形似香蕉状，故取名"香蕉图"。在项目管理中，该图是用来监控项目进度状况的。如果在项目进展的任意时刻，进度的控制点都在该"香蕉"形区域内，则被称为是项目执行控制的理想状况。在项目管理中应用"香蕉图"，不但能够协助管理者对项目进度进行合理的安排，还能够及时地将施工的实际进度与计划进行比较，预测和把握项目执行后期的最早和最迟进度曲线的发展趋势，利于项目后期的进度，保障项目顺利地进行。香蕉图的另一个突出优点是，在项目监控时，为项目管理者提供了一个控制范围，而不是一个控制基准点，从一定程度上避免了稍有偏差便不知所措，或频繁纠偏等问题。因此，项目管理者尝试将"香蕉图"思想引入挣值管理的激励模型，对传统的 PV 曲线进行改进研究，打破挣值管理方法中项目进度/成本"点"计划控制标准，为项目预算建立合理的"区间"控制计划，使 PV 计划曲线更有利于项目的实际控制。"区间"控制计划能使项目管理者的控制工作更具灵活性，并有机会把握项目成本、工期、质量之间的平衡，降低项目控制工作落入重成本和进度、轻质量误区的风险。

（3）建立 PV 计划香蕉图控制区

图 17-1 是借鉴了"香蕉图"的原理对传统 EVM 的 PV 曲线进行了改进，基于 PV 值建立的"香蕉"形曲线是由三条"S"形的 PV 曲线组

合成的闭合曲线。其中，曲线 PV_1 是传统 EVM 的计划基准线，是项目管理者在风险控制基准区间内建立的期望目标准基线，是管理者在计划管理中期望获得的项目执行效果；PV_3 曲线和 PV_2 曲线则分别是实际施工过程中各监控时点上，工作执行情况的风险控制上下限基准。如果 PV_3 曲线和 PV_2 曲线的间距较小，则表示项目管理者对项目的执行要求较为严格；反之，如果 PV_3 曲线和 PV_2 曲线的间距相对较大，则表示项目管理者对项目的执行要求较为宽松。虽然间距的大小仅仅表示项目管理要求的严格程度，但项目管理者在确定 PV_2 曲线和 PV_3 曲线的间距时也需慎重考虑，应选取合理和恰当的数值。如果 PV_2 曲线和 PV_3 曲线之间的间距确定得过大或者过小，都容易使改进的"香蕉图"的 PV 曲线无法发挥作用。间距过大，对项目控制没有约束性；间距过小，项目控制的可控空间将大大缩小。一般情况下，PV_3 曲线和 PV_2 曲线可以借鉴历史类似项目管理的经验基础上，由项目管理者结合当前项目的具体要求和资源情况自行确定，或根据管理者的偏好论证确定。

在各监控时点上，都满足 $PV_3 > PV_1 > PV_2$，PV_2 曲线作为风险控制的下限基准，是在现有的工程工艺标准和工程技术能力下，保证项目总工期不受拖延时项目所能承受进度延迟的最大限度，如在监控时点 M 上，出现 $EV < PV_C$ 的情况，则说明项目的执行进度远落后于计划进度的要求，并且已经超出了当前项目管理的控制范围，需要进行重点控制，可以采取增加工作人员、投资或者采用新的工艺、技术等措施进行改善，否则会使项目总工期陷入延误的危险区域中；PV_3 曲线作为风险控制的上限基准，是建立在现有资源和施工条件的约束情况下，以不牺牲施工质量为前提条件下，工程施工进度超前所能承受的最大可控限度，如在监控时点 M 上，出现 $EV > PV_B$ 的情况，则说明可能存在项目执行人员为了加快进度、降低工程成本，而忽略了工程的施工标准，使项目存在一定的质量风险。因此，只有把 EV 曲线控制在 (PV_2, PV_3) 区间范围内，才能够保证项目在现有的资源和条件下健康、顺利地进行。并且，EV 曲线越是能接近 PV_1 曲线，说明项目的执行越容易控制，项目顺利进行越有保证。

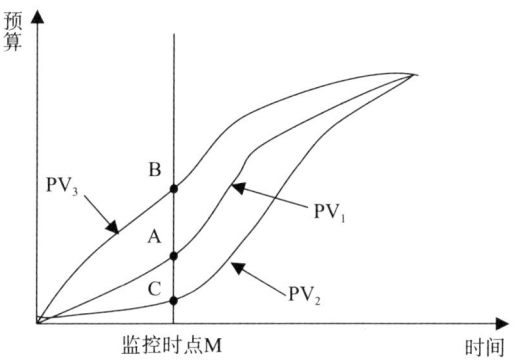

图 17-1　挣值管理绩效控制香蕉图

17.2.2　激励引导模型

哈维茨（Hurwiez）创立的机制设计理论中的"激励相容"是指：在市场经济中，每个理性的经济人都会有其自利的一面，其个人行为会按自利的规则行为而行动，如果能有一种制度安排，能够使行为人追求个人利益的行为，正好与企业实现集体价值最大化的目标相吻合，这一制度安排，就是"激励相容"。现代经济学理论与实践表明，贯彻"激励相容"原则，能够化解个人与集体之间的利益冲突，使个人利益与集体利益相结合，使个人在追求自身利益的同时也实现了集体的利益的最大化，让每个员工在为企业"多做贡献"中成就自己的事。机制的设计是否成功在于，是否能够使参与者主动地按照设计的期望完成工作任务，同时实现设计者和参与者利益最大化。现代项目管理活动中，存在着项目执行人员的个体利益与项目整体目标相矛盾的情况。因此，为了解决项目管理中存在的这类问题，可以将激励相容原理融入项目管理的过程中，促使项目执行人员的利益与项目的整体目标相一致，项目执行人追求自身利益的同时也能实现项目管理目标。为了达到激励相容原理所描述的理想状态，需要构建一套基于 EVM 的激励模型，并通过项目激励制度的匹配设计，将项目管理的目标转移、分配给项目执行人员，激发项目执行人员完成项目管理目标的积极主动性。

前苏联预算工作者为解决预算失真问题，提出的激励引导模型被称为"新苏维埃激励模型（New Soviet Incentive Mode）"。该模型在考核公式里同时体现了对"准"和"超"的要求：预算必须报"准"，必须是最有可能实现的预算。在呈报了预算目标后，又必须完成目标，最好超越目标。预算执行者只有这样的选择行为下才是最有利的。该模型经过美国学者韦茨曼研究，曾被美国的经济学者和会计学者广泛关注和推广。模型如下：

$$\begin{cases} Q \leq Q_f : B = WQ_f - G(Q_f - Q) \\ Q > Q_f : B = WQ_f + P(Q - Q_f) \end{cases} \quad (17-1)$$

其中，Q_f 为员工承诺预计完成的目标值；Q 为实际完成值；W 为激励系数；P 为超额奖励系数，即当员工超额完成预算额时，同样的工作任务，P 值越大，获得的奖励越多，反之，则越少；G 为没有完成的惩罚系数，即当员工未完成预算额时，同样的工作任务，G 值越小，获得的奖励越多；反之，则越大。

激励收益引导模型中，当企业基于自身发展考虑而设置的任务目标为 Q_0 时，即企业认为其工作人员经过努力后可以达到的最好业绩。最佳的管理效果是可以使项目工作人员自身上报的预算目标数额 Q_f 等于该最佳任务目标，即 $Q_f = Q_0$。在实际的操作过程中，工作人员往往会出于对自身的利益考虑，为自身谋取更多的奖励或者争取更多的宽松空间，使上报的预算目标 Q_f 大于或者小于其可以完成的最佳目标值 Q_0，最终导致项目施工的效率低下，延缓工程进度，增加工程投资。实施上述激励模型后，不但可以使项目执行者主动上报真实的预算值，还能够激励他们积极地完成任务，最终达到 $Q_f = Q_0 = Q$ 的理想管理状态。在挣值管理中引入该激励模型后，在绩效控制时点上，工作人员的实际完成值 Q 无论是大于还是小于上报的预算目标值 Q_f，得到的收益都不是其可以获得的最高奖励，以此激励工作人员根据自身能力上报真实的承诺预算值，进一步提高项目的施工效率，最终实现项目目标效益最大化。

17.2.3 在 EVM 中应用激励引导模型

在 EVM 的实施过程中，项目管理者与执行者之间存在着一定的博弈关系。一方面，执行者为了使项目能呈现足够好的表面绩效，获取更多的收益，希望通过各种手段提高其工作的预算成本 PV，获得更多的完成预算成本 EV，降低实际成本 AC 的消耗；另一方面，项目管理者希望项目的各个工作包或工序都能够顺利地进行，进度和成本绩效保持在可控范围内，最终能够使项目在计划工期内，以合理的投资成本顺利地推进，直至竣工验收。同时，项目管理者不希望执行者以牺牲质量为代价，一味地追求各自工作的成本/进度绩效，提升整个项目失败的风险。通过引入上述"新苏维埃激励模型"（New Soviet Incentive Mode），可以在 EVM 现有"事后评价与控制"功能基础上，增加"事前激励"功能，通过激励的方式将项目的管理目标转移给项目执行者，使项目执行者的利益尽可能地与项目管理目标保持一致，项目执行人员在追求自身利益的同时，也促进了项目管理总体目标的实现。

（1）激励模型构建

在图 17-1 中的控制时点 M 上，PV_A 是传统 EVM 在当前时点上计划的控制基准，（PV_C，PV_B）则为项目可以承受的风险控制区间，管理者必然希望能够在当前监控时点 M 上，将项目预算成本 EV 值控制在区间（PV_C，PV_B）范围内。因此，项目管理者可以要求在项目执行者在上报其各自的工作目标时，将其阶段目标必须控制在（PV_C，PV_B）之内。建立模型如下：

$$\begin{cases} PV_C \leq EV \leq PV_0 : B = WPV_0 - G(PV_0 - EV) \\ PV_0 \leq EV \leq PV_B : B = WPV_0 + P(EV - PV_0) \end{cases} \quad (17-2)$$

其中，PV_0 为执行者承诺预计完成的目标值；EV 为实际完成挣值；W 为激励系数；P 为超额奖励系数；G 为没有完成的惩罚系数。

（2）激励模型的改进研究

从图 17-2 可以看出，模型中可能存在此种情况：当承诺完成值为 PV_1 时，实际完成值为 EV_2 时，获得激励收益为 B_1，而当承诺完成值为 PV_3 时，实际完成值为 EV_3 时，获得激励收益也为 B_1。此种情况说明，即使执行人员实际完成较低预算值 EV，也可获得相对较高的激励收益，只要他们的上报的承诺预算值较低，并且等于实际完成值即可。模型中此种情况的存在为那些既想获取较高的激励收益，又不想努力工作的项目执行人员提供了方便，不利于项目的顺利进展。即模型中存在的一个激励漏洞，为了防止此种情况的发生，项目管理者可以考虑设定项目实际完成值的区间。因此，项目管理者要想保证项目的成本、工期、质量的顺利执行，希望项目工作能够按照一定的预算计划值顺利开展，可以设定项目实际完成值 EV 在不同控制时点的目标区间。

区间（EV_0，EV_1）可以设定在图 17-2 所示的位置，表示项目管理者为风险保守型，希望项目能够按照计划 PV_2 曲线进行。

则区间（EV_0，EV_1）的计算公式为：

$$WPV_1 + P(EV_0 - PV_1) = WPV_2 - G(PV_2 - EV_0) \tag{17-3}$$

$$WPV_2 + P(EV_1 - PV_2) = WPV_3 - G(PV_3 - EV_1) \tag{17-4}$$

由公式（17-3）、公式（17-4）分别得出：

$$EV_0 = [(W-G)PV_2 + (P-W)PV_1]/(P-G) \tag{17-5}$$

$$EV_1 = [(W-G)PV_3 + (P-W)PV_2]/(P-G) \tag{17-6}$$

则改进后的激励模型的有效应用区间为：

$$\{[(W-G)PV_2 + (P-W)PV_1]/(P-G), [(W-G)PV_3 + (P-W)PV_2]/(P-G)\}$$

设定模型中可以上报的承诺完成值区间，既为了避免工作执行人员故意上报较低的承诺值，降低工作效率；又为了避免其上报较高的承诺值，使项目存在因为赶工而偷工减料的质量风险。

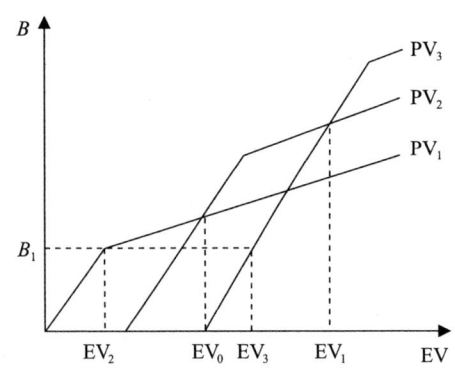

图 17-2 激励模型收益图

（3）模型中参数 W、P、G 的确定

在模型中只有当项目执行人员最终的实际完成值等于其上报预算值时，他们得到的收益才是其 W 可以得到奖励中的最高值。为了保证模型的有效性，参数 W、P、G 需要满足以下条件：

假设计划预算值 PV_1、PV_2、PV_3 满足 $PV_1 < PV_2 < PV_3$ 的关系。

①假设项目执行人员实际完成值 EV，满足 $EV = PV_2 > PV_1$，并设员

工上报的承诺完成值为 PV_1 和 PV_2 时,所获得的激励收益分别为 B_1、B_2。则需满足:

$B_1 < B_2$,即满足:

$$\Delta B_{12} = [WPV_2 - G(PV_2 - EV)] - [WPV_1 + P(EV - PV_1)] > 0 \tag{17-7}$$

可得:

$$(W - P)(PV_2 - PV_1) > 0 \tag{17-8}$$

得出:$W > P$。

②假设项目执行人员实际完成值 EV,满足 $EV = PV_2 < PV_3$,并设员工上报的承诺完成值为 PV_2 和 PV_3 时,所获得的激励收益分别为 B_2、B_3。则需满足:

$B_2 < B_3$,即满足:

$$\Delta B_{23} = [WPV_2 - G(PV_2 - EV)] - [WPV_3 - G(PV_3 - EV)] > 0 \tag{17-9}$$

可得:

$$(W - G)(PV_3 - PV_2) < 0 \tag{17-10}$$

得出:$W < G$。

故参数 W、P、G 满足 $P < W < G$ 时,可保证上述激励模型的有效性。

在完成相同的 EV 值条件下,当项目执行人员所上报的预算目标值小于实际完成值时,即 $PV_1 < EV$,并且两者之间的差距越大,项目执行人员最终所获得的奖励会越少。同时,项目管理者也可以通过调整 W 和 P 的大小关系,调整 ΔB_{12} 的大小。如果项目管理者想进一步提高对项目执行人员的激励程度,充分地调动其工作的积极性,降低项目的施工成本,则可以增加参数 W 和 P 之间的差额;反之,则可以减小参数 W 和 P 之间的差额。

在完成相同的 EV 值条件下,当项目执行人员所上报的预算目标值大于实际完成值时,即 $PV_3 > EV$,并且两者之间的差距越大,项目执行人员最终所获得的奖金会也越少。同样,项目管理者也可以通过调整 W 和 G 的大小关系,调整 ΔB_{23} 的大小。同样,项目管理者也可以通过增加参数 W 和 G 之间的差额,进一步提高对项目执行人员的激励程度,充分调动其工作的积极性,降低项目的施工成本。反之,则可以减小参数 W 和

G 之间的差额。

因此,管理者可以通过事先测算和调整各系数的大小,调整对项目人员的激励程度,使执行者努力目标接近管理者期望目标,甚至保持一致。具体实施步骤如表 17-1 所示。

表 17-1 挣值管理激励模型实施步骤对比图

传统 EVM	引入新苏维埃激励引导模型的 EVM
建立 PV 基准线	建立 PV 区间风险控制基准香蕉图
执行者以 PV 基准线为控制目标实施项目	要求执行者上报阶段目标,建立激励模型,并根据项目实际情况确定激励模型参数,通过激励引导模型的事前激励功能促使执行这目标接近管理者期望目标
在监控时点计算 CV、SV、CPI、SPI 指标,完成 EVM 绩效评价对项目实施事后控制	在监控时点计算 CV、SV、CPI、SPI 指标,完成 EVM 绩效评价,根据激励引导模型实施奖惩

17.3 激励引导模型的实施建议

在 EVM 控制过程中引入新苏维埃激励引导模型,可以使传统的 EVM 在计划和事后控制评价的基础上新增事前激励功能。通过激励函数以及参数的设定,事先将执行者的努力目标控制在项目管理者的期望控制区间内,通过激励收益调动执行者的积极性。同时,还可以根据执行工作的重要程度,调整激励引导模型中三个参数 W、G、P 的大小,进一步调整执行人员的激励收益水平,防止项目执者因为一味地追求进度绩效,不惜采用"偷工减料"或者牺牲质量,使项目执行者的追求目标与管理者的目标相背离,增大整个项目管理失败的风险。

通过对激励模型在操作和应用中存在的一些限定条件的总结梳理,提出以下实施建议:

(1) 激励引导模型的实施主体应为项目管理者,以项目执行的期望目标为基准,在 EVM 执行过程中引入激励引导模型,并依据项目执行工作的实际要求确定模型中的参数，控制项目执行者的执行绩效，最终实现管理者和执行者目标的激励相容。

（2）模型应建立在项目管理者对所实施项目特点、情况充分了解的基础上，最好有类似项目实施历史数据作为参考，才能建立与当前项目相适应的激励模型。

（3）确定激励引导模型中的W、G、P三个参数的大小时，不仅要考虑满足模型有效性，还要依照项目中执行工作的重要程度，综合考虑项目总体目标的要求，充分借鉴类似成功的工程项目的经验数据，由具有丰富经验的项目管理专家综合讨论后确定。

（4）激励引导模型可以在项目开始前统一建立，也可以在项目实施阶段根据项目不同阶段、不同工序的关键程度和难易程度分别建立。

（5）在项目执行过程中，项目管理者还可以结合SPI、CPI等项目执行绩效指标所反映出的项目执行状态绩效，在监控时点后对激励函数中的参数W、G、P适当调整，以激励执行者在接下来的工作中根据新的奖惩程度，对工作努力目标进行适当调整，实现对项目的动态控制。

（6）该激励引导模型虽在理论上被证明是有效的，但其在实践中是否具有普遍适用性，还需要通过在各类具体项目中的实施进行验证。

17.4　算例研究

17.4.1　算例概况

某市因盛产美丽的荷花而闻名，每年的七八月份荷花盛开的季节，都会吸引很多国内外的游客前来参观旅游。该市发达繁盛的旅游业，不但宣传了本市的传承文化，也吸引了很多投资者前来开发、投资，带动了该市的经济发展，提高了市居民的生活水平。市政府为了进一步宣传推广该市美丽的荷花，推进城市现代化文明建设，满足居民生活的物质文化需求，丰富城市居民的生活，吸引更多的投资者前来开发、投资，拟投资建设一座能够向各地的游客展现本市特色的展览馆。该展览馆以荷花为主题，外观上部似一朵盛开的荷花，下部似片片荷叶加以衬托，整体繁华美丽而又气势磅礴，馆内部也同时设有很多类似荷花、荷叶状的建设加以点缀，整个建设的工艺复杂，技术要求标准较高，需要采用很多的新工艺、新技术和新设备，是一次较为完全的创新型现代化建设。

该市政府通过公开招标，将该项目的建设的工作承包给了本市资质深厚的一家建设施工单位。该项目工期为2年，拟投资4000万元，采用成本加酬金的合同承包方式。该市政府作为业主单位，希望该建设项目在保证功能和质量的条件下，能够以合理的投资水平，在规定的时间内顺利的完工，故同施工单位双方合同约定以实际完成数额为激励标准，按节约投资成本数额的15%增加施工单位的酬金，同时，按项目投资成本增加数额的20%扣除总酬金；项目每延期一个月，业主将扣除合同总价的3%，同时，项目每提前一个月，业主将给予合同总价的2.5%作为奖励。

由于该展览馆的建设是现代化创新型的建设，其外观磅礴而又独具特色，又需采取新工艺、新技术和新设备，使得项目的施工具有一定的复杂性和很强的不确定性。项目采取的成本加酬金的方式，不利于项目成本的节约和工期的控制。因此，施工单位管理人员同业主单位协商后，决定采取挣值管理方法对项目进行集成控制，旨在控制项目的进度/成本绩效的同时，可以及时发现由于采用三新技术可能导致项目进展过程中出现的问题，并及时予以管理和控制，降低项目的风险，保证项目的顺利实施。

项目开始阶段进展比较顺利，通过EVM分析得到的成本/进度绩效也较好。但随着项目实施的不断深入，项目管理者发现，出现了项目成本/进度绩效与项目实际进展状况不符的现象。通过原因分析发现在采用EVM管理时，项目执行人员为了获得较好的EVM成本/进度绩效，存在虚报挣值EV现象，有时甚至不惜"偷工减料"或者以牺牲质量为代价，以达到降低项目成本或加快进度的绩效。长此以往，最终会导致工程出现严重的质量风险。一旦出现质量问题，不但对成本和进度控制效率产生影响，还会因返工增加项目的成本投入，甚至延误工期。出现上述现象的原因是项目执行人员的个人利益与项目的整体目标相背离，导致项目最终无法有效地实施。因此，为了降低上述问题的发生概率，项目管理者采用激励引导模型，将项目执行的个人目标同项目的整体目标结合在一起，将项目的总任务转移给各个工作包或工作工序，促进项目执行人员积极主动地开展工作。

17.4.2 建立算例

(1) 建立 PV 区间香蕉图

项目管理者采用 EVM 对项目进行监控前,认真分析了项目特征,通过借鉴大量其他省市类似建设项目的历史数据,分别确定了项目控制时点,以及在各时点上项目预算成本 PV 的上限值 PV_3 和下限值 PV_1(见表 17-2),由曲线 PV_1、曲线 PV_2、曲线 PV_3 共同组合成了 PV 区间的风险控制基准香蕉图(如图 17-3 所示)。

表 17-2 项目的 PV_1、PV_2、PV_3 在各个监控时间点取值

时间（月份） PV 值（万元）	0	4	8	12	16	20	24
PV_1	0	200	300	500	1500	2500	4000
PV_2	0	500	1000	2000	2500	3500	4000
PV_3	0	1000	2500	3500	3700	3900	4000

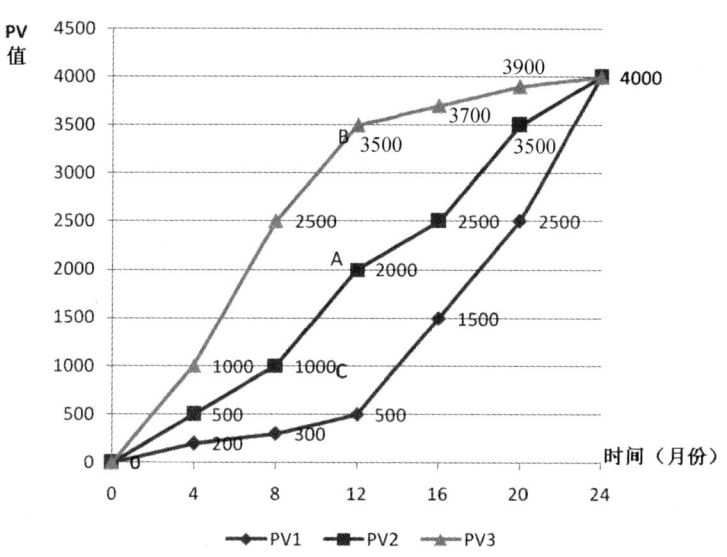

图 17-3 展览馆挣值管理绩效控制香蕉图

(2) 建立激励引导模型

基于 EVM 管理框架,建立激励引导模型为:

$$\begin{cases} PV_C \leq EV \leq PV_0 : B = WPV_0 - G(PV_0 - EV) \\ PV_0 \leq EV \leq PV_B : B = WPV_0 + P(EV - PV_0) \end{cases}$$

由图 17-3 可以看出，项目在每个监控时点上的 PV 值不同，项目每个阶段任务的重要程度也不相同。因此，为了增强激励引导模型的有效性和实用性，在每个监控时点上，模型中的参数 W、G、P 也应该不同。本节拟采用监控时点 12 为分析对象，确立模型参数。

如表 17-2 和图 17-3 所示，在监控时点 12 上，$PV_C = 500$ 万元，$PV_A = 2000$ 万元，$PV_B = 3500$ 万元。在此监控时点上，项目执行时间为项目计划时间的一半，此时的工作在整个项目建设中较为关键，因此，W、G、P 三个参数的选取应相对均衡，既要起到激励效果，又要节约项目管理成本。在借鉴其他项目历史数据的基础上，有经验的项目管理者综合考虑参数 W、G、P 的大小对项目的激励效果，选取参数 W、G、P 分别为 0.3、0.5、0.2，建立激励引导模型为：

$$\begin{cases} 500 \leq EV \leq PV_0 : B = 0.3PV_0 - 0.5(PV_0 - EV) \\ PV_0 \leq EV \leq 3500 : B = 0.3PV_0 + 0.2(EV - PV_0) \end{cases}$$

根据上述模型，分别计算各个实际完成值 EV 在承诺完成值 $PV_1 = 500$ 万元，$PV_2 = 2000$ 万元，$PV_3 = 3500$ 万元下的激励收益值，由此得出结果如表 17-3 和图 17-4 所示。

表 17-3　　　　　　　　监控时点 12 的激励收益表

承诺完成值 PV	实际完成值 EV							
	0	500	1500	1700	2000	2500	3000	3500
PV_1	-100	150	350	390	450	550	650	750
PV_2	-400	-150	350	450	600	700	800	900
PV_3	-700	-450	50	150	300	550	800	1050

通过图 17-4 可以分析得出以下四个结论。

①实际完成值越多，所获得的激励收益也越多。不论在何种承诺预算值的情况下，所获得的激励收益都随着实际完成值 EV 的增大而增加，并且在达到承诺预算值 PV 之前，激励收益的增加速度较快，当达到承诺预算值 PV 以后，增加的速度减慢。因此，该模型能够激励项目执行人员为了获取更多的收益，根据具体的工作情况上报较高的预算承诺值，而且要

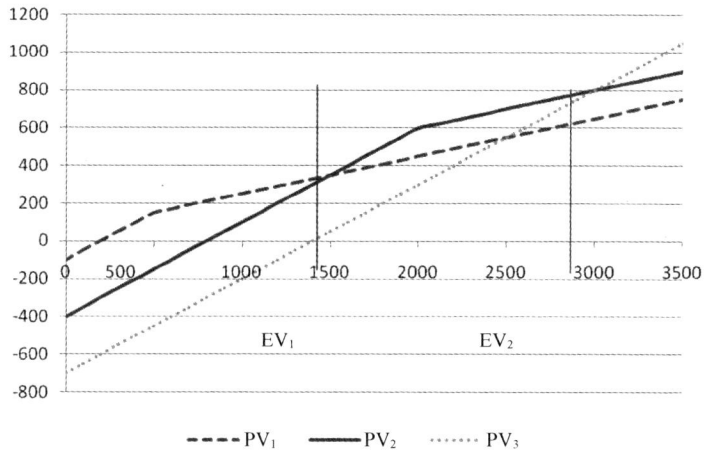

图 17-4 监控时点 12 的激励收益图

积极主动地完成更多的预算值。

②当承诺完成值等于实际完成值时,所获得的激励收益最大。

ⅰ. 当实际完成值 EV = 500 万元时,承诺完成值为 PV_1 时所得的奖励 B = 150 万元为最高值,当承诺完成值为 PV_3 时,所得的奖励 B = -450 万元最少;

ⅱ. 当实际完成值 EV = 2000 万元时,承诺完成值为 PV_2 时所得的奖励 B = 600 万元为最高值,当承诺完成值为 PV_3 时,所得的奖励 B = 300 万元最少;

ⅲ. 当实际完成值 EV = 3500 万元时,承诺完成值为 PV_3 时所得的奖励 B = 1050 万元为最高值,当承诺完成值为 PV_1 时,所得的奖励 B = 750 万元最少。

因此,项目工作人员如果想要获得其可以得到的最高激励收益,需要根据自身实际工作能力,如实地上报预计可以完成的预算值,并尽力完成承诺,以获得最高的激励收益。

③不同的承诺预算值,都有与其对应的激励收益最高的一个区间。

ⅰ. 当实际完成值 EV < EV_1 时,承诺预算值为 PV_1 时,项目执行人员所获的激励收益最大,并在 EV_1 点处,承诺值为 PV_1 和 PV_2 时所获的激励收益相等;

ⅱ. 当实际完成值 EV_1 < EV < EV_2 时,承诺预算值为 PV_2 时,所获的激

励收益最大,并在 EV_2 点处,承诺值为 PV_2 和 PV_3 时所获的激励收益相等;

ⅲ. 当实际完成值 $EV > EV_2$ 时,承诺预算值为 PV_3 时,所获的激励收益最大。

因此,项目管理者可以通过调整和控制项目的承诺预算区间,达到对项目实际完成值的控制,进一步实现调节项目的进展速度,控制项目的工期的目的。如:当项目进展较慢时,项目管理者可以激励执行人员上报较高的承诺完成值 PV,或者限制上报较低的承诺值 PV。当执行人员上报较高的完成值后,为了获取较高的激励收益,便会提高工作效率,努力获得较高的 EV,从而达到加快项目进度的目的。

ⅳ. 设定模型有效区间。

当承诺完成值为 PV_1 时,实际完成值 EV 为 500 万元时,获得激励收益 B_1 为 150 万元;当承诺完成值为 PV_3 时,实际完成值 EV 为 1700 万元时,获得激励收益 B_3 也为 150 万元。上述计算结果充分说明了,在激励模型中为项目执行者提供了一个故意上报较低承诺预算值后,不努力工作却仍可以获取一定的激励收益的机会。因此,需要科学设定模型的有效区间。

根据公式可以得出模型的有效区间(EV_0, EV_1)为:

$EV_0 = [(W-G)PV_2 + (P-W)PV_1]/(P-G) = 1500$(万元)

$EV_1 = [(W-G)PV_3 + (P-W)PV_2]/(P-G) = 3000$(万元)

设定模型有效区间(1500,3000)后,不但可以避免项目执行人员故意上报较低的承诺值后仍能谋取利益,还可以防止项目执行人员上报超出自身工作能力的承诺预算值,以达到降低项目管理风险的目的。

ⅴ. 模型的收益调整。

分析结论的第ⅳ条,模型中存在激励漏洞的原因是:模型对工作人员的激励水平较高,导致即便是项目执行人员实际完成了较低的预算值,也可以获取相对较高的收益,出现了工作业绩与奖励不匹配的现象,这种结果不但给执行人员提供了工作松懈的机会。因此,为了增加模型的有效性,需对模型进行改进。

解决这种问题,需要提高模型中奖励的基准起点,项目管理者可以选取某一 EV 值作为奖励的基准起点(即:奖励为 0 的起点)。这样操作可以降低项目的成本,还可以加强对执行人员的激励效果,避免激励漏洞的出现，更加符合项目的激励标准。在此模型中，可以选取 EV = 500 万元作为激励起点，激励模型修正为：

$500 \leqslant EV \leqslant PV_0 : B = 0.3PV_0 - 0.5(PV_0 - EV) - 0.3PV_C$

$PV_0 \leqslant EV \leqslant 3500 : B = 0.3PV_0 + 0.2(EV - PV_0) - 0.3PV_C$

采用改进后的激励模型，对完成的 EV 值进行计算，获得的激励结果如图 17-5 所示。

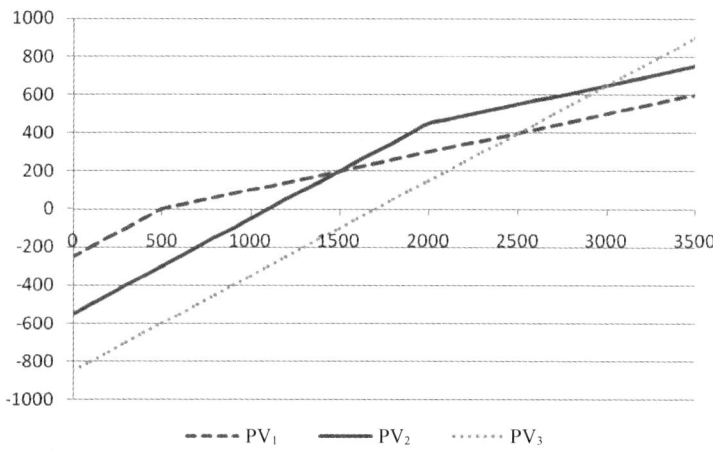

图 17-5 修正后监控时点 12 的激励收益图

根据图 17-5 显示，在项目当前监控时点上，项目管理者可以接受的最低预算完成值为 EV = 500 万元，如果在项目施工过程中，执行者没有达到该预算值，则可能使项目超出控制范围，存在延误工期的危险；同时，在该控制时点上可以完成的最大预算值为 PV_3 = 3500 万元，管理者也不希望执行者在当前的资源条件下和执行者能力约束下，为获得更多奖励去一味追求更大的 EV 值，因为这样可能会增加质量风险。

17.4.3 与传统激励模型对比分析

①传统激励方法承诺预算为 PV_3 时。

ⅰ. 奖金计算。

在控制时点 12 上，PV_B = 3500 万元，相当于在项目基准 PV_2 条件下，在控制时点 20 时应该完成的预算值。假设项目后续的工作按照已完成部分的工作效率进行，项目会提前 8 个月完成项目。如果项目奖励规则是根据项目执行人员上报的承诺完成数额为奖励基准,此时项目执行者可以获得奖励为:$4000 \times 2.5\% \times 8 = 800$(万元)。在激励模型中,承诺值 PV 为 3500 万元,实际完成值 EV 为 3500 万元时,所获的奖励 B_{31} 为 900 万元,实际完成值 EV 为 2000 万元时,所获的奖励 B_{32} 为 150 万元。通过比较分析,采用激励模型后的奖励额度依据实际完成值的大小确定,这样对于执行者不但公平,而且能够激励他们主动提高工作效率,积极地完成工作任务。

ⅱ. 工期计算。

项目执行人员在现有的技术条件下,很有可能完成预算值 EV 为 2000 万元的工作。此时,通过挣值的方法计算所得:$SV = EV - PV = -1500 < 0$,表明项目进度已延迟。由图 17-3 可以得出,根据项目的 PV_3 进展曲线判断,项目仅仅完成了 4 个月的工作,与进度计划相比已延迟了 8 个月,这会给项目管理者提供错误的判断信息。

②传统激励方法承诺预算为 PV_1 时。

ⅰ. 奖金计算。

图 17-3 中的 PV_1 曲线是项目控制范围的下限,假设项目执行人员为了取得较好的表面成本/进度绩效,上报图 17-3 中 PV_1 曲线上对应较低的承诺完成值。在控制时点 12 上,$PV_C = 500$ 万元,而在现有的技术条件和管理水平下,项目执行人员可以实际完成的预算值 $EV = PV_B = 2000$ 万元,大约相当于在 PV_1 曲线条件下,项目在第 17 个月完成的工程量。如果项目的奖励是根据实际完成值与承诺完成值进行比较后得到,项目管理人员可以得到的奖励为:$4000 \times 2.5\% \times 5 = 500$(万元)。此时,通过挣值管理分析得到的项目状态信息是项目执行进度提前于计划,但项目的实际执行情况却是按照正常的进度进行。其实,在这种承诺值低于实际完成值的情况下,上述的情况是一种值的乐观的情形,因为此时项目执行人员为了获得奖励,仍然会尽力地完成工作任务,没有影响项目的实际进展,只是增加了一些项目成本。悲观的情况是,项目执行人员未来给自己创造宽松的缓冲空间,不用积极努力地工作就可以完成工作任务,故意上报了较低的承诺完成值。此时,执行人员在控制时点 12 上完成的预算值很可能小于 2000 万元,有可能会影响项目的实际进度。

ii. 工期计算。

如果此时项目实际完成的预算值等于其上报的承诺完成值500万元，根据基准曲线PV_2可以判断，此时项目完成的工作量与项目第4个月的计划进度持平，与项目进度计划相比延迟了8个月，但通过挣值管理方法计算，$SV = EV - PV = 500 - 500 = 0$，项目实际进度与计划一致，项目管理者很容易受到误导。

根据此种激励方式，在控制时点12上，实际完成EV值不同，承诺完成值为PV_A、PV_B、PV_C三种情况下，通过挣值分析方法得到的延迟或提前的月份如表17-4所示，所获的奖励如表17-5和图17-6所示。

表17-4　　　　　　　　项目延迟或提前的月数

提前或延迟月数		实际完成值（万元）			
		1500	2000	2500	3000
PV_1	500	4	5	8	10
PV_2	2000	-2	0	4	6
PV_3	3500	-7	-5	-4	-2

表17-5　　　　激励模型方法与传统方法的激励收益对比表

承诺完成值PV（万元）		实际完成值EV（万元）			
		1500	2000	2500	3000
PV_1（传统方法）	500	400	500	800	1000
PV_1（激励模型）	500	0	100	200	300
PV_2（传统方法）	2000	-240	0	400	600
PV_2（激励模型）	2000	0	250	350	450
PV_3（传统方法）	3500	-840	-600	-480	-240
PV_3（激励模型）	3500	-300	-50	200	450

通过表17-5和图17-6可以看出，采用了激励引导模型的三种不同形状的实线，在不同的承诺预算值之间的激励收益分布仍然比较均匀，相互之间的差距不大，并且只有在上报实际的承诺完成值PV_B的情况下，才能够获得较高的激励收益。而采用传统的激励方法得到的三条不同形状的虚线，在不同的承诺预算值之间的激励收益相差很大，而且上报的承诺预算值越小，获得的激励收益越大。在此传统的激励方法之下，工作执行人员很容易上报虚假的承诺预算值，对项目执行水平造成较大影响，不利于

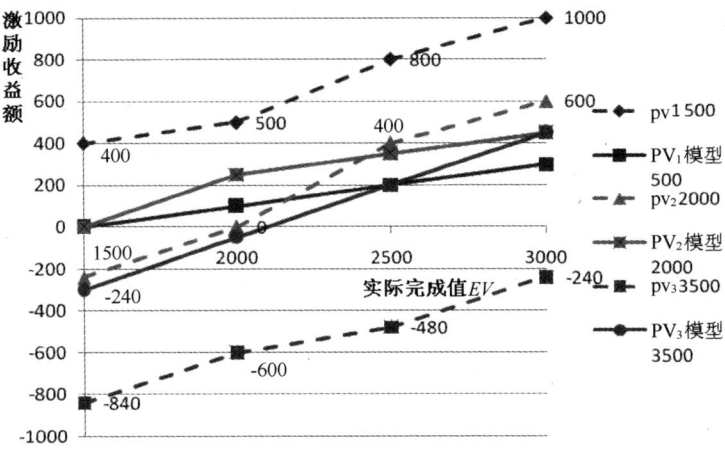

图 17-6 传统激励方法与激励模型方法激励收益对比图

项目的长期管理。

③传统激励方法承诺预算为 PV_2 时。如果项目执行人员如实地上报在控制时点 12 上的承诺完成值,当上报值和实际完成的预算均为 2000 万元时,根据传统激励制度计算,项目执行人员所获得奖励为 0,没有产生任何激励作用。因此,在传统的激励方法下,难以激励项目执行人员如实地上报承诺完成预算值。

按照上述分析对项目的整个工期进行计算,可以得到各个控制时点的奖励如图 17-7 所示。项目执行人员不论是低于还是高于实际可以完成的预算上报承诺值,都可以获得一定程度的奖励,而相反,按照实际的情况上报的承诺预算所获得均为 0。

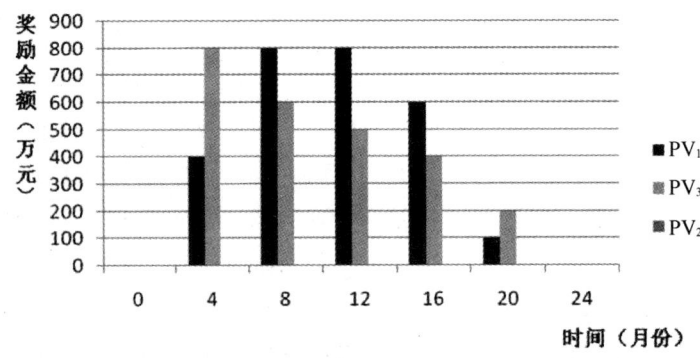

图 17-7 传统激励方法下各个控制时点有可能获得的激励金额

通过激励引导模型与传统的激励方法比较可以看出，在同一控制时点上，传统激励方法容易诱导项目执行人员上报较低或者较高的预算成本，以套取较高的收益，或者容易导致项目人员懈怠工作，降低工作效率，不积极主动地去完成任务；同时，还可能会输出项目进展良好的假象，甚至引发项目质量风险，误导项目管理者的判断。

在 EVM 中引入激励引导模型，从表象上看，优化后的激励模型能够激励项目执行人员上报真实的承诺计划值，并且主动提高工作效率，积极完成工作任务，以获得较高的激励收益。从深层次上分析，通过将传统挣值管理的"事后控制"功能前置为"事前激励引导"，丰富了挣值管理体系的功能；同时，通过模型的"激励引导"功能，将项目执行人员的进度/成本执行水平控制在合理的"经验"范围（区间）内，不但能做到项目计划边界"可控"，还可以避免执行人员因过分追求成本、进度绩效而陷入"轻质量"的误区，降低质量风险，为项目的长期、安全、稳定地进行创造条件。

第四篇

建设项目延误下业主与承包商最优策略选择模型

项目与环境、资源之间的动态关系极大地增加了项目各方利益冲突的可能性。工程建设项目进度延误（以下简称"工程延误"）常常成为项目管理过程中诱发冲突的重要原因。在工程延误的处理过程中，项目利益相关方可能在有其他更好选择的情况下做出代价更高的决策，这经常造成使业主和承包商承受巨大经济损失和声誉损失。面对工程延误问题，业主和承包商如何决策才能获得更多的利益，一直是国内外项目管理领域的学者和业内人士关注的问题。

通过大量文献研究发现，目前对工程延误问题的研究主要集中在工程延误原因剖析、延误分析方法和工期索赔上，对延误问题解决策略的研究较少。索赔是解决延误问题的主要策略，但存在以下缺陷：索赔多是根据责任补偿对方损失、顺延工期或赶工，对于项目是否能够赶工以及赶工进度成本并没有给出具体的算法；索赔谈判破裂容易引发争议，导致仲裁或诉讼，不利于双方关系；针对管理复杂、延误时间较长的大型工程建设项目，有时索赔并不能减少延误时间，提起延误索赔常常是不经济的。因此，本篇尝试在工程延误下业主与承包商的可能策略，以及如何就完工时间达成一致等方面开展探索性研究。首先，对工程延误现状，延误处理流程及博弈论冲突处理方法进行归纳分析的基础上，阐明运用博弈论方法解决延误冲突的优势；其次，对工程延误问题进行描述，选取能够代表双方延误后的收益指标，分别构建承包商原因和业主原因下导致延误的完全信息动态博弈模型；对模型从延误补偿系数为定值和变量两种情况分别进行分析，并运用逆向归纳法对模型进行求解，通过求得的业主与承包商的博弈均衡解来寻找双方的最优策略，以促成双方和解；最后，运用算例模拟双方通过讨价还价确定延误补偿系数的过程。

通过本篇研究可以得出以下几点结论：一是模型中涉及的参数均有效，且能够影响双方谈判的结果；二是无论哪一方引起的工程延误，双方的最优策略选择都是协商谈判，但需要建立在双方愿意做出妥协的基础上；三是延迟罚款的设置非常重要，不当的延迟罚款会让协商无效；四是随着业主讨价还价能力的增加，协议点将向更短的延误时间移动。

通过模型应用，能够使业主和承包商更加深刻地理解延误问题，对他们所处的情况有一个准确的分析，并能够快速有效地指导进度延误问题的处理，在减少延误工期的同时，避免延误引起的争议和冲突，让延误的项目向着双方都有利的方向发展。

18 研究概述

18.1 研究背景

我国的大型工程建设项目日益繁荣，如今的"一带一路"建设更使中国建筑业在海外异军突起。2018年正式投入运营的港珠澳大桥，从设计到竣工历时长达15年之久，不仅彰显了我国工程建设行业的实力，还体现了行业对经济发展的重要作用；2018年2月28日，国家统计局发布公告指出，2018年全年国内生产总值900309亿元，全社会的固定资产投资645675亿元，其中建筑业总产值235086亿元，同比增长9.88%。由此可见，固定资产投资对我国的国内生产总值贡献巨大，而建筑业，尤其是大型工程建设项目作为固定资产投资的重要组成部分，对国民经济发展具有重大推动作用。

近年来我国的工程项目建设量越来越大，建设规模也越来越壮观，合同价值数十亿元、上百亿元的大型、特大型工程项目越来越多，并且大型项目具有建设周期较长、参与建设单位众多、专业技术要求高、项目信息量巨大、工程建设效果的经济和社会影响深远等特点，使得大型工程项目管理过程越加复杂。尽管项目管理技术发展迅速，但由于大型项目程序复杂、管理困难，经常会出现进度执行延误问题。在中国当下，工程延误一直都是建筑行业问题产生的主要根源；全球建筑业也一直面临着工程延误问题的困扰，在英国，建筑行业的延误问题甚至受到了来自政府机构、学术界和从业人员的批评，这对建设项目产生了极为不利的影响。

国际项目管理协会（IPMA）、美国项目管理协会（PMI）以及国内多数以项目管理为研究对象的机构都认为，"以最短的时间来实现工程项目任务"的管理目标已经成为决定工程项目管理的关键。因此，如何妥善解决大型建设项目中的延误问题，一直都是建设项目管理学界和业界极为关注的热点。

18.2 研究意义

大型建设项目由于其自身内容复杂、不确定性强、干扰因素众多等特点，极易发生工程延误，其后果是对业主和承包商都将造成巨大的损失。目前我国对工程延误问题的解决依赖于工程索赔，业主与承包商往往倾向于互相推诿责任，使索赔变得艰难，甚至合同双方产生争议引发冲突，造成工程延误问题处理起来更加复杂，处理时间也更长，不利于项目的进展和双方的收益。

对工程延误问题的解决、实质上是一个利益权衡后再分配的过程，不同的解决策略对应不同的收益。对工程延误处理方案的选择过程也是一项复杂的工作，因为业主和承包商往往会出于各自利益考虑，不愿意做出让步，甚至引发延误争议和冲突，最终双方做出的决策往往不仅达不到预期效果，还加重了双方的负担。因此，工程延误处理策略的选择存在局限性，研究解决工程延误问题是项目管理的内在需要。

为了快速解决延误问题，让延误的项目回到原计划表中，本篇研究站在业主角度，应用博弈理论将问题模型化，通过审视不同延误原因下业主与承包商的策略选择及收益，让双方更深刻地理解目前所遇到的延误问题，引导业主与承包商在延误问题处理过程中寻求利益均衡点，实现最优策略选择。研究模型不仅可以减少延误争议的产生，使业主和承包商能把更多的时间和精力投入解决延误问题的实际工作上，而不是放在处理争议和冲突上；还能使业主与承包商以此来衡量承包商的索赔额，用较少的成本补偿尽可能多的延误时间，实现整个项目各方利益最优。因此，研究对解决建设项目延误问题具有很好的理论与现实指导意义。

18.3 国内外研究现状

18.3.1 国外研究现状

（1）工程延误相关研究。工程延误是指一项或者多项工序执行延误，导致项目实际完成时间将迟于计划完工时间。当前对工程延误的研究，主要集中在工程延误原因、延误分析方法和工程延误索赔三方面。

对工程延误原因的研究，Baldwin（1971）等作为研究者，提出了美国建筑延迟的原因，并确定17个延误因素，其中排名前三的是天气、劳务供应、分包商。国外较多研究采用了调查和问卷的方式确定延误原因，其中 McCord（2015）等对北爱尔兰进行的一项问卷调查发现，工地管理的缺陷、沟通策略的无效以及参与建设过程的主要利益相关者之间缺乏协调是关键原因；Wanyona（2017）对肯尼亚各类建设项目进行了调查，确定了73个延误原因，并认为管理不善是最重要的原因；Agyekum - Mensah 等（2017）针对四个项目，通过对专业人士的41次访谈，对工程延误的原因进行了定性研究，为业界人士识别建筑业延误的原因提供了指导；Majid（2017）考虑到影响延迟因素的相互关联结构，通过专家访谈和系统动力学方法确定影响工期的最重要的因素。

工程延误分析是指对导致项目延误的事件进行调查，以确定各种延误事件对工程竣工的影响，从而计算合同各方对延误应承担的责任。在延误分析方法比选上，David 等（2008）通过对几种常用延误分析方法的横向比较，得出认可度最高的是时间影响法，相对而言计划影响分析法认可度较低。Adhikari（2006）使用层次分析法，建立如何选择最合理的延误分析方法的模型。在对延误分析方法的改进上，Kyunghwan Kim 等（2009）考虑到资源配置的动态变化对项目进度计划和竣工日期的影响，提出了资源限制进度计划，改进了现有基本延误分析方法。Lee（2011）对将生产效率转化为延误工期的计算方法提出了优化建议，运用改进后的延误工期计算方法进行同期延误责任划分。Perera 等（2016）针对延误分析方法中的二分法，在使用时易导致争议各方间产生不信任的缺陷，研发了一套决策模型，以期能最大限度地减低因分配延误责任产生冲突和争端的可能性。

工程延误索赔问题属于一种特殊的索赔问题，专门性研究较少，目前仍然被作为一般性索赔的一部分来研究。Robert（1990）详细介绍了工期索赔的前提条件、操作流程、预防措施、应对方案等，为合同双方在特定延误事由发生工期索赔时提供参考。Jeremy（2000）通过大量案例研究了建设工期索赔的现状和惯例，重点总结案例中的诉讼宣判结果，归纳了索赔争议的仲裁规则。Hewitt（2012）研究建筑合同中不同类型的索赔及成功索赔的基本要点，并着重讨论了工期索赔。Barry（2011）等对延迟的定义、责任划分、延迟影响、停工费用和生产率降低的索赔、赶工索赔、索赔程序、索赔分析报告及图表证明、延迟损失计算、仲裁和调解等各方面进行了详细的论述。Levin（2015）研究使用 CPM 计划分析了与时间有关的索赔。

另外，Tse 等（2003）指出，当项目出现延迟时，赶工和注入资源是基本选择，并论证决策者在得知生产率损失和投入成本时，会选择更合适的替代方案。Mishmish（2016）通过梳理以往文献，确定了 16 个延误原因，并通过对具有索赔经验的施工专业人员进行调查，识别和评估了阿联酋道路建设项目中索赔最常见原因和根本原因。Yulia Panova 等（2018）用动态建模方法，探讨了项目供应链风险和延误管理的模式与方法，并对模型进行了基于事件的仿真。

（2）工程延误易导致争议和冲突，国外最主要的冲突解决方式是协商谈判。Fenn 等（1997）对建筑管理中存在的冲突与争议进行了分类。Harmon（2003）认为，业主和施工方受各种冲突影响产生的敌对情绪不利于项目目标达成，双方应为项目的成功创建伙伴关系。Kassab 等（2006）提出了一个解决冲突模型及与其相关的决策支持系统，并通过案例验证了模型的有效性，认为当各方试图以最小的成本处理争议时，谈判、合作、调解、仲裁和董事会是主要的的争议解决选项。Marzouk 等（2009）提出了一个由持续时间、确定性和意图三个模块组成的框架，以协助承包商在与业主谈判过程中发挥作用。还有国外学者介绍了解决建筑工程争端的方法，El-Adaway（2010）利用逻辑算法模拟了建设项目的争议。Yousefi（2010）提出了利用系统的方法来解决建筑工程纠纷。

博弈论在项目冲突管理中的应用。Barron（2013）通过合作博弈案例说明谈判和合作的好处，认为博弈作为一种很好的冲突管理工具，是解决合作者之间纠纷问题的工具。Peldschus（2008）应用博弈论研究了工程施工过程中导致冲突时的零和博弈问题。Asgari 等（2014）建立了资源均衡模型，并求解得出，基于群体理性的分包商之间的充分合作可以节省大量成本。Javed 等（2014）用博弈论分析了促进公私合作契约谈判的条件。Kembowsk 等（2017）运用博弈论研究在两个竞标者的竞标中，竞标者如何做出投标决策的问题。

18.3.2 国内研究现状

（1）工程延误相关研究

我国对工程延误原因的研究起步于 21 世纪初，最早由张云波（2003）通过调查问卷的方式确定了影响工期的 10 个主要因素，并进行一致性分析。陈桂香等（2015）在对延误影响因素进行问卷调查的基础上，使用 SPSS 软件对结果进行统计分析，应用因子分析法对项目各参与方对进度的影响进行研究。张定邦等（2018）用问卷调查的方式，确定了导致西北地区高速公路工期延误的 43 个原因，并用严重系数计算方法对各原因进行了排序。

对工程延误分析方面，我国部分学者对现有方法开展了改进研究。王卓甫等（2007）对同期延误责任归属和量化难以确定的问题，提出基于 Shapley 值的工期延误分析方法。杨耀红等（2017）提出一种新的延误分析方法，即沙盘推演计划比较法，以南水北调中段工程为例验证了方法的有效性。

对工程延误索赔研究。最早见于 1993 年中国建筑工业出版社出版的《国际工程索赔原则及案例分析》一书，书中对合同索赔、工期索赔等各种索赔形式进行了详细的论述，并通过案例对索赔的定义、分类和基本流程做了系统地阐述。孙彦华等（2008）就国际索赔谈判进行论述，得出参与索赔谈判人员的素质、谈判技巧，把握和正确处理谈判过程中随机问题的能力，都对谈判成功至关重要。陈勇强等（2008）对国际工程索赔的依据、FIDIC 合同索赔条款的解析、国际工程工期索赔及费用索赔、索赔报告及谈判、争端解决方式及仲裁等内容进行了详细的论述。李振忠（2011）对交叉延误引起的工期索赔责任归属难以判断，责任比例难以测量等问题，提出一种实用性较好的工期索赔处理思路。张永波等（2012）翻译了英国工程法协会编制的《工期延误与干扰索赔分析准则》，介绍关于工期延误和费用补偿等相关事宜的核心立场，讲述了项目进行中和项目竣工后的工期延长及争议问题的处理原则。胡兴华（2016）、柳志新（2017）、吴筱文等（2018）结合案例对工期延误时承包商的索赔进行全面分析。朱星宇等（2018）从业主和承包商的角度，对 2017 版 FIDIC 系列合同条款之间的索赔条款做了比较研究。

同时，尹健（2008）将价值网理论用在工程控制过程中以达到对项目延误控制的目标。黄大恒（2014）研究了水电工程实施过程中业主和承包商的工期延误问题，认为对工期延误造成的损失进行详尽的计算较困难，建议在招标阶段加强对工期延误责任划分、补偿范围和标准等事项的约定。汪玉亭等（2017）以子网络为基础，建立了项目群工期延误惩罚模型，能够全面、科学地反映工期延误带来的损失，可促使业主和承包商达到"双赢"。

（2）项目冲突研究

廖清平（2003）是我国较早对项目冲突开展研究的学者，他在文章中介绍了冲突的定义、分类、冲突强度，并对解决冲突的方法进行了探讨。吴光东等（2012）采用结构方程模型，对流程冲突、任务冲突和关系冲突的交互作用进行实证研究后得出，在平等合作的基础上，需要加强沟通和信任建设来引导任务冲突的正面效应，避免流程冲突和关系冲突的负面影响。雷丽彩等（2017）提出一种利用冲突演化的图模型理论解决冲突的方法，将决策者态度纳入其中，得出决策者态度能够影响决策和谈判走向。唐冰松（2018）研究了全生命周期的项目冲突及主体演化，从合同管理和关系管理两方面来分析加强冲突管理的重要性。香港学者 Cheung 等（2011）从行为学的角度研究了阻碍谈判成功的因素，并指出谈判人员应具备情绪稳定和擅长争议主题的谈判技术。Yiu 等（2011）调查了建筑纠纷谈判中的适当策略。Cheung 等对建设项目中发生的争议进行了预测研究。任文慧（2017）对业主与承包商的多轮谈判进行研究，并分析了前轮谈判对后轮谈判行为的影响。

博弈论在解决项目冲突上的应用研究较少。刘伟等（2006）用博弈论方法研究业主与承包商赶工费用的策略选择，对促成赶工附加协议的谈判起到了指导作用。安慧等（2012）将索赔过程建立三阶段博弈模型，发现最优策略很难实现，经过讨价还价给出合理索赔是最好的结果。徐涵（2018）基于博弈论中的讨价还价模型，对PPP养老地产项目中的三方参与者风险分担问题进行了研究。柳丽娟等（2016）为研究联合体各参与方在不同设计变更来源下的策略选择，构建了设计施工联合体博弈模型，并给出建议。孙家超（2010）应用完全信息动态博弈方法，建立了业主与承包商间质量、进度和费用三目标冲突模型并进行了求解，可以获得双方的均衡策略。Lv等（2015）通过纳什讨价还价模型，为促进BOT合同的议价过程提出了一些建议。吴绍艳等建立纠纷解决进化博弈模型，并分析模型中不同情形下的策略，为项目纠纷解决方法的选择提供建议。

18.3.3 文献评述

通过以上文献归纳分析可以看出，国外对工程延误的研究比国内的研究要更加详细和成熟，无论从延误原因、延误分析技术还是延误索赔上，国外都基本形成了研究体系；国内对延误原因和延误分析技术的研究不多，对工期索赔研究较多，可见索赔是国内外延误问题处理的通用方法。索赔过程主要是依据延误责任，确定延误费用补偿和工期补偿，可以在一定程度上解决工程延误问题，但索赔一个重要的环节是谈判，此时易产生争议导致仲裁或诉讼，这是解决延误问题的关键。现有索赔研究对于如何进行谈判并没有太多深入的研究，索赔仅就当前的延误造成的损失进行补偿，没有站在项目的整体利益上来考虑延误损失。在冲突管理方面，研究多是面向项目整个过程和系统的研究，对解决因延误导致的冲突适用性不强。到目前为止，虽然工程延误有很多种处理结果，但少有工程延误情况下各方策略的研究，以及如何就延误工程的完工日期达成一致。

以上研究在一定程度上给延误冲突的解决提供了思路参考，尤其是博弈论在项目冲突上的研究为本篇研究的开展提供了方法。本篇尝试在建设项目延误研究的基础上，应用博弈理论探索双方利益均衡点，研究建设项目延误下业主和承包商的应对策略，在实现项目整体效益的同时，最大限度地减少延误。

18.4 研究内容

本篇以发生工程延误的大型工程建设项目为研究对象，对承包商和业主原因导致的延误分别展开研究，研究构建在工程延误下业主与承包商的最优策略选择模型，尝试建立缓解工程延误冲突的解决方案，指导项目实施尽可能回归计划。

（1）现状研究。对我国大型工程项目的延误现状进行调研及数据分析，对现行的建设项目延误处理流程进行梳理，阐述传统延误冲突处理方法中存在的问题；

（2）针对承包商工作失误导致延误下的业主与承包商策略选择问题进行建模，具体过程为，建立模型基本假设、选取指标、对六种博弈策略进行情境分析、模型求解、确定补偿系数，模型采用子博弈精炼纳什均衡方法求解最优策略，同时给出采用讨价还价的方式确定延误补偿系数的过程；

（3）对业主工作失误导致延误下的业主与承包商策略选择问题进行建模，对博弈模型中指标选取和博弈策略进行情境分析，并确定延误补偿系数；

（4）算例实证。验证模型中指标选取的有效性及对延迟问题的解决效果。

19 相关理论介绍

19.1 工程延误相关理论

19.1.1 工程延误定义

工程延误是指在工程实施过程中,由任何利益相关方(业主、承包商等)或不可抗力原因引发的一项或多项工序产生延迟,导致项目竣工时间迟于原计划竣工时间,简单地说,工程延误即"工期无法满足项目计划完工时间"。

工程延误索赔是指在工程合同履行过程中,一方当事人由于另一方未执行,或不能正确执行合同规定条件而遭受到工期权利损失,向对方提出经济赔偿或工期顺延要求。索赔是双向的,合同双方都可以向对方提出索赔。一旦工程延误,合同双方将产生延误损失并承担相应的延误责任,通常采用索赔的方式解决。

19.1.2 工程延误原因

大型工程项目执行过程中,主要参与方为建设单位、施工单位、勘察设计单位、监理单位和供应商等,某一方出现问题都可能引起工程拖延。对工程延误进行原因分析,是解决工期延误的基础,下面从业主、承包商和不可抗力引起工程延误三方面的原因进行阐述,具体见表19-1。

业主引起工程延误的原因包括两种情况，第一种是业主或其代理人自身因素引起的延误，第二种是合同变更导致的延误。由业主原因导致的工期延误，责任由业主承担。

承包商原因引起延误，是指承包商自身因素导致工期拖延，包括：管理不善、承包商经验不足、施工过程存在技术性失误、施工效率低下、施工前对工作评估不准确等。承包商导致的一切工程延误责任全部由承包商负责。

不可抗力原因，指非业主与承包商原因导致工程延误的原因，主要有：恶劣的气候条件、突发疫情、特殊风险（如战争等）不可抗力因素。

表 19-1　　　　　　　　　　　工程延误原因

	合同履约过程中的延误原因
归因于业主	拖延提供合格施工场地 延迟交付图纸 延迟支付工程款预付款或进度款 拖延批复施工方案、计划、图纸等 业主指定其他分包商发生延误 延迟关键路线上工序验收时间，导致工序施工延误 不能及时提供合同约定的材料或相关设备 业主或工程师不恰当的指挥和干预 业主提供的设计或工程数据延误 业主原因暂时停止施工造成的延误 业主提出超过原合同约定的工程质量要求 业主的其他变更或加大工程量所致工期延长
归因于承包商	施工组织不恰当 工程质量不合格导致返工 资源配置不合理 开工延误 劳动生产率太低 承包商签订的分包商、供应商等引发的延误
归因于不可抗力	不可预见的严重自然灾害、恶劣气候导致的延误 特殊风险如政策变化、战争、突发疫情等造成的延误 复杂的地质条件，断层等

19.1.3 工程延误分类

从国内外相关文献看,延误的分类研究已经相当详细。按照不同的分类标准可以分为不同的类别。

(1) 从工程延误的索赔结果分类

①可索赔延误,有时称为可原谅延误,指那些当事人做出的可理解的合理决策导致的延误,或是不可预见的延误,并且该延误工序或活动一般应在关键路线上,承包商可在规定时间内提出索赔申请。根据补偿内容,可索赔延误又可以分为两种类型:其一是可补偿延误,通常是由业主方引起的工期延误,对于这种延误,承包商有权获得延误损失补偿和工期延长;其二是不可补偿延误,是由非业主和承包商因素(如恶劣气候)导致的延误,这种情况下业主应准许承包商工期顺延,但不给予费用补偿。

②不可索赔延误,亦称不可原谅延误,是由于承包商原因造成的延误,如:施工组织不当、施工质量不合格导致返工等。此时,承包商无权索赔,如果未能按照合同要求按时完工,需要支付业主延期罚款,业主发现延误时还可以选择让承包商加速赶工或直接终止合同。

(2) 从引起工程延误的原因分类

①业主及代理人导致延误;

②承包商原因导致延误;

③不可控制因素导致延误。

(3) 从延误事项间的关联程度分类

①单一延误,是从某个延误事件发生到终止的时间段内,没有其他延误事件的发生对其进行干扰,该事件引发的延误称为单一延误。

②共同延误,当两个或两个以上的延误事项从发生到终止时间上完全重合时,这些事件引起的延误称为且共同延误。

③交叉延误,当两个或两个以上的延误事件从发生到终止只有部分时间重合时,称为交叉延误。

(4) 从延误发生的工序分布分类

①关键路线延误,是指发生在工程网络计划关键线路上的延误。由于在关键线路上全部工序的总持续时间即为总工期,因此任何工序的延误都将造成总工期的推迟。

②非关键路线延误,是指在网络计划的非关键线路上的延误。由于非关键路线上的工序存在自由时差,因此,当且仅当发生在非关键路线上的延误时间大于自由时差时,才会对整个工期产生影响,并导致工程延误。

19.2 博弈理论

19.2.1 博弈论概念及模型

博弈论又称对策论,是研究决策主体的行为发生直接相互作用时的决策,以及这种决策的均衡问题。博弈论作为先进的理论工具,有助于彻底地分析多主体间的相互作用(冲突和合作),进而指导决策者在双方合作中为自己争取最大利益提供战略决策。

一个完整的博弈中均包含几个基本概念:参与人、行动、信息、战略、支付(效用)、结果和均衡,被称为博弈七要素。

参与人(Player):指在博弈中的决策主体,该主体对博弈的结果负责,可能是个人、团体或组织。博弈主体的目的是选择一个能获得自身效用最大化的行动策略。有些博弈可能会存在虚拟参与人,称为自然,它以随机变量的概率分布来选择行动,一般参与者有自己的效用函数,虚拟参与者对所有结果没有任何效用感受。

行动(Action):行动是参与者在博弈的某个时点的决策变量,每个参与者可供选择的策略组合。参与者的行动顺序对博弈的分析有着重要影响,不同行动顺序意味着不同的博弈。

信息(Information):参与者在博弈中的知识,如博弈规则、参与者的行动、决策能力等,特别是有关其他参与者(对手)的特征和行动的知识。信息的掌握程度是影响参与者策略行为的一个关键因素,会直接影响到博弈的过程和结果。

战略(Strategy):参与者可选择的行动规则,它向其他参与者描述了参与者在每种可能情况下可能采取的行动集合。

支付(Payoff):在一个特定的组合下,参与者所得到或预期得到的效用，它是每个参与者真正关心的目标，收益和战略的依附关系构成了收益函数。

结果（Outcome）：博弈分析者从行动、收益或其他要素中选出所感兴趣的要素组合，如均衡战略组合、均衡收益组合等。

均衡（Equilibrium）：均衡是在所有战略组合中能使所有参与者收益函数效用最大化的战略组合。

博弈论有很多种分类，基于研究的需要，选取从以下两个角度对博弈论的分类：首先，根据行动次序，分为静态和动态博弈。静态博弈是指各参与者同时选择行动的博弈，或虽非同时行动，但后行动者不知道先行动者所采取的具体行动，也可以看作是同时决策的博弈称为静态博弈，动态博弈指参与者的行动有先后次序，并且后行动者在自己行动之前就已经知道先行动者的具体行动内容；其次，根据信息掌握情况，分为完全信息博弈和不完全信息博弈，不完全信息指博弈中至少有一个博弈方不完全清楚其他博弈方的得益或者得益函数，反之，如果各方参与者清楚地知道各种局势下所有参与人的得益状况，称之为完全信息博弈。

结合上述两个分类角度，我们将得到四种不同类型的博弈模型，见表19-2。

表 19-2　　　　　　　　博弈模型及均衡该概念

信息掌握＼行动次序	静态	动态
完全信息	完全信息静态博弈 （纳什均衡）	完全信息动态博弈 （子博弈精炼纳什均衡）
不完全信息	不完全信息静态博弈 （贝叶斯纳什均衡）	不完全信息动态博弈 （精炼贝叶斯纳什均衡）

19.2.2　完全信息动态博弈

（1）完全信息动态博弈扩展式表述

动态博弈一般使用博弈树来直观地表示，它是扩展式表述的简明形式。博弈树可以直观、有效地展示博弈过程中参与者的行动次序，以及每个参与者行动时他所知道的信息和可选择的策略，博弈树的顶端还能够显示各种行动组合下各参与者的收益。博弈树形式如图 19-1 所示。

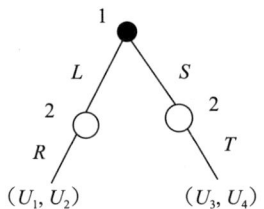

图 19-1 博弈树

（2）完全信息动态博弈均衡

完全信息动态博弈均衡是子博弈精炼纳什均衡。泽尔腾（Selten）引入"子博弈精炼纳什均衡（Subgame Perfect Nash Equilibrium）"的概念，又称"子对策完美纳什均衡"，目的是将那些包含不可置信威胁战略的纳什均衡剔除掉，从而给出完全信息动态博弈结果的一个合理预测。

子博弈精炼纳什均衡中包含子博弈和子博弈精炼纳什均衡两部分的概念。子博弈简略地说就是原博弈的一部分，它本身可以作为一个独立的博弈进程来分析，如果它是原博弈的纳什均衡，且在每一个子博弈上也都构成纳什均衡，就构成一个子博弈精炼纳什均衡。

对于有限完全信息博弈，逆向归纳法是求解子博弈精炼纳什均衡最简单的方法。具体步骤是，先从该博弈的最后一个决策结开始，求出对应参与人的最优选择，然后在这种选择给定的情况下，倒推至上个决策结，求出此阶段对应参与人的最佳选择，直到初始结，这一过程的实质就是重复剔除劣战略。

19.2.3 讨价还价博弈

讨价还价博弈是完全信息动态博弈的一种，是博弈理论中特殊但非常重要的一类博弈。纳什（John Nash）于 1950 年最早提出讨价还价的概念，纳什通过分析效用测度的无关性、帕累托有效性、无关选择的独立性和对称性，推导出了纳什讨价还价解。在纳什开创性研究之后，鲁宾斯坦（Rubinstein）于 1982 年，以两人轮流出价分蛋糕的模型为例，模拟了完全信息下的无限期讨价还价过程，据此建立了轮流出价的讨价还价模型，该模型的创新之处就是引入了参与者的贴现因子，成功地将其扩展到无限期的情形,并由此得出博弈中唯一子博弈精练纳什均衡。贴现因子体现的是博弈者的"耐心"程度,"耐心"本质上指局中人在博弈过程中的心理承受能力和经济承受能力,可以简单称为讨价还价的能力,谈判中的参与者在心理承受能力和经济承受能力上越强,那他将会获得更多的收益,贴现因子的范围定义在 0 到 1 之间,数值越大表明该参与者的耐心越强。

讨价还价模型可描述如下:局中人集合 $N=\{1,2\}$,两局中人为分割一块大小为 $\pi(\pi>0)$ 的蛋糕进行讨价还价,他们谈判的集合 $X=\{(X_1, X_2):0 \leq X_1 \leq \pi$ 且 $X_2 = \pi - X_1\}$,X_i 代表局中人 i 的蛋糕份额。对于任一 X_i,局中人得到的效用为 $U_i(X_i)$,U_i 在 $[0, \pi]$ 上满足严格递增且是凹的。如果没有达成协议,则参与人 i 得到的效用为 d_i,$d_i \geq U_i(0)$。此时至少存在一个协议,使得 $U_i(X_i) > d_i$,说明存在一个互惠的协议,能够保证讨价还价进行的可能。讨价还价似乎是在一个协议中进行的,但这不影响局中人的个人理性,即讨价还价模型中团体理性和个人理性所发挥的效用高度吻合。对于有限讨价还价,仍然采用逆向归纳法求解。

20 工程延误现状调研及延误处理分析

20.1 我国大型工程项目延误现状调查

为了进一步研究如何解决我国建设项目的延误问题，须充分了解目前工程建设项目执行延误的现状，以及目前对工程项目延误问题的应对情况。因此，研究针对我国大型工程项目执行延误现状及延误解决情况，制定调查问卷并展开了调研。

20.1.1 调查方案的设计

针对大型工程项目执行延误问题的现状设计调查问卷后，发放问卷共200份，收回有效问卷为168份，问卷回收率达84%。根据研究需要，在开始调研之前，开展了较为周密的问题整理和需求分析工作，并制订了严格、合理的调查方案。

(1) 调研对象的确定。根据研究所需信息，选择与工程建设项目联系紧密的相关工作人员，包括业主、承包商、监理、勘察设计单位和供应商等为调查对象，他们从事的工作大多为项目管理和合同管理等，具备行业经验。

(2) 问卷发放比例。以上述五类调研对象为单位做抽样调查，为防止问卷调查过程因个别单位发放份数太多而影响调研结果,采用每个单位均等份数随机发放的形式。另外,研究对象为业主和承包商,所以在问卷发放过程中会有意识地选择建设单位和承包商人员进行重点调查。

(3) 调查方法。首先是问卷调查法,向调研对象发出简单明了的调查表,让受调查者填写对有关问题的看法和意见,以此来间接地获取相应的信息和数据。同时,关于问卷中的问题设计,主要针对大型项目执行延误存在的现状和影响及解决方法等方面来设计问卷;其次是访问法,针对问卷中较难回答或不便于表达的问题,采用向专业人员面对面咨询的方式获取相关信息。

20.1.2 问卷数据分析

经过问卷发放、回收、筛选、数据处理的全过程,获得的主要调查数据整理结果见表20-1。通过对问卷数据的整理和分析发现,工程延误在实际项目中频繁发生,处理延误的主要方式是协商解决,但项目各参与方的利益目标是不一致的。如果对工程建设项目延误问题处理不当,容易造成以下后果。

(1) 成本剧增。业主和承包商将直接遭受巨大的经济损失,形成"双输"的局面。

(2) 导致工程延误加剧。有些工程建设项目会因为延误处理意见不统一而引发冲突,最终走向合同的终止或取消,使工程停工长达数月,甚至成为烂尾工程。

表20-1　　　　　　　　问卷调查主要结果汇总表

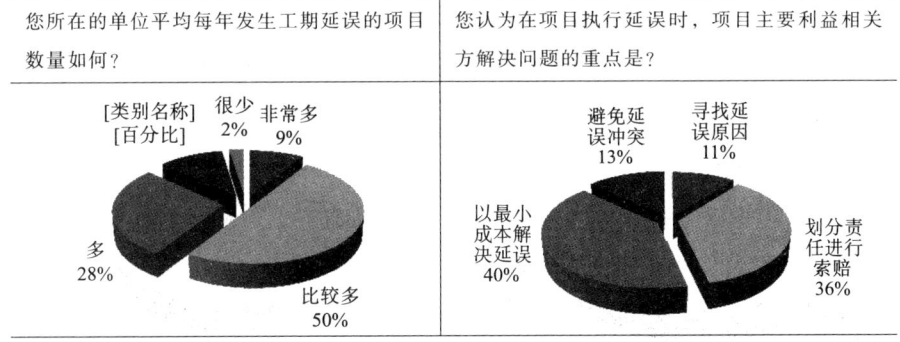

续表

根据您的工作经验，您认为项目平均延误时间占原计划完工工期的比例如何？	在以往的项目延误处理实践中，您认为业主和承包商是否选择了最优的处理策略？
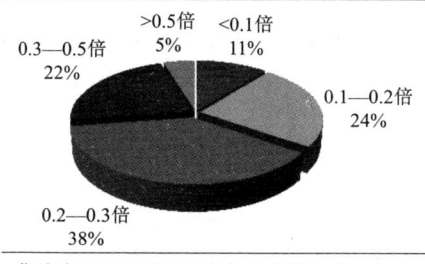	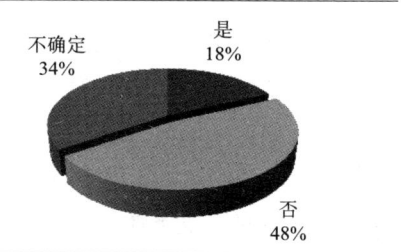
您认为工程延误对业主与承包商造成的损失严重吗？	您认为在延误处理策略选择时，业主做出策略选择的依据是什么？
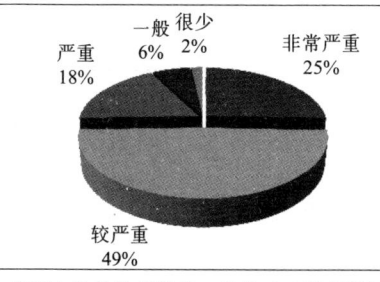	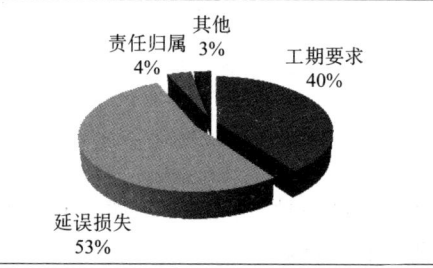
您所在的单位有没有一套针对工程延误问题的具体解决方案？	您所在单位在发生项目执行延误时通常采用的解决策略是？
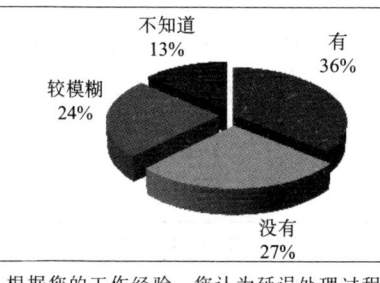	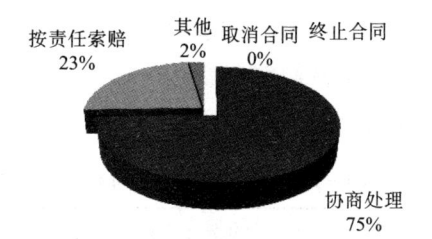
根据您的工作经验，您认为延误处理过程中的难题是什么？	您认为针对工程延误问题的处理，业主与承包商的利益目标一致吗？
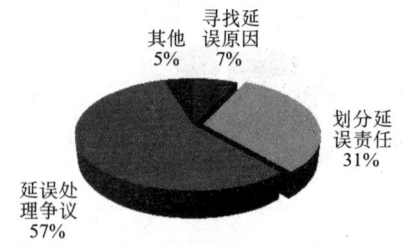	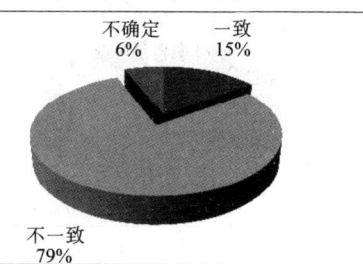

(3) 极大地损害双方的经济利益和社会声誉。

对于项目各方在面对工程延误时，能否在最优策略点上达成一致这一问题上，大多数受访对象认为，各方坐下来通过协商来解决工程延误对项目带来的负面影响，是能够达成一致意见的，但不能判断最终形成的共识是不是对各方都有利，同时，在实际处理时没有具体方法能指导这一过程的有效实施。

20.1.3 结果分析及总结

(1) 调研结果分析

通过调查问卷数据的整理和分析，可以获得以下结论。

①工程延误普遍存在。从问卷中得到，虽然我国大型工程建设项目进度要求严格，但发生工期延误的项目数量还是较多的，仅13%的调查对象认为项目发生工期延误较少。在工程延误时间调查中，38%的受访对象认为延误时间占原计划工期的0.2—0.3，24%和22%的调查对象认为占0.1—0.2和0.3—0.5。如果平均下来按0.3计算，假如一个项目计划工期为24个月，延误时间可以7个多月。

②工程延误会给业主和承包商都带来损失。92%的调查对象认为大型工程建设项目执行延误将对双方造成严重损失，仅有8%的调查对象认为不会造成严重损失。根据访谈和查阅资料均发现，工程延误时业主和承包商的成本都呈增加趋势。

③对工程延误问题缺乏有效解决途径。受访对象中，27%的人员表明自己的单位没有具体的工程延误处理方案，37%的调查对象不知道或不清楚有没有延误处理方案。同时，通过调查可以发现，从工程出现延误到解决问题耗费的时间较多，多数单位没有能在短时间内解决延误问题的有效可行方案或预案。

④延误处理争议是延误问题处理的难点。在延误问题处理的难点问题中，57%的调查对象认为是延误处理争议，31%的人员表示是延误责任的划分。这也进一步表明，因大型工程建设项目的复杂性导致的延误，在处理过程中更容易产生争议，且难以在短时间内解决。

⑤双方都希望以最小成本减少延误。有36%的调查对象认为，项目主要利益相关方解决问题的重点是划分责任归属，进而提出索赔，40%的

回答是以最小的成本来减少延误。通过调查可以得出，发生延误时双方都想以最小的成本将工期赶回，但导致延误的一方应负更多的责任。

⑥协商是解决工程延误的首选途径。在出现工程延误时，75%的人员会选择采用协商的方式来解决延误问题。调查表明，几乎没人愿意采用合同终止或取消的方式，受访人员表示这样做会极大地破坏双方关系。对业主原因导致的延误，大多承包商倾向于选择索赔，无论哪方导致了工程延误，业主更愿意通过协商工期来降低损失。在业主延误策略选择依据这一问题中，有53%的人选择延误损失，这也从另一方面表明协商一般是有益于双方的。

⑦业主与承包商利益目标不一致是产生延误处理争议的根源。79%的调查者认为在延误问题解决中，双方的利益需求是不一致的，这也说明了为什么在延误处理中双方易产生争议，考虑问题的出发点不同是问题产生的根源。

⑧多数延误处理结果都不是最优选择。有48%的调查者认为，在延误处理时并没有选择最优的策略，还有34%的调查者不确定所选策略是否最优。这也说明目前对工程延误的处理策略以经验为主，缺乏科学和有效的方法支持。

（2）问题总结

通过对调查结果分析发现，大型工程项目中工程延误问题普遍，且一旦延误发生，处理带来的持续时间将很长，给业主和承包商都会带来较大经济损失；同时，由于业主与承包商的利益目标不同，处理延误的角度不同，双方都想选择有利于自己的策略，这个过程极易引发争议，会浪费很多时间和精力，甚至使双方关系恶化；业主和承包商都希望最大限度地减少延误损失，无论是哪方原因导致的延误，业主与承包商都希望协商和解，尽量缩短延误时间，但仅限于在成本最小的前提下。

因此，业主应该如何在工程执行延误时有效分析自己的利益得失，从可选择的各个方案中找到双方利益均衡点，以实现用最小的成本处理延误问题，并保证项目在可允许的时间范围内尽快完工，将是本篇主要研究讨论的问题。

20.2 工程延误处理

20.2.1 工程延误处理原则

工程延误的处理原则是针对延误原因的三个分类制定的。第一类是面向业主或工程师原因造成的延误，第二类是面向承包商原因引起的延误，第三类是面向非双方原因引起的延误，主要指不可抗力因素。

（1）一般工程延误处理原则。

一般工程延误是指单一性的延误事件，对于业主引发延误且在关键路线上，依据合同承包商可申请延长工期，要求费用赔偿；若延误发生在非关键线路上，且延误后的工作仍属非关键线路，而承包商能证明延误引起的损失，如劳动窝工、机械停滞费用等，承包商不能要求延长工期，但可申请费用赔偿；对于承包商原因引起的延误，既不能延长工期，也不能要求费用补偿，业主依据合同规定有权向承包商提出反索赔。根据工程惯例对于第三类造成的延误，业主只批准承包商延长工期，不负责费用补偿。

（2）共同延误处理原则。

①我国一般处理原则。若初始延误由承包商原因导致，随之发生的其他任何非承包方原因的延误均不会对初始延误性质产生任何影响。在此延误时间内，业主和不可抗力引起的延误均为不可索赔延误；在初始延误及后续影响解除后，如果业主原因导致的延误或双方不可控因素导致的延误仍然在起作用，此时承包商可以对超出部分的延误进行索赔。若初始延误是由业主方引起的，那么其后由承包商造成的延误将不会使业主摆脱主要责任，这时承包商将有权获得从初始延误开始到结束期间的工期延长及相应费用补偿；若初始延误是由不可抗力引起的，那么在该延误时间内，承包商可以要求工期延长，但不能申请费用补偿。只有当初始延误结束后，承包商才能对业主或工程师原因造成的延误进行工期和费用索赔。

②国外的处理原则。首先是简单原则，指不分配双方在共同延误事件中各自承担的责任，而是将可归责于双方的共同延误视为不可归责于双方

的延误类别。依据简单原则，法院会判定承包商可向业主请求工期延长，而无权要求费用补偿；当然，业主无权向承包商申请误期损害赔偿。其次是公平原则，该原则强调延误责任的归属，它主张针对共同延误的责任分配进行量化。公平原则规定，延误责任归属于业主的部分，承包商有权向业主提出工期延长申请和费用损失补偿；同样，延误责任归属于承包商的部分，业主有权向承包商提出误期损害赔偿。

20.2.2 工程延误处理过程

延误问题的处理过程如图 20-1 所示。在这一过程中存在两个难题，第一个是延误处理方案的选择，第二个是延误处理争议的解决，这也是本篇的研究重点。这两点之所以称之为难题，是因为在处理中涉及了双方的利益。

图 20-1 中所指的延误处理方案，就是业主与承包商对待延误问题所做出的不同策略选择。这一过程中，双方会根据延误处理原则进行讨价还价，若双方就延误问题的处理方案达成一致，那么该策略得以执行，若不能达成一致，即双方产生争议和冲突，结果必然会造成更多项目时间和成本的浪费。目前对工程延误冲突处理最常用的方法有两种，即业主与承包商自行协商和引入第三方处理包括调节、仲裁和诉讼。

协商，方法的实质是寻找业主和承包商在一定程度上均满意的冲突处理方案，一般是冲突各方通过各种人际关系来实现冲突的和平解决。用协商的方式处理冲突，程序简便、及时、迅速，有利于减轻仲裁和审判机关的压力，节省仲裁、诉讼费用的同时，有效防止经济损失的进一步扩大，同时有利于增进冲突双方之间的友谊。

调解，若延误冲突问题无法自行解决，业主和承包商可以找到彼此都信任的第三方，由第三方主持冲突解决过程，例如可以要求合同管理机关、仲裁机构、法庭等进行调解。通过第三方的调解，可以使业主和承包商对彼此做出适当的让步，并最终达成协议。

仲裁，是指由第三方依据冲突双方在合同中订立的仲裁条款或自愿达成的仲裁协议，按照法律规定对冲突事项进行居中裁断，以解决双方冲突的一种方式。

诉讼，指人民法院根据当事人的请求，在所有诉讼参与人的参加下，审理和解决双方冲突的活动，和其他解决方式相比，诉讼由国家审判机关依法进行审理裁判，最具有权威性；且裁判发生法律效力后，以国家强制力保证裁判的执行。

通过调查数据分析发现，多数业主和承包商在发生冲突时都愿意采取协商的方式进行处理，但时常会为了争取更多的利益陷入无休止的谈判中，这种议而不决的过程所带来的结果可能会是误工误时、成本增加，甚至谈判破裂、合同终止等。因此，如何有效地协商，快速地达成和解成为了延误处理的关键。

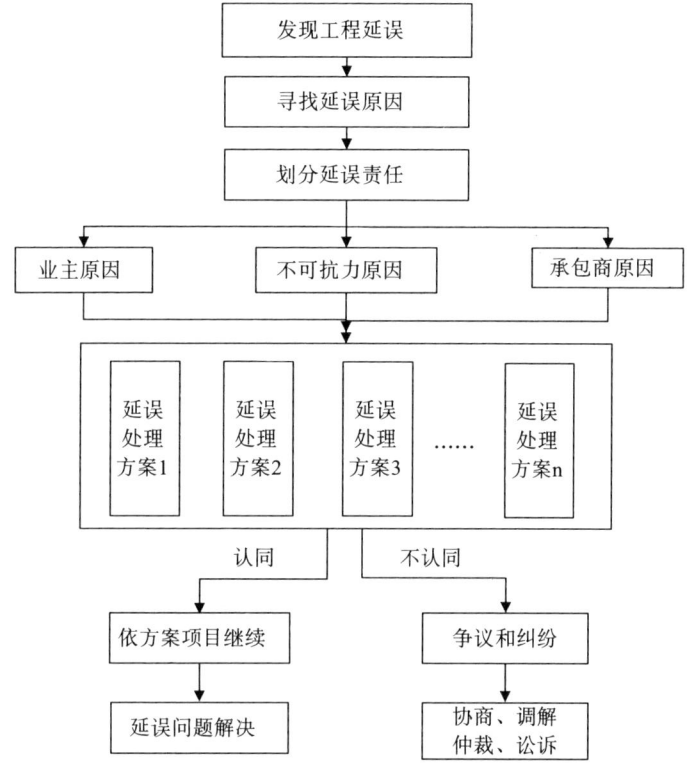

图 20-1　工程延误处理过程

20.2.3　工程延误下的冲突博弈

冲突博弈方法，是指在工程延误处理过程中引入博弈论思想，将业主和承包商处理延误的过程看作是博弈的过程，博弈双方为了实现自身效益最大化而选择方案,最终达到博弈均衡。实际研究过程可以概括为:首先用博弈论专业术语对工程延误问题进行具体描述,在此基础上构建业主和承包商间的博弈模型,求出双方的博弈均衡解;对均衡结果进行分析,为业主和承包商处理延误冲突提供对策,以达到避免冲突,实现业主与承包商和谐相处的目标,具体流程如图20-2所示。

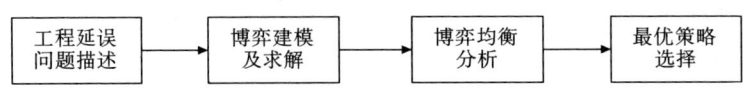

图20-2 冲突博弈处理流程

21 承包商导致延误时的博弈建模

21.1 博弈模型构建

问题描述:当承包商原因导致了项目工程延误的发生,业主必然会要求承包商尽快针对延误问题给出解决方案。此时,承包商如果想把进度纠正回到正常的计划上,需要增加赶工成本、管理费,甚至延迟罚款等;同时,如果工程延迟最终导致了下面延期完工,业主将失去项目按期投入运营产生的利润,以及为业主带来社会、政治层面上的损失;面对进度延误现状,双方都想以最小的成本改善延误状况,业主主要考虑的问题是,如何决策才能在避免冲突的情况下,使项目尽快完工并使损失降到最低。本章就是围绕上述问题,通过研究建立博弈模型来获得双方最优策略。

21.1.1 博弈论建模前提假设

(1) 完全理性假设。这是博弈论的基本假设,即决策主体是完全按照自己的利益得失做出策略选择的,并不附加个人情感。

(2) 业主和承包商之间无道德风险,即双方是诚信的。

(3) 完全信息假设。在这个博弈中,假设业主和承包商对双方的战略空间和支付等信息有准确的了解。

（4）假设关于延误策略选择的博弈是在保证工程质量和合理工期的前提下进行的。

（5）在支付函数中，业主的收益写在前边，承包商的收益写在后边。

本章研究的大型工程项目，利用项目监测指标可以较为准确地计量工期延误程度，而且项目的大多数数据都是已知，或者可以根据合同估算出来的，可以与博弈理论结合建立模型并进行求解。

21.1.2 博弈类型的界定

通过对项目当前检测时点上状态数据的分析，业主可以清楚地知道承包商的施工进度已经延迟，承包商面临工期违约。在保证工程质量的前提下，业主最关心的是工程进度，业主会根据当前项目进展状况，在第一时间作出策略选择，双方在选择行动时对先行动者的行为是了解的。因此，业主和承包商的博弈就构成了完全信息动态博弈。

21.1.3 模型的要素及指标的选取

（1）博弈模型中的要素分析

参与者：即业主和承包商，两者均指能够做出决策的团队整体。

行动：业主可以选择寻找承包商就补偿延误时间协商，或者不协商；如果业主选择协商，又可以就全部延误时间协商或部分延误时间协商，如果协商未达成一致意见，业主还可以直接选择合同终止或合同解除。承包商可以选择依靠自己的努力改善延迟的状况，也可以选择不改善，或者就全部或部分延迟与业主达成协议；在不同的情境下双方会选择不同的策略。

行动次序：业主处于先动优势，考虑到项目竣工工期风险，会首先发出行动。

期望效用（支付）将在21.4.4中详细讨论。

（2）指标的选取

研究业主与承包商的最优策略选择，需要知道各策略选择对双方产生的损益，因此，指标的选取是针对项目延误后，业主和承包商将实际发生的成本，必须是可量化且能够体现延误决策收益的，主要指标见表21-1。

表 21-1　　本章涉及的参数表

指标含义	符号
承包商不能按时完工应支付的延迟罚款（fine）	F
业主不能按时利用项目盈利的损失（lost）	L
承包商因延迟完工增加的工程成本（Increase cost）	IC
承包商因加速赶工而增加的成本（crash cost）	CC
业主解除合同时再次招标和声誉影响的总成（reputation）	R
与合同有关的银行担保	W
解除合同时承包商与业主之间的关系被浪费的成本	M
合同终止时业主再次招标的总成本和信誉成本	r
合同终止损害了承包商在业主眼中的声誉所付出的成本	m
当前监测时点	T_n
正常竣工时间	T_c
延迟竣工时间	T_u
就当前监测时点预测的工程总延误时间	T_d
业主在谈判中提出对部分延误时间的补偿系数（$0<p<1$）	p
承包商通过自身努力减少延误的系数（$0<s<1$）	s

21.1.4　业主与承包商博弈模型的描述

这里研究的延误是指在项目结束前发生的延误，通常认为对现有问题越早解决，争议产生的交互成本就会降低，即在发生各种争议之前尽量减少因进度延误而产生的费用，尽可能地让项目执行进度回归到最初的进度计划表中，这是研究工程延误的意义所在。

研究面向的是 DBB 合同形式的大型工程项目，项目都具有初始预算 PV 和合同完成日期 T_c。该项目从初始时间 T_0 开始，在当前观测时点 T_n 检查到工程的实际施工进度已经偏离计划施工进度。计算当前监测时点的挣值绩效指标，得到 $SV<0$，$SPI<1$，进度明显出现延误。如果剩余工程按照原计划工作效率继续施工，当项目的预计完工时间为 T_u 时，工期总延误为 $T_d = T_u - T_c$。延误事实确定后，业主将根据损益做出策略选择。

首先，根据各参与方的策略和支付绘制博弈树，图 21-1 显示该延误博弈过程为五阶段完全信息博弈，其中 O 代表业主，C 代表承包商。

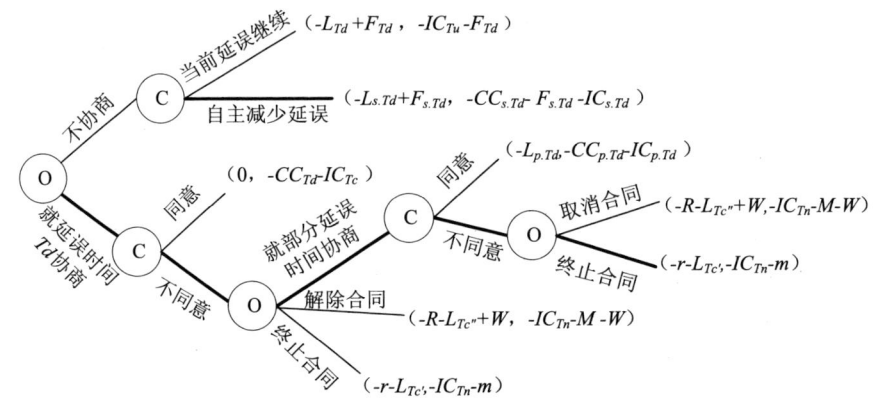

图 21 - 1　承包商原因导致延误时策略选择博弈树

由图 21 - 1 可知，博弈游戏由业主在监测时点 T_n 开始。在此阶段，业主的策略包括与承包商就延误偏差 T_d 协商和不协商。

若业主不向承包商提供协商建议，项目可能会以当前趋势进行下去，或者承包商由于成本压力选择主动赶工，通过优化项目进度来减少自己的间接费用（图 21 - 1 顶部）。

若业主选择与承包商就总延误 T_d 进行协商，承包商会做出下一个决定，接受或不接受协商。如果承包商不接受补偿总延误 T_d，业主将做出决定，业主可以选择的策略包括：对部分延误进行协议、终止合同或解除合同（图 21 - 1 底部）。显然，在这个阶段，业主决定合同是否继续延期，取消或终止，是在未来确定。为了达成补偿部分延误的协议，业主提出承包商补偿总延误的一部分，即 $p \cdot T_d(0<p<1)$ 的时间，承包商可以接受该建议，并与业主签订补偿协议，或者由于某些原因而拒绝；如果承包商不接受该建议，业主可以决定解除或终止合同。

21.1.5　业主与承包商的博弈情境

如图 21 - 1 所示，博弈游戏共设计了 6 个最终结果。在采用一般的建设工程合同情况下，这些结果对应参与方不同的策略选择。

情境 1：如果发现项目执行延迟后，业主选择不与承包商进行协商，那么项目的未来进展趋势可能与之前的效率相同，此策略称为"当前延误趋势的延续"。

情境2：在业主没有提出协商要求的情况下，承包商自己努力减少进度延迟，以减少其管理费、措施费和延误罚款等，称为"承包商自主减少延误"。

情境3：业主发现项目执行延误后选择协商，要求承包商补偿总延误T_d时，承包商接受，此选择称为"总延误的消失"。

情境4：当双方同意协商，但就总延误偏差的一部分$p.T_d$协商时，在承包商就部分延误上达成一致。此选择称为"部分延误偏差补偿协议"。

情境5：在这个情境中，双方都打算在项目完成前执行合同终止。这个情境与国际咨询工程师联合会（FIDIC）的红皮书中提到的"合同终止"非常相似，所以把这种情况称为"合同终止"。

情境6：根据合同的一般情况，如果承包商未能且不能履行其义务，并因此对业主造成了非常高昂的成本损失，业主可以决定与承包商解除合同，把这种情况称为"解除合同"。

21.2 双方策略选择的效用函数

在博弈论中，参与博弈的各方均是在估算支付函数的基础上做出对自己最有益的策略选择。因此，需要找到各种情境下的策略选择支付函数，并为下文分析博弈均衡的最优策略做铺垫。

21.2.1 延误趋势延续策略下的效用函数

如果业主决定不与承包商进行协商，承包商也选择继续保持原效率施工，假设项目以延迟完工时间T_u完成，该策略下业主将发生如下的后续收益。

（1）因不能按时完工并投产带来的生产盈利上的损失，表示为L_{Td}。

（2）业主有权因工程延误向承包商收取的延误罚款，表示为F_{Td}。

同时，业主选择不协商策略造成的承包商支付包括：

（1）支付工程延误罚款F_{Td}。

（2）工程竣工增加的成本（此时竣工时间为T_u），这里表示为IC_{Tu}。

此处的逻辑假设是：增加的工程竣工成本 IC_{Tu}，是承包商生产效率低下或对项目活动的不精确评估等造成的。那么 IC_{Tu} 成本对业主没有任何回报，承包商自行决定运用各种策略和管理方法来控制这项支出。

因此，当前延误趋势延续策略的效用支付为：$(-L_{Td} + F_{Td}, -IC_{Tu} - F_{Td})$。

21.2.2　承包商自主减少延误策略下的效用函数

如果业主选择不协商，承包商选择以 $s.Td$（$0 < s < 1$）的长度补偿部分延误，以减少额外增加的间接费用。该策略是承包商为了改善自己的收益而做出的努力，所以无法改变项目最终延迟竣工的事实。因此，业主在承包商弥补 $s.Td$ 长度延误后的支付函数中，包括不能按时利用项目的盈利而造成的损失 $L_{s.Td}$，以及没收承包商的合同违约补偿费 $F_{s.Td}$。

为了弥补进度延误，承包商必然会付出一定的赶工费用，表示为 $CC_{s.Td}$，以及承包商在补偿部分延误进度下完成工程增加的工程竣工费用，表示为 $IC_{s.Td}$。因此，业主不协商，承包商主动减少延误时双方支付函数为：$(-L_{s.Td} + F_{s.Td}, -CC_{s.Td} - F_{s.Td} - IC_{s.Td})$。

21.2.3　总延误的消失策略下的效用函数

如果业主愿意就工程延误与承包商协商，要求承包商补偿总延误，以尽快弥补延误的工期使项目能够按时完工，承包商应做出下一个是否接受业主要求的决定。如果承包商接受补偿总进度延误，那么其收益包括：

（1）项目完成到正常竣工工期 Tc 增加的竣工成本，表示为 IC_{Tc}。造成成本增加的原因是承包商在评估前表现不佳等。

（2）将延误时间 T_d 分解到项目剩余活动中产生的成本，称为赶工成本 CC_{Td}。

由于工程按时竣工对业主收益没有影响。因此，双方补偿总进度延误时获得的收益将是 $(0, -CC_{Td} - IC_{Tc})$。

21.2.4　部分延误偏差补偿协议策略下的效用函数

如果承包商不接受补偿总进度延误的要求，业主将重新处于作决定的位置，提出补偿总延误的一部分。为了达成补偿部分延误的协议，业主建议承包商对 $p.T_d$ 的长度进行补偿。如果承包商同意以 $p.T_d$ 的长度补偿部分进度偏差，则承包商的支付包括：

（1）在减少部分延误后，完成项目所增加的工程竣工成本，表示为$IC_{p.Td}$。

（2）由$p.T_d$决定的项目剩余活动的赶工成本，表示为$CC_{p.Td}$。

（3）业主在弥补$p.T_d$长度的延误后，不能按时利用项目盈利产生的损失，表示为$L_{p.Td}$。

在这个情境下，业主为了促成与承包商签订部分延误补偿协议，放弃了对承包商延迟罚款的收取。因此，业主和承包商的支付函数为：$(-L_{p.Td}, CC_{p.Td} - IC_{p.Td})$。

21.2.5 合同终止策略下的效用函数

当业主发现延误问题并决定尽快解决时，业主会与承包商就总进度或部分进度延误补偿进行协商，如果承包商不同意业主提出的任何协商建议，业主有权以承包商不能够按时完成项目为由终止合同。当合同终止时，业主不得不重新招标，选择一个新的承包商完成剩余的工程。此外，业主一旦选择终止合同的策略，将会造成很高的声誉损失，因为业主无法及时地推进项目目标的完成，同时还削弱了业主在面对其他承包商时的地位。

对于业主来说，重新招标的总成本和信誉成本统一表示为r；此外，由于新合同$T_{c'}$的完成时间不会小于之前的竣工时间T_c，业主将被剥夺按时利用项目的利润$L_{T_{c'}}$。就承包商而言，合同终止损害了承包商在业主眼中的声誉，承包商在这方面所发生的费用称为m。另外，由于承包商管理不善和生产率低下，他需要承担IC_{Tn}的工程成本。因此，合同终止策略的支付函数为：$(-r - L_{T_{c'}}, -IC_{Tn} - m)$。

21.2.6 合同解除策略下的效用函数

根据合同的一般情况，当业主提出的部分或整体进度偏差补偿建议不被承包商接受时，即项目的竣工时间必将延迟，业主可以解除该合同。如上文所述，当业主决定解除合同时，将被剥夺项目的按时利用利润$L_{T_{c''}}$，同时与合同有关的银行担保W将因为业主的利益而被没收。当合同被解除时，在博弈树中引入R的金额作为业主费用支付的一部分，包括再次招标与声誉损失的费用，将由业主承担。一般来说，合同解除对承包商才是一场真正的灾难。

此外，如果决定解除合同，在合同解除后，承包商与业主的关系损失表示为 M，则 M 和 IC_{Tn} 的费用及没收的银行担保 W 将由承包商承担。因此，选择合同解除策略时双方支付将是：$(-R - L_{Tc''} + W, -IC_{Tn} - M - W)$。

这里应该注意的是，业主在选择解除或终止合同时，所作决定的回报在提供部分补偿协商之前或之后应该是相同的，并不会因为部分补偿协商提议有所变化。

21.3 补偿系数确定时双方最优策略选择

因为博弈过程会随着双方支付函数的不同而不同，最终的博弈策略选择结果也会随之改变，因此需要在博弈策略均衡的分析上，以最简单的形式展开，然后再拓展分析。

假设双方不会同时提出 p 值，因为同时提出 p 值在现实中几乎是不存在的。对于业主和承包商来说 p 值是已知的数字，且在协商前就是固定的，p 的可变性是在协商前研究的，不在本章研究的范围。

这里运用子博弈精炼纳什均衡（SPNE）对博弈模型中的均衡策略进行分析，SPNE 将通过设置以下几种路径来研究解决博弈问题。

21.3.1 合同终止策略

业主确定工程延误后，决定采用协商方式来减少工程延误，以保证工程项目能够顺利竣工，如果承包商不同意业主提出的关于总延误的补偿建议，业主会再次提出部分延误补偿，承包商如果仍不接受，业主就会选择终止合同，称为"承包商合同终止策略"。根据对这种情境的描述不难判断，如果合同被终止，项目的竣工时间将会被推迟得更长，且同样的条件下，业主并不会因为即将到来的成本，如试用费、与其他承包商关系损失等，就会倾向于解除合同，因此存在以下关系：

$$R > r \tag{21-1}$$

$$L_{Tc''} >> L_{Tc'} \tag{21-2}$$

$$-R - L_{Tc''} + W < -r - L_{Tc'} \quad (21-3)$$

上述不等式说明在承包商选择不协商时，相较于解除合同，业主会选择终止合同。

在项目发生延误并进行协商的早期阶段，承包商知道如果业主的建议被拒绝，业主将选择合同终止。因此，需要建立以下要求，使承包商在知道 p 值时可以决定不接受它。

$$-IC_{Tn} - m > -CC_{p.Td} - IC_{p.Td} \quad (21-4)$$

$$m < -IC_{Tn} + IC_{p.Td} + CC_{p.Td} \quad (21-5)$$

式（21-5）意味着承包商与业主的关系损失将低于补偿业主提出的减少进度延误的费用。换句话说，承包商通过计算自己的支付函数得出的结论是，根据业主提出的时间，项目的继续施工涉及比终止更高的成本。

另外，业主在终止合同时的收益不小于承包商自主减少延误的收益，必须保证存在如下关系：

$$-r - L_{Tc'} > -L_{s.Td} + F_{s.Td} \quad (21-6)$$

$$L_{Tc'} < < L_{s.Td} \quad (21-7)$$

式（21-7）表示，要达成这一条件，业主选择继续与现有承包商合作完成项目，其成本和竣工时间要比合同终止和重新招标的结果要差。

需要注意的是，合同解除的条件是可以衡量的，只要在合同内容约定下发生解除合同所需的条件之一，并满足如下关系：

$$-R - L_{Tc''} + W > -r - L_{Tc'} \quad (21-8)$$

$$r > L_{Tc''} - L_{Tc'} - W + R \quad (21-9)$$

式（21-9）描述了在上述条件限制下，合同终止时会给业主带来信誉成本的显著增加。这样巨大的声誉成本损失可能来自两种因素，其一是合同终止使业主丧失了对其他承包商的威望；其二是承包商的施工质量太差，失去了将来对工程项目维修部分成本补偿的可能性。这种情况发生可能性较小，但也不能排除。

因此，在这种情况下终止合同将是双方的最优策略，该模型的最终解决方案可以通过子博弈精炼纳什均衡（SPNE）得出，求解方法如图21-2所示。

21.3.2 部分补偿协议策略

如果业主选择与承包商协商，提出补偿总延误，但承包商不同意对总

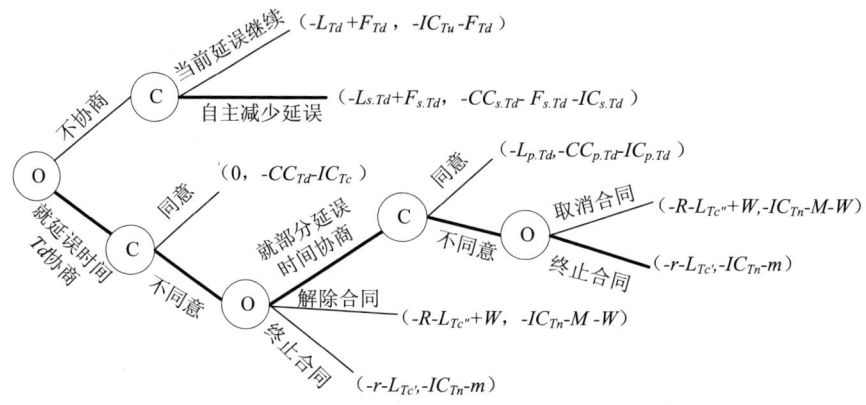

图 21-2 合同终止策略博弈树

延误的补偿；随后业主提出对部分延误进行补偿，承包商同意此建议，称为"承包商部分补偿策略"。承包商知道如果业主的建议被拒绝，业主将会决定终止合同。此时，承包商会通过对 p 值的分析，决定不选择终止合同的策略，这时必须存在以下关系：

$$-IC_{Tn} - m < -CC_{p.Td} - IC_{p.Td} \tag{21-10}$$

$$m > IC_{p.Td} + CC_{p.Td} - IC_{Tn} \tag{21-11}$$

从式（21-11）可以看出，承包商与业主的关系损失成本是很高的，承包商一般会愿意通过增加自己的成本来满足业主提出的部分补偿建议，以免浪费其与业主之间的关系。

$$-L_{p.Td} > -L_{s.Td} + F_{s.Td} \tag{21-12}$$

$$F_{s.Td} < L_{s.Td} - L_{p.Td} \tag{21-13}$$

式（21-13）意味着，业主可以从承包商那里获得的延迟罚款小于业主所考虑的补偿时间间隔的生产收益，如果罚款很高，业主当然就不会对补偿部分延误协议达成一致感兴趣了。

因此，双方的最优策略是业主与承包商就部分延误补偿达成一致，图 21-3 中提供了运用逆向选择法求解该策略的子博弈精炼纳什均衡（SPNE）方案。

21.3.3 总延误消失策略

承包商接受补偿总延误时间，该策略也被称为"完美策略"。承包商

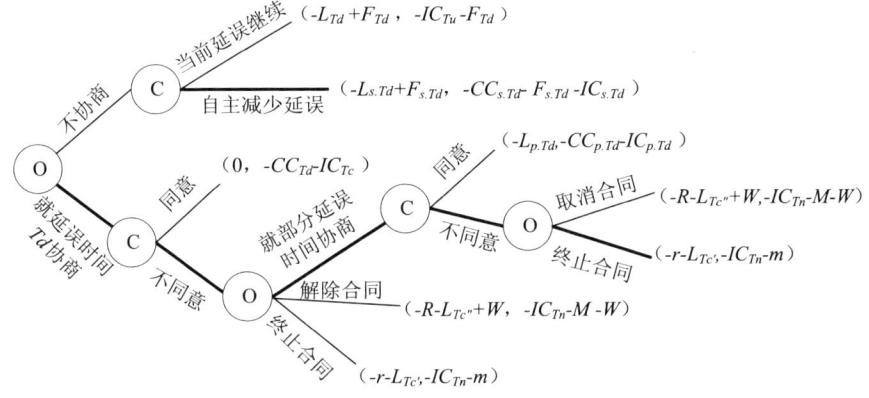

图 21-3 部分补偿协议策略博弈树

知道,如果在谈判中未就总进度延误协议达成一致,业主将决定解除或终止合同,该策略被选择的前提条件是:

$$-CC_{Td} - IC_{Tc} > -IC_{Tn} - m \quad (21-14)$$
$$m > CC_{Td} + IC_{Tc} - IC_{Tn} \quad (21-15)$$

式(21-15)表示,承包商与业主的关系损失成本对承包商来说很高。因此,为了不浪费双方的关系,承包商会通过增加成本来补偿所产生的工程延误。另外,如果业主不接受承包商的自行优化选择,在被拒绝后也不进行部分延误补偿协商,需存在以下关系:

$$-L_{s.Td} + F_{s.Td} < 0 \quad (21-16)$$
$$F_{s.Td} < L_{s.Td} \quad (21-17)$$

式(21-17)表明,对承包商的延迟罚款低于在承包商考虑的时间内($s.Td$)交付工程时业主获得的利润,所以业主不会选择承包商自行优化策略。

此时,业主与承包商的最优策略选择为签订总延误补偿协议。图 21-4 中给出运用逆向选择法求解该策略的子博弈精炼纳什均衡(SPNE)方案。

21.3.4 承包商自我优化策略

还有一种情况是业主选择不谈判,承包商却正好以 $p.Td$ 的长度来补偿进度延误,以降低自身的延误成本,这种策略被称为"承包商自我优化策略"。

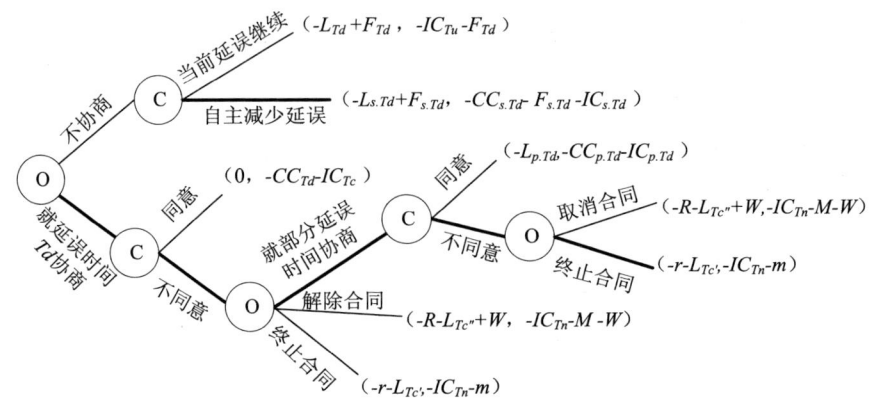

图 21-4　总延误消失策略博弈树

这种情境下业主非常清楚，如果承包商就时间 $p.Td$ 进入谈判，当 $p.Td$ 的延误时间得到补偿时，承包商将不需要支付延迟罚款。当然，业主也清楚地知道在承包商的观念中，关系损失成本将是很高的：

$$-IC_{Tn} - m < -CC_{s.Td} - F_{s.Td} - IC_{s.Td} \tag{21-18}$$

$$m > -IC_{Tn} + F_{s.Td} + IC_{s.Td} + CC_{s.Td} \tag{21-19}$$

$$-L_{s.Td} + F_{s.Td} > -L_{p.Td} \tag{21-20}$$

$$F_{s.Td} > L_{s.Td} - L_{p.Td} \tag{21-21}$$

联立以上推导出的不等式（21-19）和不等式（21-21）得到以下不等式：

$$L_{s.Td} - L_{p.Td} < F_{s.Td} < m + IC_{Tn} - CC_{s.Td} - IC_{s.Td} \tag{21-22}$$

不等式（21-22）表明，与业主的生产率利润相比，延迟罚款的增长速度非常快，可见在 $s.Td$ 到 $p.Td$ 的间隔内，延迟罚款的增长甚至超过了承包商的产出（也就是承包商通过自身努力缩短时间的利益并没有超过延迟罚款的数额）。因此，业主不会提出对部分延误补偿的建议。此外，项目的前一个过程的连续性可以在一定条件下达到平衡，这意味着 $s=0$ 可能发生。

这种情境下，业主不会选择协商，承包商以 $p.Td$ 的长度补偿延误为双方的最优策略。图 21-5 为通过子博弈精炼纳什均衡（SPNE）的求解方案，最后得到了承包商自我优化策略的最终解。

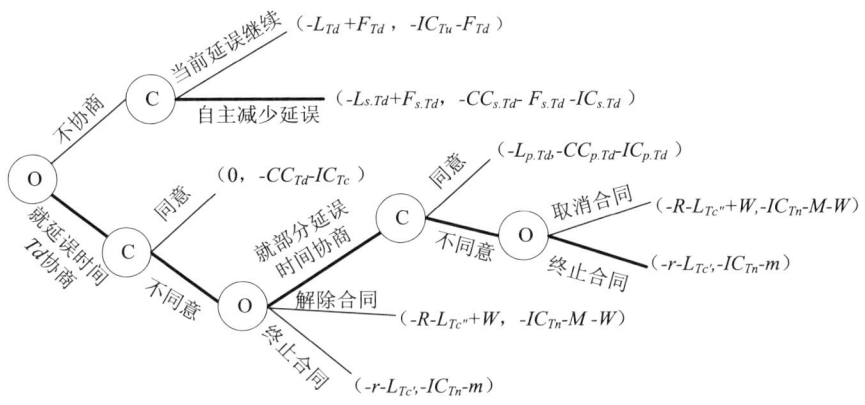

图 21-5 承包商优化策略博弈树

21.4 补偿系数为变量时双方最优策略选择

考虑到工程实际，对于大多数工程项目而言，在一个协议达成前，双方通常要经过几轮反复地交换意见，在博弈论中称为讨价还价过程，最终以双方都满意的补偿系数达成协议。在这个过程中，如果承包商和业主的收益均大于没有协议时的收益，就会很容易达成协议，那么博弈策略也将趋于一致。图 21-6 中给出了通过运用子博弈简练纳什均衡求解，得出的 p 为变量时的策略选择过程。

21.4.1 确定补偿系数应考虑的因素

在讨价还价中为了确定 p 值，必须有业主和承包商在达成协议时的收益比其他策略下的收益更高这一条件。通过对承包商解除合同，终止合同，同意补偿总延误时间，部分延误时间等协议条件的逐级评估，将会获得一个决策集。若没能解出一组答案，可以通过比较不同策略下的回报来确定博弈的平衡点。分析模型时应考虑以下几点：

（1）只有满足合同规定的一项条件时，业主才能解除合同，这个条件是为业主提供解除合同的条件。如果解除合同的条件都不满足，业主将无权解除合同,在逐级评估中,不需要与合同解除的支付进行比较,因为提供的答案是无效的。

(2) 对承包商来说,合同的解除总是比合同终止的收益更差一些。因此,就算最终没有达成协议,承包商这边如果出现解除合同的条件,那么承包商也会说服业主终止合同。

(3) 在绝大多数项目中,业主通常对合同的解除不感兴趣,因为解除合同对业主的影响可能比终止合同更糟糕。因此,合同终止通常被认为是业主在承包商不同意协商的情况下能采取的威胁策略。在这里,通过对比合同解除与合同终止的收益,对项目特点和业主的耐心的评估,确定威胁的有效性。如果威胁无效,则不能比较协议和终止的收益。

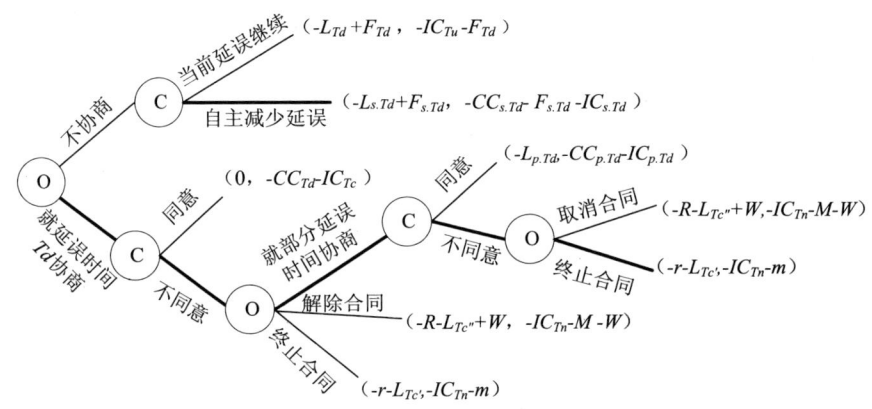

图 21 - 6　p 为变量时的策略选择博弈树

21.4.2　确定部分补偿协议过程

第一步:对解除合同这一威胁的可能性和有效性进行评估,并确定比较标准。考虑到上节提到的几点,下面将通过研究合同解除的规定和威胁的有效性或无效性,来确定作为比较协议支付标准的回报。

第二步:合同终止或解除的协商优先权。

(1) 合同的解除是不可能出现或无效的,那么必然存在从谈判中得到的收益大于合同终止的收益。

$$-r - L_{Tc'} < -L_{p.Td} \tag{21-23}$$

$$-IC_{Tn} - m < -CC_{p.Td} - IC_{p.Td} \tag{21-24}$$

根据不等式（21-23）和不等式（21-24）可知，如果能满足这两个不等式的要求并存在一组答案，则双方就一个 p 值可达成一致协议。否则，业主将在评估其收益后再决定终止合同或接受承包商自行优化。

$$p_1 = \{x : r + L_{Tc'} > L_{x.Td} \ \& \ IC_{Tn+m} > CC_{x.Td} + IC_{x.Td}\} \tag{21-25}$$

分析式（21-25）可以得出，除非解是非常小的数字，或者它们可能涉及更高的赶工成本，否则这两个方程是可以得到相同的解集的。

（2）假如合同可以解除并有效，则双方将建立以下关系：

$$-R - L_{Tc''} + W < -L_{p.Td} \tag{21-26}$$

$$-IC_{Tn} - M - W < -CC_{p.Td} - IC_{p.Td} \tag{21-27}$$

根据不等式（21-26）和不等式（21-27）可知，如果解得一组 p_2 的答案能够满足这两个不等式的条件，谈判也将会就一个确定的 p 达成一致协议。否则，业主可通过对承包商的收益进行评估，在解除合同和接受承包自行处置之间选择。与解除合同的支付对比可以看出，这组答案更广泛，承包商必然会选择更大的 p。

$$p_2 = \{x : R + L_{Tc''} - W > L_{x.Td} \ \& \ IC_{Tn} + M + W > CC_{x.Td} + IC_{x.Td}\}$$
$$\tag{21-28}$$

第三步：比较部分与总延误补偿的协议。如果第二步中有一组 p 的解，相比签订 $p.Td$ 的延误补偿协议，合同终止和解除将不会给业主带来更好的回报，此时的合同终止和解除是不可置信威胁。如果承包商不接受补偿总延误，那么谈判将变成如下对比。

$$-L_{s.Td} + F_{s.Td} < -L_{p.Td} \tag{21-29}$$

$$-CC_{s.Td} - F_{s.Td} - IC_{s.Td} < -CC_{p.Td} - IC_{p.Td} \tag{21-30}$$

$$-CC_{s.Td} - IC_{s.Td} + CC_{p.Td} + IC_{p.Td} < F_{s.Td} < L_{s.Td} - L_{p.Td} \tag{21-31}$$

不等式（21-31）将延迟罚款的有效范围清楚地表示出来。显然，延迟罚款的数额设置应当大于承包商考虑的将活动从 $(1-s).Td$ 赶工到约定的 $(1-p).Td$ 进度范围的成本差异，而小于业主在同一时间间隔内利用项目的利润差异。从另一个角度来说，承包商和业主都倾向于选择一个合适的 p 值后达成协议这一策略。

如果第二步的答案集与方程式（21-31）中的答案集相交，则这组答案集将是变量 p 的最终解集；如不存在答案集相交的情况，随着 $F_{s.Td}$ 的增加或减少，合同将指向与承包商的合同终止或同意接受承包商自行处置。简单来说就是如果延迟罚款很多，承包商意识到不能达成协议，那么承包商将不会同意业主提出的任何防止罚款的建议，业主将被迫终止或解除合同；如果延迟罚款数额较少，承包商也将以尽可能小的成本优化项目，来达到补偿部分进度的目的，因为业主知道不可能达成协议，所以业主的选择包括终止合同或接受承包商的自行处置。

21.5 最优策略选择条件总结

以上分析了双方最优策略的选择过程，最优策略选择条件总结如表 21-2 所示。该模型同样适用于业主与承包商共同导致的延误分析。

表 21-2　　　　　　　　最优策略选择条件

补偿系数 p	最优策略	博弈方	选择条件	说明
为定值时	合同终止	业主	$-R - L_{Tc''} + W < -r - L_{Tc'}$ $L_{Tc'} < < L_{s.Td}$	项目继续完成的成本高于合同终止的成本
		承包商	$m < -IC_{Tn} + IC_{p.Td} + CC_{p.Td}$	与业主关系浪费成本小于补偿延误的成本
	部分补偿协议	业主	$F_{s.Td} < L_{s.Td} - L_{p.Td}$	延迟罚款小于补偿延误后收益
		承包商	$m > IC_{p.Td} + CC_{p.Td} - IC_{Tn}$	与业主关系浪费的成本大于补偿延误成本
	总延误消失策略	业主	$F_{s.Td} < L_{s.Td}$	延迟罚款小于补偿延误的收益
		承包商	$m > CC_{Td} + IC_{Tc} - IC_{Tn}$	与业主关系浪费的成本大于协商的成本
	承包商自我优化	业主	$L_{s.Td} - L_{p.Td} < F_{s.Td} < m + IC_{Tn} - CC_{s.Td} - IC_{s.Td}$	延迟罚款大于协商的收益
		承包商		与业主关系浪费成本大于自我优化的成本
为变量时	部分补偿协议	业主 承包商	$-R - L_{Tc''} + W < -L_{p.Td}$ $-IC_{Tn} - M - W < -CC_{p.Td} - IC_{p.Td}$ $p = \{x : r + L_{Tc'} > L_{x.Td}\ \&\ IC_{Tn} + m > CC_{x.Td} + IC_{x.Td}\}$	能够协商补偿延误并且成本最低

22 业主导致工程延误时双方博弈建模

22.1 业主与承包商的博弈模型构建

问题描述：从以往业主导致工程延误的处理结果来看，多数的处理方式采用工期顺延并赔偿承包商延误损失，很少有业主愿意增加工程款与承包商协商工期以减少进度延误；双方都想以最小的成本解决延误，所以在谈到该增加多少工程款，补偿多少延误时间等关键问题时，双方很容易产生争议甚至协商失败；那么索赔是否优于增加工程款，还是终止合同更有利，下面将通过构建模型来讨论双方的最优策略选择问题。

业主原因导致延误时，业主更加清楚地知道自身的经济情况，并根据延误补偿承包商损失或追加赶工工程款，承包商如果能如实上报延误损失，双方的成本都可以估算出来，这些都是构建博弈模型的前提条件。本章前提假设同 21.1.1，此处不再赘述。

通过对当前检测时点上执行数据的分析，承包商已经申请延误损失补偿，在保证工程质量前提下，业主最关心工程能否按时完工，希望能够最大限度地减少延误损失。因此，业主会在第一时间做出决策，双方在选择行动时对先行动者的行为是了解的，业主和承包商构成了完全信息动态博弈。

22.1.1 模型的要素及指标的选取

（1）博弈要素

参与者：可以做决策的业主和承包商团队。

行动：在项目执行过程中由业主原因导致工程延迟，为了不影响项目的正常执行，业主可选择增加一部分工程款与承包商协商追赶工期，或者不协商；如果业主选择协商，又可以就全部或部分延误时间协商，如果协商未达成一致意见，业主还可以直接选择合同终止或解除。承包商可选择依据干扰事件的证明资料和工程日志，向业主提出工程索赔和工期顺延要求，或就全部或部分延误赶工与业主达成协议；在不同的情境下，两者会因为追求各自最大利益而选择不同的策略。

行动顺序：业主会因为考虑到延误损失，首先做出行动。

期望效用将在 22.4.4 中详细讨论。

（2）指标的选取

业主与承包商策略选择的依据是延误处理施加在双方的收益。因此，选取能够体现策略选择后体现双方损益的参数为主要指标，具体见表 22-1。

表 22-1 本章涉及的参数表

指标	符号
业主不能按时利用项目盈利的损失	L
由于业主原因导致延误承包商提出费用索赔（Engineering claim）	Ec
为弥补延误工期业主增加的工程款	C_0
承包商因缩短延误时间赶工而增加的成本	CC
业主解除合同时因声誉影响和再次招标的总成本	R
承包商承包其他项目的收益	R_0
与合同有关的银行担保	W
解除合同时承包商与业主之间的关系被浪费的成本	M
合同终止时业主再次招标的总成本和信誉成本	r
合同终止损害了承包商在业主眼中的声誉所付出的成本	m
当前监测时点	T_n
正常竣工时间	T_c
延迟竣工时间	T_u
就当前监测时点预测的工程总延误时间	T_d
业主在谈判中提出对部分延误时间的补偿系数（$0<p<1$）	p

22.1.2 业主与承包商博弈模型的描述

本章模型可称为"业主的项目延误博弈游戏",项目从初始时间 T_0 开始,到当前观测时点 T_n,由业主原因引起的干扰事件结束后,得出总延误时间 T_d。面对工期延误,承包商必定要向业主提出索赔,鉴于项目的要求和对未来项目运营利润影响等考虑,业主需要做出最优策略选择,使延误损失最小。

根据项目的参与双方策略绘制博弈树,对双方各个策略进行逐级评估后寻找最优策略。图 22-1 展示的是双方的五阶段完全信息博弈,O 代表业主,C 代表承包商。

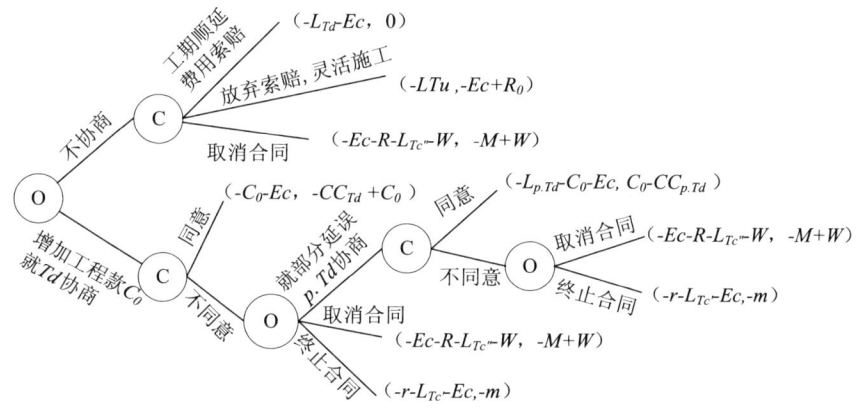

图 22-1 业主导致延误的策略选择博弈树

22.1.3 业主与承包商的博弈情境

如图 22-1 所示,博弈游戏设计了 6 个最终结果。根据建设工程合同内容要求,这些最终结果对应六种可能的策略选择。

情境 1:业主自身原因导致进度延误后,并没有减少延误时间的需求,承包商将按照程序申请索赔,要求工期顺延和费用补偿,称为"常规延误索赔"。

情境 2:业主不能或不愿意承担索赔,承包商愿意通过放弃费用补偿换取更长的施工时间,称为"承包商灵活施工"。

情境 3:业主希望通过与承包商协商来追赶工期,并增加工程款 C_0,

承包商愿意接受赶工补偿，称为"总延误的消失"。

情境4：双方同意协商，但就部分延误时间协商，称为"部分延误补偿协议"。

情境5：双方都打算在项目完成前终止合同。这里合同终止包含合同规定的一般情况，也包括业主与承包商协商失败而提出合同终止的情况，统称为"合同终止"。

情境6：根据合同的一般情况，如果业主未能且不能履行其义务，并因此对承包商造成了非常高昂的成本损失，业主可以满足承包商解除合同的要求，此情况称为"解除合同"。

22.2　双方各种策略选择的效用函数

22.2.1　常规延误索赔策略选择的效用函数

如果业主不与承包商就工程延误问题进行协商，承包商申请延误索赔，并继续保持原计划速度施工，那么项目将以顺延工期 T_u 完成。这种策略下，业主将获得如下的后续收益：业主不能按时利用项目而造成的损失称为 L_{Td}，业主应根据工程延误责任向承包商支付窝工、停工等损失补偿，称为 E_c。承包商获得延误补偿后支付为0。该策略下，双方的效用支付函数是：$(-L_{Td}-E_c, 0)$。

22.2.2　承包商灵活施工策略选择的效用函数

业主因为资金压力或不愿补偿承包商的延误损失，进一步延长工期为 $Tu'(Tu' > Tu)$，业主的支付为不能按时利用项目导致的利润损失 $L_{Tu'}$。

在当前策略下，承包商愿意通过放弃对业主的费用索赔来换取更长的完工工期，以此获得灵活的施工时间。这样操作，承包商可以通过抽调资源到其他项目，或增加获得其他工程项目的承包机会来增加收入。承包商的支付包括：由工程延误导致窝工停工损失 E_c，承包商调动人员参与其他工程项目获得的收益 R_0。需要注意的是，业主是不会允许这种情况出现的，除非遇到资金紧张和重大的工作失误。此时业主与承包商的支付函数为：$(-L_{Tu'}, -E_c + R_0)$。

22.2.3 总延误的消失策略选择的效用函数

业主考虑到延误造成的损失和竣工时间的要求，愿意通过增加工程款C_0的方式与承包商进行工期协商，要求承包商追赶延误的工期以降低损失，承包商应做出是否接受业主要求的决定。如果承包商接受补偿总延误T_d，那么其收益包括：业主支付给承包商赶工的工程款C_0，将项目未来工作分摊到剩余时间上增加的成本，表示为赶工费CC_{Td}。

由于承包商赶工的前提是自身的延误损失得到补偿，因此，业主的支付包括增加的工程款和对承包商的延误损失补偿E_c。此时双方为总延误时间做出补偿的支付函数是$(-C_0 - E_c, -CC_{Td} + C_0)$。

22.2.4 部分延误补偿协议

如果承包商不接受补偿总进度延误，业主将重新处于作决定的位置，提出补偿延误时间的一部分。为了达成补偿部分延误时间的协议，业主建议支付给承包商C_0的工程款对$p.Td$的延误时间进行补偿，其中$(0 < p < 1)$。如果承包商同意以$p.Td$的长度补偿进度偏差，则其支付包括：由$p.T_d$决定的该项目剩余活动的赶工成本，表示为$CC_{p.Td}$，业主支付给承包商用以补偿延误的工程款C_0，由业主原因导致承包商停工、窝工损失E_c。业主的支付包括：承包商弥补$p.Td$的长度进度后，因项目未能按时投入运营造成的利润损失$L_{p.Td}$，业主支付给承包商的工程款C_0。此时对业主和承包商的支付函数为：$(-L_{p.Td} - C_0 - E_c, C_0 - CC_{p.Td})$。

22.2.5 合同终止策略选择的效用函数

当出现工程延误时，业主考虑到延误损失和工程的需要，希望能尽快解决问题，会与承包商就赶工进行协商。如果承包商不同意业主提出的任何协商建议，对项目的后续工作仍然采用原速度施工，业主将可能损失惨重，甚至无法实现项目目标，此时业主可以选择终止合同。合同终止后，业主需要通过重新招标的方式选择一个新的承包商完成项目剩余的工作，业主还需要承担因工程延误带来的经济和声誉损失，削弱在其他承包商间的声望和地位。

对业主来说,重新招标的总成本和声誉成本统一表示为 r;由于新合同(Tc')的完成时间不会小于先前竣工时间(Tc),业主将失去按时利用项目产生的利润($L_{Tc'}$),合同终止时需要业主支付承包商所有的延误损失 E_c。就承包商而言,合同终止损害了承包商在业主眼中的声誉,这方面发生的费用表示为 m。双方因合同终止策略而产生的支付:($-E_c-r-L_{Tc'}$,$-m$)。

22.2.6 合同解除策略选择的效用函数

根据合同内容要求,当承包商对业主提出的任何工期协商建议都不能接受时,项目竣工时间必将延迟,那么业主可接受承包商解除合同的决定。当业主选择解除合同时,将被剥夺按时利用项目产生的利润 $L_{Tc'}$,再次招标与声誉损失的费用一起用 r 表示,将由业主承担。

如果选择解除合同,在合同解除或仲裁、法律裁决后,承包商与业主之间的关系损失成本表示为 M,与合同有关的银行担保 W 将作为承包商的收益。选择合同解除策略时双方支付为($-R-L_{Tc'}-W-E_c$,$-M+W$)。一般情况下,此时进行合同的解除对于业主来说损失极其惨重。同样,业主在选择解除或终止合同时的回报在提供 $p.Td$ 提议之前或之后应该是一样的。

22.3 补偿系数确定时双方最优策略选择

首先假设对于业主和承包商来说 p 值是已知的确定数字,且在协商前就是固定的;p 的可变性是在协商前研究的,此阶段不做讨论。

运用子博弈精练纳什均衡(SPNE)的求解方法对博弈模型中的均衡策略进行分析,通过以下几种路径来解决这个博弈问题。

22.3.1 合同终止策略

业主由于自身原因导致工程延误后,决定与承包商通过协商方式来减少工程延误,以保证工程项目能够顺利竣工,如果承包商不同意业主提出的关于延误补偿的任何建议,业主可选择终止合同。

根据上述的情境描述不难获悉,如果合同被解除,项目的竣工时间将会被推迟得更多。在同样的条件下,业主也不会因为即将到来的成本,如试用费、与其他承包商的关系损失等,而倾向于取消合同,有以下关系:

$$R > r \tag{22-1}$$

$$L_{T_{c''}} > > L_{T_{c'}} \tag{22-2}$$

$$-R - L_{T_{c''}} - W < -r - L_{T_{c'}} \tag{22-3}$$

上述不等式说明,如果承包商拒绝协商,与解除合同相比,业主会更倾向于选择终止合同。

在项目发生延误并展开协商的开始阶段,承包商知道,如果业主的建议被拒绝,业主将选择合同终止。因此,需要建立以下不等式(22-4),以便承包商在知道 p 的值时可以决定不接受它。

$$-m > C_0 - CC_{p.Td} \tag{22-4}$$

$$m < CC_{p.Td} - C_0 \tag{22-5}$$

根据式(22-5)可知,根据业主提出的时间,承包商与业主间的关系损失成本低于业主提出的减少延误的补偿费用时,项目继续赶工会涉及比合同终止更高的成本。

另外,从业主角度分析,选择终止合同的收益不小于承包商正常索赔时业主的收益,必须保证存在如下关系。

$$-r - L_{T_{c'}} - Ec > -L_{Td} - Ec \tag{22-6}$$

$$L_{T_{c'}} < < L_{Td} \tag{22-7}$$

式(22-7)表示,业主采取正常索赔的策略,并且为承包商继续完成项目支付沉重的成本,但竣工时间比合同终止后重新招标要长得多。因此,业主一般不会愿意采取正常索赔的方式来处理当前工程延误问题。当然,在合同的一般条件下合同解除是平衡的,只要发生解除合同的条件之一,并满足如下关系。

$$-E_c - R - L_{T_{c''}} - W > -r - L_{T_{c'}} - E_c \tag{22-8}$$

$$r > L_{T_{c''}} - L_{T_{c'}} + W + R \tag{22-9}$$

式(22-9)描述了在上述条件限制下,合同终止给业主带来了声誉成本的显著增加。业主在解除合同的同时可能会带来在其他承包商间的声誉成本损失，这种情况在项目有时也会发生。因此，在当前情境下，终止合同将是双方通过协商后作出的最优策略，合同终止策略的子博弈精炼纳什均衡（SPNE）的求解过程如图 22-2 所示。

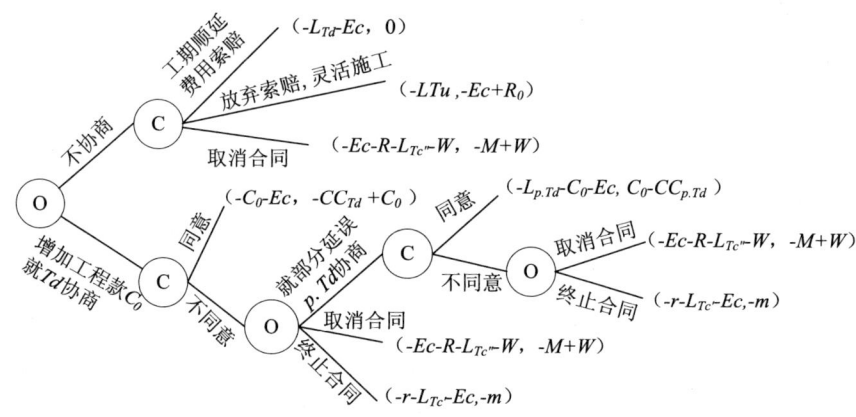

图 22-2 合同终止策略博弈树

22.3.2 部分延误补偿策略

若业主提出通过增加工程款 C_0 补偿总延误的建议，但承包商不同意对总延误的补偿；之后，业主提出的对部分延误补偿的建议获得了承包商的同意。这时，承包商知道如果业主的建议被拒绝，业主将会终止合同。因此，承包商可以在他意识到 p 值时决定不选择终止合同的策略，此时必须存在如下关系。

$$-m < C_0 - CC_{p.Td} \quad (22-10)$$

$$m > -C_0 + CC_{p.Td} \quad (22-11)$$

通过式（22-11）中可以看出，承包商与业主的关系损失成本总是比承包商补偿延误的成本要高，因此，承包商愿意接受业主提出部分延误补偿建议；此时对于业主必须存在以下关系。

$$-E_c - L_{p.Td} - C_0 > -L_{Td} - E_c \quad (22-12)$$

$$C_0 < L_{Td} - L_{p.Td} \quad (22-13)$$

式（22-13）意味着，业主增加的工程款小于业主所考虑的时间间隔的生产收益，这从另一个角度说明了增加工程款数额设定的科学性，若增加的工程款数额过高，业主也就不会对通过增加工程款来补偿部分延误时间的方式来达成协议感兴趣了。在当前情境下，业主的最优策略是利用增加工程款 C_0，与承包商就部分延误补偿签订协议，图 22-3 提供了运用逆向选择法求解该策略的方案。

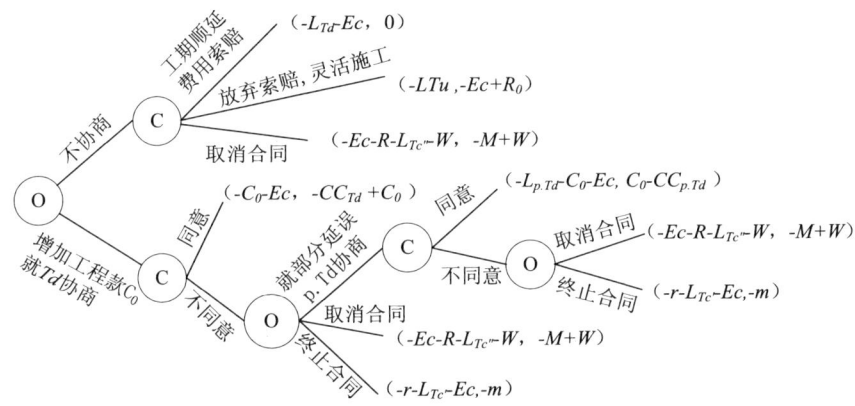

图 22-3 部分延误补偿策略博弈树

23.3.3 总延误消失策略

业主决定通过增加工程款 C_0 追赶延误的工期，承包商表示接受，这意味着延误时间将消失。承包商知道，如果双方未就总延误补偿协议达成一致，业主将终止合同，这也是该策略被选择的前提条件。

$$- CC_{Td} + C_0 > - m \qquad (22-14)$$

$$m > CC_{Td} - C_0 \qquad (22-15)$$

式（22-15）表示，承包商与业主之间的关系损失成本更高，承包商准备接受业主提议，加速施工追赶延误时间。当然，要使业主不接受承包商的正常索赔策略，应存在如下关系。

$$- C_0 - E_c > - L_{Td} - E_c \qquad (22-16)$$

$$C_0 < L_{Td} \qquad (22-17)$$

式（22-17）表示，业主增加的工程款小于承包商索赔时业主不能从项目按期运营中获得的利润损失，业主将不会选择承包商正常索赔策略。此时，业主与承包商的最优策略选择为签订总延误补偿协议。在图 22-4 中给出了通过逆向归纳法求解该策略的方案。

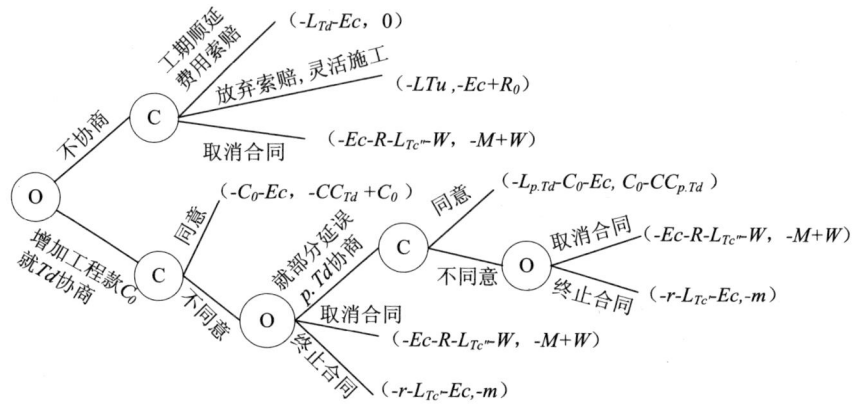

图 22 - 4 总延误消失策略博弈树

22.3.4 承包商正常索赔策略

当业主不打算弥补延误,承包商会以正常程序提出索赔,以此来减少自身的误工损失。如果承包商就延误时间谈判,当延误偏差得到补偿时,业主将额外支付 C_0 的工程款给承包商。当然,业主也清楚地知道,在承包商的观念中,终止合同必将导致双方关系成本的损失。

$$m > 0 \tag{22-18}$$

$$C_0 - CC_{p.Td} < 0 \tag{22-19}$$

$$-L_{Td} - E_c > -L_{p.Td} - C_0 - E_c \tag{22-20}$$

$$C_0 > L_{Td} - L_{p.Td} \tag{22-21}$$

式(22-19)表示,增加的工程款小于承包商赶工的费用,式(22-21)表示,业主增加工程款的金额很高,其增长甚至超过了承包商补偿延误所带来的项目如期运营产生的利润。因此,双方对达成延误补偿协议都不会不感兴趣,这意味着 $p = 0$ 应该发生。此时,业主选择承包商正常索赔为双方的最优策略。图 22 - 5 为通过逆向选择法求解该模型的方案。

22.3.5 承包商灵活施工策略

这种策略被选择的条件是,业主出现资金紧张或工作的重大失误后,直接导致工程延误时间过长,但又对承包商造成重大损失不愿进行补偿。这时,承包商更愿意放弃延误补偿获得更长的工期 T_u,以便能灵活施工,

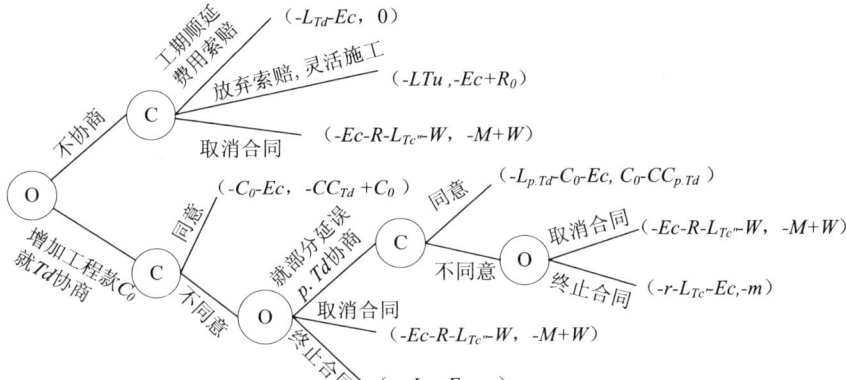

图 22-5 承包商索赔策略博弈树

业主默许的话，需要存在以下关系。

$$-L_{Tu} > -C_0 - E_c \qquad (22-22)$$
$$-L_{Tu} > -L_{Td} - E_c \qquad (22-23)$$
$$C_0 > L_{Tu} - E_c \qquad (22-24)$$
$$E_c > L_{Tu} - L_{Td} \qquad (22-25)$$

上式说明，只有当承包商正常索赔的费用大于业主在 T_d 到 T_u 之间的运营产出利润，且增加工程款的费用很高时，业主才会默许承包商自由施工。对于承包商来说，需要满足以下不等式。

$$-E_c + R_0 > -m \qquad (22-26)$$
$$-E_c + R_0 > -E_c + C_0 - CC_{p.Td} \qquad (22-27)$$
$$m > E_c - R_0 \qquad (22-28)$$
$$R_0 > C_0 - CC_{p.Td} \qquad (22-29)$$

式（22-28）和式（22-29）意味着，承包商终止合同时的成本是较高的，并且进一步延长工期所获得的其他收入，会大于业主提出增加工程款补偿延误的收益，这种情况下，承包商将拒绝业主任何补偿建议。此时，业主默许承包商自由施工为双方的最优策略。需要指出的是，对于一个理性的业主，这也是无力补偿延误下的无奈选择。图 22-6 表示的是利用逆向选择法求解该策略的过程。

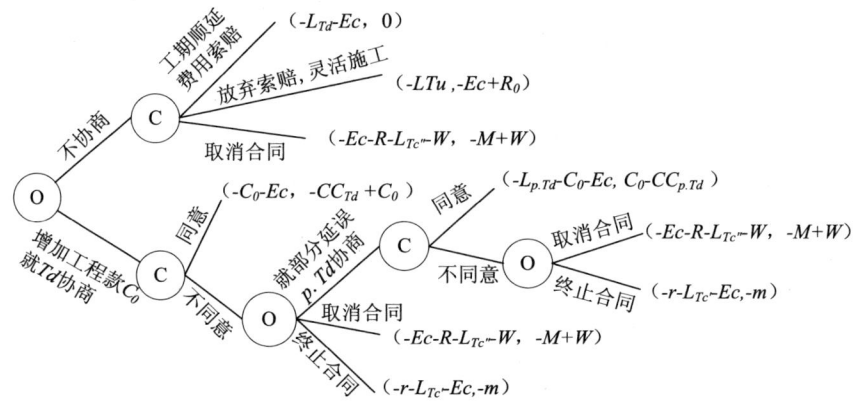

图 22-6 承包商灵活施工策略

22.4 补偿系数为变量时双方最优策略选择

如果承包商和业主经过协商得到方案下的双方预期收益大于没有经过协商时的收益，就容易达成协议，至于能达成补偿多少延误时间的协议，需要双方在谈判时通过讨价还价来确定。图 22-7 中给出了运用子博弈简练纳什均衡求解补偿系数为变量时的策略选择路径。

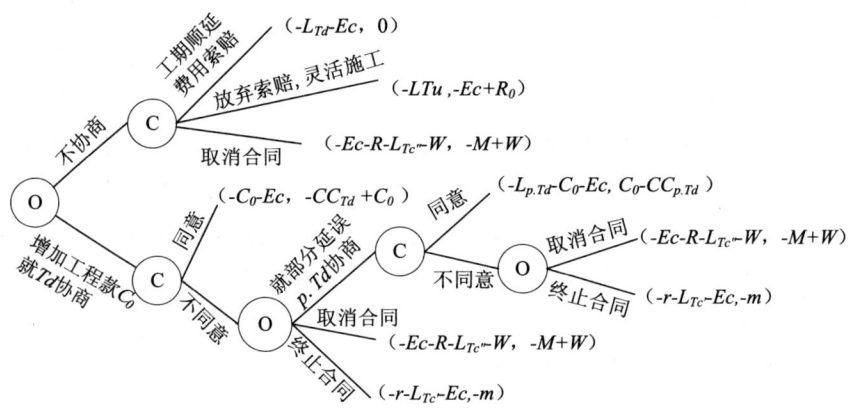

图 22-7 p 为变量时的博弈树

22.4.1 确定补偿系数影响因素

如果业主和承包商在达成协议时的预期收益比其他策略的预期收益更高，那么就需要确定 p 值，通过对承包商解除合同、终止合同、同意总延误补偿、部分延误偏差补偿等协议条件的逐级评估，将会获得一组方案。如果没有解出一组方案，那么可以通过比较不同策略的回报来确定博弈的平衡点。分析模型时应考虑以下几点。

（1）只有在满足合同规定的一项条件时，承包商才能解除合同，这是为承包提供解除合同的条件；若条件不满足，承包商无权解除合同。此时，在逐级评估中，无须与合同解除的支付进行比较。

（2）对业主来说，合同的解除总是比合同终止的收益更差一些。因此，就算最终没有达成协议，业主也会说服承包商终止合同。

（3）在大多数项目中，承包商通常对解除合同这种方式不感兴趣，这是因为解除合同对承包商的影响可能比终止合同更糟糕。因此，合同解除通常被认为是承包商在业主不同意索赔的情况下，不得已采用的威胁策略；至于威胁是否有效，需要通过对比合同解除与合同终止的收益，对项目状态和承包商的耐心进行评估。如果威胁无效，则无须比较协议和终止的收益。

22.4.2 确定补偿协议的过程

第一步：对解除合同这一威胁的可能性和有效性进行评估，并确定比较标准。通过研究合同解除的规定和威胁的有效性或无效性，确定作为比较协议支付标准的回报。

第二步：合同终止或解除的协商优先权。

（1）合同的解除不可能出现或无效的条件。

$$-r - L_{Tc'} - E_c < -L_{p.Td} - C_0 \tag{22-30}$$

$$-m < -E_c + C_0 - CC_{p.Td} \tag{22-31}$$

若能满足上述两个不等式并存在一组答案，说明双方可就 p 值达成一致。否则，业主将在评估其收益后决定终止合同或正常索赔。

$$p_1 = \{x : r + L_{Tc'} + E_c > C_0 + L_{x.Td} \ \& \ m - E_c > CC_{x.Td} - C_0\} \tag{22-32}$$

分析式（22-32）可以得出，这两个方程是可以得到相同的答案集的,除非解是非常小的数字,或者可能涉及非常高的赶工成本。

(2) 假如合同可以解除并有效,双方将建立以下关系:

$$-E_c - R - L_{T_{c''}} - W < -L_{p.Td} - C_0 \tag{22-33}$$

$$-M + W < -E_c + C_0 - CC_{p.Td} \tag{22-34}$$

根据式(22-33)和式(22-34),如果可以解得一组 p_2 的答案能够满足这两个不等式的条件,谈判也将就一个确定的 p 达成一致协议。否则,业主可通过对承包商的收益进行评估,在解除合同或承包商索赔中做出选择。与上述终止合同的支付对比可以发现,这组答案更广泛,承包商必然会选择更大的 p。

$$p_2 = \{x: R + L_{T_{c''}} + W + E_c > L_{x.Td} + C_0 \ \& \ M - W - E_c > CC_{x.Td} - C_0\} \tag{2-35}$$

第三步:比较 $p.Td$ 与 Td 总延误补偿协议:若上一步中有一组 p 的答案,说明合同终止和解除不会给业主带来更好的回报,合同终止和解除将成为不可置信威胁。显然,承包商也不会接受补偿总延误时间,谈判将变成如下对比:

$$-L_{Td} - E_c < -L_{p.Td} - C_0 - E_c \tag{22-36}$$

$$-L_{Tu} < -L_{p.Td} - C_0 - E_c \tag{22-37}$$

$$0 < C_0 - CC_{p.Td} \tag{22-38}$$

$$-E_c + R_0 < C_0 - CC_{p.Td} \tag{22-39}$$

$$R_0 + CC_{p.Td} - C_0 < E_c < L_{Tu} - L_{p.Td} - C_0 \tag{22-40}$$

$$CC_{p.Td} < C_0 < L_{Td} - L_{p.Td} \tag{22-41}$$

式(22-40)将索赔费用的范围进行了清晰的界定,该费用的范围应在:大于延长工期的其他收益与赶工收益之和,小于部分赶工的生产利润与增加工程款之差之间。式(22-41)表示的是业主增加工程款的有效范围,范围在:大于承包商赶工费,小于部分延误补偿的生产利润之间。此时,业主会对签订补偿协议感兴趣。若 C_0 和 E_c 不在此范围内,那么业主在评估后会选择合同的终止或解除策略。

此外,若延误时间过长导致补偿的意义已经不大,业主更加无力或不愿增加工程款来补偿延误,此时如果工程允许,估计就只能任由承包商依据自己的进度施工了。

22.5 最优策略选择条件汇总

对上文中双方最优策略的选择过程进行归纳后，得到了最优策略选择条件总表（见表22-2）。

表22-2　　　　　　　　　最优策略选择条件

补偿系数 p	最优策略	博弈方	选择条件	说明
为定值时	合同终止	业主	$-R - L_{Tc''} - W < -r - L_{Tc'}$ $L_{Tc'} < < L_{Td}$	继续赶工涉及比终止更高的成本
		承包商	$m < CC_{p.Td} - C_0$	与业主关系浪费成本小于补偿延误的成本
	部分补偿协议	业主	$m > -C_0 + CC_{p.Td}$	增加的工程款小于补偿延误后的收益
		承包商	$C_0 < L_{Td} - L_{p.Td}$	与业主关系浪费的成本大于补偿延误成本
	总延误消失策略	业主	$C_0 < L_{Td}$	增加的工程款小于补偿总延误后的收益
		承包商	$m > CC_{Td} - C_0$	与业主关系浪费的成本大于赶工的成本
	承包商正常索赔	业主	$C_0 - CC_{p.Td} < 0$	增加的工程款大于补偿延误后的收益
		承包商	$C_0 > L_{Td} - L_{p.Td}$　　$m > 0$	增加的工程款小于赶工费用
	承包商灵活施工	业主	$C_0 > L_{Tu} - E_c \& E_c > L_{Tu} - L_{Td}$	延误索赔和增加工程款都很高
		承包商	$m > E_c - R_0 \& R_0 > C_0 - CC_{p.Td}$	与业主关系浪费成本高且延长工期收益高
为变量时	部分补偿协议	业主	$CC_{p.Td} < C_0 < L_{Td} - L_{p.Td}$	能够协商补偿延误并且成本最小
		承包商	$R_0 + CC_{p.Td} - C_0 < E_c < L_{Tu} - L_{p.Td} - C_0$	

23 算例分析

前文对工程项目执行延误时各种策略选择条件及建模过程进行了论述，本章将通过工程算例对模型做进一步验证。通过模型计算过程，可以将工程延误发生后的决策空间呈现给业主和承包商，使双方能够深刻地认识工程延误问题，就自己的处境做出最优策略选择，并能够进一步促成项目业主和承包商就工程延误问题达成一致协议。

23.1 算例简介

天津某商品房项目，是针对天津留住人才、扩大经济发展需要而建造的中高档商住社区。工程包括商品房的 1#—5#楼、配套公建 1、配套公建 2、燃气调压站、地下车库，建筑面积共计 63196 平方米，承包范围包括建设单位所发的施工图纸及工程量清单中的全部内容。工程于 2015 年 5 月 25 日开工，预计在 2017 年 11 月 25 日完工，计划工期 30 个月，合同方式采用固定价格合同，合同金额为 18000 万元人民币。

工程项目进行到 2016 年 6 月底时，承包商通过收集项目执行状态数据，对工程完工趋势预测后发现，如果按照当前效率进行下去，工程将可能延迟 6 个月完工。项目经理与监理工程师对上述情况检查核实后，将进度执行情况上报业主。承包商经过核算发现，如果想通过赶工使项目回到计划进度上，需要额外增加 1000 万元的赶工费用。虽然承包商知道是自己原因导致延误，但还是向业主提出了增加工程款的要求。业主知道项目执行延误后存在项目竣工延期的风险，要求承包商加速赶工，弥补延误的工期，尽快地将进度赶回来。

对上述工程延误具体情况进行认真论证分析后，项目经理与监理工程师得出如下结论：在严格保证工程质量的前提下，赶工最多也只能弥补4个月的延误工期，并且按照目前的市场价格，从 0 天到 120 天，每增加 12 天的赶工费用分部为：40 万元，80 万元，140 万元，250 万元，340 万元，460 万元，580 万元，700 万元，850 万元，980 万元人民币。根据合同的约定，承包商每延期交付一天，按合同价款的万分之二进行罚款（108 万元/月）。项目自开盘以来，不到一年的时间就全部预售完成，如果因项目不能正常竣工导致了业主不能按时交付，房屋的损失为每月 300 万元（按照合同约定逾期交房按日 0.3‰支付违约金估算），根据合同价款进行评估，假设发生终止合同时，双方的损失为 2400 万元和 2000 万元。

双方都因为工程延误对自己利益造成损失感到不快，都想要用最低的成本来改善项目延误现状，如何才能做出最优的策略选择，需要运用第 21 章中提出的模型进行求解。

23.2 承包商原因导致延误时最优策略选择

23.2.1 p 为定值时双方最优策略选择分析

通过计算，可以得到在不同的补偿时间下，业主与承包商完成项目需要付出的成本如表 23-1 所示。本算例中，在项目延误的情况下，业主和承包商各自有不同的策略可选。按照第 21 章模型进行分析可知，合同终止对双方造成的损失是非常大的，因此业主和承包商不会选择合同终止；合同解除往往涉及比终止更大的损失，所以合同解除策略更不可能被选取，合同的解除将成为业主不可置信威胁策略；同时，因为赶工成本过高的原因，总延误消失策略也是不可能达成的。

(1) $p<67\%$ 时承包商优化策略为最优选择

如果业主不协商，承包商用同样的方式进行施工，业主与承包商的成本支付（含罚款）为 (11.52, 16.48)；可知承包商要想取得最小成本，需要以 $s=20\%$ 的延误补偿系数自发地对项目后续进度进行优化，即双方的成本支付函数为 (9.98, 16.32) 时，承包商会积极地进行优化。按照第21章模型进行分析可知，当 $F_{s.Td}>L_{s.Td}-L_{p.Td}$ 时业主会选择承包商自行优化，当且仅当 p 的取值能够使得 $F_{s.Td}=5.62>L_{s.Td}-L_{p.Td}$ 不等式成立时，才能选择承包商优化策略。当 $p=70\%$ 时，$L_{s.Td}-L_{p.Td}=15.6-9.6=6$，即当 p 为 20% 到 67% 之间的定值时，业主与承包商的最优策略选择是承包商的自我优化策略，此时业主不协商，承包商自己努力减少 20% 的延误时间。

(2) $67\%\leqslant p\leqslant 79\%$ 时签订部分补偿协议策略为最优选择

在 $F_{s.Td}<L_{s.Td}-L_{p.Td}$ 条件下，如果业主要求协商补偿系数 p 为 67%—79% 的定值，业主与承包商就能够达成补偿协议，业主会选择与承包商就 67%—79% 的延误签订部分补偿协议，此时就能够大大地减少工程延误的时间，而且双方的成本支付与不协商时比最小。因为项目的整体目标的达成是双方利益实现的前提，因此，这种策略的选择过程也可以看成是对"为什么在工程延误实际发生时，业主会和承包商会签订补充协议"的理论解读。

表 23-1　　业主与承包商在不同补偿时间下的收益情况　　（单位：百万元）

补偿时间（120天）	业主未利用项目的损失	延迟罚款	赶工成本	承包商额外支付成本	业主收取罚款后的总损失	承包商含罚款总成本	承包商无罚款的成本
0%	18	6.48	0	10	11.52	16.48	10
10%	16.8	6.05	0.4	9.95	10.75	16.4	10.35
20%	15.6	5.62	0.8	9.9	9.98	16.32	10.7
30%	14.4	5.19	1.4	9.85	9.21	16.44	11.25
40%	13.2	4.76	2.5	9.8	8.44	17.06	12.3
50%	12	4.33	3.4	9.75	7.67	17.48	13.15
60%	10.8	3.9	4.6	9.7	6.9	18.2	14.3
70%	9.6	3.47	5.8	9.65	6.13	18.92	15.45
80%	8.4	3.04	7	9.6	5.36	19.64	16.6
90%	7.2	2.61	8.5	9.55	4.59	20.66	18.05
100%	6	2.18	9.8	9.5	3.82	21.48	19.3

23.2.2 p 为变量时的谈判过程分析

由表 23-1 中的数据可知，如果业主提出就延误时间展开协商，承包商是非常愿意的，因为协商往往可以免去延迟罚款。但是，业主选择协商的前提是，协商能使自身损失低于承包商自行赶工。通过上一节推导得知，如果业主要与承包商进行协商，补偿时间必须落在 67%—79% 范围内。考虑计算方便，直接对表 23-1 中涉及的业主与承包商的支付进行线性计算，得到双方 60%—80% 区段上的支付，从中截取符合协商区段 67%—79% 的数据如表 23-2 所示。

表 23-2　　业主与承包商在可协商补偿时间上的支付　　（单位：百万元）

补偿时间	业主不能利用项目损失	承包商不含罚款总成本
67%	9.96	15.075
68%	9.84	15.2
69%	9.72	15.325
70%	9.6	15.45
71%	9.48	15.575
72%	9.36	16.45
73%	9.24	16.575
74%	9.12	17.45
75%	9	17.575
76%	8.88	18.45
77%	8.76	18.575
78%	8.64	19.45
79%	8.52	19.575

如果业主与承包商就延误时间处置上达成协议，那么承包商将不用支付延误罚款，表 23-2 中第二列展示了业主不能按期利用项目的损失数据，第三列展示了承包商不含罚款的数据。由表 23-2 可以看出，承包商补偿 72% 的延误时间的成本为 16.45（百万元），大于承包商自我优化的成本 16.32（百万元），表明在 72% 以上的补偿时间上是不会达成协议的。下面将讨论在 67%—71% 区段的补偿时间上，业主与承包商的谈判过程。

业主与承包商签订补偿协议时，一定会尽量选取最优策略，不过能否达到双方代价最小这一目标，则是由延误补偿系数 p 决定的。以下研究的是如何通过讨价还价的方式确定延误补偿协议，主要是利用 Nash – Harsanyi 和 Kalai – Smorodinsky 解来分析业主与承包商围绕延误时间补偿系数的谈判过程。

目前，对于讨价还价解的研究较多，其中最为著名的是 Nash（1950）两人讨价还价解，证明了式（23 – 1）的解是讨价还价的唯一解。

$$\Omega = \max(x_1 - d_1) \cdot (x_2 - d_2) \quad (23 - 1)$$

其中，$x = (x_1, x_2)$ 代表参与人的支付，x_1，x_2 为博弈中的玩家 1 和玩家 2 讨价还价时在可行方案集合中的支付；分歧点 $d = (d_1, d_2)$ 是协商失败的情况下，玩家 1 和玩家 2 的支付。需要指出的是，纳什讨价还价解是针对对称性讨价还价问题的，对于非对称性讨价还价问题给出的解，可能不会获得合理的方案。

Harsanyi 和 Selten（1975）提出了多个局中人议价的方程，丰富了讨价还价的内容，其中各参与博弈的局中人有不同的议价能力 w_i。

$$z = \prod_{i=1}^{n}(x_i - d_i)^{w_i} \quad (23 - 2)$$

Kalai 和 Smorodinsky（1975）认为，讨价还价的解决方案位于分歧和理想点与帕累托阵线上的连接点。那么对于非对称性问题，K – S 解法给出的方案会更加合理。因此，他们提出的方程式（23 – 3）中，考虑了玩家的期望水平，方程中的 t_1 和 t_2 分别代表了玩家 1 和玩家 2 在讨价还价中的最佳回报。

$$\frac{x_1 - d_1}{t_1 - d_1} = \frac{x_2 - d_2}{t_2 - d_2} \quad (23 - 3)$$

表 23 – 3 展示的是业主与承包商的纳什讨价还价解，由表 23 – 3 可知，业主和承包商的回报是以相对连续的策略确定的，表中第四列是纳什目标函数值，它是由方程式（23 – 4）获得的：

$$\Omega = \max(x_1 - d_1)^{w_1} \cdot (x_2 - d_2)^{w_2} \quad (23 - 4)$$

在这个方程中，认为双方的贴现率相等（$w_1 = w_2 = 0.5$），表示双方人员的谈判能力相等。观察表 23 – 3 发现，目标函数在 67% 的补偿时间上达到最大值。此时，业主与承包商可以就 67% 的补偿时间达成一致协议，成为双方的子博弈精炼纳什均衡。业主和承包商之间签订延误补偿协议后,工期顺延 100 天,补偿延误 80 天。

表 23-3　　　　　业主与承包商纳什目标函数值　　　　（单位：百万元）

补偿时间	业主不能利用项目的损失	承包商无罚款成本	纳什目标函数值
67%	9.96	15.075	8.315467515
68%	9.84	15.2	8.244270738
69%	9.72	15.325	8.170618092
70%	9.6	15.45	8.094442538
71%	9.48	15.575	8.015672149

现实中,谈判的双方一般具有不同的谈判能力,业主和承包商的讨价还价的能力决定了最终协议补偿的时间。为了分析这一因素,根据 Harsanyi 和 Selten 的讨价还价解,对业主和承包商的议价能力分别赋值为 0.6 和 0.4,0.7 和 0.3,0.8 和 0.2,可得到表 23-4、表 23-5 和表 23-6 的 Harsanyi - Selten 目标函数值。

表 23-4　　议价能力 0.6/0.4 的 Harsanyi - Selten 目标函数值（单位：百万元）

补偿时间	业主不能利用项目的损失	承包商无罚款成本	Harsanyi - Selten 函数值
67%	9.96	15.075	9.233848794
68%	9.84	15.2	9.186169338
69%	9.72	15.325	9.135862836
70%	9.6	15.45	9.082848157
71%	9.48	15.575	9.027038191

表 23-5　　议价能力 0.7/0.3 的 Harsanyi - Selten 目标函数值（单位：百万元）

补偿时间	业主不能利用项目的损失	承包商无罚款成本	Harsanyi - Selten 函数值
67%	9.96	15.075	10.25365842
68%	9.84	15.2	10.23567879
69%	9.72	15.325	10.21513781
70%	9.6	15.45	10.19194716
71%	9.48	15.575	10.16601191

表 23-6　议价能力为 0.8/0.2 的 Harsanyi – Selten 目标函数值

(单位：百万元)

补偿时间	业主不能利用项目的损失	承包商无罚款成本	Harsanyi – Selten 函数值
67%	9.96	15.075	11.38609841
68%	9.84	15.2	11.4050935
69%	9.72	15.325	11.42191408
70%	9.6	15.45	11.43647732
71%	9.48	15.575	11.44869401

由表 23-4、表 23-5 可以看出，当业主和承包商的议价能力分别为 0.6 和 0.4 及 0.7 和 0.3 时，谈判的协议仍可以在 67% 的补偿时间上达成一致，业主与承包商讨价还价的解并无变化。由表 23-6 可以看出，当业主和承包商的议价能力分别为 0.8 和 0.2 时，双方谈判的协议将在 71% 的补偿时间上达成一致，这时延迟的时间被大大缩短，双方损失会进一步减少，延误补偿时间达 85 天。

通过对表 23-4、表 23-5 和表 23-6 中的最大 Harsanyi – Selten 目标函数值的对比可以发现，业主与承包商的谈判能力分别为 0.6 和 0.4，0.7 和 0.3 的情况下，双方的延误补偿系数和双方谈判能力相同时，延误补偿时间也相同，均在 $p = 67\%$ 时达成一致协议，这似乎说明业主与承包商的谈判能力对促成双方达成一致补偿协议没有影响；然而，当双方的谈判能力分别为 0.8 和 0.2 时，延误补偿系数由 67% 扩大到了 71%，谈判结果发生变化，说明双方的谈判能力对促成协议的达成有影响。这种现象可以解释为，随着承包商补偿时间的增加，其成本增加会越来越多，增加的成本也越来越接近自我优化的成本。因此，承包商对进一步的延误补偿兴趣减弱，越来越不容易做出让步，这时就要求业主的谈判能力高到足以说服承包商做出妥协。可见业主与承包商的谈判能力相差较为悬殊时，能够促成更多的延误补偿时间。

与 Kalai – Smorodinsky 式解有关的目标函数，一般被称为 Kalai – Smorodinsky 目标函数，通过对上述方程的两侧做减法得到函数式 (23-5)，并在该方程必须等于零时可求得讨价还价解。

$$F(u) = (x_1 - d_1) \cdot (t_2 - d_2) - (x_2 - d_2) \cdot (t_1 - d_1) \qquad (23-5)$$

从表 23-7 中可以获得，在补偿时间在 67%—68%，Kalai – Smorodinsky 目标函数值由负转正，该目标值为零时才能得到讨价还价的解，那么可近似认为，业主与承包商在 68% 的补偿时间上达成协议，此时工程延误补偿协议将约定工期延长 99 天，延误补偿时间达 81 天。

表 23-7　　　　Kalai-Smorodinsky 目标函数值　　　（单位：百万元）

补偿时间	业主不能利用项目的损失	承包商无罚款成本	Kalai-Smorodinsky 目标函数值
67%	9.96	15.075	-2.364
68%	9.84	15.2	0.042
69%	9.72	15.325	2.448
70%	9.6	15.45	4.854
71%	9.48	15.575	7.26

由以上的讨价还价过程可以得到，业主和承包商的最优策略选择是签订部分延误补偿协议，此时 $p \in [67\%, 71\%]$ 的变量，p 的值由业主与承包商的谈判能力决定，通过协商达成的延误解决方案是双方自愿的，不会引发争议。

23.3　业主原因导致延误时最优策略选择

本节的演算过程依然采用上述案例的基本数值，对需要的不同指标进行合理估计和假设。假设上述延误是由业主不能及时地提供施工场地和设备，以及施工图纸延迟交付等原因导致，工程延误了近 6 个月，赶工最多能弥补 4 个月的延误时间；承包商通过对人工费、机械费、管理费、利润等科目的计算，得知损失将达 390 万元，因此向业主提出费用索赔，并要求工期顺延；业主经过对现有资金统计和赶工估算，愿意增加 800 万的工程款，用于追赶 4 个月的延误，希望工程能够尽快完成。但承包商拒绝赶工，理由是增加的工程款不能满足追赶 4 个月工期的需要。业主和承包商终止合同的损失分别为 3000 万元和 1000 万元，那么业主是否应该追加工程款，补偿多少延误才能通过协商达成一致，以下研究的就是业主和承包商在面临工程延误时，如何决策才能使自己的利益最大化。

23.3.1 补偿系数为定值时双方最优策略选择分析

利用前面设定的指标可以计算出,在不同的补偿时间下,业主与承包商完成项目需要施加在双方身上的成本,具体见表23-8。

(1) 签订部分补偿协议策略为最优。由表23-8可知,随着补偿时间的增加,承包商的收益逐渐降低,并渐渐的变为负值,说明承包商不会对4个月的延误进行补偿。首先,承包商不会选择合同的终止,且承包商的最大收益为7.6,所以承包商非常愿意补偿10%的延误时间;同时可以看出,超过86%的补偿时间是不可能的(如果业主的资金充足且必须按时完工,那么业主最少要增加工程款9.8);业主的损失小于21.9时才愿意增加工程款,如果$p \in [67\%, 86\%]$的定值,那么业主增加相应工程款与承包商达成一致的进度补偿协议为最优策略(见表23-9)。

(2) 承包商正常索赔策略最优。如果承包要求延误补偿系数$p \in (0, 67\%)$中的定值,显然业主的损失要大于承包商正常索赔,因此,业主不会要求增加工程款,此时选择正常索赔,工期顺延的策略为最优策略。

表23-8 业主与承包商在不同补偿时间下的收益情况 (单位:百万元)

补偿时间	业主不能利用项目的损失	业主增加工程款	索赔费用	赶工费用	业主总成本	承包商总收益
0%	18	8	3.9	0	21.9	0
10%	16.8	8	3.9	0.4	28.7	7.6
20%	15.6	8	3.9	0.8	27.5	7.2
30%	14.4	8	3.9	1.4	26.3	6.6
40%	13.2	8	3.9	2.5	25.1	5.5
50%	12	8	3.9	3.4	23.9	4.6
60%	10.8	8	3.9	4.6	22.7	3.4
70%	9.6	8	3.9	5.8	21.5	2.2
80%	8.4	8	3.9	7	20.3	1
90%	7.2	8	3.9	8.5	19.1	-0.5
100%	6	8	3.9	9.8	17.9	-1.8

23.3.2 补偿系数为变量时的谈判过程分析

由上述分析可知,业主与承包商要想就补偿系数 p 进行协商,必须在 60%—90% 的补偿时间区间段上。为了方便计算,通过将业主与承包商在表 23-8 中的支付进行线性计算,得到双方更为精确的支付,具体见表 23-9。

截取表格中符合协商条件的时间区段 67%—86%,可以看出,随着补偿系数的增加,业主的损失是逐渐下降的,这时业主会希望能最大限度地弥补延误,但承包商的收益也会随之逐渐降低;下面是通过讨价还价方式确定延误补偿协议的过程,讨价还价公式已在上节给出,此处不再赘述。利用上述公式计算,得到表 23-10、表 23-11、表 23-12 的目标函数值。

表 23-10 中显示,纳什目标函数值的最大值对应的延误补偿系数为 80%,此时业主与承包商若能达成协议,业主损失为 20.3,可补偿延误时间为 96 天。Harsanyi-Selten 函数值在 $p=86\%$ 时达到最大值,业主的议价能力变强时补偿系数增大,若此时业主与承包商谈判成功,业主损失 19.58,可补偿延误时间 103 天。

表 23-9　　业主与承包商在可协商补偿时间上的支付　　（单位:百万元）

补偿时间	业主不能利用项目的损失	业主增加工程款	索赔费用	赶工费用	业主成本	承包商收入
60%	10.8	8	3.9	4.6	22.7	3.4
61%	10.68	8	3.9	4.72	22.58	3.28
62%	10.56	8	3.9	4.84	22.46	3.16
63%	10.44	8	3.9	4.96	22.34	3.04
64%	10.32	8	3.9	5.08	22.22	2.92
65%	10.2	8	3.9	5.2	22.1	2.8
66%	10.08	8	3.9	5.32	21.98	2.68
67%	9.96	8	3.9	5.44	21.86	2.56
68%	9.84	8	3.9	5.56	21.74	2.44
69%	9.72	8	3.9	5.68	21.62	2.32
70%	9.6	8	3.9	5.8	21.5	2.2

续表

补偿时间	业主不能利用项目的损失	业主增加工程款	索赔费用	赶工费用	业主成本	承包商收入
71%	9.48	8	3.9	5.92	21.38	2.08
72%	9.36	8	3.9	6.04	21.26	1.96
73%	9.24	8	3.9	6.16	21.14	1.84
74%	9.12	8	3.9	6.28	21.02	1.72
75%	9	8	3.9	6.4	20.9	1.6
76%	8.88	8	3.9	6.52	20.78	1.48
77%	8.76	8	3.9	6.64	20.66	1.36
78%	8.64	8	3.9	6.76	20.54	1.24
79%	8.52	8	3.9	6.88	20.42	1.12
80%	8.4	8	3.9	7	20.3	1
81%	8.28	8	3.9	7.15	20.18	0.85
82%	8.16	8	3.9	7.3	20.06	0.7
83%	8.04	8	3.9	7.45	19.94	0.55
84%	7.92	8	3.9	7.6	19.82	0.4
85%	7.8	8	3.9	7.75	19.7	0.25
86%	7.68	8	3.9	7.9	19.58	0.1
87%	7.56	8	3.9	8.05	19.46	-0.05
88%	7.44	8	3.9	8.2	19.34	-0.2

表 23-10　　　　　纳什目标函数值　　　　（单位：百万元）

补偿时间	业主成本	承包商收益	纳什目标函数值
67%	21.86	2.56	10.11130061
68%	21.74	2.44	10.13678450
69%	21.62	2.32	10.16078737
70%	21.5	2.2	10.18331969
71%	21.38	2.08	10.20439121
72%	21.26	1.96	10.22401095
73%	21.14	1.84	10.24218727
74%	21.02	1.72	10.25892782
75%	20.9	1.6	10.27423963
76%	20.78	1.48	10.28812908

续表

补偿时间	业主成本	承包商收益	纳什目标函数值
77%	20.66	1.36	10.30060192
78%	20.54	1.24	10.3116633
79%	20.42	1.12	10.32131775
80%	20.3	1	10.32956921
81%	20.18	0.85	10.32216063
82%	20.06	0.7	10.3130015
83%	19.94	0.55	10.30208717
84%	19.82	0.4	10.28941203
85%	19.7	0.25	10.27496959
86%	19.58	0.1	10.25875236

表 23-11　议价能力 0.7/0.3 的 Harsanyi–Selten 目标函数值

（单位：百万元）

补偿时间	业主收益	承包商收入	Harsanyi–Selten 函数值
67%	21.86	2.56	9.271157847
68%	21.74	2.44	9.339683241
69%	21.62	2.32	9.407062412
70%	21.5	2.2	9.47329796
71%	21.38	2.08	9.538391993
72%	21.26	1.96	9.602346132
73%	21.14	1.84	9.665161517
74%	21.02	1.72	9.726838815
75%	20.9	1.6	9.787378221
76%	20.78	1.48	9.846779462
77%	20.66	1.36	9.905041803
78%	20.54	1.24	9.962164044
79%	20.42	1.12	10.01814452
80%	20.3	1	10.07298111
81%	20.18	0.85	10.11828628
82%	20.06	0.7	10.16215003
83%	19.94	0.55	10.20456096
84%	19.82	0.4	10.24550681
85%	19.7	0.25	10.28497444
86%	19.58	0.1	10.3229498

表 23-12　　　Kalai-Smorodinsky 目标函数值　　　（单位：百万元）

补偿时间	业主收益	承包商收入	Kalai-Smorodinsky 目标函数值
67%	21.86	2.56	-28.6368
68%	21.74	2.44	-25.8792
69%	21.62	2.32	-23.1216
70%	21.5	2.2	-20.364
71%	21.38	2.08	-17.6064
72%	21.26	1.96	-14.8488
73%	21.14	1.84	-12.0912
74%	21.02	1.72	-9.3336
75%	20.9	1.6	-6.576
76%	20.78	1.48	-3.8184
77%	20.66	1.36	-1.0608
78%	20.54	1.24	1.6968
79%	20.42	1.12	4.4544
80%	20.3	1	7.212
81%	20.18	0.85	10.2822
82%	20.06	0.7	13.3524
83%	19.94	0.55	16.4226
84%	19.82	0.4	19.4928
85%	19.7	0.25	22.563
86%	19.58	0.1	25.6332

根据表 23-12 中的数据，延误补偿系数 p 在 77%—78% 时由正变为负值，讨价还价解在两者之间，近似认为 p 等于 77%，那么延误补偿协议的工期将延长 88 天，可补偿延误时间 92 天。

通过以上计算可以得出，与承包商协商签订延误补偿协议是业主的最优策略选择，这里虽然给出了三种讨价还价解，但该问题并不是对称性问题，因此 Kalai-Smorodinsky 讨价还价解给出的方案更为合理。

23.4　实证建议

通过算例分析，验证了项目整体利益的实现往往是双方利益保证的前提。因此，当出现工程延误时，双方通过协商方式尽快在后续施工方案上达成一致将是最好的策略。下面是针对业主实际操作提出的两点建议。

23.4.1 加强关系管理

建设工程施工合同往往是项目延误问题的解决依据，但合同的执行过程都是依靠人来完成的。通过算例研究发现，业主和承包商在协商合作的情况下，往往能实现更大利益。因此，业主在加强合同管理的同时，应重视与承包商的关系管理。

（1）在合同履行过程中加强沟通。业主应按照合同约定时间提醒承包商及时提交进度报告，严格审查提交上的项目进度情况，不能抱有过于乐观的心理，对可控的进度延误也要责令承包商查明原因，及时弥补延误，避免任由延误扩大造成不可挽回的损失。

（2）工程延误出现时应积极应对。对于承包商原因导致的延误问题，不能站在承包商的对立面一味苛责，应以包容、合作、共赢的态度，以有效解决问题为目的，积极地与项目经理进行商议，适当退步以保证项目顺利施工，最终实现利益最大化。

（3）提高信任，降低防备。业主首先应在签订建设工程合同时就应树立自己的威信，提升自己的信任度。在施工过程中，业主应遵守合同约定，让承包商信任并感受到被信任。一旦双方关系相处融洽，即便是出现延误，双方也较容易达成一致的协议并尽快解决。

23.4.2 建立延误冲突管理机制

工程延误导致的争议很容易引发业主和承包商的冲突，加强冲突管理已经成为现代项目管理必不可少的一部分，建立一套对应的项目延误冲突管理机制，可以为延误问题的解决提供明确的思路和依据。

（1）业主方应该充分借鉴项目社会评价报告、工程咨询专家建议，明确承包商对项目实施中存在问题的具体诉求和意愿，可通过多方协调，寻求相对一致的价值取向，避免、解决或者消除潜在或已存在的争议和冲突。

（2）将博弈模型作为冲突产生时的分析方法，在延误产生的第一时间就与承包商进行成本分析，从而做到心中有数，为下一步就延误工期的协商谈判做好铺垫。这样做更易促成谈判的成功，减少延误和争议，避免盲目地决策。

（3）作为协调利益相关方的关键力量，在项目出现延误时，业主应及时与各个部门进行沟通，协商应为第一位的选择；对于有争议的延误处理，给予本部门和承包商各部门充分的权利来提出延误问题的解决方案，业主与承包商可围绕众多的方案进行协商和谈判，以项目利益最大化为基础，最终得到延误问题的最佳解决方案，以此来减少双方争议导致的仲裁或诉讼。

（4）业主方应注重加强管理层人员的专业性和个人沟通能力的培养，同时吸收具有较好谈判能力和协调素质的人才，面向因工程延误产生的争议、冲突等棘手问题，在关键时刻能够为企业争取最大的利益。

24 本篇研究结论

工程延误屡见不鲜，尤其大型工程项目延误对业主和承包商都是巨大损失。本篇研究首先通过对以往文献的梳理，对工程延误处理的相关研究进行了总结；其次，在此基础上对延误处理策略和传统冲突处理方法的不足进行分析，并以调研和发放问卷的方式调查了我国工程延误的现状和普遍存在的问题，对我国目前工程延误问题解决的难点进行了深入剖析；最后，针对上述问题，选取延误对双方成本影响的不同指标，分别建立了业主和承包商的博弈模型，并运用算例验证了模型的有效性。通过以上研究过程可以得出如下结论。

（1）对业主和承包商两方面导致延误问题分析中，所选取的指标均有效，能够具体衡量不同策略选择对双方的损益，使业主和承包商更加深刻地理解延误问题，并正确地分析他们目前所处的情境和策略，避免争议和冲突。

（2）在没有技术性难题的情况下，无论哪种原因导致延误，业主与承包商协商解决均是最优策略选择，但这需要建立在双方能清楚地认识到自己收益的基础上，并愿意做出妥协。

（3）利用算例验证了模型中涉及的参数，可以在更广泛的范围内影响协商；业主讨价还价能力对项目延误时间的补偿范围影响较大；讨价还价能力越强，将争取到更多的延误补偿时间，损失也将更小（反之亦然）。

（4）如果延迟罚款与项目的其他参数不匹配，则谈判结果无效。当存在巨大延迟罚款时，唯一的比较标准是协议的收益、解除或终止合同；罚款较小时，承包商不担心工程延误的影响，不参与谈判；适当的延迟罚款会影响谈判范围,使业主不受威胁;而承包商为了豁免延误罚款,会自愿以合理的时间和成本达成工程延误补偿协议。

(5) 由业主原因导致延误时,协商增加工程款能够实现利用最小的损失换取尽可能多的延误补偿时间,这也印证了现实中签订补充协议的现象普遍存在的原因。

(6) 所建模型包含了各种策略和对策略的逐级评估过程,明确了双方的相互作用,有效促进双方的部分妥协和延误减少,使得双方的延误损失最小。

本篇的不足之处是为了计算和分析方便提出的一些假设,如完全信息假设。大型建设项目的一个特点就是信息获取困难,所以信息不完全的动态博弈才是今后重要的研究方向;同时,由于时间和条件有限,没能够进行更广泛的深度调研,在实证分析时也没有提供双方各个数值的具体计算过程,而是根据同类工程的费用数据进行的粗略估计,这对延误损失的准确计算都是有影响的。

第五篇

建设项目利益相关者关系分析与治理模型

大型建设项目具有规模大、影响力大、涉及范围广、参与人员多、参与组织复杂等特点，在项目实施的不同阶段，与项目有关联的组织机构也处于动态的变化中。在建设项目的建设期和运营期，经常会出现因各参与方的利益冲突或者权责不清，导致项目在出现状况后，各利益相关者相互推卸责任，无人负责的局面，给项目的顺利实施带来巨大风险。同时，虽然项目建设期和运营期利益相关者会有所变化，但建设期各利益相关者的行为和策略，仍会对后续运营期的利益相关者产生一定影响。在以往研究中，角色关系治理往往聚焦在项目建设期，缺乏对项目运营期阶段的利益相关者关系治理研究，以及两阶段利益相关者关系治理的关联性研究。因此，选取科学、合理的方法，按项目建设期—运营期两阶段对各利益相关者进行识别，度量各利益相关者的重要程度、影响力范围及其之间的关系强度，进而确定项目中利益关系网络，核心的利益相关者以及关键的利益相关群体，在此基础上制定关系治理的对策，协调项目各利益相关者的关系，具有较好的理论意义及实际价值。

  本篇选择热电项目为研究载体，采用社会网络分析方法（SNA）研究构建了一套热电项目建设—运营期两阶段角色关系治理模型，旨在为建设项目的关系治理提供分析过程及治理对策上的方法与实践指导。首先，对热电项目建设期和运营期中的利益相关者进行识别，利用三角测量法和滚雪球法获取利益相关者的数据，整理得出热电项目的利益相关者关系矩阵，构建热电项目建设—运营期两阶段社会网络结构模型；其次，对热电项目利益相关者的社会网络模型从网络结构属性、Cliques 分析、K-Core 分析、CONCOR 分析等多个方面展开研究，获得热电项目建设—运营期利益关系网络结构，识别重要的利益相关者，凝聚关键利益相关群体，划分核心—边缘结构；再次，以热电企业的视角，提出了热电项目生命周期中建设—运营期关系治理的对策，研究构建了热电项目利益相关者关系分析—治理流程；最后，通过实际案例研究，探索了模型的可行性与有效性。研究可以为区分热电项目各利益相关者的重要性提供参考，进而为促进各利益相关者之间的协作效率，降低热电项目中利益相关者所承担的风险，保障热电项目的顺利实施创造条件，最终为实现建设—运营期两阶段上各利益相关者的重点治理提供科学的方法和建议。

25 研究概述

25.1 研究背景及意义

25.1.1 研究背景

大型建设项目具有规模大、持续时间长、涉及范围广、参与人员多、参与组织复杂等特点，作为一个国家崛起的动力，为国民经济的发展提供了最根本的保障。伴随着我国改革的不断深化，大型工业建设项目作为国家经济发展的需要，建设投入呈持续增长态势。在为国家带来高产出、高收益和产业辐射带动作用的同时，大型工业建设项目对能源的消耗量非常大，在实施的过程中较难做到资源效益、社会效益、可持续发展能力的统一。同时，大型工业项目从建设期到投产运营期的整个项目生命周期中，存在风险要素多，外部环境变化大，不确定性因素多等问题。只有切实提高我国工业项目建设水平，科学合理地规避项目建设、运营时期的风险，优化项目运营期产业链结构，逐步建立循环经济产业链，才能保证工业项目的顺利实施，逐步实现区域经济的可持续发展。

近年来，随着绿色和可再生能源发电技术的崛起，火电项目建设步伐逐步放缓。但是，热电项目因其更加多样的工业、民用功能，比如生物医药业、粮食加工业等高能耗产业，对热水、蒸汽、电能都有着持续的需求，所以一直能受到国家政策稳定地支持。除了需求因素，国家对绿色、节能、能源循环利用的倡导和政策支持，决定了以热电企业为核心的循环经济产业系统或产业园区的出现。循环经济产业园模式，可以充分地发挥热电企业的辐射、链接作用；带动园区内其他支柱产业共同参与构建循环经济发展框架，鼓励热电项目产业链中的企业更新改造工艺、技术，削减氮氧化物、二氧化硫等、粉尘等排放的大气污染物的总量；严格控制产业链内重污染企业，钢铁、火电、水泥等行业在完成脱硫改造的前提下，全面实施脱硝工程，调整产业结构，实现物质交换和资源能量的循环利用，提高能源利用效率从而提高企业的经济效益，在实现良好社会效益的同时，最终达到节能减排，实现经济、社会与资源环境协同发展的目标。

25.1.2 研究意义

当前建设项目角色关系治理研究，往往聚焦在建设期各利益相关者之间，缺乏对运营期内利益相关者关系治理的研究，以及建设—运营期内两阶段利益相关者的关联性研究。因此，选取动态、科学、合理的方法，按项目建设期—运营期两阶段对各利益相关者进行识别，将建设项目活动纳入社会网络中进行分析，确定建设项目中利益相关者的关系网络结构，在此基础上制定关系治理的对策，对于协调各利益相关者的关系，降低项目风险，促进企业稳步发展，保障建设项目发挥其经济效益和社会效益具有重要意义。

研究选取了热电项目作为研究载体开展建设项目角色关系治理研究，具体理由如下。(1) 热电项目具有一般建设项目的社会特性。在热电项目中不仅包含项目图纸的规划、设计，机械设备操作活动，还包括复杂的人员协作，组织沟通等大量社会性活动；(2) 热电项目的实施需要众多组织和机构的参与和支持，大量的社会财富会进行分配，在建设期以及运营期内涉及的循环经济产业链清晰，适合开展项目利益相关者关系进行分析和治理研究；(3) 热电项目的生命周期包括工程的施工建设期和投产运营期，项目持续时间长，项目利益相关者及关系程度变化频繁，适合开展建设—运营期内两阶段利益相关者的关联性研究。

25.2 国内外研究现状

25.2.1 国外研究现状

20世纪60年代，斯坦福研究院的研究人员首先给出了利益相关者的定义，随后各个国家的研究人员对利益相关者逐步开始了深入研究。1984年，Freeman给出了利益相关者的经典定义，他认为一个企业的利益相关者是对企业目标的实现具有影响作用，或者在企业的目标实现过程中被影响的个人或者组织，他指出企业的利益相关者所接受的影响是双向的。Starik（1994）在企业的动态运营管理中，对企业的利益相关者进行研究，提出了潜在的利益相关者理论。美国学者Mitchell（1997）指出，在企业运营过程中，利益相关者的认定和企业利益相关者的属性是利益相关者理论中最核心的两个的问题。Hillman & keim（2001）通过实证研究发现，企业的利益相关者关系治理与企业的经营绩效之间具有明显的正相关关系，而企业的社会绩效与企业的经营绩效之间则会表现出负相关关系。

项目利益相关者因参与项目，或受到项目的影响而形成关系网络，参与项目的相关者之间既有存在相互需求的关系，又对彼此负有一定的责任形式。由于项目治理中所选用的治理模型不同，项目治理的层面不同，项目的实施系统是多个维度的。J. Rodney Turner 和 Anne keegan 从市场成本等经济学的角度，对项目任务型的组织中的利益相关者治理方式进行了研究，研究分析了不同项目治理情境中的经纪人和理事会角色形式。同时，Graham M. Win 深入研究了 Williamson 提出的交易费用的理论，从项目的微观层次研究分析了全生命周期的交易，并建立了建设项目全生命周期交易治理理论框架。2006年在 International Journal of Project Management 杂志前三期的主编评述中，J. Rodney Turner 精练总结之前的研究成果，初步构建了包含4条假设、7个角色、17条推论以及9条引理的项目治理理论框架。Macneil（2004）在对比了分离性交易和关系性交易这两类相对的市场交易后，指出了签约方的特征和合约的不完全性在关系合约中的意义。Venkatraman（2011）、Zaheer（2012）都在论文中提出，关系治理是一种和市场、科层治理都不相同的管理模式。国外对关系治理的研究体现，正式规则条款在某些方面的缺漏可以通过合约双方的社会关系进行弥补。Zaheer & Venkatraman（2000）通过实证验证了关系治理的影响因素是相互信任。Macneil Granovetter（2002）等学者从社会资本嵌入的角度探讨了关系治理的形成，认为社会关系能够研究并且影响行为和体制因素。Poppo Zenger（2002）认为，开放式沟通、互相依赖、共享信息、合作和信任等根本性要素组成了关系治理。Jiang（2014）等学者认为，关系治理可以借助社会机制来解决不确定性环境下的专业化复杂问题，而不需要用标准化、法律和官僚制度。

25.2.2　国内研究现状

在国内，杨飞雪等（2004）认为项目结构治理是一个综合系统，它包括项目的内部治理、外部治理和环境治理三部分，他通过对项目治理结构核心问题的分析得出，项目治理主要是项目经理层对刚性的企业内部组织结构和松散的项目外部利益相关者进行治理。王华、尹贻林（2004）从委托代理理论出发，分析了参与工程项目的不同利益相关者之间，在权利、责任、利益三者上的关系，并提出了工程项目的治理结构。李新春等（2005）通过研究家族企业的关系治理得出，关系治理由结构和关系两个维度组成，家族企业要想取得更好的经济绩效，须通过强关系治理和强契约治理相结合的管理模式来处理关系治理问题。杨光飞（2007）认为，经济组织中嵌入关系很可能会产生工具化、契约化和理性化，关系可能会由于组织的经济利益诉求演化为工具性关系。丁荣贵（2008）提出了项目治理过程的 $P-R^4$ 模型，从任务、角色、过程、责任四种维度对参与项目的利益相关者进行分析治理。

近年来，国内对社会网络分析的研究，已经从单纯地研究社会结构向研究人际关系、项目组织关系、社会关系等方面转变。在工程项目管理领域的相关研究中，冯丽霞、陈义（2005）在对建设项目行业特点进行分析后，提出了基于工程项目绩效影响因素的评价体系，从管理能力、质量控制能力、生产能力、文明施工水平和安全保障能力这五个方面来对工程项目绩效进行评价。张合军等（2009）利用社会网络分析方法，识别出了社会网络中影响项目绩效的关键个体和组织，他认为在项目中，利益分配和责任成正相关关系，同时构建了一套建设工程项目绩效模型。乐云（2010）研究证明了社会网络分析法在建设项目中进行应用的可行性，并阐述了应用的方式。王介石等（2011）指出，项目绩效受关系治理和合同规制的影响程度是不同的，并从利益相关者关系治理机制的角度出发，将项目治理主要划分为四种类型，分别是强合同弱关系型、合同关系俱强型、合同关系俱弱型和强关系弱合同型。丁荣贵、刘芳（2010）研究了在大型建设项目中，多个各利益相关者在关系治理中的关联关系，从管理学角度进一步探讨了网络结点个体位置、网络嵌套、联合性、中心性等概念在关系治理网络中的意义，并分析了网络结构对项目利益相关者的个体行为以及治理策略的影响作用。刘兴智、王彦伟、魏巍（2011）将SNA应用到项目关系风险的治理中，通过分析项目利益相关者的社会网络结构属性，探讨了利益相关者网络构成的本质，讨论了社会网络风险和网络结构稳定性的影响因素、影响路径和影响程度。李永奎、乐云、卢昱杰（2011）在总结大型工程项目组织的8类社会网络结构要素的基础上，构建了一套大型工程项目组织的总体网络模型，并建立了衡量大型工程项目社会网络结构中角色、小团队、紧密关系、权力、中心性、职位、结构同型和中介性的定量分析方法。许劲（2011）通过研究得出工程项目关系质量，以及关系质量的各个维度都会对项目的绩效产生正向影响作用的结论，同时，信任也会直接、正向地影响项目内部的交流、公平和承诺。崇丹、李永奎、乐云（2012）研究了影响城市基础设施建设项目群组织网络结构中的核心利益相关方，并界定了各利益相关方在城市基础设施建设项目群组织网络结构中的角色定位，利用社会网络分析法对项目群进行关系治理研究，为政府选择建筑企业提供了指导性建议。

王业球等（2012）从项目利益相关者的行为风险和关系治理两个方面，对项目建设周期内不同阶段绩效的影响因素进行了识别。蔡萌（2013）通过研究得出，与正式网络相比，非正式网络会对员工的个人绩效产生更大影响；在网络结构中，节点的重要性相对于中心性更能够反映出单个节点在网络结构中的位置，进而对绩效产生影响。何清华等（2014）以建设工程项目为研究对象，借助结构方程模型和AMOS软件，分析了工程项目组织集成对项目绩效影响的作用路径，研究结果表明：不是所有的组织集成关键构架都积极地直接作用于项目绩效维度，组织关系通过共同价值作用于各个绩效维度。

25.2.3 文献评述

通过上述分析发现，现有研究大多集中在项目利益相关者识别与治理的层面上，采用定性描述的方法对项目的利益相关者进行识别和治理，对项目利益相关者之间的关系类型及关系强度的量化分析研究比较缺乏；项目关系治理研究多集中在项目建设期，对项目运营期以及项目建设期—运营期持续性关系治理研究开展得不多；现有的利益相关者关系治理研究，常因为组织外部的环境有很大的不确定性，项目利益相关者之间的关系缺少约束等因素，导致获取研究项目利益相关者的信息不够准确、全面、科学、有效，进而影响到项目关系治理的效果。

25.3 研究内容

本篇以热电项目为研究对象，采用社会网络分析法研究了热电项目建设—运营期两阶段利益相关者关系治理问题。首先，对热电项目建设期和运营期中的利益相关者进行识别，利用滚雪球法从三个角度获取利益相关方的数据，整理得出热电项目建设期、运营期的利益相关者关系矩阵，构建热电项目的建设—运营期两阶段社会网络关系模型；其次，对模型从网络结构属性、Cliques 分析、K-Core 分析、CONCOR 分析以及核心—边缘结构分析等多个方面研究热电项目利益相关者的社会网络模型，获得热电项目建设—运营期利益关系网络结构，识别重要的利益相关者，凝聚关键利益相关群体，划分核心—边缘结构；再次，以热电企业的视角，研究构建出热电项目关系分析—治理流程，提出了热电项目生命周期中建设—运营期关系治理的对策；最后，通过实际案例研究，探索了研究结论的可行性与有效性。

26 相关理论介绍

26.1 利益相关者关系治理理论

利益相关者（Project Stakeholder）是指对某件事情共同负责，并且在本件事情的实施和完成中同时具有得失利益的共同参与各方，每一个相关方都要在该事件中承担一定的责任，事件最终的结果会对参与方的利益增加或减少造成一定的影响。美国项目管理学会将项目的利益相关者定义为，是参与到项目过程中或受项目的最终结果影响的个人或者组织。利益相关者在参与项目的过程中，自身的利益会随着项目的进展受到积极或者消极的影响。现代项目管理强调，项目最终的目标是在获得项目预期的成果的同时，参与项目的利益相关者也能够得到不低于预期的满意利益。项目治理在整个项目生命周期中自始至终都存在，项目治理体现了项目的主要利益相关者在权利、责任、利益关系之间的制度安排，参与项目的各方之间存在一种既定的制度框架，各利益相关者在这种既定框架下不同程度地参与到项目中，最终完成一个项目的全部活动。

26.1.1 利益相关者识别的三维模型

1997年，Whitley和Pouloudi尝试将利益相关者的识别方法和四项原则应用到了药物管理领域。1999年，Helen Sharp提出了一种以基线利益相关者为出发点，逐步发散开来识别其他各利益相关者，进而实现对利益相关者进行识别的方法。利益相关者的关系包括：信息的收集、传递、各种支持、产品，对服务进行检查、处理等。随着项目活动的不断推进，参与项目的利益相关者处于动态变化中。是利益相关者理论在项目管理中的应用。

2008年，丁荣贵教授在分析国内外项目治理的研究现状基础上，提出了项目利益相关者识别的三维模型，指出项目利益相关者的识别可以从过程维、任务维、角色维三个维度进行，该三维模型采用了一种新的方法来识别利益相关者。首先，通过过程维、任务维和角色维三个维度对利益相关者进行识别，模型并不只针对某一类特殊的项目，而是可广泛适用于各类项目；其次，可以按照箭头的指向逐步接近利益相关者，操作起来比较容易。但是，三维模型成功应用的关键是需要对三个维度进行完整划分，例如，任务维中是否还有其他的任务活动没有包含在规划活动、操作活动和维护活动之内。

在三维模型中，角色维将项目角色划分为信息传递、决策者、受益者、执行者和影响者五种角色，任务维将项目活动划分为规划活动、操作活动和维护活动三种活动，过程维将项目过程划分为启动、计划、实施和收尾四个工程。项目的利益相关者会处于动态变化中，他们会在项目不同的阶段、不同过程中介入和退出，而且项目利益相关者也不会、不必要甚至不可能在项目启动阶段都识别清楚。在项目生命周期的不同时期、不同阶段，利益相关者的角色不同，相关方自身的需求和所承担的责任也会不同。项目中某个流程或阶段中的任务活动可以采用任务维进行明确，这些活动通常分为三种类型：规划活动，即对活动的具体内容、相关的负责人员以及具体方式进行明确；操作活动，即实施之前规划好的活动方案；维护活动，即在活动实施的过程中及时提供所需要的资源。

任务明确后，要对应到各个阶段、各个组织中的相关人员，在图中的角色维将组织中人员分为影响者、信息传递者、项目的受益者、项目的决策制定者和实施者共五类角色，每一类人员在活动的不同阶段都具有一定的作用，不能被忽视。三维模型如图26-1所示。

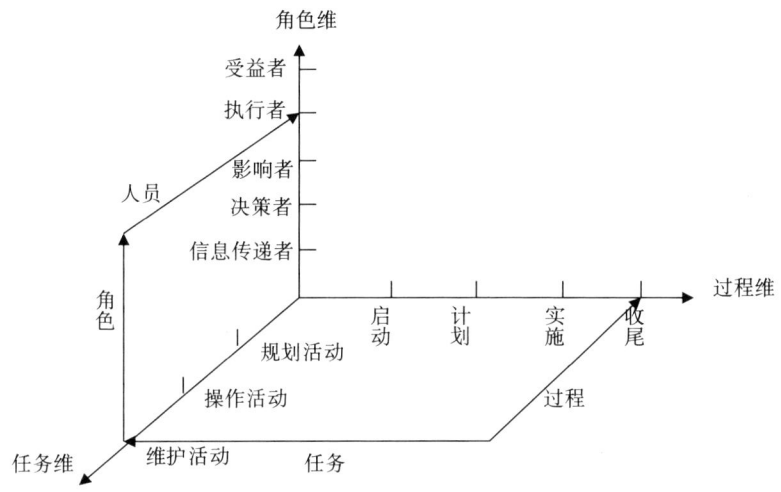

图 26-1 项目利益相关方识别的三维模型

26.1.2 利益相关者的关系治理

国外研究学者 Chris Mills 和 Bill McElroy 认为，项目经理需要负责管理项目的不同利益相关者，项目经理首先要对利益相关者进行识别，尤其是处于核心位置的相关方；其次要分析确定能够保证每个利益相关者自身利益的要素，这往往比较有难度；再次，项目经理要在适当的时刻采取合适的行动，来满足利益相关者的某些需求；最后，项目经理要对有关利益相关者进行跟进，以确保他们所采取的行为具有满意的效果。项目的利益相关者管理过程见图 26-2。

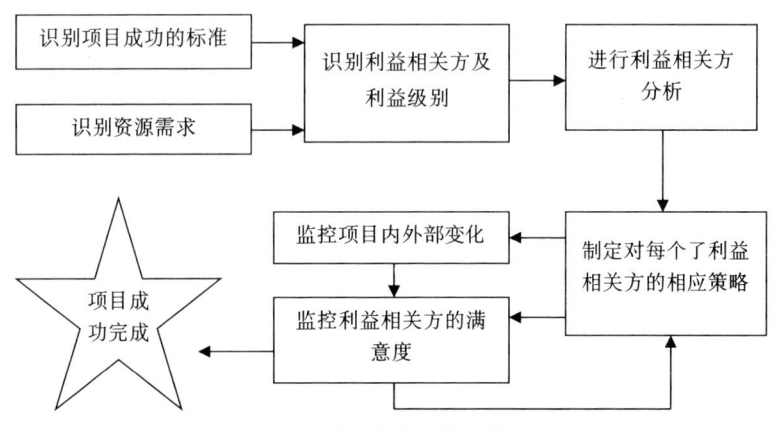

图 26-2 项目利益相关者管理过程

2006年，魏晓平、谢钰敏在研究传统的利益相关者理论的基础上，对项目利益相关者管理的有关理念、理论进行了重新总结后指出，项目利益相关者管理（PSM）可以定义为，项目管理层为均衡各相关方的利益而采取的具有针对性的管理行为和活动。同时，他们对项目利益相关者管理的步骤做出总结：在项目利益相关者管理的过程中，首先要对参与项目或被项目所影响的不同相关方进行识别，明确各利益相关者在项目中的权力、不同需求和利益，而且要明确不同利益相关者在项目中所承担的责任和应尽的义务，以及项目对于他们的责任和义务。利益相关者管理接下来的工作，是对项目利益相关者所处的优势、劣势、机会、威胁等角度进行综合分析，对利益相关者的行为和活动，以及对项目的可能存在的影响进行评估，制定项目需要采取的战略，针对不同的利益相关者选取不同的策略进行管理。

丁荣贵提出了一种项目治理过程的 $P-R^4$ 模型，其中 P 代表一个统一的过程，R 分别代表风险（Risks）、责任（Responsibilities）、角色（Roles）和关联关系（Relationships）。在项目生命周期的不同阶段，项目的利益相关者处于不断动态变化的过程当中，而且相关者相应的治理模式也有所不同，项目治理方式需要依据外在环境的变化做出改变。但是，项目中选取治理利益相关者的方式，可以在一个统一的过程中与不同的项目进行匹配。随着利益相关者在项目不同时期内的变化，治理方式与项目过程的匹配情况会不断地重复出现，这种重复过程主要包含：项目相关者的需求识别，项目的利益相关者关系治理角色的划分与关系角色确定，项目治理角色承担风险的识别与处置，项目治理角色之间关联关系的建立等四个循环迭代步骤。在项目的不同时期内，利益相关者在项目中所承担的责任风险与所具备权限职责是不同的。项目治理过程的 $P-R^4$ 模型如图 26-3 所示。

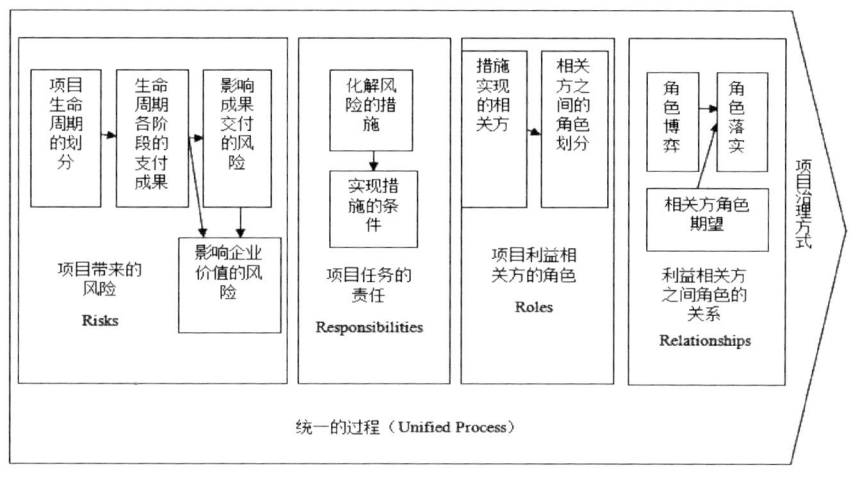

图 26-3 项目治理 $P-R^4$ 模型

26.2 社会网络理论

26.2.1 社会网络分析法

社会网络指的是，由作为节点的行动者及用线表示的相互之间关系构成的集合。一个社会网络是用多个节点以及点与点之间的连线构成的集合，社会网络结构就是利用线连接点来表示的。社会网络结构对于整体的功能或者其内部单个个体的影响作用，可以用网络结构的属性来进行解释。

社会网络分析法是一种分析不同的社会实体或社会单位的关系结构以及属性的方法，具有专门的方法原则、概念体系、分析工具和理论基础。社会网络分析用来描述和测量能动者之间的关系，以及通过这些关系所传递的资源、信息等，其形式不仅包括有形的，还包括无形的。在社会网络中的社会单位或社会实体又被称为"能动者"或"行动者"，"能动者"或"行动者"可以是个人、企业、城市、学院、国家等。

在社会网络机构中，二维空间中的点用来表示项目中的各个行动者，即在项目中的各个利益相关者。每个团体组织或单位都可以是行动者,所以节点可以用来代表社会单位、公司或者个体人员等项目中的任何行动者。节点的信息都必须是真实有效的,可用常规方法进行收集。

社会网络图中的线用来表示节点与节点之间存在的关系。关系可以用无向线、箭线等有多种形式进行表现。箭线可以利用从箭头到箭尾的方式表示形象,进而真实地反映出利益相关者之间存在的关系。利益相关者关系治理与社会网络之间的联系,有信息提供、需求提出、物资提供、方法提供、绩效激励、指示要求等多种不同的形式,但不管是哪种形式,在社会网络模型中的表现形式是一样的。本篇将用单条箭线表达项目利益相关者之间的联系,这里不考虑关系内容的不同,只考虑是否存在联系。社会网络研究者利用聚类分析、矩阵代数、多维量表 MDSE 等多种方法来研究关系数据,采用计算机网络技术、数理统计和概率论研究网络变量的统计性质,最后构建了多种网络模型。

26.2.2 社会网络模型的数学表达形式

社会网络结构模型的数学表达形式为无向加权图 $M=(R,S)$,在结构模型中 $R=\{1,2,\cdots,N\}$ 是一个有限的非空点集,用来表示参与项目的各利益相关者;集合 S 和集合 R 之间具有对称关系,集合 S 的元素叫作边,可以用 $S(p,q)$、(p,q) 或者 S_{pq} 来表示。边 $(p,q)\in S$,用来表示连接结点 p 和 q 的边,同样结点 p 和 q 与边 $(p,q)\in S$ 相连接,(p,q) 与 (q,p) 表示同一条边,当 $p=q$ 时,$(p,q)\in S$,即图 $M=(R,S)$ 中不存在自环。

如果两个结点能够通过同一条边连接,那么这两个点就是邻接点,也可以称作邻居。定义 $N*N$ 阶邻接矩阵 $A=[a_{pq}]$,如果 $(p,q)\in S$,$a=1$,如果 $(p,q)\in S$,$a=0$。W_{pq} 用来表示 p 与 q 的连接强度,$0\leq W_{pq}\leq W_M$,W_M 是 W_{pq} 的上限,如果 W_{pq} 越大则说明 p 和 q 的链接频度越大。在邻接矩阵中,用每一列的和,或者每一行的和来表示图中多对应点的度。

如果一条具有 $n+1$ 个结点的路径,是从结点 p 到结点 q 的非重复序列,那么可以表示为 $s=r_0$,r_1,$\cdots$,r_n,其中 $r_0=p$,$r_n=q$,且 $(R_p,R_{p+1})=S$,$t=0,1,\cdots,n-1$。在计算路径长度时,其值就等于该路径上的所有边权倒数的总和。如果线段 L 是从结点 p 到结点 q 的最短的路径,那么 L 就可以称为捷径,其 R_0 的长度被称为结点 p 和结点 q 之间的距离;如果

在 L 中重复出现结点,但是边没有重复,则 L 就被称之为轨迹;如果在 L 中的结点和边都重复的出现,那么 L 就被称作通道。如果在社会网络机构图中每两个点与点之间都具有路径,图就是连通的,否则图就不是连通的。

26.2.3　社会网络模型的结构属性

(1) 网络密度

测量网络密度,是对社会网络结构中实际存在关系数值与可能存在的关系数值进行测量,网络密度就是两者的比值。如果社会网络结构的规模是一定的,在社会网络结构节点之间的连线越多,说明该网络结构的密度就越大。网络密度的公式为:$\Delta = 2L/[N(N-1)]$。

在社会网络结构的网络密度计算过程中,L 代表项目中利益相关者之间连线的数量,N 表示项目利益相相关方的个数。例如,当项目的网络密度是 1 时,就说明在这个社会网络结构中的任意一个利益相关者和其他任何一个相关者都有关联;当网络结构中网络密度是 0,说明任何两个利益相关者之间都没有关联,社会网络结构中的利益相关者之间没有交集,即每一个相关方都是孤立存在的。在社会网络结构规模一定时,利益相关者之间的连线越多,社会网络结构的密度就会越大,利益相关方之间的连线越少,社会网络结构的网络密度就越小。

(2) 网络中心度

社会网络模型中的中心度是反映社会网络结构中节点的中心地位的指标。中心度可以直接体现出各相关方在项目网络结构中的位置,它决定了利益相关者在项目的社会网络中的地位和权力。处于中心地位的参与方更容易获得各项资源,能够对其他相关方产生更强的影响力。中心度又分为三种类型:度数中心度、接近中心度、中间中心度。

度数中心度(Degree centrality)指的是在社会网络结构模型中连接节点间线的数量。度数中心度能够反映出社会网络结构模型中的某个节点在网络中是否与其他节点具有密集的联系。度数中心度可以反映出,在社会网络结构模型一个节点对于网络结构中的其他节点的影响作用。同时,度数中心度会根据社会网络结构模型规模的大小而发生变化。不同的社会网络结构模型中的中心度不能直接进行比较,如果一个项目的规模比较小,那么在它所形成的社会网络中度数中心度比较大的点就会处在明显的中心位置。在项目所形成的社会网络中，度数中心度大的相关方，就会处于项目的核心位置，它对于信息和资源的获取能力和控制能力都比较强，对与其他利益相关者的影响力也比较大。

接近中心度（Closeness centrality），是用来衡量在社会网络结构模型一个结点与社会网络结构模型中其他的点之间接近的程度。在测量社会网络结构模型接近度时，需要计算出社会网络结构模型中某点与其他各点之间的最短距离之和。社会网络结构模型接近性与距离和之间呈相反的关系，一个点在社会网络结构模型中的距离和越大，它的接近中心度就会越小；一个点在社会网络结构模型中的距离和越小，它的接近中心度就会越高。社会网络结构模型接近中心度能够反映出项目中利益相关者在项目网络中共享信息、资源以及方法的能力。当社会网络结构模型中某利益相关者的接近中心度较大的时候，那么该相关方跟社会网络结构模型其他利益相关者联系也较为密切，在项目网络中也处在较为中心的位置，对于信息、物质资源具有较强的控制能力，是处于主动位置的。当社会网络结构模型中，某相关者的接近中心度比较小的时候，该相关方跟社会网络结构模型中其他利益相关者联系也较少，在项目网络中处在较为边缘的位置，对于信息、物质资源的控制能力较弱，在社会网络结构中处于被动位置，对其他的利益相关者的依赖会比较强。理论上讲，如果在社会网络结构模型某一相关方的接近中心度为1，那么它就处于社会网络结构的绝对中心位置，拥有绝对的权利来控制信息交流、物质交换和利益的分配。

中间中心度（Betweenness centrality）表示的是，在社会网络结构模型中一个节点处于社会网络结构中其他点的"中间人"位置的程度，如果去掉该点，那么其他的节点之间可能就会失去联系，该点起到了桥梁链接的作用。社会网络结构模型中间度能够反映出某个相关者会具有多少中介或中间人的性质，可以在多大的范围内控制其他的相关者，能够间接地反映出某个相关方对社会网络结构模型中资源和信息的掌控能力。在社会网络结构模型中，中间中心度数值较低的点会成为社会网络结构模型的中介中心，这样的利益相关各方会扮演"守门人"或者"经纪人"的角色，此时利益相关者也具有沟通桥梁的作用。

（3）凝聚子群

在社会网络结构模型中的群体被定义为，在已有目标和制度的约束之下，彼此相互协作、共同行动的一群能动者。而凝集子群则是符合下述条件的社会行动者的一个子集合，即：在群体的集合中的各个行动者之间具有相对直接、积极、紧密、较强的关系。因此，我们可以从多个角度分析"直接、积极、紧密、较强"等关系的属性。社会网络领域对群体的研究主要是从形式化的角度进行的，其目的是分析凝聚子群的各种类型，找到在一个整体网络中存在多少种凝聚子群。

在社会网络结构模型中，对子群的分析研究就是对于社会结构的研究。对社会结构的研究有以下两种思路：质化的结构观和量化的结构观。现在对社会结构的大多数研究都属于"质的研究"，即"网络结构"范式。在社会网络结构模型中的社会结构其实是一种关系模式，它是真实存在或潜在存在于社会行动者之间。对社会结构的研究包括：分析项目网络中会有多少子群、派系，派系内部的成员及派系与派系之间有什么的关系，n-派系、n-宗派、k-丛怎样组成网络的整体结构。

在社会网络结构模型中把行动者分到各个派系（或者子群）之中，这是主要的一种研究方向。假设有两个网络，一个网络中的行动者分为两个相互不重叠的派系，另外一个网络中的行动者分为两个相互重叠的派系（即：某些网络成员同时归属于两个派系之中）。

派系、子群分析是社会网络结构模型中对社会结构以及个体的嵌入性进行分析的一个重要工具。在项目的社会网络结构模型中，子群指的是参与项目的利益相关者的子集和，子集合中的相关方之间具有联系，彼此之间有互动。项目中的子群有自己的目标以及群体分工，并且群体具有一定的凝聚力。此外，群体定义不限于个人。或者说，群体中的"个体"可以是个人，也完全可以是合作小组、部门、目标小群体、城市，甚至国家等。凝聚子群指的是，在项目有一些利益相关者之间的联系特别紧密，由此聚集到一起形成了凝聚子群。对于社会网络结构中模型凝聚子群的分析有四个不同的角度：建立在互惠性基础上的社会网络结构模型凝聚子群分析（派系、成分分析），建立在子群内外关系基础上的社会网络结构模型凝聚子群分析（成分、CONCOR 和 Lambda 集合的分析），建立在度数基础上的社会网络结构模型凝聚子群分析（k-plex、K-Core 分析），建立在可达性基础上的社会网络结构模型凝聚子群分析（n-派系、n-宗派分析）。

K-Core 指的是，在社会网络结构模型中，子图内的某个节点需要至少与该社会网络结构模型子图中的 k 个其他的节点邻接。K-Core 分析是建立在度数的基础上，对社会网络结构模型凝聚子群的分析方法，k 值表示当一个网络结构凝聚子群在进行分析时，子群中的节点间的最大距离。K-Core 分析的原理为依次迭代去掉总项目网络中度数小于 k 的利益相关者。在分析的结果中，属于高核的节点必然也属于低核，所以利益相关者的 K-Core 值记为其所处的最高核值。在某个项目所构成的网络中，如果要成为核心节点，不仅其自身需要达到一定的度数，而且必须有一定数量的至少与其同等重要的邻居节点。因此，既然 K-Core 值可以用来反映利益相关者的核心程度，也就可以用来划分项目组织的层次。研究还表明，当一个项目的规模不断扩大的时候，所形成的社会网络的规模也不断变大，项目中利益相关者 K-Core 值的变化则会逐步趋于稳定，并不会像网络中的节点度一样发生剧烈的变化。因此，K-Core 值是一种更加稳定、简单的参数。

作为一个凝聚子群，K-Core 有一定的自身优势。k 值不同，得到的 K-Core 也不同，可根据自己的需要设置 k 值；K-Core 不一定是具有高度凝聚力的子群，但它们能够表现出与派系类似的性质。在 Ucinet6.0 软件中进行 k-核分析，利用 Network-Region-K-Core 功能可以进行 k-核分析；利用 NetDraw 功能，可以进行可视化的绘图；选择 Analysis—K-Core 功能，先对各个利益相关者的 K-Core 值进行计算，然后再选择 Analysis—NodeCentrality Mesures—Degree 功能，可计算各个利益相关者的度；再选择 properties—nodes—symbols 功能，将 size 和 shape 分别设定为按各个利益相关者度和 K-Core 值，可以实现对关系网络的整体展现。

在项目利益相关者的网络图中，对于社会网络结构模型中集合 N_s 的一个子图中的各个点，如果能够符合以下要求：在 N_s 自身内部的任何一对点的边关联度都大于其他任何一个由来自 N_s 的一个点和 N_s 外部一点构成的点对的边关联度，那么 N_s 就是社会网络结构模型一个集合。从形式化的角度说，一个 Lambda 集合是一个需要满足以下条件的点集 $N_s \in N$：对于所有的 $i, j, k \in N_s$，并且 $I \in N \sim N_s$ 来说，都有 $\lambda(i,j) > \lambda(k,l)$。该程序首先计算任何两个点之间的最大流量（即关联度），并且利用该信息构建 Lambda 集合，分析结果给出了一个社会网络结构模型图中所有可能存在的 Lambda 集合。上述社会网络结构模型矩阵就是最大流量矩阵，其中在 i 行 j 列中给出的是 i 和 j 之间的边关联度。

26.3　本章小结

本章阐述了利益相关者识别治理的基本概念与理论，介绍了社会网络分析法的分析要素与分析原理，为热电项目的模型建立与模型分析提供了理论基础。通过研究分析可以发现，目前利用社会网络分析法进行工程建设项目的研究较多，但在工业建设项目领域相关研究不多，因此，本篇选取热电项目为研究对象，对热电项目的利益相关者关系网络模型进行研究。

27 热电项目利益相关者社会网络模型构建

在上一章对利益相关者关系治理理论、社会网络分析理论等相关理论进行了介绍之后,本章将在此基础上提出应用社会网络分析方法分析热电项目时的前提假设,以及基于关系治理的热电项目社会网络模型的构建过程。

27.1 热电项目利益相关者社会网络模型的假设

当前,社会网络分析方法已经被应用到各个领域,在管理学、经济学、社会学、人类学、教育学等领域都开展了相应的研究。在各个大型建设项目管理领域,研究人员也逐渐开始认识到,在项目治理中所构建的社会网络结构对项目风险和项目绩效具有较大影响作用。在项目不同阶段,各利益相关者随着项目的进展而产生联系,并共同构建了项目的社会网络结构,社会网络模型的结构及各利益相关者在网络中的位置和担任的角色,对相关者的行动具有重要影响作用。只有对项目中利益相关者所构成的社会网络结构模型进行相应研究,才能够更好地分析社会网络结构模型中利益相关者之间的关系结构和行为策略等问题。项目处于一定的社会系统中,单个利益相关者的行为会受到项目所构建的社会网络模型中位置的影响，建设项目社会网络结构与项目的绩效存在关联，可以利用社会网络分析方法对建设项目中利益相关者之间的关系进行定量分析。

热电项目都具有规模大，参与组织多，建设周期长，影响范围广泛等大型建设项目的一般性特点，需要依靠各种利益相关者之间的高效协作才能达到热电项目的目标。参与热电项目的利益相关者之间相互协作的关系，是构建热电项目社会网络模型的基础。根据以上论述，研究主要基于以下假设构建热电项目利益相关者社会网络模型。

假设一：在热电项目中，各利益相关者所采取的措施、策略等会受到他们所形成的热电项目的社会网络结构的影响，同时网络结构也会对他们的行为产生影响。

假设二：如果热电项目各个利益相关者之间存在的关系类型越多，那么他们之间的联系也就越紧密。

假设三：本篇研究的热电项目包括项目建设期和项目运营期两个阶段，在两个阶段中，利益相关者之间的关系种类相同而具体的关系表现形式不同，在热电项目建设期和运营期两个阶段中，利益相关者之间不同类型的关系具有相同的影响作用。

假设四：在测量利益相关者之间的关系强度时，取值不考虑不同类型关系的权重，若相关方之间有 n 种关系赋值 n，若无关系则赋值为 0。

27.2　热电项目社会网络模型的要素

在热电项目中，所有的利益相关者都会通过某种形式参与到热电项目中或者受到热电项目的影响，他们按照一定的位置和关系共同构成项目的社会网络结构。借鉴图论的有关知识理论，研究拟通过网络结构中的节点和线这两种要素来构建热电项目社会关系模型。热电项目中的利益相关者用社会网络模型中的节点来表示，相关方之间的关系用社会网络模型中的线来表示。

27.2.1 热电项目利益相关者的识别

在热电项目利益相关者的识别过程中,必须要解决两方面的问题:首先要识别出参与热电项目的全部利益相关者,其次要对表示各相关方之间的关系强度进行量化。这两个方面存在密切的联系,热电项目关系复杂、信息获取也较为繁杂,需要系统、科学、全面地收集参与项目各相关方的数据。鉴于热电项目概念模型的特点,实施的可行性以及研究的需要,这里采用三角测量方法获取数据资料,并利用三维模型识别法和滚雪球法,对热电项目中所涉及的利益相关者进行识别。

本篇将热电项目的利益相关者界定为,参与热电项目建设期或者投产运营期中的组织和个人,以及自身利益受到热电项目影响的组织和个人。在热电项目利益相关者的识别过程中,首先需要找出热电项目的利益相关者有哪些,其次要对热电项目中各利益相关者之间的关系进行度量,这两者存在密切的联系。滚雪球方法能够在大量的利益相关者中间,提取出可以满足需要分析的利益相关者样本量,能够快速地筛选出利益相关者样本,从而迅速、高效地识别出在热电项目社会网络模型中的相关方。因此,本章将利用滚雪球方法,在热电项目的任务、阶段、角色三个维度上识别出热电项目中建设期和运营期的各个利益相关者。

第一步:选取热电项目中某一个具有代表性的利益相关者来获取数据。参与热电项目的相关方有很多,有些利益相关者非常明显,如设计单位、建设单位、施工单位等,但有些却难以识别。因此,要先选取某一个较为明显的热电项目利益相关者,进一步,获取与之有联系的其他利益相关者的数据,并对相关方之间的关系强度进行量化。从热电项目第一个利益相关者获得的数据如表27-1所示,该利益相关者与其他相关者的关系强度用S_{ij}^{i}表示,上标表示关系数据的来源,下标表示该关系数据所涉及的两个利益相关者。

表27-1 利益相关方信息表

热电项目利益相关者	2	3	4
关系强度	S_{12}^{2}	S_{13}^{3}	S_{14}^{4}

根据表27-1中参与热电项目的利益相关者的信息,绘制热电项目利

益相关者网络图,其中实心点表示该参与热电项目的利益相关者的数据已经获取,空心表示对应利益相关者的数据还没有取得,如图27-1所示。

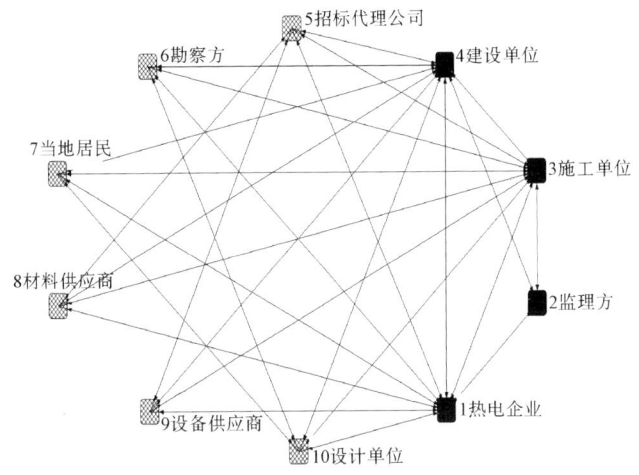

图 27-1　热电项目利益相关方网络图

第二步:从热电项目中选取任意一个未取得数据信息的利益相关者进行调查。假设选取利益相关者"2 监理方"为调查对象,获取 2 监理方的数据如表 27-2 所示。数据 S_{12}^2 是可以对数据 S_{12}^1 进行证实或校正的,如果获取的数据有所不同,经过调查后,取 S_{12}^1 和 S_{12}^2 的平均值作为数据 S_{12} 的值。

表 27-2　　　　　　热电项目利益相关者信息表

热电项目利益相关者	1	3	4
关系强度	S_{12}^2	S_{23}^2	S_{24}^2

第三步:重复上述步骤,直到图中所有的利益相关者都由空心变成实心。虽然不同模式下参与项目的利益相关者不尽相同,但参与项目的组织一般会包含业主、各类企业、权力机构、公共组织以及政治性决策制定主体。具体到热电项目,如果按建设期和运营期两阶段划分,项目建设期和投产运营期两阶段中的利益相关者又会有所变化。在建设期的利益相关者包括业主、承包商、设计方、咨询、监理方、供应商、金融机构等众多组织。在热电项目营运期,项目的利益相关者则可能会变更为产业链中的上下游企业等,包括:水泥厂、砖厂、污水处理厂、石膏厂等。

27.2.2 热电项目利益相关者关系分析

热电项目社会网络结构中的边,表示的是项目中不同相关方之间的联系。在社会网络模型中,可以用箭线将热电项目利益相关者之间的关系形象化地表示。根据热电项目利益相关者联系的不同内容,其箭线可以用于表示:设计单位与施工单位之间的信息沟通,监理方与业主之前签订的委托合同,当地政府部门对其他利益相关者的监督等关系。不管关系内容有何不同,在热电项目利益相关者社会网络结构中,都是用单条箭线表达利益相关者之间的关联关系,用网络结构中边的赋权表示关系强度。

热电项目是规模较大的跨组织复杂项目,在建设期和投产运营期中各利益相关各方之间的协调变得尤为重要和关键,需要充分调动各个组织和资源来完成项目。在热电项目中,各利益相关者之间是一种协作关系,只有在达到项目预期目标的前提下,才能够取得各自在项目中的应得利益。为了达到项目的目标,各方在项目指向中承担相应责任的同时,也会受到项目中相关规章制度的约束。随着项目的不断进展,参与项目的利益相关者之间会逐步建立起规制关系,这种规制关系的建立方式涵盖了常见的激励绩效、合同契约、内部协定、指示命令等。本篇将热电项目利益相关者的关系界定为,在热电项目的工程建设过程以及投产运营过程中,为保证热电项目的顺利进行,所有参与到热电项目中或被热电项目影响的利益相关者之间的协作关系。

热电项目利益相关者之间的关系往往具有多重性,可以从热电项目的联结结构、经济结构以及社会结构三个角度分析热电项目的组织结构。从热电项目的联结结构的视角出发,各利益相关者间的连接构成一个关系网络;从热电项目的经济结构的视角出发,各利益相关者在价值链条中进行利益传递从而形成商业网络;而从热电项目的社会结构的角度来看,各个利益相关者之间可能存在着认知、情感、文化、信念等多方面的联系。

热电项目中利益相关者之间通过各种有形、无形的,正式、非正式的方式发生着各种各样的关系。根据现代系统理论,任何一个系统在其内部各个环节之间,以及内部与外部环境之间不断地进行着能量、物质和信息三种类型的交换。各个子系统通过信息流、能量流和物质流之间的协同作用而相互配合、协调、促进、制约。本篇将热电项目看成是一个包含物质流、能量流与信息流三个小系统的大型系统，利用子系统与子系统之间以及子系统与大系统之间的物质、信息、能量关系，来界定热电项目中的利益相关者之间的关系。同时热电项目又是一个开放的系统，各利益相关者在不同阶段、不同时期先后进入系统，参与项目，各利益相关者在项目生命周期的各个阶段中不断进行着能量、物质和信息的交换。

物质子系统：热电项目的物质流子系统包含的内容非常多，涵盖了系统内部物质加工、交换、传递等各种形式。在项目的建设期，材料供应商会向施工单位和建设单位提供原始的物质材料，设计单位、勘察单位、咨询单位、监理单位、招标代理公司等利益相关者，在参与热电项目的过程中，也需要在设备、人工、技术和材料进行投入，最终经过设计、施工方、监理单位等多个利益相关者积极地参与，完成项目目标。其次，在热电项目进入投产运营期后，热电企业与产业链上下游的企业也在不断地进行着物质交换与传递。煤、原油等能源物质进入热电厂后，会以电力、热能的形式传输到其他企业中。热电企业废弃物会成为建材企业的生成原料，运用纯低温余热发电，即为充分利用窑头窑尾产生的余热进行发电等新技术，改善水泥行业废物利用率，加强回收，循环发展。余热可以用于汽车行业和食品加工行业，提高热量的利用率。生物医药产业生产过程中的余热通过热量梯级回收技术加以利用，将生物医药产业中高压蒸汽灭菌生产环节产生的大量 80℃ 左右的热水，用于汽车行业的洗车、食品行业的巴氏灭菌等。热电项目的物质流子系统如图 27-2 所示。

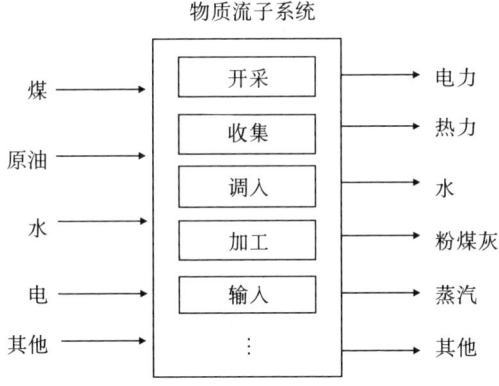

图 27-2 热电项目物质流子系统

信息流子系统：在整个热电项目中，由于参与的利益相关者众多，系统中必然会存在大量的信息交换，各利益相关者之间会通过正式的和非正式沟通渠道来获得项目信息，各利益相关者需要从繁杂的信息中甄别出正确有效的信息。信息收集的方法有很多，正式的途径包括会议、座谈、文件等，另外在系统内部各利益相关者之间还存在各种非正式的途径，如员工之间的小道消息、个人的推测等。有信息需求的利益相关者需要对系统内部充斥着的各种信息进行合理的筛选，去除容易产生误导的错误信息以及无用信息，筛选出有用信息用于支持决策。热电项目的信息流子系统如图 27-3 所示。

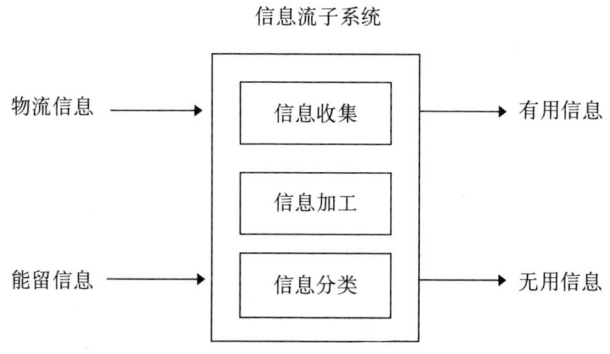

图 27-3　热电项目的信息流子系统

能量流子系统：在热电项目中的能量关系包含两层含义，一是指热电项目建设期各方的能量关系，主要包括利用与工程有关的规章、法律、合同、行政权力、法规等具有约束力的正式的能量关系，几方之间围绕工程建设签署的合同关系，以及由于习惯、风俗、社会文化而产生的各类大家都须遵守的一些非正式关系；二是在热电项目生产运营期中，热电企业内部的各种能量转化，化学能转为热能、电能，热能、电能转化为机械能等。热电项目的能量流子系统如图 27-4 所示。

27.2.3　热电项目建设期利益相关者关系界定

由于本篇所研究的热电项目包括项目的建设期和投产运营期两阶段，因此，随着热电项目的推进，参与项目的组织也在随时发生着变化，在这两个阶段中的利益相关者会随之变化。同时，在热电项目不同阶段的相关

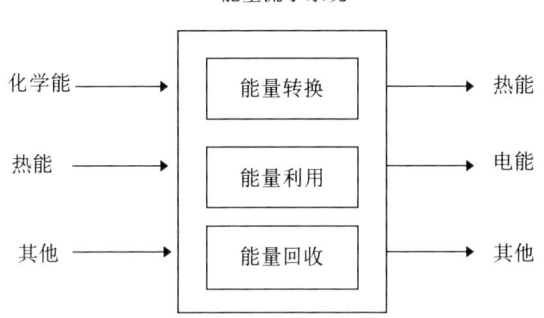

图 27-4　热电项目的能量流子系统

方之间的关系也会发生变化,在热电项目的建设期,参与的利益相关者主要目的是为了帮助热电项目顺利地完成建设,而在热电项目投产运营后,利益相关者主要是产业链中的上下游企业,主要目的就变成了基于物质流的盈利。因此,又可将热电项目中各利益相关者之间的物质关系、能量关系和信息关系三种类型,进一步具体到热电项目建设期和投产运营期两阶段中进行分析。其中,建设期中利益相关者的关系类型可以表现为协调关系、合同关系、信息交换关系、绩效激励关系、指令关系五种关系形式。建设期利益相关者组织层面的社会网络模型如图 27-5 所示。

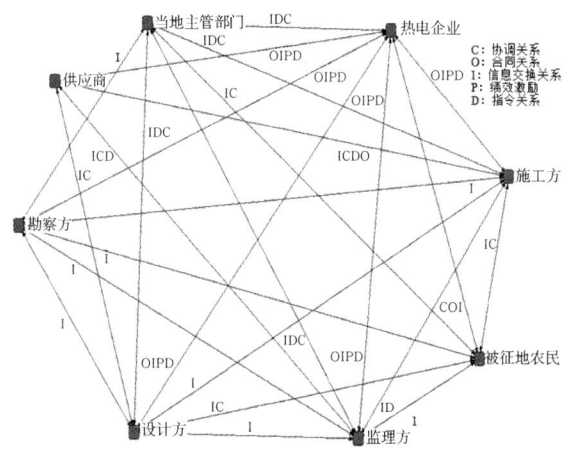

图 27-5　项目建设期组织层面的社会网络模型

协调关系:在热电项目中的协调关系指,参与项目的各个利益相关者为了实现热电项目的目标而需要正确地处理各关者之间的关系,并对热电项目利益相关者的行为和规范及时进行调整的联系方式。协调关系不仅存在于热电项目的整个建设期，还存在于项目中的各利益相关者之间，是为实现热电项目绩效目标的资源有序管理过程。例如，在热电项目的开始阶段，政府部门需要与园区内被征地的农民进行良好的沟通、协调，以保证项目后续阶段的顺利进行。热电企业作为业主，需要和设计单位进行协调，以使得项目能够满足自身的需求。建设单位和供应商之间同样需要进行沟通、协调，以保证供应商提供的物资能够满足建设施工的要求。

合同关系：热电项目各利益相关者之间的合同关系就是传统组织结构中最明显的法律关系。在热电项目中，许多利益相关者之间都会签订具有法律效应的各类合同。例如，热电企业和监理方签订委托关系合同，监理方会与承包商签订具有监理关系的合同，当地居民在被征地并需要进行搬迁时，需要和当地政府签订相关的补偿合同等。

信息交换关系：是热电项目中各个利益相关者之间，以信息交流为目的和内容的组织间的信息流动。信息交换关系不仅存在于热电项目的整个建设期，还存在于项目中的各利益相关者之间。参与热电项目的各利益相关方及时、准确地沟通和交流，对于实现项目目标，降低项目风险至关重要。热电企业作为业主，需要和设计单位、施工单位进行顺畅的信息交流，以保证自身的需求信息能够被及时、准确地传递和理解。建设单位和供应商之间也同样需要良好的信息交流，以保证供应商所提供的物资能够满足施工建设的要求。政府部门需要和各方进行必要的信息交流，以保证各个利益相关者能够安全合法地开展工作。

绩效激励关系：在热电项目中，绩效激励关系主要用于解释各个利益相关者在项目实施过程中的行为变化，是社会网络中经济关系的重要类型，主要存在于企业内部，用于激励员工及时、高效地完成任务。

指令关系：是在热电项目中，各利益相关者之间上行下效、上传下达的一种制约性关系。例如，政府部门作为热电项目的审批部门，对于热电企业具有明显的指令关系。当地政府作为热电项目的主管部门，对于参与项目的各利益相关者都具有指令关系。

27.2.4　热电项目运营期利益相关者关系界定

在热电项目的投产运营期，需要构建以热电企业为核心的循环经济产业链。热电项目运营期内的利益相关者关系，主要体现在产业链上下游企业间的业务往来方面。在以热电企业核心的工业园区中，根据循环经济产业链的延伸方向进行着资源的多级利用，企业间不断地进行着物质循环和能量传递。热电企业在产业链中充分发挥了辐射、链接作用，带动园区内其他支柱产业共同构建循环经济发展框架，实现物质交换和资源能量的循环利用。热电企业与产业链内主要支柱产业之间的关系如图 27-6 所示。

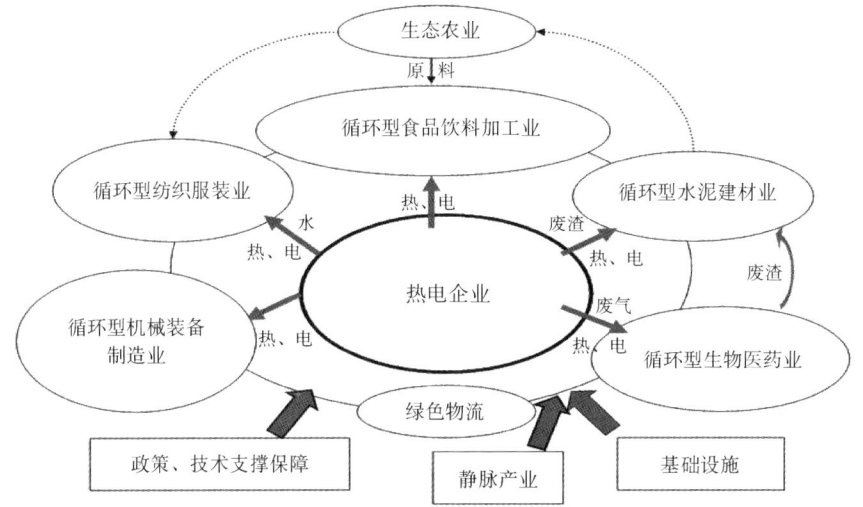

图 27-6　循环经济产业链总体框架图

在热电项目运营期内，利益相关者之间的关系可表示为热能传递、电力传输、物质代谢、水循环、蒸汽利用五种关系形式。

热能传递：热电项目中的能量集成，就是实现整个热电项目中的各利益相关者对能量的有效利用。其中不仅包括各利益相关者对生产过程中能量的有效利用，还包括各利益相关者之间的能量转换。循环经济产业链中，应以热电企业为核心，建立集中供热系统为周边地区供热，同时可以根据工业园区内部循环经济产业链中企业的不同需求，实现余热资源多级利用。例如，可利用热电企业废弃物为建材企业提供加工原料，运用纯低温余热发电，即采用充分利用窑头窑尾产生的余热进行发电等新技术，加强回收，循环发展。

电力传输：电能是热电项目的主要输出产品，热电项目中的电力传输包括三个方面，为园区内各利益相关者的生产提供电力，为工业园区内及周边居民提供生活用电,将剩余电力送入电网。

蒸汽利用:蒸汽主要满足园区内各用汽企业的需求,保证生产。例如,生物医药企业是能耗、蒸汽需要量相当大的用户,同时也会产生大量富含有机物的污水以及富含糖和蛋白质等物质的废渣。通过节能减排,可以实现生物医药主导产品的效益最大化和环保低排放。具体形式为:对生物医药产业生产过程中的余热通过热量梯级回收技术加以利用,可以为企业生产开辟了一个新的增值途径;在食品加工企业中利用胚芽、蛋白等工序烘干产生的废蒸汽对玉米浆进行浓缩,从而降低新鲜蒸汽的使用量;将生物医药产业高压蒸汽灭菌产生的大量80℃左右的热水,可以用于汽车行业的洗车、食品行业的巴氏灭菌等。热电项目运营期内热能、电力和蒸汽梯级利用示意图如图 27-7 所示。

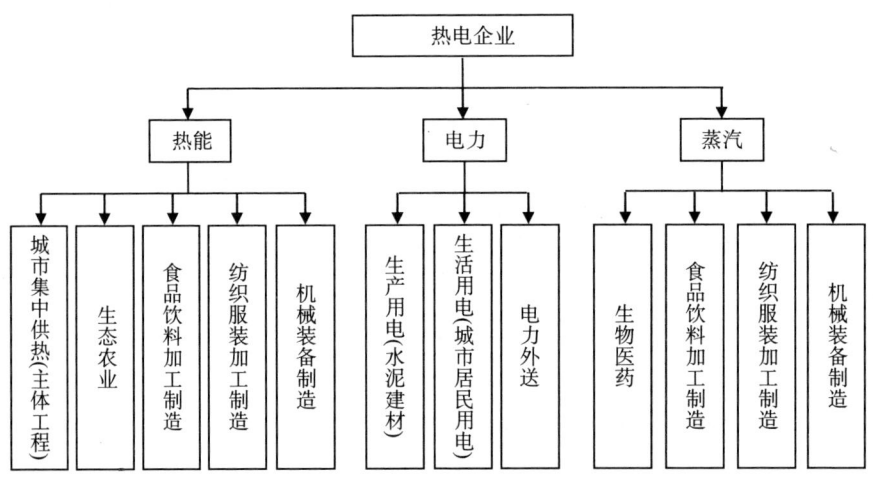

图 27-7 能量梯级利用示意图

水循环:在以热电企业为核心的循环经济园区构建过程中,通过构筑水循环系统,既可节约用水,又可提高水的利用率。热电厂及其他企业的水除内部循环利用外,达到使用标准的还可供区域内生活使用。按照水的等级标准,某些工厂用水可供给其他工厂使用。具体形式为:热电企业、水泥厂经循环使用后的废水,经污水处理厂综合处理后,可用于建材厂的工业生产,也可作为中水再次循环利用;冷凝水可以继续用于其他工序,清洗水使用循环水,利用污水处理厂的中水作为夹套冷却水,减少对于新鲜水的使用;生物制药企业产生大量废水,经过污水处理厂处理后生产出大量中水，而中水可用于热电企业发电。如此循环，可以使水资源得以最大限度地使用，同时降低运营成本，提高经济效益。热电项目运营期内的水循环如图27-8所示。

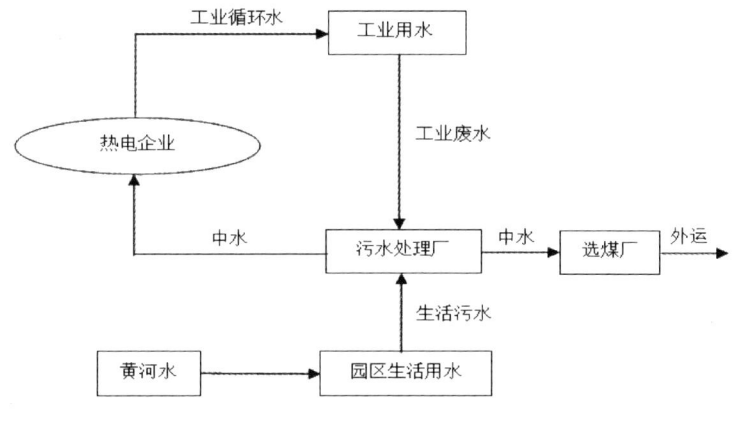

图 27-8 水资源循环利用图

物质代谢：热电项目中的物质代谢体现在物质替代、源头削减、废物再循环、废物交换和再利用等多个方面。可以重复利用的废弃物通过技术处理可实现循环利用。对于企业无法处理的废弃物集中回收和处理，有助于建立和谐的工业共生体系，实现循环经济的顺势发展，打造特色鲜明的加工制造业和产业服务中心，形成以热电项目为核心的产业聚集和规模效应。具体形式为：在玉米等原料加工过程中会有一些粉碎玉米过程中产生的尘粒，液化过滤得到的蛋白渣，提取过程中产生的培养基和菌体蛋白废渣等副产品；通过玉米淀粉、葡萄糖等产业将原材料充分利用，提高资源利用率，降低废物排放率；通过废渣等向肥料、饲料产业的转化，实现减排和副产品的经济化。而这些副产品同时含有丰富的碳源、氮源和无机盐，适于用作肥料和饲料加工，但废渣的再利用需要及时干燥保存，以备运输到相关企业进行利用和产业化。为此，需要大量利用热电企业提供的热，将这些废渣进行干燥、无害化处理后，才能运送到肥料厂或饲料厂进行深加工，进而满足周边区域农牧业生产的需要，为生物医药产业延长生产链条。同时，还可以充分利用生物医药产业前向和后向强有力的带动作用，促进上下游企业有效对接，将原材料和副产品充分利用，使热能和水资源得以充分利用。热电项目运营期内的物质代谢如图27-9所示。

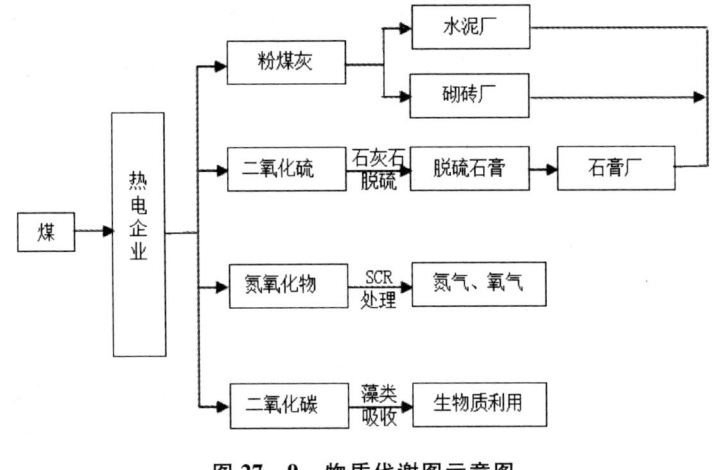

图 27-9 物质代谢图示意图

27.3 数据获取

在热电项目利益相关者的识别过程中，首先需要找出参与热电项目的利益相关者，其次要对热电项目中各利益相关者之间的关系进行度量。本章采用三角测量方法获取数据资料，并利用三维模型利益相关者识别法结合滚雪球法对热电项目中涉及的利益相关者进行识别。

三角测量方法数据来源于三种途径，一是访谈调查法，主要是针对热电项目的客户、热电项目的管理团队、热电项目的物资供应商和热电项目的承包商进行访谈；二是现场观察法，主要是到热电项目实施的现场直接进行观察得到的数据；三是文件资料法，充分利用参与热电项目的建设单位、设计单位、承包商、供应商以及政府的规划、报告等文件资料来获取信息。在热电项目建设单位配合与支持下，通过查阅相关的资料与文件，包括项目设计书、招标文件等，可以得到利益相关者的初步情况，并以此为依据，进一步完善热电项目的利益相关者数据。基于热电项目概念模型的特点、实施的可行性以及研究的需要，本章通过以上三种方法获得了热电项目在建设期和运营期利益相关者的状况数据，并通过进一步分析整理，得出不同时期利益相关者的关系数据。

27.4 热电项目社会网络模型关系矩阵

根据获得的数据，既完成了参与热电项目的不同利益相关者的识别，还可以通过分析整理数据进一步得到不同利益相关者之间的关系强度。关系强度是指热电项目利益相关者之间的紧密程度，这种紧密程度能够反映出利益相关者之间的联系强度，并最终表现在热电项目利益相关者之间经济影响和制度约束的程度上。另外，关系强度也反映了该利益相关者承受各方面压力的能力。从现有研究看，在进行不同利益相关者关系强度的测量时，不同类型关系对利益相关者影响程度的研究还不够成熟。因此，本章结合项目治理的实际和分析的难易程度，对关系强度的度量进行了简化处理，没有考虑关系的方向，在数据获取过程中只要发现两个相关方存在关系，就用线将他们连接起来。在邻接矩阵的构建过程中，假设各种关系类型的权重是相同的，对不同类型关系的权重也未纳入考虑，取值时，若两个利益相关者之间没有关系则赋值0，两个热电项目的利益相关者之间有 n 种关系则赋值为 n。

表 27 - 3   热电项目利益相关方邻接矩阵

热电项目利益相关方	A_1	A_2	A_3	A_4	A_5
A_1	0	B_{12}	B_{13}	B_{14}	B_{15}
A_2	B_{21}	0	B_{23}	B_{24}	B_{25}
A_3	B_{31}	B_{32}	0	B_{34}	B_{35}
A_4	B_{41}	B_{42}	B_{43}	0	B_{45}
A_5	B_{51}	B_{52}	B_{53}	B_{54}	0

在表 27 - 3 中，A_i 代表参与热电项目的各利益相关者，其中 $i = 1, 2, 3, \cdots, n$。B_{ij} 代表利益相关者 A_i 和利益相关者 A_j 之间存在的关系种类数，若利益相关者 A_i 和利益相关者 A_j 之间只存在 1 种类型的关系，则 B_{ij} 为 1，若利益相关者 A_i 和利益相关者 A_j 之间存在 2 种类型的关系，则 B_{ij} 为 2，依次类推。

27.5 本章小结

本章首先提出了应用社会网络理论对热电项目进行关系治理时的前提假设，并介绍了在热电项目的建设期和运营期内，对参与热电项目的利益相关者进行识别的方法和过程，界定了在热电项目建设期和运营期内的利益相关者之间的关系，构建了热电项目利益相关者社会网络模型的关系矩阵，为进一步分析热电项目利益相关者社会网络模型建立了基础。

28 热电项目利益相关者社会网络模型的分析

28.1 利益相关者社会网络模型的形成与分布

在热电项目建设期内,各利益相关者主要是围绕热电项目的施工建设开展活动。利益相关者主要包括:业主(热电企业)、承包商、设计方、咨询方、监理方、供应商、金融机构等众多组织。参与热电项目的各方有共同的目标,利益相关者的关系比较集中。热电项目建设期的利益相关者网络结构如图 28-1 所示。

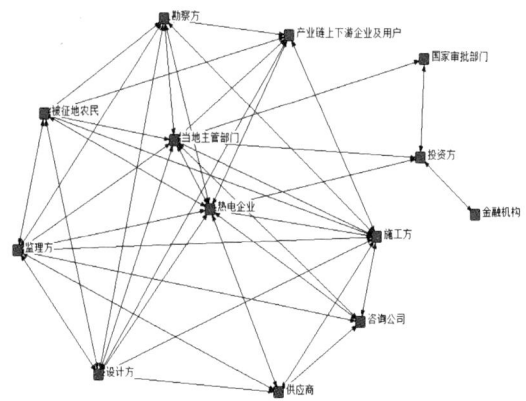

图 28-1 热电项目建设期利益相关者网络结构示意图

在热电项目运营期，项目的利益相关者会变换为产业链中的上下游企业等，包括水泥厂、砖厂、污水处理厂、石膏厂、服装厂、纺织厂、建材厂、机械装备厂等。在热电项目的运营期会形成以热电企业为核心的循环经济产业链，产业链中的各个企业围绕着热电企业开展自己的生产经营活动，此时各利益相关者之间的关系会变得比较松散。在循环经济产业链中，围绕着热电企业，共建立了纺织服装、生物医药、装备制造、食品饮料加工和水泥建材等五大产业链，热电项目运营期利益相关者网络结构如图28-2所示。

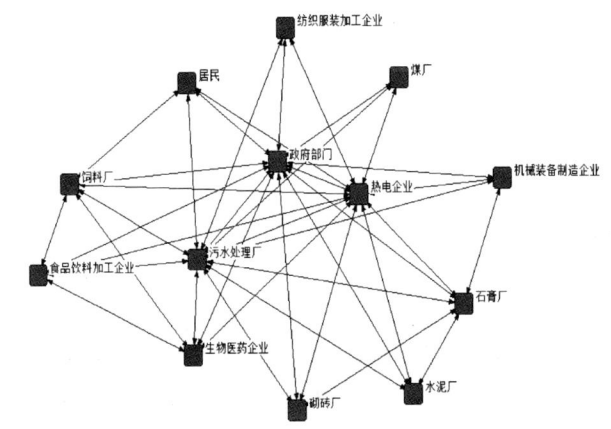

图 28-2　热电项目运营期利益相关者网络结构示意图

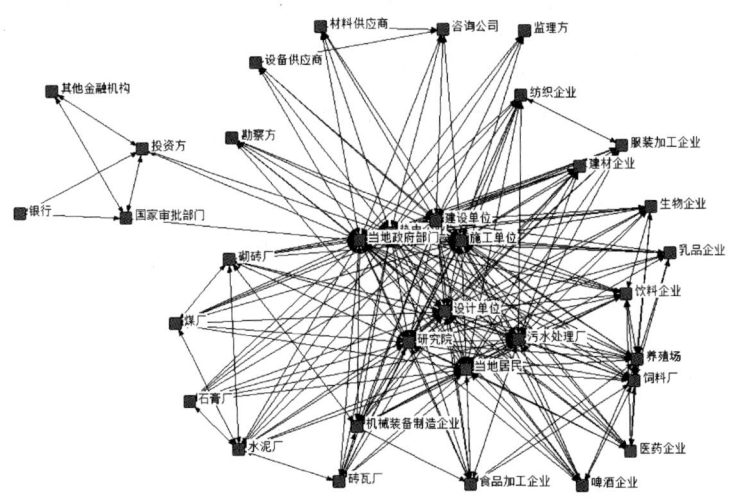

图 28-3　热电项目利益相关者社会网络模型

28 热电项目利益相关者社会网络模型的分析

从图 28-1 和图 28-2 中可以看出,在热电项目中热电企业、政府部门和居民同时参与了热电项目的建设期和运营期。因此,在构建热电项目社会网络模型时,可以通过热电企业、政府部门和居民三者将热电项目建设期和运营期内的利益相关者联系起来,进而构建出一套项目利益相关者社会网络模型,如图 28-3 所示。

28.2 利益相关者社会网络结构属性分析

在热电项目中,利益相关者都是以某种形式或某种方式参与到项目中来的,根据参与热电项目的程度和位置形成了热电项目的社会网络。社会网络分析的重要前提是各相关方之间存在联系,然后才能利用各相关方之间的联系来研究网络的属性。项目的动态变化特性,决定了在建设期和投产运营期两个阶段中的利益相关者也不会相同,同时,热电项目的网络密度、网络距离、中心度以及凝聚子群等网络属性指标也会出现差异。因此,可以利用热电项目社会网络模型中网络密度、网络距离、中心度等网络属性,研究热电项目的利益相关者在不同阶段的特征。

28.2.1 利益相关者社会网络密度分析

热电项目的网络密度可以反映热电项目利益相关者之间联系的紧密程度。在计算网络密度时,由于热电项目初始的关系数据不是二值数据,所以首先要对关系矩阵中的数据进行二值化处理,得到关系数据的二值转化矩阵。热电项目中两个利益相关者之间的等级秩序的处理上,是将两个利益相关者的关系数值中,大于 1 的数值都用 1 来代替,其他所有值都用 0 来代替。两者的整体网络密度取值范围都在 0—1 之间,热电项目利益相关者社会网络模型中,所有的相关方都是独立存在的,相互之间没有联系,密度为 0;如果每个利益相关者都与其他的利益相关者相连,此时网络密度最大,网络密度值为 1。在 Ucinet6.0 软件中,可以通过 Network—Cohesion—Density—Overall Network 等操作步骤对热电项目的利益相关者进行分析。

当热电项目网络的密度较大时,说明热电项目中各相关方会因为网络关系产生比较紧密、频繁的联系,社会网络中各利益相关者之间会存在较多的信息传递。热电项目内部成员的协调、合作能力较强,能够及时根据外部环境的变化做出回应。因为热电项目内部成员的联系密切,所以会比较容易受到来自热电项目利益相关者网络的约束,各相关方受其他利益相关者的影响也会比较大,热电项目社会网络内部单个成员的独自行动、决策能力会比较弱。这种关系状态下的优势是,当遇到紧急事件时,各利益相关者能够及时地沟通协作,尽早解决问题,从而减少损失,降低项目风险。虽然高网络密度是一种较为理想的关系状态,但也要防止因网络密度过高导致信息繁杂,利益相关者之间的规制较多等问题出现,因为那样反而降低会办事效率。

当网络密度较低时,说明热电项目社会网络利益相关者之间的集聚程度不高,利益相关者之间的关系可能在某几个相关方之间相对集中,也就是热电项目的整体网络对利益相关者的行为、态度的影响程度较小,对个体利益相关者起到的制约作用较弱。此时,热电项目中的权力和资源会相对集中在少数利益相关者手中,这种状态有助于项目管理者提升管理效能,但也说明了有些与其他相关方联系很少的利益相关者,没能充分地参与到与其他相关方的交流协作当中。当网络密度较低时,一旦遇到突发事件,沟通协调、确定责任单位、制定临时应对策略的过程可能需要较长的时间,极易导致热电项目长时间处于风险隐患中,这是项目利益相关各方都不愿看到的。因此,热电企业作为项目的业主和主体单位,应积极地采取措施去增进利益相关者之间的互动,避免资源和信息过度集中于少数利益相关者之间,减少不必要的资源和信息的流失。在热电项目的关系治理中,可以通过增强利益相关者热电项目网络密度的方式,加强热电项目利益相关者之间的联系,以达到提升沟通协作效率的目的。

28.2.2 利益相关者社会网络距离分析

热电项目利益相关者社会网络中的网络距离是指,在热电项目中连接任意两个利益相关者时所需要联系的最少的利益相关者,在网络结构模型中表示为连接任意两个节点需要的最少的线段。可按照 Neatwork—Cohesion—Distance 进行操作,计算出热电项目利益相关者的网络距离。

利用热电项目利益相关者社会网络模型对网络密度进行计算，可以得出利益相关者社会网络模型的平均距离和各利益相关者之间的网络距离矩阵。热电项目社会网络的平均距离，表示在热电项目中任意两个利益相关联系到另外一个利益相关者平均需要联系的人数。例如，计算得出平均密度为 6.27，则表示在热电项目社会网络中任意两个利益相关之间，通过 6.27 个人才能联系到另外一个利益相关者，在实际中就需要 7 个人。如果热电项目社会网络结构的网络距离较小，说明该热电项目的整体网络凝聚力较强，如果热电项目社会网络结构的网络距离较大，说明该热电项目的整体网络凝聚力较弱。在热电项目中一个利益相关者想要联系到另一个利益相关者，需要通过较多的其他成员的联系，需要热电项目中较多的利益相关者来充当"中间人"的角色。

在进行网络密度计算的同时，能够得到热电项目社会网络结构的凝聚力指数，凝聚力指数也是反映热电项目中利益相关者之间关系紧密程度的指标。凝聚指数较大，表明热电项目中利益相关者之间的关系紧密凝聚力较强，凝聚指数较小表明热电项目中利益相关者之间的关系紧密凝聚力较弱。

28.2.3 利益相关者社会网络中心度分析

在热电项目社会网络模型研究中，需要同时计算出三个中心度指数，然后做比较分析。在 Ucinet6.0 软件中可按照：Network—Centrality—Multiple Measures 的过程对热电项目进行社会网络中心度分析，输出标准化的中心度测度值。在热电项目中，热电企业是项目的主体，本篇研究的也是以热电项目的视角，对热电项目中利益相关者进行关系治理。由此，在热电项目所形成的社会网络中，热电企业的中心度较高，即当热电企业的度数中心度指标较大时，热电项目就会处于核心位置，说明它对于信息和资源的获取能力和控制能力都比较强，对热电项目其他内部成员的影响力也比较大，在整个热电项目中具有重要的地位。当热电企业的接近中心度指标较大时，说明他与热电项目中其他利益相关者联系也较为密切，在项目网络中也处在较为中心的位置，对于信息、物质资源具有较强的控制能力，是处于主动位置的。一般来说，接近中心度、度数中心度、中间中心度三个指标的变化趋势是一致的，度数中心度指标较大时，接近中心度和中间中心度指标也会比较大。当遇到关系风险时，热电企业应该积极地采取风险应对策略，充分利用其中心位置的优势，对给其造成关系风险的利益相关者施加影响，加强对其他各利益相关者的关系治理，从而降低热电项目的关系风险。

当某个利益相关方中心度较小时，说明其处于热电项目关系网络的边缘，是处于被动位置的，跟其他利益相关者联系也较少，对于信息和资源的获取能力和控制能力都比较弱，对其他利益相关者的影响力也比较小。这种情况下，某利益相关方在应对关系风险的时候，就要充分考虑其他相关方的现有策略来制订相应的对策，并主动加强与热电项目里中心度较高的利益相关者之间的联系，以获取关于项目的更多的信息，增强对其他各相关方的影响力，以达到降低自身关系风险的目的。需要指出的是，应对关系风险时应尽量采取风险转移的策略。

28.3 利益相关者社会网络子群分析

热电项目利益相关者社会网络进行子群分析时，可以从 Cliques 分析、K – Core 分析、Concor 分析三个方面进行研究。

28.3.1 利益相关者社会网络 Cliques 分析

在热电项目利益相关者社会网络 Cliques 分析过程中，首先要将热电项目利益相关者的关系数据进行对称化处理，按照 Ttransform—Symmetrize 进行操作，在 Symmetrizing Method 功能中选择 Minimum 选项，就能得到热电项目社会网络对称化矩阵。通过 Cliques 分析可得出，热电项目派系中的利益相关者数量与划分的派系数量之间的关系矩阵、热电项目派系分类成员列表、热电项目派系重叠分析矩阵。在通过 Network—Subgroups—Cliques 对热电项目利益相关者社会网络模型进行派系 Cliques 分析时，当参与热电项目的利益相关者最小成员数不同时，所划分的热电项目派系数也会不同。

在热电项目利益相关者社会网络模型派系重叠分析矩阵中，横坐标和纵坐标表示的是热电项目派系的编号,热电项目利益相关者社会网络模型派系矩阵中的数值 C_{mn} 表示在热电项目的各个派系中,第 m 个热电项目派系中和第 n 个热电项目派系中重复的利益相关者数量。如在图 28-1 中所构建的热电项目利益相关者社会模型中,派系重叠分析矩阵中 $C_{89}=11$,表示热电项目的第 8 派系和热电项目的第 9 派系中重复的利益相关者数量有 11 个。从热电项目派系分类成员列表中可得到派系中的各个利益相关者。

在进行派系 Cliques 分析过程中,当派系划分时的热电项目利益相关者最小成员数不同,所划分的派系数也会不同。一般情况下,派系划分时,参与热电项目的利益相关者数量越少,所划分的派系数就会越多,各个派系内重叠的利益相关者就会越多,派系划分时参与热电项目的利益相关者数量越多,所划分的派系数就会越少,派系内利益相关者之间的关系链就会越长。

28.3.2 利益相关者社会网络 K–Core 分析

在热电项目社会网络子图中,全部利益相关者都至少与该子图中的其他 k 个利益相关者邻接,则称这个热电项目社会网络子图为 K–Core。热电项目社会网络的 K–Core 要求,各利益相关者都至少与除了 k 个利益相关者之外的其他利益相关者相连,k 值不同,得到的 K–Core 也不同。可根据热电项目的实际需要来设置 k 值。在 Ucinet 6.0 中,可按照下面的操作步骤 Network–Region–K–Core 进行 k-核分析。

在对全部参与热电项目的利益相关者进行 K–Core 分析时,可以对热电项目的利益相关者进行区分,并得到区分度数。对于度数为 1 的 core(即 1–core)来说,它包含了参与热电项目的全部利益相关者,度数为 2 的 core(即 2–core)中包含的利益相关者会比度数为 1 的利益相关者少,随着度数值变大,参与的利益相关也逐渐减少。低度数的子群包含高度数的子群,度数越低的子群所包含的利益相关者就越多,度数越高的子群所包含的利益相关者就越少。

高度数的子群在一定程度上代表着项目的核心群体,掌握着热电项目中重要的资源,对项目具有一定的主导权。在热电项目的建设期和投产运营期,要协调好高度数子群内的利益相关者关系,建立起畅通的信息联系机制，还要及时掌握低度数子群内利益相关者的动态，建立高效的项目管理机制对项目的进度、质量等进行有效控制，以降低项目风险，保证项目的顺利进行。

28.3.3 利益相关者社会网络 Concor 分析

Concor 分析是根据项目利益相关者之间联系的紧密程度进行的一种凝聚子群分析。本篇模块分析针对的是热电项目内部利益相关者之间的子结构，它分析的对象不是单个的利益相关者，而是通过对利益相关者所构成的小群体展开分析，发现由利益相关者所构成的小群体之间的关系，发现利益相关者构成的小群体与小群体在交叉中隐藏的派系结构。Concor 模型能够根据热电项目利益相关者关系网络的结构属性，对网络模型中的各个利益相关者划分模块，采用热电项目社会网络模型中整体网路的平均密度作为依据来划分热电项目中的利益相关者模块。在 Ucinet 6.0 中可以通过 Network—Roles&Positions—Structural—Concor 操作，对热电项目的利益相关者进行 Concor 模型分析。

在进行 Concor 分析时，可以获得热电项目利益相关者社会网络结构的子群密度矩阵。通过子群密度矩阵中可以得出，热电项目利益相关者中的哪个子群的密度最大，哪个子群的密度最小。热电项目利益相关者社会网络结构的子群密度大，说明子群的利益相关者信息交流频繁，关系密切，子群密度小，说明该子群与热电项目中的其他利益相关者联系较少。

28.4 利益相关者社会网络核心—边缘结构分析

通过社会网络模型核心度分析，可以找出在热电项目中那些利益相关者处于核心位置，哪些利益相关者处于边缘位置。利用各个利益相关者之间的关系紧密程度，可以把参与热电项目的利益相关者划分为：核心利益相关者、半边缘利益相关者和边缘利益相关者。在对热电项目利益相关者核心—边缘结构进行划分时，要先分析各个利益相关者核心度，按照 Network—Core/Periphery—Continuos 操作，就可以计算出各个利益相关者核心度。

在热电项目利益相关者核心—边缘结构分析时，是利用利益相关者核心度的平均值来划分热电项目的核心利益相关者、半边缘利益相关者和边缘利益相关者。可以通过 Network—Core/Periphery—Categorical 功能操作，对热电项目进行核心—边缘结构分析，最终获得热电项目利益相关者核心—边缘结构矩阵，以及热电项目利益相关者核心—边缘结构分析表。

通过核心—边缘结构分析表可以得出，热电项目核心—边缘结构分析的最初拟合优度和最终拟合优度。如果热电项目利益相关者核心—边缘结构分析的最终拟合优度比较大，数值较好，则说明热电项目利益相关者关系数据与理想模型的相似性较高，采集到的数据的核心—边缘结构模型显著。以此分析，可以得到热电项目中的核心利益相关者和边缘利益相关者。

28.5 模型分析—治理流程

热电项目利益相关者关系治理模型中，首先通过网络密度分析、网络距离分析和中心度分析，得到热电项目利益相关者社会网络结构的属性特征；接下来通过子群派系分析，得到热电项目利益相关者中存在的关键子群；然后通过核心—边缘分析，实现对热电项目利益相关者的核心—边缘结构的划分。热电项目利益相关者关系分析—治理操作流程如图 28 - 4 所示。

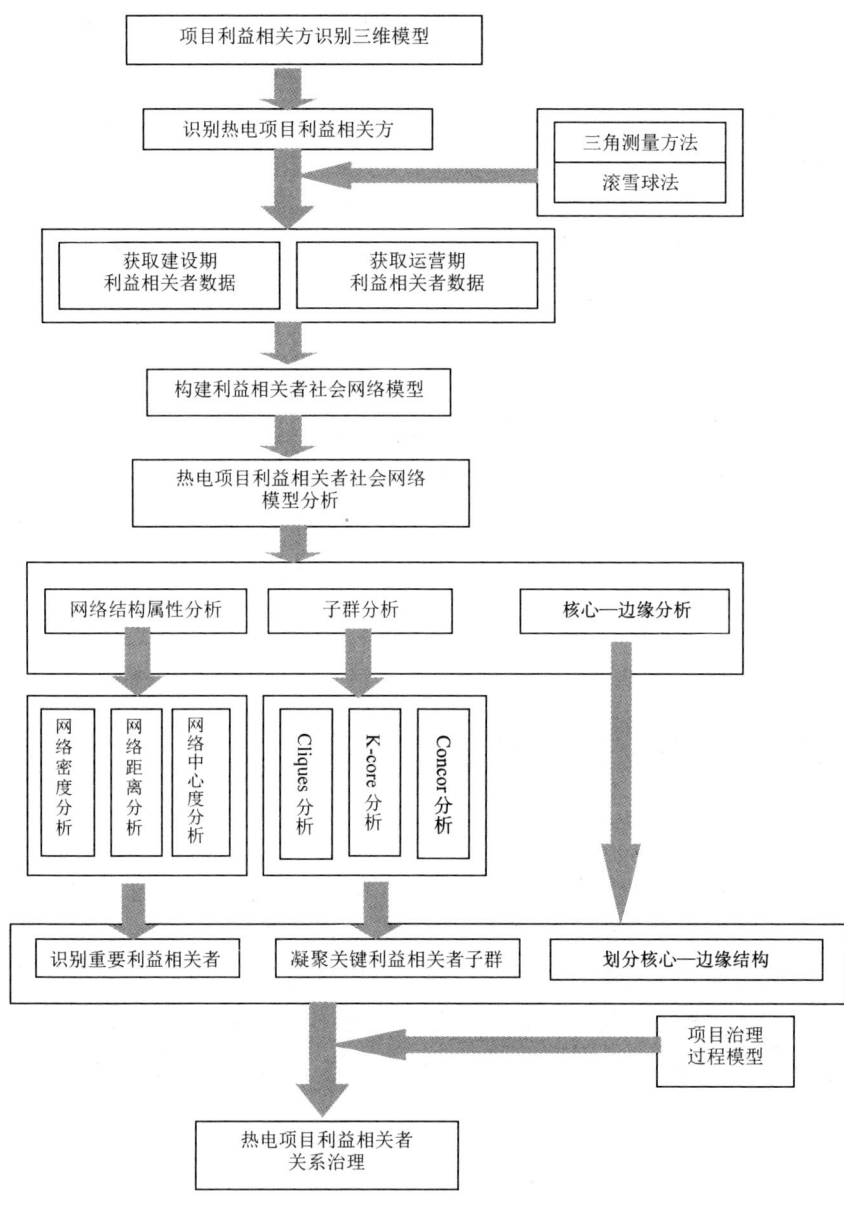

图 28-4 热电项目利益相关者关系分析—治理流程

28.6 利益相关者关系治理建议

从建设规模、重要性以及产业链分布来看，热电企业常常会在热电项目关系网络中处于核心地位。这种情形在模型中可以描述为，热电项目网络的密度较大，热电企业在整个网络结构中的中心度较高的时候，热电企业就会处于热电项目的重要位置，关键子群和核心区域内的利益相关者较多。此时，热电企业对于热电项目其他内部成员的影响力会比较大，其信息和行为很容易造成对多个利益相关者的连锁影响。热电企业在对利益相关者进行关系治理时，可以采取如下措施。

（1）加强热电项目制度建设。在热电项目的建设期和运营期内，参与热电项目的利益相关者存在数量众多、类型不一、人员复杂等特征，导致热电项目利益相关者的社会网络庞大，网络关系复杂。因此，要建立健全相应的规章制度，加强制度约束，防止因部门利益相关者的违章、违规行为造成管理混乱的局面。

（2）采取积极态度应对关系风险。热电项目建设和运营阶段随时有可能出现的利益冲突，是直接导致各参与方之间出现关系风险的主要诱因。当关系风险出现时，热电企业应该采取积极的风险应对策略，充分利用其中心位置的优势，对涉及关系风险的各利益相关者施加影响，加强对其他各利益相关者的关系治理，以达到降低热电项目关系风险的目的。

（3）优化热电项目的规划方案。热电项目建设期利益相关者的计划、行为和决策，会对热电项目运营期内的利益相关者产生影响，甚至会直接影响到运营期内的产业链的构建，影响到产业链内上下游企业的施工建设和生产运营。因此，在热电项目开始的阶段，就要全面调查、系统设计、科学布局，合理分配人力、物力、财力，全面优化热电项目的设计方案和运营方案，保证热电项目顺利实施。

（4）密切关注热电项目内外环境变化。热电项目的生命周期较长，每一个阶段参与的利益相关者不同，不断变化的内外环境对热电项目内部关系网络必然会产生一定的影响。因此，在热电项目实施的过程中，要密切关注项目所处的内部和外部环境的变化，加强各利益相关者之间的沟通，保持信息渠道畅通，准确捕捉变化的因素，根据环境的变化及时地对关系治理策略做出调整。

当热电项目网络的密度较小，而热电企业又在整个网络结构中的中心度较高的时候，热电项目关键的子群和核心区域内的利益相关者会较少，这种情况下，各利益相关者之间会缺乏联系，彼此相对独立。这时，热电企业在对利益相关者进行关系治理时可以采取如下措施。

（1）建立热电项目责任机制。由于建设期的利益相关者的中心度较高，处于热电项目的核心子群内，因此要着重建立建设期内利益相关者的责任机制，明确项目中各类工作责任人，分散热电项目中利益相关者承担的责任风险。

（2）加强各利益相关者之间信息交流。要建立良好的信息沟通渠道，保障信息畅通，加强热电项目中各利益相关者之间信息交流，确保信息能够及时、有效、正确地传递到参与热电项目的各利益相关者中，以确保热电项目的顺利进行。

（3）完善热电项目的服务体系。热电项目规模比较大，是一个需要有组织、有计划、有预算的大工程。在热电项目建设和运营的过程中，将有各种专业化的组织团队参与热电项目，为完成热电项目目标提供全过程的专业化服务。因此，要不断地完善热电项目的业务服务体系，有效地利用各种社会资源与服务，为热电项目的顺利实施提供保障。

（4）统筹规划产业链布局。处于热电项目核心区域的利益相关者，多数都是位于热电项目主要支柱产业中，同时与其他产业内的利益相关者具有密切的联系。因此，在热电项目产业链设计、构建过程中，要全面、实时地掌握热电项目利益相关者的状态与需求，科学统筹规划产业链结构与布局。

28.7 本章小结

本章详细介绍了热电项目利益相关者社会网络进行分析的过程。应用 Ucinet6.0 软件，对网络密度分析、网络距离分析和中心度进行分析，获得热电项目利益相关者社会网络结构的属性特征；通过子群派系分析中 Cliques 分析、K-Core 分析和 Concor 分析三种分析方法，凝聚了热电项目利益相关者中存在的关键子群；通过核心—边缘分析划分了热电项目利益相关者的核心—边缘结构。最后，给出了基于社会网络分析的热电项目利益相关者关系分析—治理流程，并为热电项目利益相关者关系治理提供借鉴。

29 案例分析

本章在热电项目模型构建的基础上，选取以某热电企业为核心的 YL 工业园区作为研究对象开展案例研究，旨在通过案例，验证模型在项目关系治理上的可行性和适用性。首先，运用三角测量方法和项目利益相关者识别三维模型进行项目利益相关者的识别，构建该项目的社会网络关系模型，获得热电项目各利益相关者的数据；然后，对各利益相关方关系强度进行测量，根据分析结果对项目管理者提出相应的建议。

29.1 案例背景

YL 工业园是经某省政府批准于 2000 年 1 月成立的省级乡镇企业示范工业园区，位于 H 市某区公路 2.5 千米处。YL 工业园区所处位置，是 H 市的发源地，是 H 历史最悠久、文化底蕴最浓厚的地方。2005 年至 2015 年，YL 工业园区经济保持快速健康发展，经济总量增长显著。工业园区总产值从 2005 年的 28033 万元，增至 2015 年的 238049 万元，年均增长率达到 57.43%。

当时，H 市城市建设发展迅速，供热面积也随之增加，全市供热面积达到 6945 万平方米，集中供热面积为 3407 万平方米，其中 H 市热电厂、JS 热电厂和 JQ 热电厂，总装机容量为 1989MW，现供热面积为 1299 万平方米；大型区域锅炉房 5 座，总锅炉规模为 1845MW，现供热面积为 1555

万平方米；还有部分由建委供暖处管理的锅炉房和团结小区、大学城等14座大型锅炉房，总锅炉规模为825t/h，现供热面积为482万平方米；几年来利用天然气供热发展迅速，供热面积达到了1000万平方米；还有分散小锅炉房220座，以及部分住户自备的小锅炉供热面积约为2338万平方米；在市区边远地区，还有用小火炉采暖，这部分采暖面积约为200万平方米。当时H市的供热情况为，热电联产供热面积1370万平方米，占现有总建筑面积的19.73%，区域锅炉房供热面积2037万平方米，占现有总建筑面积的29.33%，天然气供热面积1000万平方米，占现有总建筑面积的14.40%，分散供热2538万平方米，占现有总建筑面积的36.54%。

H市YL工业园区日供水能力2.5万立方米，为进一步减少污染物排放，园区计划总投资为1亿元，建设YQ污水处理厂，占地面积282亩，投产后日处理污水2万吨，将使H市污水日处理能力由10万吨提高到12万吨，污水处理率由42%提高到48%以上，新增COD减排能力0.6万吨/年左右，日生产可回收再利用中水1万吨（即年产365万吨的中水资源）。截至目前，已完成污水处理系统中的细格栅、氧化沟、二沉池、中水池等主要设施建设。污泥脱水机房、中水送水泵房、外围管网等正在建设中，并已完成投资7300万元。

园区燃用的是准格尔煤田酸刺沟煤矿的原煤，经由甲兰营站场选煤后运输到园区。酸刺沟煤矿位于N省准格尔煤田中部，该井田为低瓦斯、近水平煤层，主要可采煤层厚度大、赋存稳定、水文地质结构简单，设计生产能力1200×10^4吨/年，矿井服务年限为47.6年，保证了园区的燃料供应。甲兰营站场为园区煤炭资源的运输提供了便利。

为减少空气污染、保护生态环境，改善目前H市区空气严重污染的现状，促进H市地区经济建设和推动各项事业发展，经过园区和各级政府部门认真研究论证后决定，在YL工业园区建设$2 \times 350MW$机组JN热电厂。

根据省循环经济发展规划，在现有基础上建设以JN热电厂为核心的YL工业园区资源和能量循环体系，力求能将YL工业园区打造成为H市循环经济展示区。JN热电厂由JN投资（集团）有限公司投资建设，项目已于2010年开展前期工作，已取得了所有国家发改委核准所需的所有支持性文件,并于2014年由N省发改委上报国家相关部门。工程规划容量4×350MW燃煤机组,一期工程拟装设2×350MW直接空冷抽汽凝汽式汽轮机组。该工程的建设,一是为了满足H市西南供热区的供热需求;二是为H市地区的建设发展提供充足的电力,保证H市地区的用电需求,并支援蒙西电网的外送电力;三是作为YL工业园区循环经济的核心,带动园区内其他支柱产业共同构建循环经济发展框架,实现物质循环使用、能量梯级利用,最终达到节能减排,促进经济社会与资源环境协同发展的目标。热电厂只有发挥其辐射、链接作用,带动园区内其他支柱产业共同构建循环经济发展框架,实现物质交换和资源能量的循环利用,才能达到降低项目风险,实现节能减排,促进经济社会与资源环境协同发展的目标。

29.2　数据收集

在数据获取过程中,通过查阅有关部门所提供的项目计划书、规划方案等文件资料,深入YL工业园区内的各个企业进行访问、座谈等方式,获得了YL工业园区热电项目各利益相关者的相关信息。在进行热电项目利益相关者的识别时,涵盖了建设期和投产运营期两阶段的利益相关者。在热电项目中,建设期的利益相关者包括:业主(前期为建设甲方)、监理方、施工单位、建设单位、设计单位、招标代理公司、勘察方、当地居民、材料供应商、设备供应商、管理咨询公司、当地政府部门、国家审批部门、投资方、银行、保险公司。而在热电项目营运期,项目的主要利益相关者则为产业链中的上下游企业,包括:热电企业、当地政府部门、水泥厂、砖瓦厂、砌砖厂、石膏厂、污水处理厂、煤厂、机械装备制造企业、生物企业、医药企业、纺织企业、服装加工企业、啤酒企业、饲料厂、养殖场、乳品企业、食品加工企业、饮料企业、建材企业等。

由于从热电企业的视角研究项目各阶段利益相关者的关系类型,所以热电企业在整个热电项目关系治理研究中起到桥梁的作用,链接不同的项目阶段，贯穿于热电项目始终。因此，可以通过热电企业这一主体将项目建设期和运营期的利益相关者连接起来，形成完整的热电项目利益相关者关系矩阵。运用前面章节提到的方法收集个利益相关者的数据，将关系数据汇总形成关系矩阵。

29.3 利益相关者社会网络模型的构建

在对 YL 工业园区热电项目利益相关者进行识别和需求挖掘之后，将数据导入 Ucinet 6.0 软件中，得到该热电项目利益相关者的关系矩阵，构建此热电项目的社会网络模型。在 Ucinet 6.0 中构建的热电项目利益相关者关系矩阵如图 29-1 所示。

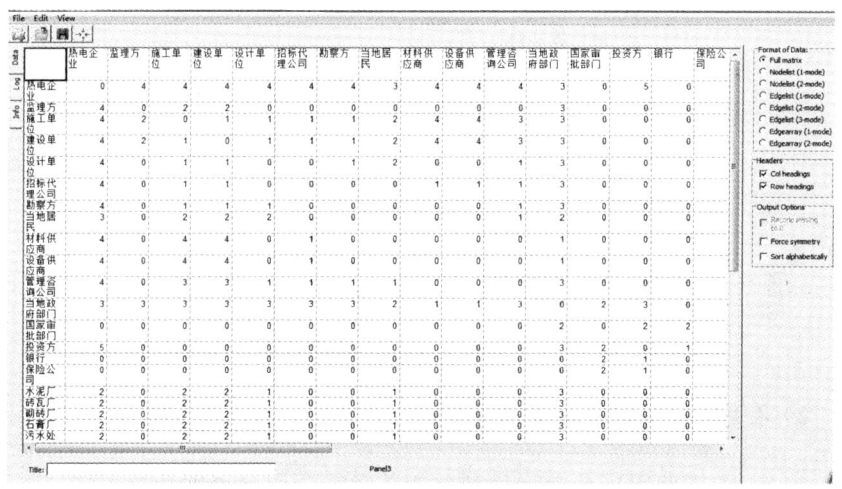

图 29-1 热电项目利益相关者关系矩阵

根据图 29-1 所示关系矩阵，运用 NetDraw 软件绘制热电项目关系治理社会网络模型，如图 29-2 所示。

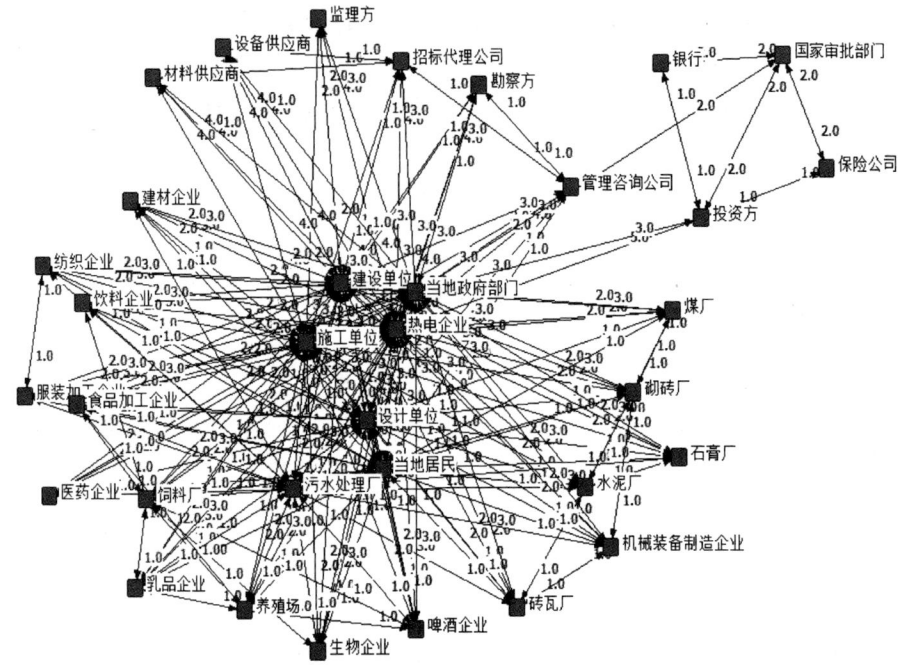

图 29-2 热电项目利益相关者社会网络模型

29.4 利益相关者社会网络模型分析

29.4.1 社会网络结构属性分析

(1) YL 工业园区热电项目利益相关者社会网络密度分析

由于该热电项目利益相关者初始的关系数据不是二值数据,因此要对热电项目利益相关者关系矩阵中的数据进行二值化处理。如表 29-1 所示。

得到热电项目利益相关者数据的二值转化矩阵后,进行热电项目利益相关者整体网络密度分析,结果如表 29-2 所示。

表 29-1　热电项目利益相关方关系强度二值转换矩阵

	1	2	3	4	5	6	7	8	9	10	11	12	13	14	15	16	17	18	19	20	21	22	23	24	25	26	27	28	29	30	31	32	33	34
热电企业	0	1	1	1	1	1	1	1	1	1	1	1	0	1	0	0	1	1	1	1	1	1	1	1	1	1	1	1	1	1	1	1	1	1
监理方	1	0	1	1	0	0	0	0	0	0	1	0	0	0	0	0	0	0	0	0	0	0	0	0	0	0	0	0	0	0	0	0	0	0
施工单位	1	1	0	1	1	1	1	1	1	1	1	0	0	0	0	1	1	1	1	1	1	1	1	1	1	1	1	1	1	1	1	1	1	1
建设单位	1	1	1	0	1	1	1	1	1	1	1	1	0	0	0	0	1	1	1	1	1	1	1	1	1	1	1	1	1	1	1	1	1	1
设计单位	1	0	1	1	0	0	1	1	0	0	1	1	0	0	0	0	1	1	1	1	1	1	1	1	1	1	1	1	1	1	1	1	1	1
招标代理公司	1	0	1	1	0	0	0	1	1	1	1	0	0	0	0	0	1	0	0	1	0	0	0	1	0	0	0	1	0	0	0	0	0	0
勘察方	1	0	1	1	1	0	0	0	0	1	1	0	0	0	0	0	1	0	1	0	0	1	0	0	0	1	0	0	0	0	0	0	0	0
当地居民	1	0	1	1	1	0	0	0	0	1	1	0	0	0	0	0	1	1	1	1	1	1	1	1	1	1	1	1	1	1	1	1	1	1
材料供应商	1	0	1	1	0	1	0	0	0	1	1	0	0	0	0	0	0	0	0	0	0	1	1	0	0	0	0	0	0	0	0	0	0	0
设备供应商	1	0	1	1	0	1	0	0	0	0	1	0	0	0	0	0	1	0	0	0	1	1	1	0	0	0	0	0	0	0	0	0	0	0
管理咨询公司	1	0	1	1	1	0	0	0	0	0	0	0	0	0	0	0	0	0	0	0	0	0	0	0	0	0	0	0	0	0	0	0	0	0
当地政府部门	1	1	1	1	1	1	1	1	1	1	1	0	1	1	0	0	1	1	1	1	1	1	1	1	1	1	1	1	1	1	1	1	1	1
国家审批部门	0	0	0	0	0	0	0	0	0	0	1	0	1	1	1	0	0	0	0	0	0	0	0	0	0	0	0	0	0	0	0	0	0	0
投资方	1	0	0	0	0	0	0	0	0	0	1	1	0	1	1	0	0	0	0	0	0	0	0	0	0	0	0	0	0	0	0	0	0	0
银行	0	0	0	0	0	0	0	0	0	0	1	1	0	0	0	0	0	0	0	0	0	0	0	0	0	0	0	0	0	0	0	0	0	0
保险公司	0	0	0	0	0	0	0	0	0	0	0	0	0	0	0	0	0	0	0	0	0	0	0	0	0	0	0	0	0	0	0	0	0	0
水泥厂	1	0	1	1	1	0	0	1	0	0	0	1	0	0	0	0	0	1	1	1	1	0	0	0	0	0	0	0	0	0	0	0	0	0
砖瓦厂	1	0	1	1	1	0	0	1	0	0	0	1	0	0	0	0	1	0	1	0	1	0	0	0	0	0	0	0	0	0	0	0	0	0
砌砖厂	1	0	1	1	1	0	0	1	0	0	0	1	0	0	0	0	1	1	0	0	1	0	0	0	0	0	0	0	0	0	0	0	0	0
石膏厂	1	0	1	1	1	0	0	1	0	0	0	1	0	0	0	0	1	0	0	0	1	0	0	0	0	0	0	0	0	0	0	0	0	0
污水处理厂	1	0	1	1	1	0	0	1	0	0	0	1	0	0	0	0	1	1	1	1	0	0	1	1	1	1	1	1	1	1	1	1	1	1
煤厂	1	0	1	1	1	0	0	1	0	0	0	1	0	0	0	0	1	0	1	0	0	0	0	0	0	0	0	0	0	0	0	0	0	0
机械装备制造企业	1	0	1	1	1	0	0	1	0	0	0	1	0	0	0	0	1	1	0	1	0	0	0	0	0	0	0	0	0	0	0	0	0	0
生物企业	1	0	1	1	1	0	0	1	0	0	0	1	0	0	0	0	1	0	0	0	0	0	0	0	0	0	0	0	0	0	0	0	0	0
医药企业	1	0	1	1	1	0	0	1	0	0	0	1	0	0	0	0	1	0	0	0	0	0	0	0	0	0	0	0	0	0	0	0	0	0
纺织企业	1	0	1	1	1	0	0	1	0	0	0	1	0	0	0	0	1	0	0	0	0	0	0	0	0	0	0	0	0	0	0	0	0	0
服装加工企业	1	0	1	1	1	0	0	1	0	0	0	1	0	0	0	0	1	0	0	0	0	0	0	0	0	0	0	1	0	0	0	0	0	0
啤酒企业	1	0	1	1	1	0	0	1	0	0	0	1	0	0	0	0	1	0	0	0	0	0	0	0	0	0	0	0	1	0	0	0	0	0
饲料厂	1	0	1	1	1	0	0	1	0	0	0	1	0	0	0	0	1	0	0	1	0	0	0	1	0	1	1	1	1	0	0	0	0	0
养殖场	1	0	1	1	1	0	0	1	0	0	0	1	0	0	0	0	1	0	0	0	0	0	0	0	0	0	1	1	0	1	1	0	0	0
乳品企业	1	0	1	1	1	0	0	1	0	0	0	1	0	0	0	0	1	0	0	0	0	0	0	0	0	0	0	0	0	1	0	0	0	0
食品加工企业	1	0	1	1	1	0	0	1	0	0	0	1	0	0	0	0	1	0	0	0	0	0	0	0	0	0	0	0	0	0	1	0	0	0
饮料企业	1	0	1	1	1	0	0	1	0	0	0	1	0	0	0	0	1	0	0	0	0	0	0	0	0	0	0	0	0	0	0	1	0	0
建材企业	1	0	1	1	1	0	0	1	0	0	0	1	0	0	0	0	1	0	0	0	0	0	0	0	0	0	0	0	0	0	0	0	0	0

表 29-2　热电项目利益相关方社会网络密度

	Density	No. of Ties
热电项目社会网络密度	0.3467	389.0000

从表 29-2 中可以看出，该热电项目 34 个利益相关者的关系总量为 389，即平均每个利益相关者的关系数量为 11.44，网络密度为 0.3467。网络密度较低，而关系总量较高，说明热电项目中利益相关者之间总的信息交换量较高，但互动频率较低，热电项目关系网络的集聚程度不高，利益相关者之间的关系或资源可能集中在某几个相关方之间。虽然上述情境会有利于项目管理者进行集中管理，但同时也说明，有些与其他节点联系很少的利益相关者没有充分地参与到交流沟通当中。换句话说，就是热电项目整体网络对利益相关者的行为、态度的影响程度较小，没有起到对个体利益相关者的制约作用。因此，热电企业作为项目的业主，也是主体单位，应积极地采取措施去促进利益相关者之间的互动，避免资源和信息过度集中于少数几个利益相关者之间，减少不必要的资源和信息流失。

（2）YL 工业园区热电项目利益相关者社会网络距离分析

利用 Ucinet6.0 计算出热电项目利益相关者的网络距离，结果如图 29-3 所示。

```
Note: Data were dichotomized.

Average distance                                    = 1.753
Distance-based cohesion ("Compactness")             = 0.657
  (range 0 to 1; larger values indicate greater cohesiveness)
Distance-weighted fragmentation ("Breadth")         = 0.343


Frequencies of Geodesic Distances

     Frequen Proport
     ------- -------
  1  389.000  0.347
  2  621.000  0.553
  3  112.000  0.100
```

图 29-3　热电项目社会网络距离运行图

由图 29-3 中可知，热电项目利益相关者社会网络中，利益相关者之间的平均距离是 1.753，表示在热电项目中任意两个利益相关之间平均只要通过 1.753 个人（近似为 2 个人）就可以联系到另外一个利益相关者，说明该热电项目的整体网络凝聚力较强。热电项目的凝聚力指数为 0.657，凝聚指数较大表明热电项目中利益相关者之间的关系紧密凝聚力较强。表 29-3 给出了在该热电项目社会网络模型中各个利益相关者之间的距离。

表 29-3　　　　　　热电项目利益相关方网络距离矩阵

		1	2	3	4	5	6	7	8	9	10	11	12	13	14	15	16	17	18	19	20	21	22	23	24	25	26	27	28	29	30	31	32	33	34
1	热电企业	0	1	1	1	1	1	1	1	1	1	1	2	1	2	2	1	1	1	1	1	1	1	1	1	1	1	1	1	1	1	1	1	1	1
2	监理方	1	0	1	1	2	2	2	2	2	2	2	1	2	2	3	3	2	2	2	2	2	2	2	2	2	2	2	2	2	2	2	2	2	2
3	施工单位	1	1	0	1	1	1	1	1	1	1	1	1	2	2	3	3	1	1	1	1	1	1	1	1	1	1	1	1	1	1	1	1	1	1
4	建设单位	1	1	1	0	1	1	1	1	1	1	1	1	2	2	3	3	1	1	1	1	1	1	1	1	1	1	1	1	1	1	1	1	1	1
5	设计单位	1	2	1	1	0	2	1	1	2	2	1	1	2	2	3	3	1	1	1	1	1	1	1	1	1	1	1	1	1	1	1	1	1	1
6	招标代理公司	1	2	1	1	2	0	2	2	1	1	1	2	2	2	3	3	2	2	2	2	2	2	2	2	2	2	2	2	2	2	2	2	2	2
7	勘察方	1	2	1	1	1	2	0	2	2	1	1	2	2	2	3	3	2	2	2	2	2	2	2	2	2	2	2	2	2	2	2	2	2	2
8	当地居民	1	2	1	1	1	2	2	0	2	2	1	1	2	2	3	3	1	1	1	1	1	1	1	1	1	1	1	1	1	1	1	1	1	1
9	材料供应商	1	2	1	1	2	1	2	2	0	2	1	2	2	2	3	3	2	2	2	2	2	2	2	2	2	2	2	2	2	2	2	2	2	2
10	设备供应商	1	2	1	1	2	1	2	2	2	0	1	2	2	2	3	3	2	2	2	2	2	2	2	2	2	2	2	2	2	2	2	2	2	2
11	管理咨询公司	1	2	1	1	1	1	1	1	2	2	0	1	2	2	3	3	2	2	2	2	2	2	2	2	2	2	2	2	2	2	2	2	2	2
12	当地政府部门	1	1	1	1	1	1	1	1	1	1	1	0	1	1	2	2	1	1	1	1	1	1	1	1	1	1	1	1	1	1	1	1	1	1
13	国家审批部门	2	2	2	2	2	2	2	2	2	2	2	1	0	1	1	1	2	2	2	2	2	2	2	2	2	2	2	2	2	2	2	2	2	2
14	投资方	1	2	2	2	2	2	2	2	2	2	2	1	1	0	1	1	2	2	2	2	2	2	2	2	2	2	2	2	2	2	2	2	2	2
15	银行	2	3	3	3	3	3	3	3	3	3	3	2	1	1	0	2	3	3	3	3	3	3	3	3	3	3	3	3	3	3	3	3	3	3
16	保险公司	2	3	3	3	3	3	3	3	3	3	3	2	1	1	2	0	3	3	3	3	3	3	3	3	3	3	3	3	3	3	3	3	3	3
17	水泥厂	1	2	1	1	1	2	2	1	2	3	2	1	2	2	3	3	0	1	1	1	1	2	3	2	2	2	2	2	2	2	2	2	2	2
18	砖瓦厂	1	2	1	1	1	2	2	1	2	2	2	1	2	2	3	3	1	0	2	1	2	1	2	2	2	2	2	2	2	2	2	2	2	2
19	砌砖厂	1	2	1	1	1	2	2	1	2	2	2	1	2	3	3	1	2	0	2	1	1	1	2	2	2	2	2	2	2	2	2	2	2	2
20	石膏厂	1	2	1	1	1	2	2	1	2	2	2	1	2	3	3	1	2	2	0	1	2	2	0	1	2	2	2	2	2	2	2	2	2	2
21	污水处理厂	1	2	1	1	1	2	2	1	2	3	2	1	2	2	3	3	1	1	1	0	2	1	1	1	1	1	1	1	1	1	1	1	1	1
22	煤厂	1	2	1	1	1	2	2	1	2	2	2	1	2	3	3	1	2	1	2	2	0	2	2	3	2	2	3	2	2	2	2	2	2	2
23	机械装备制造企业	1	2	1	1	2	2	1	2	2	2	1	2	3	3	2	1	1	2	1	2	0	2	2	2	2	2	2	2	2	2	2	2	2	2
24	生物企业	1	2	1	1	1	2	2	1	2	2	1	2	3	3	2	2	2	2	2	2	1	2	2	0	2	2	2	2	1	2	2	2	2	2
25	医药企业	1	2	1	1	1	2	2	1	2	2	1	2	3	3	2	2	2	2	2	2	1	2	2	2	0	2	2	2	2	2	2	2	2	2
26	纺织企业	1	2	1	1	1	2	2	1	2	2	2	1	2	2	3	3	2	2	2	2	1	2	2	2	2	0	1	2	2	2	2	2	2	2
27	服装加工企业	1	2	1	1	1	2	2	1	2	2	2	1	2	2	3	3	2	2	2	2	1	2	2	2	2	1	0	2	2	2	2	2	2	2
28	啤酒企业	1	2	1	1	1	2	2	1	2	2	2	1	2	2	3	3	2	2	2	2	1	2	2	2	2	2	2	0	1	1	2	2	2	2
29	饲料厂	1	2	1	1	1	2	2	1	2	2	2	1	2	2	3	3	2	2	2	2	1	2	2	1	2	2	2	2	1	0	1	1	1	2
30	养殖场	1	2	1	1	1	2	2	1	2	2	2	1	2	2	3	3	2	2	2	2	1	2	2	2	2	2	2	2	1	1	0	1	2	2
31	乳品企业	1	2	1	1	1	2	2	1	2	2	2	1	2	2	3	3	2	2	2	2	1	2	2	2	2	2	2	2	1	1	0	2	2	2
32	食品加工企业	1	2	1	1	1	2	2	1	2	2	2	1	2	2	3	3	2	2	2	2	1	2	2	2	2	2	2	2	1	1	2	0	2	2
33	饮料企业	1	2	1	1	1	2	2	1	2	2	2	1	2	2	3	3	2	2	2	2	1	2	2	2	2	2	2	2	2	2	2	2	0	2
34	建材企业	1	2	1	1	2	2	2	1	2	2	2	1	2	3	3	3	2	2	2	2	2	2	2	2	2	2	2	2	2	2	2	2	2	0

（3）YL工业园区热电项目利益相关者社会网络中心度分析

通过计算得出热电项目利益相关者社会网络三个中心度指数，结果如表29-4所示。

表 29 – 4   热电项目利益相关方网络中心度

		1 Degree	2 NrmDegree	3 Share
1	热电企业	91.000	55.152	0.123
12	当地政府部门	87.000	52.727	0.118
3	施工单位	62.000	37.576	0.084
4	建设单位	62.000	37.576	0.084
5	设计单位	31.000	18.788	0.042
8	当地居民	30.000	18.182	0.041
21	污水处理厂	27.000	16.364	0.036
29	饲料厂	18.000	10.909	0.024
11	管理咨询公司	17.000	10.303	0.023
17	水泥厂	16.000	9.697	0.022
30	养殖场	16.000	9.697	0.022
19	砌砖厂	15.000	9.091	0.020
23	机械装备制造企业	15.000	9.091	0.020
31	乳品企业	15.000	9.091	0.020
28	啤酒企业	15.000	9.091	0.020
32	食品加工企业	15.000	9.091	0.020
10	设备供应商	14.000	8.485	0.019
18	砖瓦厂	14.000	8.485	0.019
27	服装加工企业	14.000	8.485	0.019
33	饮料企业	14.000	8.485	0.019
9	材料供应商	14.000	8.485	0.019
26	纺织企业	14.000	8.485	0.019
24	生物企业	13.000	7.879	0.018
20	石膏厂	13.000	7.879	0.018
22	煤厂	13.000	7.879	0.018
34	建材企业	13.000	7.879	0.018
6	招标代理公司	12.000	7.273	0.016
14	投资方	12.000	7.273	0.016
25	医药企业	12.000	7.273	0.016
7	勘察方	11.000	6.667	0.015
2	监理方	11.000	6.667	0.015
13	国家审批部门	8.000	4.848	0.011
16	保险公司	3.000	1.818	0.004
15	银行	3.000	1.818	0.004

从表 29-4 中可以看出，热电企业和当地政府部门在中心度测度中分值最大，热电企业的中心度分值为 91.000，当地政府部门的中心度分值为 87.000，表明在该工程项目中两者是个体影响力最大的。热电企业是热电项目的核心主体，当地政府部门作为主管 YL 园区热电项目的主管部门，行政权力很大，并且与市政府和建设委员会关系密切，对其他利益相关者同样有较大的控制和影响作用，是整个热电项目资源和信息的聚集地和工程项目管理的主体。在热电项目的建设期，当地政府部门需要对工程项目的施工安全、施工进度、施工质量和施工组织进行管理；在项目运营期，政府部门需要对整个工业园区的产业链构建及优化进行管控，是整个热电项目的总执行者和组织者，其行为能直接决定工程项目的成败，具有相当的信息控制能力。因此，项目管理者应优先考虑满足他们的利益需求，并与之保持经常性的联系，获得他们的支持，以便能顺利地开展项目管理工作。

同时，建设单位和施工单位在工程项目的进度、质量和安全目标的达成上起到重要作用，也具有较高的中心度（62.000）。施工安全监督、工程进度执行、工程质量控制等环节的有效实施，都离不开建设单位和施工单位的积极配合，因此两者也具有较高的重点关注和沟通对象。

此外，当地居民作为热电项目的受众群体，在整个项目中也具有较高的中心度（30.000）。由于项目在建设时期的征地、施工等行为会对当地居民群体产生直接影响，有关部门必须与之进行及时、有效的信息沟通，并做好安置、安抚工作；在热电项目的生产运营期，企业的运转需要当地劳动力的投入，解决当地的就业问题，热电企业生产的热能、电力等资源又能为居民的生活提供保障。因此，当地居民是热电项目的重要利益相关者，与整个项目息息相关。

如图 29-4 所示，在模型中对中心度进行嵌套分析，可以更清晰地识别出处于核心地位的利益相关者。在 Ucinet6.0 中可以沿着 Network—Centrality and Power - Freeman betweeness—Hierarchical Reduction 进行分析。嵌套分析能够根据各个点的中间中心度，生成由各个点构成的一个嵌套序列，它能够有效识别出中间中心度较大的点，再找出中间中心度较小的点。在上表中的每一列都对应一个点，一共有 22 列，分别对应着热电项目社会网络模型中前 22 个利益相关者。

```
Partition Based on Successive Reduction of E:\论文\项目治理\初稿\Ucinet\热电5.##h via Betweenness
                  1 1 1 1 1 1 1 1 1 1 2 2 2 2 2 2 2 2 2 2 3 3 3 3
  1 2 3 4 5 6 7 8 9 0 1 2 3 4 5 6 7 8 9 0 1 2 3 4 5 6 7 8 9 0 1 2 3 4
  ------------------------------------------------------------------
  1 4 1 4 4 4 2 1 4 1 1 3 4 2 3 1 1 4 4 4 1 4 1 4 1 1 1 1 2 2 1 1 1 1

Successive Reduction of E:\论文\项目治理\初稿\Ucinet\热电5.##h via Betweenness
             2 2 2 3   1 3 1 2 2 3 1 3 2     1 2 3 1 1 2     1 1   2         1
             9 2 0 5 2 1 7 6 4 0 8 4 3 6 5 2 7 6 3 9 0 4 1 1 1 8 9 4 2 5 3 3 8 7
             ? ? ? ? ? ? ? ? ? ? ? ? ? ? ? ? ? ? ? ? ? ? ?   - - - - - - - - - -
  4   4      . . . . . . . . . . . . . . . . . . . . . . .   1 1 1 1 1 1 1 1 1 1
  3   3      . . . . . . . . . . . . . . . . . . . . . . .   1 1 1 1 1 1 1 1 1 1
  2   2      . . . . . . . . . . . . . . . . . . . . . . 1 1 1 1 1 1 1 1 1 1 1 1
  1   1      1 1 1 1 1 1 1 1 1 1 1 1 1 1 1 1 1 1 1 1 1 1 1 1 1 1 1 1 1 1 1 1 1 1

Partition vector saved as dataset hierbetpart
Hierarchically nested dependency sets saved as dataset hierbet
```

图 29-4 嵌套分析运行结果

从图 29-4 中可以得出，第一次被删除的点有 5，10，12，13，14，17，18，19，20，21，22。第二次删除的点有 11，15。第三次删除的点有 16，第四次删除的点有 6，其余都为第五次删除的点。这表明 5，10，12，13，14，17，18，19，20，21，22 的中间中心度最低，点 1，2，3，4，7，8，9 的中心度最高。由此可以得出点 1，2，3，4，7，8，9 处于热电项目中相对核心的位置，而点 5，10，12，13，14，17，18，19，20，21，22 则处于项目的边缘地带。

29.4.2 社会网络凝聚子群分析

（1）YL 工业园区热电项目利益相关者社会网络 Cliques 分析

在进行 Cliques 分析分析时，首先将热电项目利益相关者的关系数据进行对称化处理，对称化矩阵如表 29-5 所示。

在进行热电项目派系分析时，设置的热电项目派系中最小的利益相关者数量不同，所划分的热电项目派系数量也不同。在 Uinet6.0 中，通过多次实验操作，可得出该热电项目派系中的利益相关者数量与划分的派系数量之间的关系，统计数据如表 29-6 所示。

通过表 29-6 可以得出，当设置的热电项目派系中的利益相关者数量较少时，形成的派系数量就会较多。随着热电项目派系中利益相关者数量的增多，派系数会逐渐减少。当派系中最少的利益相关者成员数量设置为 1 时，整个热电项目可以分为 24 个派系；当最少的利益相关者成员数量

29 案例分析

表 29-5 热电项目利益相关方关系强度对称化矩阵

	1	2	3	4	5	6	7	8	9	10	11	12	13	14	15	16	17	18	19	20	21	22	23	24	25	26	27	28	29	30	31	32	33	34
热电企业	0	4	4	4	4	4	3	4	4	4	3	0	5	0	0	2	2	2	2	2	3	2	2	3	3	3	2	2	3	3	3	3	3	3
监理方	4	0	2	2	0	0	0	0	0	0	3	0	0	0	0	0	0	0	0	0	0	0	0	0	0	0	0	0	0	0	0	0	0	0
施工单位	4	2	0	1	1	1	1	2	4	4	3	3	0	0	0	2	2	2	2	2	2	2	2	2	2	2	2	2	2	2	2	2	2	2
建设单位	4	2	1	0	1	1	1	2	4	4	3	3	0	0	0	2	2	2	2	2	2	2	2	2	2	2	2	2	2	2	2	2	2	2
设计单位	4	0	1	1	0	0	1	2	0	0	1	3	0	0	0	1	1	1	1	1	1	1	1	1	1	1	1	1	1	1	1	1	1	1
招标代理公司	4	0	1	1	0	0	0	0	1	1	1	3	0	0	0	1	0	0	1	0	1	0	0	1	0	0	0	1	0	0	0	1	0	0
勘察方	4	0	1	1	1	0	0	0	0	0	1	3	0	0	0	0	0	0	0	1	0	0	1	0	0	0	0	0	1	0	0	1	0	0
当地居民	3	0	2	2	2	0	0	0	0	1	2	0	0	0	1	1	1	1	1	1	1	1	1	1	1	1	1	1	1	1	1	1	1	1
材料供应商	4	0	4	4	0	1	0	0	0	0	1	0	0	0	0	0	0	0	1	0	0	0	1	0	0	0	0	0	0	0	0	1	0	0
设备供应商	4	0	4	4	0	1	0	0	0	0	1	0	0	0	0	0	0	0	1	0	0	0	1	0	0	0	0	0	0	0	0	0	0	0
管理咨询公司	4	0	3	3	1	1	1	1	0	0	0	3	0	0	0	0	0	0	0	1	0	0	0	0	0	1	0	0	0	0	0	0	0	0
当地政府部门	3	3	3	3	3	3	3	2	1	1	3	0	2	3	0	0	3	3	3	3	3	3	3	3	3	3	3	3	3	3	3	3	3	3
国家审批部门	0	0	0	0	0	0	0	0	0	0	0	2	0	2	2	2	0	0	0	2	2	0	0	0	2	0	0	0	2	2	0	0	0	0
投资方	5	0	0	0	0	0	0	0	0	0	0	3	2	0	1	1	0	1	0	0	0	2	0	0	2	0	0	0	1	0	0	0	0	0
银行	0	0	0	0	0	0	0	0	0	0	0	0	2	1	0	0	2	0	0	0	0	0	3	0	0	1	0	0	0	0	0	0	0	0
保险公司	0	0	0	0	0	0	0	0	0	0	0	0	2	1	0	0	0	0	0	0	0	0	0	0	0	0	0	0	0	0	0	0	0	0
水泥厂	2	0	2	2	1	0	0	1	0	0	0	3	0	0	0	0	0	1	1	1	1	1	0	2	0	0	0	0	0	2	0	1	0	0
砖瓦厂	2	0	2	2	1	0	0	1	0	0	0	3	0	0	0	0	1	0	1	0	1	0	0	0	0	0	0	0	0	0	0	0	0	0
砌砖厂	2	0	2	2	1	0	0	1	0	0	0	3	0	0	0	1	0	1	0	1	1	0	0	0	0	0	0	0	0	0	0	0	0	0
石膏厂	2	0	2	2	1	0	0	1	0	0	0	3	0	0	0	1	0	0	0	0	0	0	0	0	0	0	0	0	0	0	0	0	0	0
污水处理厂	2	0	2	2	1	0	1	1	0	0	0	3	0	0	0	1	1	1	1	0	0	1	1	1	1	1	1	1	1	1	1	1	1	1
煤厂	2	0	2	2	1	0	0	1	0	0	0	3	0	0	0	0	1	0	1	0	0	0	2	0	0	2	0	0	1	0	1	0	0	0
机械装备制造企业	3	0	2	2	1	0	0	1	0	0	0	3	0	0	1	1	0	1	0	1	0	1	0	2	0	0	1	0	0	1	0	0	1	0
生物企业	2	0	2	2	1	0	0	1	0	0	0	3	0	0	0	0	0	0	0	1	0	0	0	0	0	0	0	1	0	0	0	0	0	0
医药企业	2	0	2	2	1	0	0	1	0	0	1	3	0	0	0	0	0	0	0	0	0	1	0	0	0	0	0	0	0	0	0	0	0	0
纺织企业	3	0	2	2	1	0	0	1	0	0	0	3	0	0	0	0	0	0	0	0	0	0	2	0	0	0	1	0	0	0	0	0	0	0
服装加工企业	3	0	2	2	1	0	0	1	0	0	0	3	0	0	0	0	0	0	0	0	0	1	0	0	0	0	0	1	0	0	0	0	0	0
啤酒企业	3	0	2	2	1	0	1	1	0	0	0	3	0	0	0	0	0	0	0	0	0	1	0	0	0	0	0	0	1	1	0	0	0	0
饲料厂	2	0	2	2	1	0	0	1	0	0	0	3	0	0	0	0	0	0	0	0	1	0	0	1	0	0	0	1	0	1	1	1	1	0
养殖场	2	0	2	2	1	0	0	1	0	0	0	3	0	0	0	0	0	0	0	0	1	0	0	0	0	0	0	1	1	0	1	1	0	0
乳品企业	3	0	2	2	1	1	0	1	0	0	0	3	0	0	0	0	0	0	0	0	1	0	0	0	0	0	0	0	0	1	1	0	0	0
食品加工企业	3	0	2	2	1	0	0	1	0	0	0	3	0	0	0	0	0	0	0	0	1	0	0	0	0	0	0	0	1	1	0	0	0	0
饮料企业	3	0	2	2	1	0	0	1	0	0	0	3	0	0	0	1	0	0	0	0	1	0	0	0	0	0	0	0	0	0	0	0	0	0
建材企业	3	0	2	2	1	0	0	1	0	0	0	3	0	0	0	0	0	0	0	0	1	0	0	0	0	0	0	0	0	0	0	0	0	0

表 29-6 派系数与最小成员数关系统计表

Minmun Set size	1	2	3	4	5	6	7	8	9	10	11	12
Cliques found	24	24	24	20	20	19	16	14	12	3	0	0

设置为 10 时,热电项目所形成的派系数为 3;当最少的利益相关者成员数量设置为 11 时,热电项目中的利益相关者不能形成派系分类。因此,将最小成员数设置为 10,此时热电项目分为 3 个派系,分类较为合理。表 29-7 给出了当热电项目最小成员数为 10 时,3 个派系分类中利益相关者的分布情况。

表 29-7　　热电项目热电项目利益相关方派系成员列表

Cliques 1:	热电企业　施工单位　建设单位　设计单位　当地居民　当地政府部门 污水处理厂　啤酒企业　饲料厂　养殖场
Cliques 2:	热电企业　施工单位　建设单位　设计单位　当地居民　当地政府部门 污水处理厂　饲料厂　养殖场　乳品企业
Cliques 3:	热电企业　施工单位　建设单位　设计单位　当地居民　当地政府部门 污水处理厂　饲料厂　养殖场　食品加工企业

由表 29-7 可知,热电项目派系间的成员重合度较高,热电企业、施工单位、建设单位、设计单位、当地居民、当地政府部门、污水处理厂在 3 个派系分类中都出现了,成了热电项目利益相关者中一个高度整合的跨越多个子群的核心组织。这 3 个派系具有非常高的重合度,说明利益相关者之间的联系非常密切。为了进一步研究热电项目派系成员之间的关系,需要进行派系重叠分析。

```
Clique-by-Clique Actor Co-membership matrix

       1  2  3
      -- -- --
   1  10  9  9
   2   9 10  9
   3   9  9 10

HIERARCHICAL CLUSTERING OF OVERLAP MATRIX

Level    1 2 3
-----    
9.000    XXXXX
```

图 29-5　派系重叠分析结果

如图 29-5 所示,$C_1 = 11$,第 1 派系和第 2 派系中重复的利益相关者数量有 9 个,第 1 派系和第 3 派系中重复的利益相关者数量有 9 个,第 2 派系和第 3 派系中重复的利益相关者数量也是 9 个。经过分析可知,在三个派系中重复出现的利益相关者完全一样,都是热电企业、施工单位、建设单位、设计单位、当地居民、当地政府部门、污水处理厂、饲料厂和养殖场。这 9 个利益相关者对项目中其他利益相关者的影响比较大。

(2) YL 工业园区热电项目利益相关者社会网络 K – Core 分析

热电项目利益相关者社会网络的 K – Core 分析的结果如图 29 – 6 所示。

```
                  1         2 3     1 1 2 1 3 3 2 2 2   2 2 3 2 3   1 1 1 1
       Degree   1 9 3 4 5 3 2 8 7 8 8 2 0 1 1 9 0 2 4 6 7 3 5 4 7 1 6 9 0 3 4 5 6
                ─────────────────────────────────────────────────────────────────
           9    X X X X X X X X X X X X X X X X X X X X X X . . . . . . . . . . . .
           8    X X X X X X X X X X X X X X X X X X X X X X X X . . . . . . . . .
           7    X X X X X X X X X X X X X X X X X X X X X X X X X X . . . . . . .
           6    X X X X X X X X X X X X X X X X X X X X X X X X X X X X . . . . .
           5    X X X X X X X X X X X X X X X X X X X X X X X X X X X X X X . . .
           4    X X X X X X X X X X X X X X X X X X X X X X X X X X X X X X X . .

Partition Metrics - each column is a partition
                          1        2        3        4        5        6
                       ──────────────────────────────────────────────────
    1    nClusters    5.000    6.000    9.000   11.000   13.000   19.000
    2          CL1    0.882    0.853    0.765    0.706    0.647    0.471
    3          CL2    0.029    0.029    0.029    0.029    0.029    0.029
    4          CL3    0.029    0.029    0.029    0.029    0.029    0.029
    5          CL4    0.029    0.029    0.029    0.029    0.029    0.029
    6          CL5    0.029    0.029    0.029    0.029    0.029    0.029
    7          CL6             0.029    0.029    0.029    0.029    0.029
    8          CL7                      0.029    0.029    0.029    0.029
    9          CL8                      0.029    0.029    0.029    0.029
   10          CL9                      0.029    0.029    0.029    0.029
   11         CL10                               0.029    0.029    0.029
   12         CL11                               0.029    0.029    0.029
   13         CL12                                        0.029    0.029
   14         CL13                                        0.029    0.029
   15         CL14                                                 0.029
   16         CL15                                                 0.029
   17         CL16                                                 0.029
   18         CL17                                                 0.029
   19         CL18                                                 0.029
   20         CL19                                                 0.029
```

图 29 – 6 K – Core 运行结果

由图 29 – 6 可以得出,在全部 34 个参与热电项目的利益相关者中,可以进行 6 种划分,其度数分别为 4、5、6、7、8、9。对于度数为 4 的分区(即 4 – Core)来说,它包含了参与热电项目的 30 个利益相关者,这 30 个利益相关者的度数为 4,ID 为 13、14、15、16 的利益相关者没有参与其中。度数为 5 的核(即 5 – Core)中包含的利益相关者有 28 个,此时 ID 为 2、13、14、15、16 的利益相关者没有参与。度数为 6 的核(即 6 – Core)中包含的利益相关者有 26 个,此时 ID 为 6、9、10、2、13、14、15、16 的利益相关者没有参与。度数为 7 的核(即 7 – Core)中包含的利益相关者有 24 个,此时 ID 为 11、7、6、9、10、2、13、14、15、16 的利益相关者没有参与。度数为 8 的核(即 8 – Core)中包含的利益相关者有 22 个,此时 ID 为 25、34、11、7、6、9、10、2、13、14、15、16 的利益相关者没有参与。度数为 9 的核(即 9 – Core)中包含的利益相关者有 16 个，此时 ID 为 20、22、24、26、27、33、25、34、11、7、6、9、10、2、13、14、15、16 的利益相关者没有参与其中。

在图 29-6 中还给出了这六种 K-Core 分区中包含的聚类数，这六种分区中的聚类数分别是 5、6、8、11、13、19。对于第一列来说，它只包含 5 个聚类，聚类 1（CL1）由热电项目的全部利益相关者构成。对于第六列来说，它包含 16 个聚类，聚类 1（CL1）由上述 7 个利益相关者构成，另外 15 个聚类由剩下的 15 个利益相关各方构成。

表 29-8 给出了每个利益相关者的核心度指标，它记载了每个点位于不同的 K-Core 的情况。例如，当地居民所对应的值是 9，说明当地居民这一利益相关者位于 9-Core 之中。参与热电项目的利益相关者核心度指标如表 29-8 所示。

表 29-8　　　　　各利益相关者的核心度指标

Coreness values for each node

热电企业	9	砖瓦厂	9
监理方	4	砌砖厂	9
施工单位	9	石膏厂	8
建设单位	9	污水处理厂	9
设计单位	9	煤厂	8
招标代理公司	5	机械装备制造企业	9
勘察方	6	生物企业	8
当地居民	9	医药企业	7
材料供应商	5	纺织企业	8
设备供应商	5	服装加工企业	8
管理咨询公司	6	啤酒企业	9
当地政府部门	9	饲料厂	9
国家审批部门	2	养殖场	9
投资方银行	2	乳品企业	9
保险公司	2	食品加工企业	9
水泥厂	2	饮料企业	8

运用 NetDraw 功能，可以得到热电项目的建设期和运营期，利益相关者核心度分布可视化绘图，通过不同的颜色表示热电项目利益相关者不同

的核心度，从图29-7中可以清楚地看出相同颜色、相同核心度的利益相关者会聚集到一起，越密集的区域说明核心都相同的利益相关者就越多。例如，可以从图中得出在该热电项目利益相关者中银行、保险公司、投资方、国家审批部门的核心度相同，并且聚集到一起。通过热电项目的建设期和运营期利益相关者核心度分布图，可以迅速识别出核心都相同的利益相关者，并且可以得出热电项目利益相关者的核心度分类。热电项目的建设期和运营期利益相关者核心度分布可视化绘图如图29-7所示。

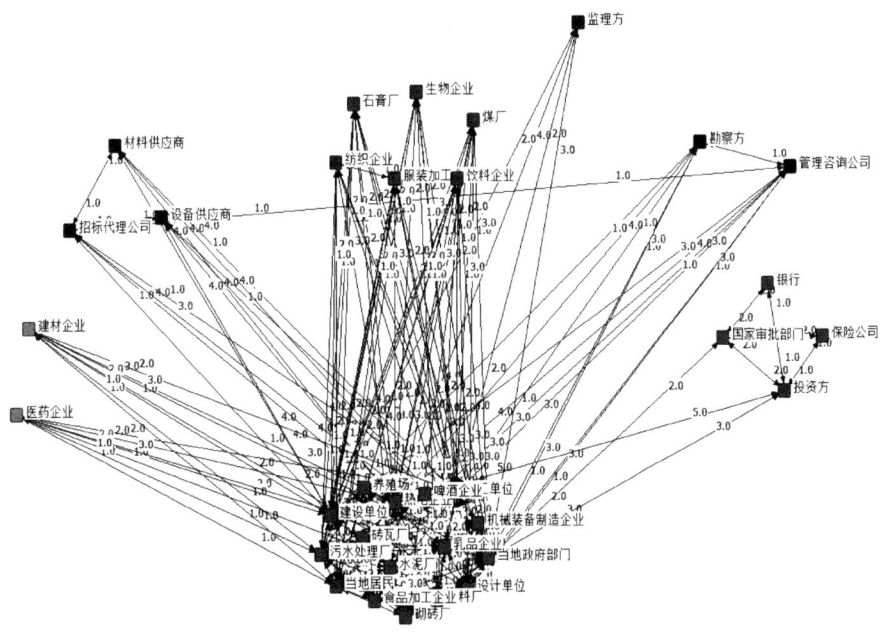

图29-7 利益相关者核心度分布可视化图

（3）YL工业园区热电项目利益相关者社会网络Concor分析

用Ucinet 6.0对热电项目利益相关者进行Concor分析的结果如图29-8所示。

用Ucinet 6.0对热电项目利益相关者进行Concor模块划分矩阵，如图29-9所示。

在进行模块划分时，同时给出了热电项目利益相关者社会网络结构的子群密度矩阵。

图 29 - 8 CONCOR 分析运行图

		1	12	3	4	5	2	7	6	14	9	11	8	30	10	32	33	17	18	19	20	21	22	23	24	25	26	27	28	29	34	31	13	16	15
1	热电企业		3	4	4	4	4	4	4	5	4	4	3	2	4	3	3	2	2	2	2	2	2	3	2	2	3	3	3	2	3	3			
12	当地政府部门	3		3	3	3	3	3	3	3	1	3	2	3	1	3	3	3	3	3	3	3	3	3	3	3	3	3	3	3	3	3	2		
3	施工单位	4	3		1	1	2	1	1		4	3	2	2	4	2	2	2	2	2	2	2	2	2	2	2	2	2	2	2	2	2			
4	建设单位	4	3	1		1	2	1	1		4	3	2	2	4	2	2	2	2	2	2	2	2	2	2	2	2	2	2	2	2	2			
5	设计单位	4	3	1	1			1				1	2	1		1	1	1	1	1	1	1	1	1	1	1	1	1	1	1	1	1			
2	监理方	4	3	2	2																														
7	勘察方	4	3	1	1	1						1																							
6	招标代理公司	4	3	1	1						1	1			1																				
14	投资方	5	3																														2	1	1
9	材料供应商	4	1	4	4				1																										
11	管理咨询公司	4	3	3	3	1		1	1				1																						
8	当地居民	3	2	2	2	2						1		1		1	1	1	1	1	1	1	1	1	1	1	1	1	1	1	1	1			
30	养殖场	2	3	2	2	1							1			1						1							1	1		1			
10	设备供应商	4	1	4	4				1																										
32	食品加工企业	3	3	2	2	1							1	1								1								1					
33	饮料企业	3	3	2	2	1							1									1													
17	水泥厂	2	3	2	2	1							1						1	1	1	1	1												
18	砖瓦厂	2	3	2	2	1							1					1				1		1											
19	砌砖厂	2	3	2	2	1							1					1				1	1	1											
20	石膏厂	2	3	2	2	1							1					1				1													
21	污水处理厂	2	3	2	2	1							1	1		1	1	1	1	1	1			1	1	1	1	1	1	1	1	1			
22	煤厂	2	3	2	2	1							1					1		1															
23	机械装备制造企业	3	3	2	2	1							1						1	1		1													
24	生物企业	2	3	2	2	1							1									1								1					
25	医药企业	2	3	2	2	1							1									1													
26	纺织企业	3	3	2	2	1							1									1						1							
27	服装加工企业	3	3	2	2	1							1									1					1								
28	啤酒企业	3	3	2	2	1							1	1								1								1					
29	饲料厂	2	3	2	2	1							1	1		1	1					1			1				1			1			
34	建材企业	3	3	2	2	1							1									1													
31	乳品企业	3	3	2	2	1							1	1								1								1					
13	国家审批部门		2							2																								2	2
16	保险公司									1																							2		
15	银行									1																							2		

图 29 - 9 模块划分矩阵

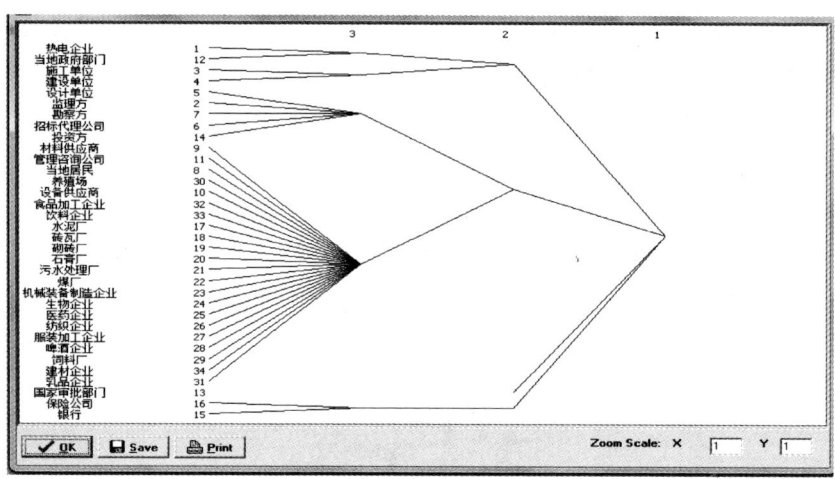

```
Density Matrix
           1       2       3       4       5       6
         -----   -----   -----   -----   -----   -----
    1    3.000   3.500   3.600   2.727   1.000   0.000
    2    3.500   1.000   1.000   2.227   0.000   0.000
    3    3.600   1.000   0.100   0.227   0.400   0.200
    4    2.727   2.227   0.227   0.223   0.000   0.000
    5    1.000   0.000   0.400   0.000   0.000   2.000
    6    0.000   0.000   0.200   0.000   2.000   0.000

R-squared = 0.824
```

图 29－10　子群密度矩阵

从图 29－10 中可以得出，热电项目利益相关者中的第三个子群的密度最大，网络密度为 3.600，它只包括两个成员，即热电企业和当地政府部门，说明热电企业和当地政府部门信息交流频繁，关系密切。分析其原因，在热电项目中，热电企业是业主，处于项目主体地位，当地政府部门作为项目的主管部门，从项目的批准立项开始，在热电项目的建设阶段和投产运营阶段中都要执行监督、管理的职责；同时，构建以热电企业为核心的循环经济产业链，也是政府部门辖区的工作内容。因此，当地政府部门和整个项目密切相关。

从图中还可以发现第 6 个子群的密度为 0，分析原因可知，银行等金融机构处于项目的边缘位置，只是与热电项目的投资方存在联系，与热电项目中的其他利益相关者联系较少。

29.4.3　社会网络核心—边缘结构分析

通过热电项目社会网络模型核心度分析，可以找出在热电项目中有哪些利益相关者处于核心位置，哪些利益相关者处于边缘位置。利用各利益相关者之间的关系紧密程度，可以把参与热电项目的利益相关者划分为热电项目的核心利益相关者、半边缘利益相关者和边缘利益相关者。在对热电项目利益相关者核心—边缘结构进行划分时，要先分析各个利益相关者核心度。按照 Network—Core/Periphery— Continuos 操作，可以计算出各个利益相关者核心度，结果如表 29－9 所示。

从表 29－9 中可以得出，核心度最高的利益相关者依次是热电企业（0.473）、当地政府部门（0.408）、施工单位（0.302）和建设单位

表 29-9　　　　　　　利益相关者核心度

	Multiplicative Coreness				Multiplicative Coreness	
1	热电企业	0.473		18	砖瓦厂	0.112
2	监理方	0.118		19	砌砖厂	0.115
3	施工单位	0.302		20	石膏厂	0.109
4	建设单位	0.302		21	污水处理厂	0.155
5	设计单位	0.180		22	煤厂	0.108
6	招标代理公司	0.112		23	机械装备制造企业	0.125
7	勘察方	0.110		24	生物企业	0.109
8	当地居民	0.169		25	医药企业	0.105
9	材料供应商	0.132		26	纺织企业	0.122
10	设备供应商	0.132		27	服装加工企业	0.122
11	管理咨询公司	0.151		28	啤酒企业	0.125
12	当地政府部门	0.408		29	饲料厂	0.126
13	国家审批部门	0.028		30	养殖场	0.119
14	投资方	0.099		31	乳品企业	0.125
15	银行	0.004		32	食品加工企业	0.125
16	保险公司	0.004		33	饮料企业	0.119
17	水泥厂	0.118		34	建材企业	0.119

（0.302）。在对热电项目利益相关者进行核心—边缘结构分析时，需要利用平均核心度进行划分，对所得的各个利益相关者的核心度数值进行统计分析，结果如图 29-11 所示。

```
         Descriptive Statistics

                            1
                         Corene
                         ------
 1        Mean           0.144
 2     Std Dev           0.094
 3         Sum           4.879
 4    Variance           0.009
 5         SSQ           1.000
 6       MCSSQ           0.300
 7    Euc Norm           1.000
 8     Minimum           0.004
 9     Maximum           0.473
10    N of Obs          34.000
```

图 29-11　核心度分析数据

图 29 - 11 显示 34 个参与热电项目的利益相关者核心度的平均值为 0.144，最大值为 0.473，最小值为 0.004。利用利益相关者核心度的平均值来划分热电项目的核心利益相关者、半边缘利益相关者和边缘利益相关者后，可以通过以下 Network—Core/Periphery—Categorical 操作，来对热电项目进行核心 - 边缘结构分析，结果如表 29 - 10 所示。

表 29 - 10　　　　热电项目利益相关者核心—边缘区划分

Starting fitness：0.000
Final fitness：0.692
Core/Periphery Class Memberships：
1：热电企业　监理方　施工单位　建设单位　设计单位　勘察方　当地居民　管理咨询公司　当地政府部门　污水处理厂
2：招标代理公司　设备供应商　材料供应商　国家审批部门　投资方　银行　保险公司　水泥厂　砖瓦厂　砌砖厂　石膏厂　煤厂　机械装备制造企业　生物企业　医药企业　纺织企业　服装加工企业　啤酒企业　饲料厂　养殖场　乳品企业　食品加工企业　饮料企业　建材企业

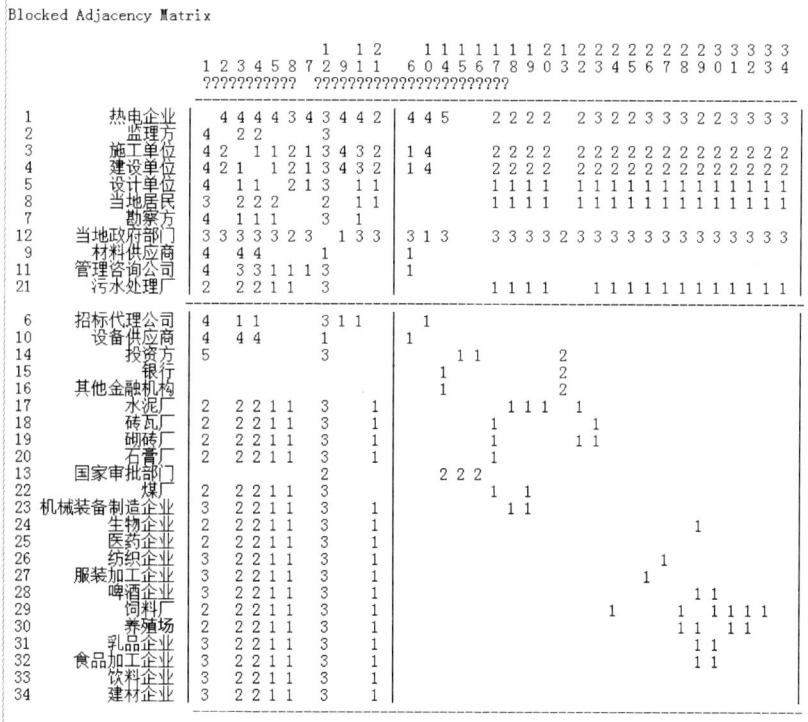

图 29 - 12　核心—边缘结构

从表 29-10 中可以得出，热电项目核心—边缘结构分析的最初拟合优度为 0，最终拟合优度为 0.692。热电项目的最终拟合优度比较大，数值较好地说明了热电项目利益相关者关系数据与理想模型的相似性较高，采集到的热电项目利益相关者数据核心—边缘结构模型显著。热电项目利益相关者核心边缘结构划分结果如图 29-12 所示。

29.5 分析结论

（1）在 YL 工业园区热电项目社会网络中，当地政府部门具有较高的中心度，是关键的利益相关者，对于网络的稳定起到了重要的作用。实际上，这条结论与政府部门的相应职责有关，政府部门会对 YL 工业园区热电项目的利益相关者行使行政管理权，依法对利益相关者进行监督、检查，各利益相关者都要遵守政府部门的有关规定。在 YL 工业园区热电项目的建设期，政府部门作为行政主管部门需要负责参与 YL 工业园区热电项目的施工单位、设计单位等利益相关者的登记、注册等事项，对参与 YL 工业园区热电项目建设的利益相关者具有一定的决策权。在 YL 工业园区热电项目的运营期，当地政府有关部门会制定规划，构建以热电企业为核心的产业链，产业链上下游的企业都会受到政府部门的影响。

（2）当地居民在 YL 工业园区热电项目社会网络中具有较高的中心度，影响力也比较大，要重视当地居民在 YL 工业园区热电项目利益相关者社会网络中的影响作用。当地居民具有数量较多，分布分散，影响范围较广的特点，在 YL 工业园区热电项目的建设期和运营期，会受到来自不同利益相关者的不同程度的影响，首先，在建设期内，需要对当地居民进行征地，在这个过程中是最容易引起冲突的，如果不做好协调安抚工作，可能会导致项目无法按时进行，甚至会出现项目暂停的情况。其次，在 YL 工业园区，热电项目的建设施工活动可能会干扰到当地居民的正常生活，建设单位、施工单位要与当地居民协调好关系，做到既保证 YL 工业园区热电项目的顺利进行，又不打扰居民的日常生活。最后在 YL 工业园区热电项目的运营阶段，产业链上下游的企业也会对当地居民产生一定影响，水泥厂、污水处理厂、煤厂的生产活动都会影响当地居民的生活环境。通过分析可以发现，从 YL 工业园区热电项目的建设期到运营期，YL 工业园区热电项目对当地居民的影响周期比较长，需要重点治理当地居民与 YL 工业园区热电项目中其他利益相关者的关系，既要保证项目的顺利实施，又要做到维持居民的正常生活。

（3）在 YL 工业园区热电项目利益相关者社会网络模型中，关键的子群是以建设期内的利益相关者为主。关键子群内的利益相关者为：热电企业、施工单位、建设单位、设计单位、当地居民、当地政府部门、污水处理厂。在 YL 工业园区热电项目中应重点治理关键子群内的利益相关者。

（4） YL 工业园区热电项目中，核心利益相关者数量较多、规模较大。YL 工业园区热电项目核心区的利益相关者有：热电企业、监理方、施工单位、建设单位、设计单位、勘察方、当地居民管理咨询公司、当地政府部门和污水处理厂。处于 YL 工业园区热电项目核心区的利益相关者较多，对利益相关者进行关系治理时的覆盖范围较大，给关键利益相关者的重点治理增加了难度。

（5）YL 工业园区热电项目利益相关者的关系链较长。由于选取的研究对象为热电项目建设—运营期两阶段内的利益相关者，在建设期内的利益相关者会对运营期内的利益相关者产生影响，而且其影响往往要到运营阶段才能够显现出来，影响具有一定的延迟性。同时，在 YL 工业园区热电项目运营期内的利益相关者也会对建设期内的利益相关者产生影响，主要表现在产业链上已有的企业会对热电项目建设期的选址、施工造成一定的影响。

（6）通过对 YL 工业园区热电项目利益相关者两阶段的分析，与以往只关注建设期一个阶段的分析相比，可以获得更全面的信息。

29.6 利益相关者关系治理对策

经过以上分析得出，本案例中的 YL 工业园区热电项目网络的密度较大，热电企业在整个网络结构中的中心度较高的时候，热电企业就会处于

YL工业园区热电项目的重要位置，关键子群和核心区域内的利益相关者较多。这种情况下，热电企业对于YL工业园区热电项目关系网络内其他内部成员的影响力比较大，其行为很容易产生对多个利益相关者的连锁影响。

热电企业在对利益相关者进行关系治理时可以采取如下措施：

（1）加强YL工业园区热电项目制度约束管理。在YL工业园区热电项目的建设期和运营期内，参与YL工业园区热电项目的单位、部门众多，企业类型不一，人员复杂，直接导致了利益相关者的社会网络庞大，网络关系复杂。因此，要建立健全相应的规章制度，加强制度约束管理，避免因部门利益相关者的违章、违规行为造成管理混乱的局面。

（2）进一步优化YL工业园区热电项目的规划方案。YL工业园区热电项目的利益相关者众多、项目周期长，项目建设期利益相关者的计划、行为和决策会对项目运营阶段的利益相关者产生影响，直接影响到运营期内的产业链的构建，影响到产业链内上下游企业的施工建设和生产运营。因此，在YL工业园区热电项目建设前，就要全面调查、系统设计、科学布局，合理分配人力、物力、财力，全面优化YL工业园区热电项目的设计方案，保证YL工业园区热电项目在各阶段都能顺利实施。

（3）密切关注YL工业园区热电项目内外环境变化。YL工业园区热电项目的生命周期较长，每一个阶段参与的利益相关者不同，所面对的项目内外部环境也有所差异。在YL工业园区热电项目实施的过程中，要密切关注项目所处的内部和外部环境的变化，加强各个利益相关者之间的沟通，保持信息渠道畅通，准确捕捉变化的因素，及时根据环境的变化做出调整。

30 本篇研究结论

　　以往大多数研究中,都将项目生命周期界定为从项目需求分析开始,到项目建成移交截止,将项目建设期的生产经营活动作为研究重点,少有将项目的建设期与运营期结合起来开展研究。后来,有学者从广义的角度上提出了项目全生命周期管理的概念,认为项目的建设期和运营期是项目生命周期中两个重要的阶段。本篇在研究中发现,从项目关系治理的角度上考虑,项目的建设期和运营期应该是密切衔接的,建设期的项目关系治理效果会对后来的运营期的生产和经营产生较大影响。因此,本篇对热电项目建设期—运营期两阶段的利益相关者关系治理结合起来进行了研究,并进一步分析了建设期—运营期两阶段内利益相关者之间的影响作用。

　　通过对热电项目建设期和运营期两阶段的分析发现,在热电项目利益相关者社会网络模型中关键的子群以建设期内的利益相关者为主,关键子群内建设期的利益相关者如设计单位、施工单位的行为和决策,都会对热电项目运营期内产业链上的利益相关者产生较大的影响。因此,在项目建设前期的需求分析和设计工作中,就要对项目各阶段工作进行科学、系统、全面的规划。在热电项目运营期利益相关者的研究中发现,处于热电项目核心区域的利益相关者,往往处于热电项目主要支柱产业中,并与其他产业内的利益相关者具有联系。因此,在热电项目运营期产业链设计、构建过程中,要做到全面调查热电项目利益相关者,统筹规划产业结构,科学布局产业链。

　　热电项目利益相关者具有关系链较长,核心区的利益相关者较多、规模较大等特点。热电项目核心区的利益相关者有:热电企业、监理方、施工单位、建设单位、设计单位、勘察方、当地居民、管理咨询公司、当地政府部门和污水处理厂。处于热电项目核心区的利益相关者较多,对热电项目利益相关者进行关系治理时的覆盖范围较大,使热电项目关键利益相关者的重点治理增加了难度。在建设期内的利益相关者会对运营期内的利益相关者产生影响,而且其影响往往要到热电项目进行到运营阶段才能够显现出来,具有一定的延迟性。同时,在热电项目运营期内的利益相关者也会对建设期内的利益相关者产生影响,主要表现在产业链上已有的企业会对热电项目建设期的选址、施工造成一定的影响。

本篇研究的不足有:由于企业某些信息不宜公开,在调查获取利益相关者的数据时,可能存在信息统计口径不一致的情况,有待于在以后的研究和实践中进一步完善;参与热电项目的利益相关者关系复杂,关系种类繁多,但本篇在构建热电项目利益相关者社会网络模型时,没有考虑不同关系类型的差异,存在一种类型的关系就简单地将关系强度设为1,在以后的研究中需要考虑不同关系类型的区别,设置不同关系类型的权重;本篇对于治理策略的研究较为薄弱,所提出的关系治理对策是基于热电项目社会网络分析的一般性对策,在未来研究中,建议针对不同的利益相关者的关系治理提出更加具体可行的对策,以提高热电项目利益相关者关系治理策略的科学性和可操作性。

第一篇附录 A 部分 LINGO 求解程序及结果

程序：

min = x1 + x2 + x3 + x4 + x5 + x6 + x7 + x8 + x9 + x10 + x11 + x12 + x13 + x14 + x15 + x16 + x17 + x18 + x19 + x20 + x21 + x22 + x23 + x24 + x25 + x26 + x27 + x28 + x29 + x30 + x31 + x32 + x33 + x34 + x35 + x36 + x37 + x38 + x39 + x40 + x41 + x42 + x43 + x44 + x45 + x46 + x47 + x48 + x49 + x50 + x51 + x52 + x53 + x54 + x55 + x56 + x57 + x58 + x59 + x60;

x1 + x2 + x3 + x4 + x5 + x6 + x7 + x8 + x9 + x10 + x11 + x12 > = 1;

x13 + x14 + x15 + x16 + x17 + x18 + x19 + x20 + x21 + x22 + x23 + x24 > = 1;

x25 + x26 + x27 + x28 + x29 + x30 + x31 + x32 + x33 + x34 + x35 + x36 > = 1;

x37 + x38 + x39 + x40 + x41 + x42 + x43 + x44 + x45 + x46 + x47 + x48 > = 1;

x49 + x50 + x51 + x52 + x53 + x54 + x55 + x56 + x57 + x58 + x59 + x60 > = 1;

0.19 * x1 + 0.19 * x2 + 0.19 * x3 + 0.19 * x4 + 0.19 * x5 + 0.19 * x6 + 0.21 * x7 + 0.21 * x8 + 0.24 * x9 + 0.24 * x10 + 0.24 * x11 + 0.24 * x12 + 0.24 * x13 + 0.24 * x14 + 0.24 * x15 + 0.24 * x16 + 0.1 * x17 + 0.10 * x18 + 0.10 * x19 + 0.1 * x20 + 0.09 * x21 + 0.09 * x22 + 0.09 * x23 + 0.09 * x24 + 0.09 * x25 + 0.09 * x26 + 0.09 * x27 + 0.09 * x28 + 0.38 * x29 + 0.38 * x30 + 0.37 * x31 + 0.37 * x32 + 0.37 * x33 + 0.37 * x34 + 0.37 * x35 + 0.37 * x36 + 0.37 * x37 + 0.37 * x38 + 0.37 * x39 + 0.37 * x40 + 0.37 * x41 + 0.37 * x42 + 0.37 * x43 + 0.37 * x44 + 0.33 * x45 + 0.33 * x46 + 0.34 * x47 + 0.34 * x48 +

0.34 * x49 + 0.34 * x50 + 0.34 * x51 + 0.34 * x52 + 0.31 * x53 + 0.31 * x54 + 0.31 * x55 + 0.31 * x56 + 0.31 * x57 + 0.31 * x58 + 0 * x59 + 0 * x60 >= 7.55 (9.06、10.57、12.08);

@bin (x1); @bin (x2); @bin (x3); @bin (x4); @bin (x5); @bin (x6); @bin (x7); @bin (x8); @bin (x9); @bin (x10); @bin (x11); @bin (x12); @bin (x13); @bin (x14); @bin (x15); @bin (x16); @bin (x17); @bin (x18); @bin (x19); @bin (x20); @bin (x21); @bin (x22); @bin (x23); @bin (x24); @bin (x25); @bin (x26); @bin (x27); @bin (x28); @bin (x29); @bin (x30); @bin (x31); @bin (x32); @bin (x33); @bin (x34); @bin (x35); @bin (x36); @bin (x37); @bin (x38); @bin (x39); @bin (x40); @bin (x41); @bin (x42); @bin (x43); @bin (x44); @bin (x45); @bin (x46); @bin (x47); @bin (x48); @bin (x49); @bin (x50); @bin (x51); @bin (x52); @bin (x53); @bin (x54); @bin (x55); @bin (x56); @bin (x57); @bin (x58); @bin (x59); @bin (x60);

结果:

Global optimal solution found.

Objective value:	22.00000
Extended solver steps:	0
Total solver iterations:	14

Variable	Value	Reduced Cost
X1	0.000000	1.000000
X2	0.000000	1.000000
X3	0.000000	1.000000
X4	0.000000	1.000000
X5	0.000000	1.000000
X6	0.000000	1.000000
X7	0.000000	1.000000
X8	0.000000	1.000000

X9	0.000000	1.000000
X10	1.000000	1.000000
X11	0.000000	1.000000
X12	0.000000	1.000000
X13	1.000000	1.000000
X14	0.000000	1.000000
X15	0.000000	1.000000
X16	0.000000	1.000000
X17	0.000000	1.000000
X18	0.000000	1.000000
X19	0.000000	1.000000
X20	0.000000	1.000000
X21	0.000000	1.000000
X22	0.000000	1.000000
X23	0.000000	1.000000
X24	0.000000	1.000000
X25	0.000000	1.000000
X26	0.000000	1.000000
X27	0.000000	1.000000
X28	0.000000	1.000000
X29	1.000000	1.000000
X30	1.000000	1.000000
X31	1.000000	1.000000
X32	1.000000	1.000000
X33	1.000000	1.000000
X34	1.000000	1.000000
X35	1.000000	1.000000
X36	1.000000	1.000000
X37	1.000000	1.000000
X38	1.000000	1.000000
X39	1.000000	1.000000
X40	1.000000	1.000000
X41	1.000000	1.000000

X42	1.000000	1.000000
X43	1.000000	1.000000
X44	1.000000	1.000000
X45	0.000000	1.000000
X46	0.000000	1.000000
X47	0.000000	1.000000
X48	0.000000	1.000000
X49	1.000000	1.000000
X50	1.000000	1.000000
X51	1.000000	1.000000
X52	1.000000	1.000000
X53	0.000000	1.000000
X54	0.000000	1.000000
X55	0.000000	1.000000
X56	0.000000	1.000000
X57	0.000000	1.000000
X58	0.000000	1.000000
X59	0.000000	1.000000
X60	0.000000	1.000000

Row	Slack or Surplus	Dual Price
1	22.00000	−1.000000
2	0.000000	0.000000
3	0.000000	0.000000
4	7.000000	0.000000
5	7.000000	0.000000
6	3.000000	0.000000
7	0.2300000	0.000000

Global optimal solution found.
Objective value: 26.00000
Extended solver steps: 0

Total solver iterations: 11

Variable	Value	Reduced Cost
X1	0.000000	1.000000
X2	0.000000	1.000000
X3	0.000000	1.000000
X4	0.000000	1.000000
X5	0.000000	1.000000
X6	0.000000	1.000000
X7	0.000000	1.000000
X8	0.000000	1.000000
X9	0.000000	1.000000
X10	1.000000	1.000000
X11	0.000000	1.000000
X12	0.000000	1.000000
X13	1.000000	1.000000
X14	0.000000	1.000000
X15	0.000000	1.000000
X16	0.000000	1.000000
X17	0.000000	1.000000
X18	0.000000	1.000000
X19	0.000000	1.000000
X20	0.000000	1.000000
X21	0.000000	1.000000
X22	0.000000	1.000000
X23	0.000000	1.000000
X24	0.000000	1.000000
X25	0.000000	1.000000
X26	0.000000	1.000000
X27	0.000000	1.000000
X28	0.000000	1.000000
X29	1.000000	1.000000
X30	1.000000	1.000000

X31	1.000000	1.000000
X32	1.000000	1.000000
X33	1.000000	1.000000
X34	1.000000	1.000000
X35	1.000000	1.000000
X36	1.000000	1.000000
X37	1.000000	1.000000
X38	1.000000	1.000000
X39	1.000000	1.000000
X40	1.000000	1.000000
X41	1.000000	1.000000
X42	1.000000	1.000000
X43	1.000000	1.000000
X44	1.000000	1.000000
X45	1.000000	1.000000
X46	1.000000	1.000000
X47	1.000000	1.000000
X48	1.000000	1.000000
X49	1.000000	1.000000
X50	1.000000	1.000000
X51	1.000000	1.000000
X52	1.000000	1.000000
X53	0.000000	1.000000
X54	0.000000	1.000000
X55	0.000000	1.000000
X56	0.000000	1.000000
X57	0.000000	1.000000
X58	0.000000	1.000000
X59	0.000000	1.000000
X60	0.000000	1.000000

Row	Slack or Surplus	Dual Price
1	26.00000	−1.000000

2	0.000000	0.000000
3	0.000000	0.000000
4	7.000000	0.000000
5	11.00000	0.000000
6	3.000000	0.000000
7	0.6000000E−01	0.000000

Global optimal solution found.
Objective value: 31.00000
Extended solver steps: 0
Total solver iterations: 11

Variable	Value	Reduced Cost
X1	0.000000	1.000000
X2	0.000000	1.000000
X3	0.000000	1.000000
X4	0.000000	1.000000
X5	0.000000	1.000000
X6	0.000000	1.000000
X7	0.000000	1.000000
X8	0.000000	1.000000
X9	0.000000	1.000000
X10	1.000000	1.000000
X11	0.000000	1.000000
X12	0.000000	1.000000
X13	1.000000	1.000000
X14	0.000000	1.000000
X15	0.000000	1.000000
X16	0.000000	1.000000
X17	0.000000	1.000000
X18	0.000000	1.000000
X19	0.000000	1.000000
X20	0.000000	1.000000

X21	0.000000	1.000000
X22	0.000000	1.000000
X23	0.000000	1.000000
X24	0.000000	1.000000
X25	0.000000	1.000000
X26	0.000000	1.000000
X27	0.000000	1.000000
X28	0.000000	1.000000
X29	1.000000	1.000000
X30	1.000000	1.000000
X31	1.000000	1.000000
X32	1.000000	1.000000
X33	1.000000	1.000000
X34	1.000000	1.000000
X35	1.000000	1.000000
X36	1.000000	1.000000
X37	1.000000	1.000000
X38	1.000000	1.000000
X39	1.000000	1.000000
X40	1.000000	1.000000
X41	1.000000	1.000000
X42	1.000000	1.000000
X43	1.000000	1.000000
X44	1.000000	1.000000
X45	1.000000	1.000000
X46	1.000000	1.000000
X47	1.000000	1.000000
X48	1.000000	1.000000
X49	1.000000	1.000000
X50	1.000000	1.000000
X51	1.000000	1.000000
X52	1.000000	1.000000
X53	1.000000	1.000000

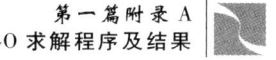

X54	1.000000	1.000000
X55	1.000000	1.000000
X56	0.000000	1.000000
X57	1.000000	1.000000
X58	1.000000	1.000000
X59	0.000000	1.000000
X60	0.000000	1.000000

Row	Slack or Surplus	Dual Price
1	31.00000	−1.000000
2	0.000000	0.000000
3	0.000000	0.000000
4	7.000000	0.000000
5	11.00000	0.000000
6	8.000000	0.000000
7	0.1000000	0.000000

Global optimal solution found.
Objective value: 37.00000
Extended solver steps: 0
Total solver iterations: 8

Variable	Value	Reduced Cost
X1	0.000000	1.000000
X2	0.000000	1.000000
X3	0.000000	1.000000
X4	0.000000	1.000000
X5	0.000000	1.000000
X6	0.000000	1.000000
X7	0.000000	1.000000
X8	0.000000	1.000000
X9	1.000000	1.000000
X10	0.000000	1.000000

X11	1.000000	1.000000
X12	1.000000	1.000000
X13	1.000000	1.000000
X14	1.000000	1.000000
X15	1.000000	1.000000
X16	1.000000	1.000000
X17	0.000000	1.000000
X18	0.000000	1.000000
X19	0.000000	1.000000
X20	0.000000	1.000000
X21	0.000000	1.000000
X22	0.000000	1.000000
X23	0.000000	1.000000
X24	0.000000	1.000000
X25	0.000000	1.000000
X26	0.000000	1.000000
X27	0.000000	1.000000
X28	0.000000	1.000000
X29	1.000000	1.000000
X30	1.000000	1.000000
X31	1.000000	1.000000
X32	1.000000	1.000000
X33	1.000000	1.000000
X34	1.000000	1.000000
X35	1.000000	1.000000
X36	1.000000	1.000000
X37	1.000000	1.000000
X38	1.000000	1.000000
X39	1.000000	1.000000
X40	1.000000	1.000000
X41	1.000000	1.000000
X42	1.000000	1.000000
X43	1.000000	1.000000

X44	1.000000	1.000000
X45	1.000000	1.000000
X46	1.000000	1.000000
X47	1.000000	1.000000
X48	1.000000	1.000000
X49	1.000000	1.000000
X50	1.000000	1.000000
X51	1.000000	1.000000
X52	1.000000	1.000000
X53	1.000000	1.000000
X54	1.000000	1.000000
X55	1.000000	1.000000
X56	1.000000	1.000000
X57	1.000000	1.000000
X58	1.000000	1.000000
X59	0.000000	1.000000
X60	0.000000	1.000000

Row	Slack or Surplus	Dual Price
1	37.00000	−1.000000
2	2.000000	0.000000
3	3.000000	0.000000
4	7.000000	0.000000
5	11.00000	0.000000
6	9.000000	0.000000
7	0.1000000	0.000000

第一篇附录B 部分项目模拟结果数据

表 B.1 项目缓冲区模拟结果数据

	A	B	C	D	E	F	G	H	I	J	K	L	M	N
工序		2	3		5	6	7	8						
均值		10	2.33	4	12.5	1.5	2.66	4	2.5		关键链	1, 4, 18, 24, 29, 36		
方差		0.41	0.62	1.41	0.5	0.5	0.82	0.41	1.12		非1	2	2	
		0.03	0.01	0.01	0.03	0.01	0.01	0.01	0.01			2	6	
工序		9	10	11		13		15	16			3	14	
均值		16.6	13	2	2	5.33	5.33	11	4					
方差		0.62	0.63	0.82	0.82	0.62	0.62	2.45	1.08			4	17	
		0.06	0.02	0.01	0.01	0.01	0.01	0.09	0.01			5	3, 11, 20	
工序		17		19	20	21	22	23				6	8, 16	
均值		2.33	2	5.5	4	3	14.5	2.67	19					
方差		0.62	0.41	1.12	0.82	0.82	0.5	0.5	0.62			7	19	
		0.02	0.02	0.01	0.01	0.01	0.01	0.01	0.03			8	21	
工序		25	26	27			30	31	32			9	9, 15, 28	
均值		19	2.33	4	8	3.5	2	1.5	10					
方差		4.9	0.41	1.12	0.82	1.22	0.82	0.5	0.82			10	27	
		0.04	0.01	0.01	0.01	0.02	0.01	0.01	0.01			11	23, 34	
工序		33	34	35		37	38					12	13, 30	
均值		4	1.5	7	13	13.5	9					13	32	
方差		0.82	0.5	2.58	4.9	5.48						14	33	
		0.01	0.01	0.05	0.28	0.01	0.14					15	5, 7, 12, 22, 26, 31, 37	
												16	10, 25, 35, 38	

	关键链	方差	重要度	1+重要度	资源紧张度			剪切粘贴法		根方差法	
		0.41	0.03	1.03	1.05	0.443415	0.196617	0.205		0.1681	
		0.5	0.03	1.03	1.1	0.5665	0.320922	0.25		0.25	
		0.41	0.02	1.02	1.1	0.46002	0.211618	0.205		0.1681	
		0.62	0.03	1.03	1.1	0.70246	0.49345	0.31		0.3844	
		0.07	0.07	1.07	1	0.0749	0.00561	0.035		0.0049	
		4.9	0.28	1.28	0.95	5.9584	35.50253	2.45		24.01	
							36.73075	3.455		24.9855	
							6.06059	4.984532		4.99855	
1		0.62	0.01	1.01	1.2	0.75144		0.31		0.62	
							0.618022				
2		0.62	0.01	1.01	1.2			0.31		0.62	
							0.618022				
3		0.62	0.01	1.01				0.31		0.62	
							0.618022				
4		0.62	0.02	1.02				0.31		0.62	
							0.618022				
5		1.41	0.01	1.01	1.2	1.70892	2.920408	0.705		1.9881	
		0.82	0.01	1.01	1.1	0.91102	0.829957	0.41		0.6724	
		1.12	0.01	1.01	1.2	1.35744	1.842643	0.56		1.2544	
							5.593008	1.675		3.9149	
							2.364954	1.945057		1.978611	
6		1.12	0.01	1.01	1.2	1.35744	1.842643	0.56		1.2544	
		1.08	0.01	1.01	1.2	1.30896	1.713376	0.54		1.1664	
							3.55602	1.1		2.4208	
							1.885741	1.550928		1.555892	
7		0.41	0.01	1.01	1.1	0.45551		0.205		0.41	
							0.374634				
8		0.82	0.01	1.01	1.2	0.99384		0.41		0.82	
							0.817384				
9		0.62	0.06	1.06	1	0.6572	0.431912	0.31		0.3844	
		2.45	0.09	1.09	1	2.6705	7.13157	1.225		6.0025	
		2.86	0.01	1.01	1	2.8886	8.34401	1.43		8.1796	
							15.90749	2.965		14.5665	
							3.98842	3.280276		3.816608	
10		0.82	0.01	1.01	1.2	0.99384		0.41		0.82	
							0.817384				

表 B.1（续表）

11		0.5	0.01	1.01	1.2	0.606	0.367236		0.25
		0.5	0.01	1.01	1.2	0.606	0.367236		0.25
							0.734472		0.5
							0.857013 0.704851	0.5	0.707107
12		0.62	0.01	1.01	1.1	0.68882	0.474473	0.31	0.3844
		0.82	0.01	1.01	1.2	0.99384	0.987718	0.41	0.6724
							1.462191	0.72	1.0568
							1.209211 0.994515		1.028008
13		0.82	0.01	1.01	1.2	0.99384			
							0.817384	0.41	0.82
14		0.82	0.01	1.01	1.2	0.99384			
							0.817384	0.41	0.82
15		0.5	0.01	1.01	1.2	0.606	0.367236	0.25	0.25
		0.41	0.01	1.01	1.2	0.49692	0.246929	0.205	0.1681
		0.82	0.01	1.01	1.2	0.99384	0.987718	0.41	0.6724
		0.82	0.01	1.01	1.2	0.99384	0.987718	0.41	0.6724
		0.62	0.01	1.01	1.2	0.75144	0.564662	0.31	0.3844
		0.5	0.01	1.01	1.2	0.606	0.367236	0.25	0.25
		0.5	0.01	1.01	1.2	0.606	0.367236	0.25	0.25
							3.888735	2.085	2.6473
							1.971988 1.621861		1.627053
16		0.63	0.02	1.02	1.2	0.77112	0.594626	0.315	0.3969
		4.9	0.04	1.04	1.1	5.6056	31.42275	2.45	24.01
		2.58	0.05	1.05	1.2	10.5677		1.29	6.6564
		5.48	0.14	1.14	1.1	6.87192	47.22328	2.74	30.0304
							89.80836	6.795	61.0937
							9.476727 7.794134		7.816246

表 B.2　　项目管理者精力分配模拟结果数据

工序	VES	精力		均值	方差		策略方差	未策略方差					
1	0.03	0.026549		10	0.41	0.026316	0.398214	0.398316			关键链	1,4,18,24,29,36	
2	0.01	0.00885		2.33	0.62	0.026316	0.614001	0.602332			非1	2	
3	0.01	0.00885		4	1.41	0.026316	1.396358	1.369819					
4	0.03	0.026549		12.5	0.5	0.026316	0.485627	0.485752			2	6	
5	0.01	0.00885		1.5	0.5	0.026316	0.495162	0.485752			3	14	
6	0.01	0.00885		2.66	0.62	0.026316	0.614001	0.602332			4	17	
7	0.01	0.00885		4	0.41	0.026316	0.406033	0.398316			5	3,11,20	
8	0.01	0.00885		2.5	1.12	0.026316	1.109164	1.088083			6	8,16	
9	0.06	0.053097		16.6	0.62	0.026316	0.584868	0.602332			7	19	
10	0.02	0.017699		13	0.63	0.026316	0.617868	0.612047			8	21	
11	0.01	0.00885		2	0.82	0.026316	0.812066	0.796633			9	9,15,28	
12	0.01	0.00885		2	0.82	0.026316	0.812066	0.796633			10	27	
13	0.01	0.00885		5.33	0.62	0.026316	0.614001	0.602332			11	23,34	
14	0.01	0.00885		5.33	0.62	0.026316	0.614001	0.602332			12	13,30	
15	0.09	0.079646		11	2.45	0.026316	2.244736	2.380183			13	32	
16	0.01	0.00885		4	1.08	0.026316	1.069551	1.049223			14	33	
17	0.02	0.017699		2.33	0.62	0.026316	0.608061	0.602332			15	5,7,12,22,26,31,37	
18	0.02	0.017699		2	0.41	0.026316	0.402105	0.398316			16	10,25,35,38	
19	0.01	0.00885		5.5	0.41	0.026316	0.406033	0.398316					
20	0.01	0.00885		4	1.12	0.026316	1.109164	1.088083					
21	0.01	0.00885		2	0.82	0.026316	0.812066	0.796633					
22	0.01	0.00885		14.5	0.82	0.026316	0.812066	0.796633					
23	0.01	0.00885		2.67	0.5	0.026316	0.495162	0.485752					
24	0.03	0.026549		19	0.62	0.026316	0.602178	0.602332					
25	0.04	0.035398		19	4.9	0.026316	4.713102	4.760365					
26	0.01	0.00885		2.33	0.62	0.026316	0.614001	0.602332					
27	0.01	0.00885		4	0.82	0.026316	0.812066	0.796633					
28	0.01	0.00885		8	2.86	0.026316	2.832329	2.778499					
29	0.07	0.061947		3.5	1.12	0.026316	1.046314	1.088083					
30	0.01	0.00885		2	0.82	0.026316	0.812066	0.796633					
31	0.01	0.00885		1.5	0.5	0.026316	0.495162	0.485752					
32	0.01	0.00885		10	0.82	0.026316	0.812066	0.796633					
33	0.01	0.00885		4	0.82	0.026316	0.812066	0.796633					
34	0.01	0.00885		1.5	0.5	0.026316	0.495162	0.485752					
35	0.05	0.044248		7	2.58	0.026316	2.457583	2.506478					
36	0.28	0.247788		13	4.9	0.026316	3.732255	4.760365					
37	0.01	0.00885		13.5	0.5	0.026316	0.495162	0.485752					
38	0.14	0.123894		10	5.48	0.026316	4.782645	5.323837					

A	B	C	D	E	F	G	H	I	J	K	L	M	N	O	P	Q
9.139597	11.89858	1.784128	19.34419	3.623443	14.57649	60.36643	59.9964	10.33176	11.75742	1.857981	19.84902	4.306725	12.80301	60.90592		60.07111
10.18807	12.12889	1.33073	19.02465	3.971262	7.632404	54.27601		10.33038	12.3837	1.769243	17.91209	2.475952	16.23288	61.10424		
10.3692	12.10265	2.182871	18.822	4.134246	7.243608	54.85458		10.76766	12.78861	2.156594	18.37791	3.680033	15.53442	63.05523		
9.939314	12.07071	1.425919	19.09817	4.320105	15.51475	62.36896		9.629046	12.67217	2.22546	18.07455	2.863317	8.26415	53.72869		77.39522
10.33731	12.45662	2.234799	19.6206	3.102827	11.23281	58.98482		10.04574	12.39848	2.483639	18.8878	5.257728	5.1454	54.21879		41.70211
	9.661	12.63114	2.643786	18.53295	2.459581	10.68539	56.61385		10.40505	12.57173	1.787808	18.67638	3.140385	12.47295	59.0543	
10.78271	12.90596	2.311201	18.73788	4.422256	15.25927	64.41928		10.16479	12.41044	1.981188	18.32052	3.760171	17.02421	57.66132		
10.3776	13.63261	1.948792	19.17025	1.125407	11.65493	57.9096	73.34148	9.29588	12.19809	3.441391	13.7838	59.0081				
10.21134	12.71489	1.930902	19.30367	2.977578	8.826913	55.96529	45.33964	10.81772	12.0612	1.601397	19.62505	1.318471	7.309409	52.73325		
10.89574	11.13758	1.921414	19.28117	3.855104	13.88509	60.97611		10.09305	12.15833	1.533775	19.6235	5.736496	11.95587	61.31809		
10.5355	11.89861	2.090777	19.1488	4.40841	12.70437	60.78648		10.04855	12.38141	1.566077	18.998	2.491896	14.41576	59.90169		
9.186966	13.51672	2.528269	19.34658	3.100038	12.12544	62.51234		10.15585	13.446	2.07058	18.49563	2.807985	14.35184	60.52789		
9.69118	12.6118	2.108119	19.0946	1.771148	13.07744	58.35428		10.54792	11.9322	2.305477	19.4452	4.72736	6.04463	55.00458		
9.481623	12.30733	2.21175	17.75282	2.314011	16.61121	60.67874		10.08422	12.53954	0.896732	19.26076	5.123242	14.01666	61.92115		
10.89512	11.88276	2.239144	18.94733	4.245872	14.89001	63.10024		10.23566	12.65311	1.744638	20.21985	4.270473	14.63191	63.75564		
10.15461	12.95802	2.128283	19.74759	6.104864	6.438375	57.53175		10.09677	12.39885	1.537336	18.6124	6.07867	18.32304	66.1251		
10.59783	12.7709	2.365563	18.66941	3.111592	10.59421	58.1095		10.34141	11.97389	2.297319	19.4459	4.613395	9.94313	58.61504		
10.0897	13.62057	2.251469	18.16127	3.724088	19.17038	67.01749		9.684955	12.76809	2.152562	18.19809	3.484995	19.77531	66.31819		
9.726372	12.46522	2.290959	18.49851	4.415695	9.581206	56.97797		10.09521	12.25093	1.827605	19.64096	4.065543	8.412413	56.29266		
10.02354	12.53151	1.85025	18.47202	2.663102	8.88802	54.42845		10.09163	12.76544	2.645539	25.398	4.57006	5.556745	54.8834		
10.4617	13.34866	1.237129	18.75522	3.425717	16.46295	63.73071		10.70471	1.459807	18.78422	2.739666	7.30605	53.44062			
9.4611	12.63223	2.615832	18.43236	4.335715	16.48459	65.44682		9.850267	12.17637	2.316077	19.00919	4.028375	5.335295	52.80558		
9.757104	11.90025	2.407197	18.81402	2.3262	12.29644	57.50531		10.46114	12.7047	1.459807	18.78422	2.739666	7.30605	53.44062		
10.5643	11.6568	2.040242	19.41548	2.174312	17.47976	63.3309		10.28239	12.49223	2.321182	18.97344	2.590964	9.029692	55.68991		
10.39799	12.17356	1.703771	18.3238	4.135914	12.02263	58.4594	14.3594	12.02263	19.2809	3.389803	15.75202	60.1059				
9.969882	12.67149	1.37371	18.99562	3.950036	12.0158	58.97654		10.30888	12.38893	1.854859	18.80829	3.141673	13.96471	60.46735		
10.32748	12.78503	1.793619	19.03084	4.956141	13.37129	62.26441		9.795045	12.94169	1.810936	19.37107	3.321311	13.85713	61.09718		

第二篇附录 MATLAB 部分运行程序

程序：
```
>> clear all;
>> β2 = 22;β3 = 26;
>> β1 = -10:2:50;
>> U2 = -1.07*(β1).^2 - 1.07*(β2)^2 - 1.79*(β3)^2 + 0.36*β1*β2 - 1.79*β1*β3
     + 0.71*β2*β3 + 43.04*β1 + 26.79*β2 + 81.07*β3;
>> plot(β1,U2)
>> hold on
>> β1 = 2;β3 = 26;
>> β2 = -10:4:70;
>> U2 = -1.07*(β1)^2 - 1.07*(β2).^2 - 1.79*(β3)^2 + 0.36*β1*β2 - 1.79*β1*β3
     + 0.71*β2*β3 + 43.04*β1 + 26.79*β2 + 81.07*β3;
>> plot(β2,U2)
>> hold on
>> β1 = 2;β2 = 22;
>> β3 = -10:4:70;
>> U2 = -1.07*(β1)^2 - 1.07*(β2)^2 - 1.79*(β3).^2 + 0.36*β1*β2 - 1.79*β1*β3
```

$+ 0.71 * \beta2 * \beta3 + 43.04 * \beta1 + 26.79 * \beta2 + 81.07 * \beta3;$

>> plot($\beta3$, U2)

>> end

运算结果:

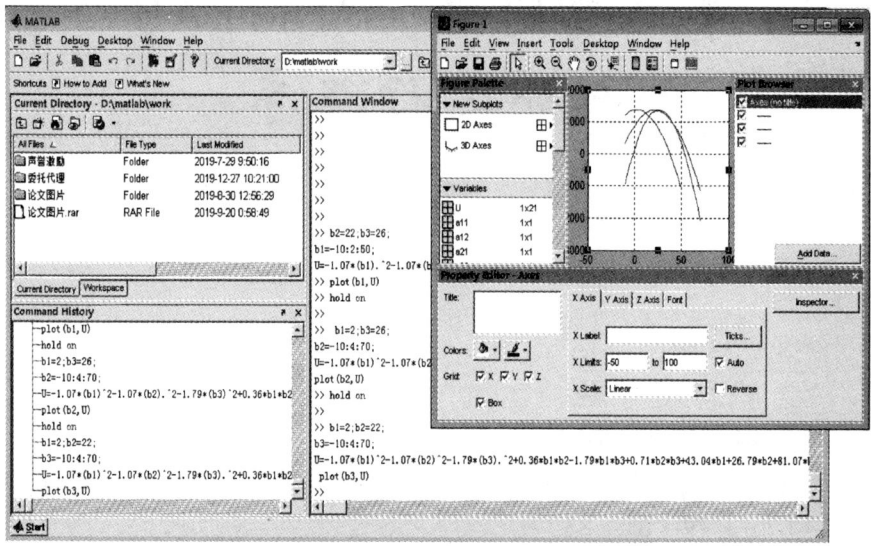

图 A.1　业主收益的期望效用 U_2 和最优激励系数 β 的关系

程序:

>> clear all;

>> h = 1; PV = 10; $\varepsilon1 = -7$;

>> a1 = 0:5:100;

>> x1 = h * a1 - PV + $\varepsilon1$;

>> plot(a1, x1)

>> hold on

>> q = 1; $\varepsilon2 = -4$;

>> a2 = 0:5:100;

>> x2 = q * a2 + $\varepsilon2$;

>> plot(a2, x2)

>> hold on

>> h = 1;g = 1;f = 15;ε1 = - 7;ε3 = - 14;

>> a1 = 0:5:100;

>> a3 = 0:5:100;

>> x3 = h * a1 + g * a3 - f + ε1 + ε3;

>> plot3(a1,a3,x3)

>> end

结果:

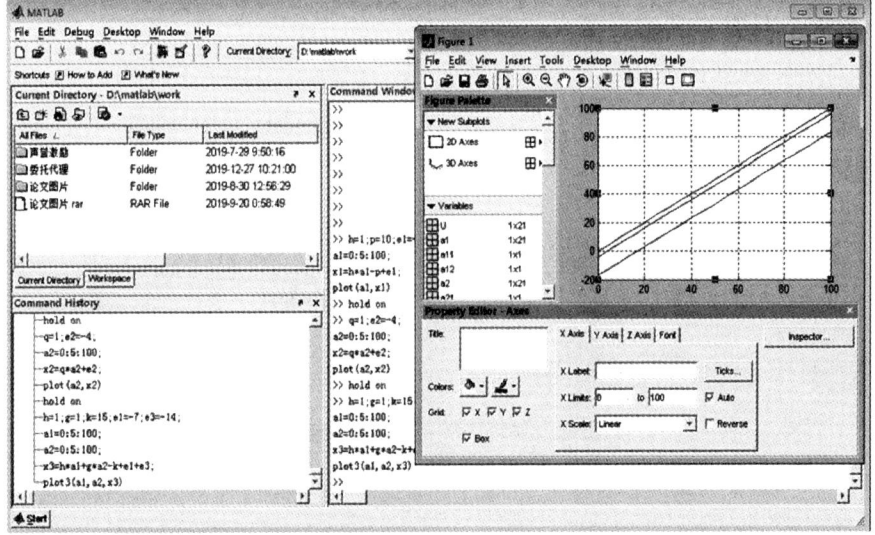

图 A.2　承包商努力程度 a 和相应的可观测变量 x 的关系

程序:

>> clear all;

>> α = 1;a2 = 14;a3 = 19;k1 = 0.2;k2 = 0.2;k3 = 0.2;

>> a1 = 0:5:100;

>> C = 0.5 * α * ((a1).^2 + (a2)^2 + (a3)^2 + 2 * k1 * a1 * a2 + 2 * k2 * a1 * a3 + 2 * k3 * a2 * a3);

>> plot(a1,C);

>> hold on

>> α = 1;a1 = 21;a3 = 19;k1 = 0.2;k2 = 0.2;k3 = 0.2;

>> a2 = 0:5:100;
>> C = 0.5 * α * ((a1)^2 + (a2).^2 + (a3)^2 + 2 * k1 * a1 * a2 + 2 * k2 * a1 * a3 + 2 * k3 * a2 * a3);
>> plot(a2, C);
>> hold on
>> α = 1; a1 = 21; a2 = 14; k1 = 0.2; k2 = 0.2; k3 = 0.2;
>> a3 = 0:5:100;
>> C = 0.5 * α * ((a1)^2 + (a2)^2 + (a3).^2 + 2 * k1 * a1 * a2 + 2 * k2 * a1 * a3 + 2 * k3 * a2 * a3);
>> plot(a3, C)
>> end

结果:

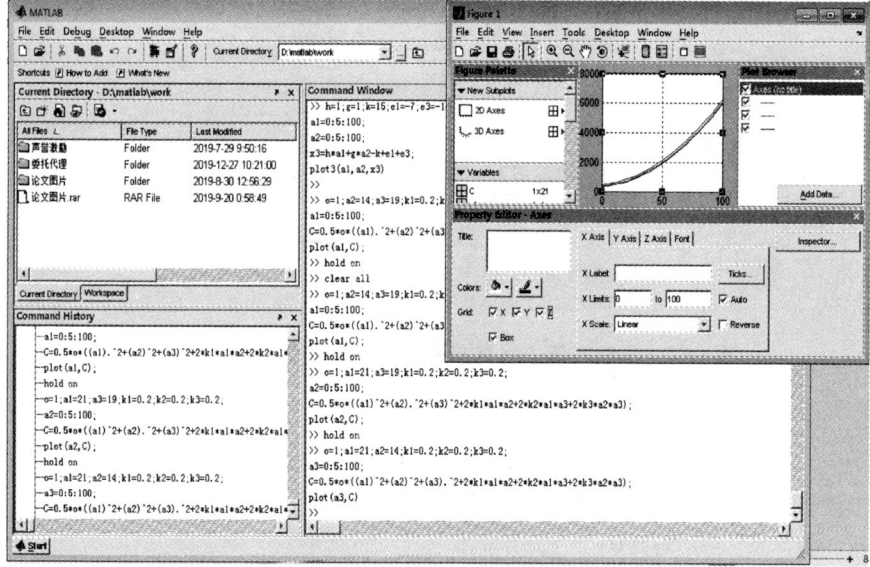

图 A.3 承包商努力成本函数 C 和承包商努力水平 a 的关系

程序:

>> clear all;
>> r11 = -50:1:100;
>> r21 = -50:1:100;

>> U3 = u1 + u2;

>> plot3(r11,r21,U3)

>> hold on

>> W3 = w1 + w2;

>> plot3(r11,r21,W3)

>> hold on

>> [r11,r21] = meshgrid(-50:1:100);

>> U2 = 601.5 + 0*r11 + 0*r21;

>> surf(r11,r21,U2,gray)

>> hold on

>> [r11,r21] = meshgrid(-50:1:100);

>> W2 = 449.5 + 0*r11 + 0*r21;

>> surf(r11,r21,W2,gray)

>> end

结果：

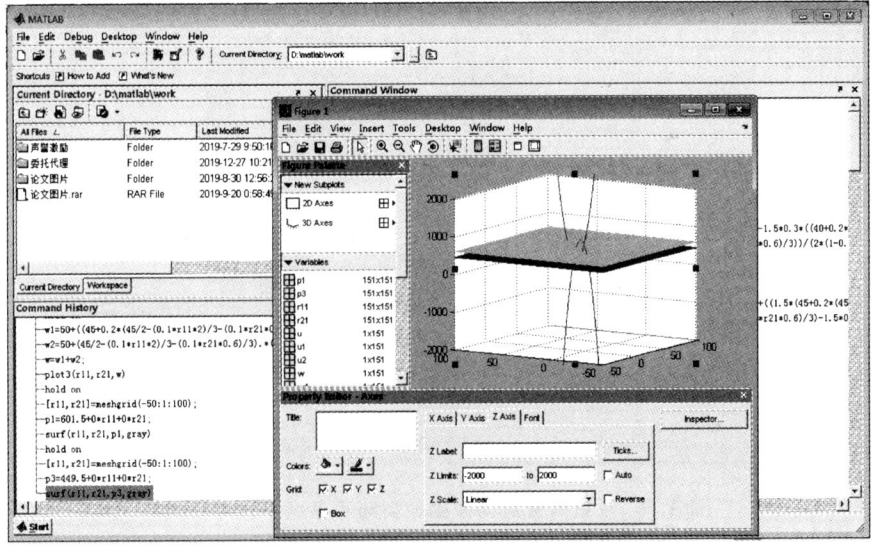

图 A.4　双重声誉协同激励模型与不考虑声誉的协同激励模型下业主和承包商收益与 γ_{11}、γ_{21} 的关系

程序：

```
>>clear all;
>>r11 = -200:1:200;
>>r21 = -200:1:200;
>>p = u1 + u2 + w1 + w2;
>>plot3(r11,r21,p)
>>hold on
>>[r11,r21] = meshgrid(-200:1:200);
>>p1 = 1051 + 0*r11 + 0*r21;
>>surf(r11,r21,p1,gray)
>>end
```

结果：

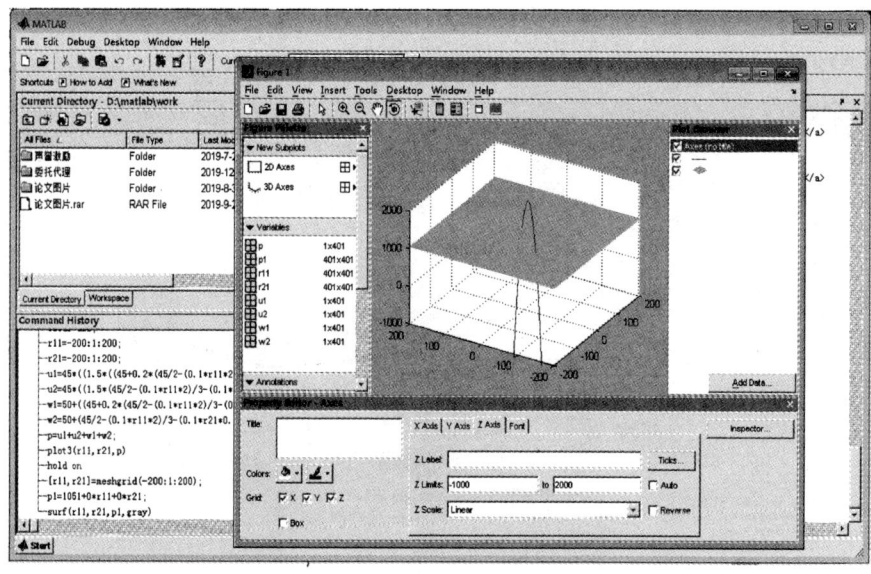

图 A.5　双重声誉协同激励模型与不考虑声誉的协同激励模型下社会总价值与 γ_{11}、γ_{21} 的关系

第三篇附录 房地产建设项目挣值指标数据

表 A.1　　房地产建设项目挣值指标数据

阶段	项目工作	指标	2009 年					2010 年										
			8	9	10	11	12	1	2	3	4	5	6	7	8	9	10	11	12
前期确立阶段	土地费用	PV	20488	633															
		EV	20488	648															
		AC	20488	648															
	前期策划	PV			25	88													
		EV			25	88													
		AC			25	88													
	测量勘探	PV		62	14														
		EV		62	21														
		AC		63	14														
	前期规费	PV				113	840												
		EV				125	850												
		AC				113	840												
	前期物业	PV				156	48												
		EV				168	58												
		AC				156	48												
	技术服务	PV				222	127	562											
		EV				236	137	577											
		AC				222	127	562											

续表

阶段	项目工作	指标	2009年					2010年										
			8	9	10	11	12	1	2	3	4	5	6	7	8	9	10	11	12
设计阶段	初步设计	PV					49	48											
		EV					59	63											
		AC					49	48											
	技术设计	PV					35	83											
		EV					45	98											
		AC					35	83											
	施工图	PV						248	198	112									
		EV						264	185	213									
		AC						248	198	202									
	三通一平	PV					161	192	236	78									
		EV					163	208	224	89									
		AC					161	192	236	78									
	销售装修	PV							8	18	16	56	20	32	20				
		EV							7	31	20	56	35	75	10				
		AC							8	18	16	56	20	52	50				
施工阶段	桩基工程	PV															280	300	180	160
		EV															290	348	205	310
		AC															280	325	315	310
	主体工程	PV																		
		EV																		
		AC																		
	建材采购	PV																		
		EV																		
		AC																		
	基础设施	PV																		
		EV																		
		AC																		
验收阶段	竣工验收	PV																		
		EV																		
		AC																		

表 A.1（续表）

阶段	项目工作	指标	2011 年												2012 年					
			1	2	3	4	5	6	7	8	9	10	11	12	1	2	3	4	5	6
前期确立阶段	土地费用	PV																		
		EV																		
		AC																		
	前期策划	PV																		
		EV																		
		AC																		
	测量勘探	PV																		
		EV																		
		AC																		
	前期规费	PV																		
		EV																		
		AC																		
	前期物业	PV																		
		EV																		
		AC																		
	技术服务	PV																		
		EV																		
		AC																		
设计阶段	初步设计	PV																		
		EV																		
		AC																		
	技术设计	PV																		
		EV																		
		AC																		
	施工图	PV																		
		EV																		
		AC																		
	三通一平	PV																		
		EV																		
		AC																		
	销售装修	PV																		
		EV																		
		AC																		
施工阶段	桩基工程	PV	145																	
		EV	350																	
		AC	350																	
	主体工程	PV		200	340	790	1050	1810	2162	2802	6000	5073	6273	6930	8755	9345	10715	11630	13495	15295
		EV		290	1175	2653	4003	5463	6863	7613	3000	9753	10203	10843	11877	12600	13208	14125	14840	15930
		AC		790	2310	5325	7585	9935	11435	13295	2000	16105	16805	17025	17332	17655	17763	17980	18095	18595
	建材采购	PV						430	1200	400	1065	260	585	480						
		EV						430	466	677	672	323	585	1080						
		AC						100	70	340	110	170	125	480						
	基础设施	PV											1380	670						
		EV											350	1010						
		AC											50	1010						
验收阶段	竣工验收	PV																		
		EV																		
		AC																		

表 A.1（续表）

阶段	项目工作	指标	2012年						2013年					
			7	8	9	10	11	12	1	2	3	4	5	6
前期确立阶段	土地费用	PV												
		EV												
		AC												
	前期策划	PV												
		EV												
		AC												
	测量勘探	PV												
		EV												
		AC												
	前期规费	PV												
		EV												
		AC												
	前期物业	PV												
		EV												
		AC												
	技术服务	PV												
		EV												
		AC												
设计阶段	初步设计	PV												
		EV												
		AC												
	技术设计	PV												
		EV												
		AC												
	施工图	PV												
		EV												
		AC												
	三通一平	PV												
		EV												
		AC												
	销售装修	PV												
		EV												
		AC												
施工阶段	桩基工程	PV												
		EV												
		AC												
	主体工程	PV	17307	17667	18337	18387	18435	18555	19200	19300	20200	21645	21815	22815
		EV	17310	17842	18262	18822	19207	19707	20306	20926	21339	21914	22384	23784
		AC	20005	20865	21285	21845	22925	23625	24524	25144	25550	26625	27495	28895
	建材采购	PV												
		EV												
		AC												
	基础设施	PV												
		EV												
		AC												
验收阶段	竣工验收	PV												
		EV												
		AC												

表 A.1（续表）

阶段	项目工作	指标	2013 年						2014 年							
			7	8	9	10	11	12	1	2	3	4	5	6	7	8
前期确立阶段	土地费用	PV														
		EV														
		AC														
	前期策划	PV														
		EV														
		AC														
	测量勘探	PV														
		EV														
		AC														
	前期规费	PV														
		EV														
		AC														
	前期物业	PV														
		EV														
		AC														
	技术服务	PV														
		EV														
		AC														
设计阶段	初步设计	PV														
		EV														
		AC														
	技术设计	PV														
		EV														
		AC														
	施工图	PV														
		EV														
		AC														
	三通一平	PV														
		EV														
		AC														
	销售装修	PV														
		EV														
		AC														
施工阶段	桩基工程	PV														
		EV														
		AC														
	主体工程	PV														
		EV														
		AC														
	建材采购	PV														
		EV														
		AC														
	基础设施	PV	50	298	300	30	50	80	402	50	600	690	100	1200		
		EV	155	268	560	520	515	400	401	635	567	375	580	1280		
		AC	355	268	575	570	915	400	721	735	557	977	631	870		
验收阶段	竣工验收	PV													230	120
		EV													230	120
		AC													230	120

第四篇附录 工程延误现状调查问卷

尊敬的专家：

您好！感谢您抽出宝贵时间参与此次调研。鉴于您在业内的丰富经验，对于您的回答我会认真思考。如果您认为我们的调查问卷设计的问题有不当之处，期待您的宝贵意见！

本问卷主要是为了对大型建设项目延误处理方法做进一步的研究，必须充分了解目前工程延误现状以及影响延误处理策略选择的根源是什么。因此针对工程延误的现状制定调查问卷。

本次调研结果只用于学术研究，在此向您保证不会泄露任何个人信息！

一、基本信息

1. 您所在单位性质属于（　　）。

  A. 建设单位　　　B. 施工单位　　　C. 勘察设计单位

  D. 监理单位　　　E. 供应商

2. 您所从事的具体工作是（　　）。

  A. 合同管理　　　B. 项目管理

  C. 招投标管理　　D. 财务管理

二、工程延误现状

3. 根据您的工作经验，您认为业主对大型工程项目的工期要求是否严格？（　　）

  A. 非常严格　　　B. 较严格　　　C. 严格

D. 一般　　　　　E. 不严格

4. 您所在的单位每年发生工程延误项目的数量多吗？（　　　）

A. 非常多　　　　B. 比较多　　　　C. 多

D. 比较少　　　　E. 很少

5. 根据您的工作经验，您认为项目平均延误时间占原计划完工工期的比例如何？（　　　）

A. <0.1 倍　　　B. 0.1-0.2 倍　　C. 0.2-0.3 倍

D. 0.3-0.5 倍　　E. >0.5 倍

6. 您认为工程延误对业主与承包商造成的损失严重吗？（　　　）

A. 非常严重　　　B. 比较严重　　　C. 严重

D. 一般　　　　　E. 不严重

7. 您认为从发现延误到解决延误问题耗费的时间如何？（　　　）

A. 很多　　　　　B. 较多　　　　　C. 一般

D. 较少　　　　　E. 很少

8. 您所在的单位有没有一套针对工程延误问题的具体解决方案？（　　　）

A. 有　　　　　　B. 没有　　　　　C. 较模糊

D. 不知道

9. 根据您的工作经验，您认为延误处理过程中的难题是什么？（　　　）

A. 寻找延误原因　B. 划分延误责任　C. 延误处理争议

D. 其他

10. 您所在单位能否在最短的时间内解决延误处理争议问题？（　　　）

A. 能　　　　　　B. 不能　　　　　C. 不确定

11. 您认为在项目执行延误时，项目主要利益相关方解决问题的重点是？（　　　）

A. 寻找延误原因　B. 划分责任归属　C. 以最小成本减少延误

D. 避免延误冲突

12. 您所在单位在发生项目执行延误时通常采用的解决策略是？（　　　）

A. 协商处理　　　B. 按责任索赔　　C. 取消合同

D. 终止合同

三、延误处理策略选择意向

13. 由于承包商原因导致工程延误时，您认为业主通常倾向于选择以

下哪种行为？（ ）

 A. 就工期签订合同变更

 B. 责令赶工，收取延误补偿

 C. 终止合同   D. 取消合同   E. 其他选择

14. 由于业主原因导致工程延误时，您认为承包商更倾向于选择以下哪种行为？（ ）

 A. 协商追加工程款赶工

 B. 向业主正常申请索赔

 C. 取消合同   D. 终止合同   E. 其他选择

15. 如果是业主原因导致延误，您愿意增加工程款与承包商协商补偿部分延误时间吗？（业主填写）（ ）

 A. 愿意   B. 不愿意   C. 不确定

16. 如果能与承包商进行工期协商，以最大限度地缩短延误时间，您愿意放弃对承包商的责任追究和延迟罚款吗？（业主填写）（ ）

 A. 愿意   B. 不愿意   C. 不确定

17. 您认为在工程延误处理策略选择时，业主与承包商选择的依据是什么？（ ）

 A. 工期要求   B. 延误损失   C. 责任归属

 D. 其他

18. 在以往的项目延误处理实践中，您认为业主和承包商是否选择了最优的处理策略？（ ）

 A. 是   B. 否   C. 不确定

19. 您认为针对工程延误问题的处理，业主和承包商的利益目标一致吗？（ ）

 A. 一致   B. 不一致   C. 不确定

20. 您认为工程延误处理不当会造成哪些后果？如何选择最优策略？

参考文献

[1] Hulett, D. T. Schedule risk analysis simplified. [M]. Project Management Network, 1996.

[2] Elmaghraby, S. E. On criticality and sensitivity in activity networks. European Journal of Operational Research, 2000, 127 (2): 220 – 238.

[3] Fortin, J., Zielinski, P., Dubois, D., & Fargier, H. Criticality analysis of activity networks under interval uncertainty. Journal of Scheduling, 2010, 13 (6): 609 – 627.

[4] Vanhoucke, M. Using activity sensitivity and network topology information to monitor project time performance. Omega – International Journal of Management Science, 2010, 38 (5): 359 – 370.

[5] Madadi M, Iranmanesh H. A Management Oriented Approach to Reduce a Project Duration and Its Risk (Variability) [J]. European Journal of Operational Research, 2012, 219 (3): 751 – 761.

[6] Turner, J. R. The Handbook of Project Based Management [M]. McGraw – Hill, New York, 1993.

[7] Cleland, D. I., King, W. R., Project Management Handbook, 2nd ed [M]. Van Nostrand – Reinhold, New York, 1989.

[8] Partovi, F. Y., Burton, J. Timing of Monitoring and Control of CPM Projects [J]. IEEE Transactions on Engineering Management, 1993, 40 (1).

[9] De FalcoM, Macchiaro liR. Timing of Control Activities in Project Planning [J]. Int J Project Manag, 1998, 16 (1): 51 – 58.

[10] Raz T, Erel E. Optimal Timing of Project Control Points [J]. Eu-

ropean Journal of Operational Research, 2000: 127.

[11] Tareghian HR, Salari M. On the Optimal Frequency and Timing of Control Points in a Project's Lifecycle. Int J And Eng Prod Res, 2009, 20 (3): 92 - 98.

[12] Sabeghi N, Tareghian H R, Demeulemeester E. Determining the Timing of Project Control Points Using a Facility Location Model and Simulation [J]. Computers & Operations Research, 2015 (61): 69 - 80.

[13] Goldtatt E M. Critical chain: A business novel [M]. Great Barrington. MA: North River Press, 1997.

[14] Newbold R. C. Project Management in the Fast Lane: Applying the Theory of Constraints [M]. Cleveland: CRC Press, 1998.

[15] Tukel O. I., Rom W. O., Eksioglu S. D. An Investigation of Buffer Sizing Techniques in Critical Chain Scheduling [J]. European Journal of Operational Research, 2006, 172 (2): 401 - 416.

[16] Zhang J., Song X., Díaz E. Project Buffer Sizing of a Critical Chain Based on Comprehensive Resource Tightness [J]. European Journal of Operational Research, 2016, 248 (1): 174 - 182.

[17] Leach L. P. Critical Chain Project Management [M]. Norwood: Artech House, 2014.

[18] Hu. X., Cui. N., Demeulemeester. E. Effective expediting to improve project due date and cost performance through buffer management [J]. International Journal of Production Research, 2015, 53 (5): 1560 - 1471.

[19] Zhang Junguang, Shi Ruixia, Diaz E. Dynamic monitoring and control of software project effort based on an effort buffer [J]. Journal of Operational Research Society, 2015, 66 (9): 1555 - 1565.

[20] Colin. J, Vanhoucke. M. A comparison of the performance of various project control methods using earned value management systems [J]. Expert Systems with Applications, 2015, 42 (6). 3159 - 3175.

[21] 张立辉, 邹鑫, 乞建勋. 通过延迟阶跃函数求解重复性项目控制路线的方法研究 [J]. 中国管理科学, 2013, 21 (3): 118 - 126.

[22] 蔡晨, 万伟. 基于 PERT/CPM 的关键链管理 [J]. 中国管理科

学,2003,11(6):35-39.

[23] 单汨源,龙颖. 一种关键链缓冲机制改进方法及其应用研究[J]. 项目管理技术,2006(9):32-35.

[24] 褚春超. 缓冲估计与关键链项目管理[J]. 计算机集成制造系统,2008,14(5):1029-1035.

[25] 杨立熙,李世其,黄夏宝等. 属性相关的关键链计划缓冲设置方法[J]. 工业工程与管理,2009,14(1):11-14.

[26] 林晶晶,周国华,杨琴. 考虑资源可替代性的关键链调度方法研究[J]. 管理学报,2010,7(8):1233-1236.

[27] 喻小光,战德臣,聂兰顺等. 柔性资源约束的资源水平项目调度问题[J]. 计算机集成制造系统,2010,16(9):1967-1976.

[28] 施骞,王雅婷,龚婷. 项目缓冲设置方法及其评价指标改进[J]. 系统工程理论与实践,2012,32(8):1739-1746.

[29] 别黎,崔南方. 关键链动态缓冲监控方法研究[J]. 中国管理科学,2010,18(6):97-103.

[30] 别黎,崔南方,田文迪,赵雁. 基于活动敏感性的动态缓冲监控方法研究[J]. 中国管理科学,2014,22(10):113-121.

[31] 张俊光,万丹. 关键链项目实时滚动监控方法研究[J]. 中国管理科学,2018,26(4):171-179.

[32] http://baike.baidu.com/view/1653.htm.

[33] http://baike.baidu.com/view/962898.htm.

[34] Navy, Special Projects Office, Bureau of Ordnance, Department of the Navy, Project PERT, Washington DC. 1958.

[35] NASA, Office of the Secretary of Defense and National Aeronautic and Space Administration. DOD and NASA Guide PERT/COST, Washington, DC. 1962.

[36] Fleming, Quentin W., and Joel M Koppelman, "Earned Value Project Management", Cost Engineering, Vol. 39, No. 2, February, 1997.

[37] Kuchta, D. Use of fuzzy number in project risk (criticality) assessment [J]. International Journal of Project Management, 2002 (19): 305-310.

[38] Jassbi, J., Jafari, H., Khanmohammadi, S. Fuzzy expert system

for determining the criticality of activities in mega projects [J]. hybrid intelligent systems, 2008: 246 - 251.

[39] Mota, C. M. M., Almeida, A. T., Alencar, L. H. A multiple criteria decision model for assigning priorities to activities in project management [J]. International Journal of Project Management, 2009 (27): 175 - 181.

[40] Martin, J. J. Distribution of the time through a directed, acyclic network [J]. Operations Research, 1965 (13): 46 - 66.

[41] Dodin, B. M., Elmaghraby, S. E. Approximating the criticality indices of the activities in PERT networks [J]. Management Science, 1985 (31): 207 - 223.

[42] Bowman, R. A. Efficient estimation of arc criticalities in stochastic activity networks [J]. Management Science, 1995 (41): 58 - 67.

[43] Fatemi Ghomi, S. M. T., Teimouri, E. Path critical index and activity critical index in PERT networks [J]. European Journal of Operational Research, 2002 (141): 147 - 152.

[44] Van Slyke, R. M. Monte Carlo methods and the PERT problem [J]. Operations Research, 1963 (11): 839 - 860.

[45] Kulkarni, V. G., Adlakha, V. G. Markov and Markov regenerative pert networks [J]. Operations Research, 1986 (34): 769 - 781.

[46] Bowman, R. A., Muckstadt, J. A. Stochastic analysis of cyclic schedules [J]. Operations Research, 1993 (41): 947 - 958.

[47] Chanas, S., Zielin'ski, P. The computational complexity of the criticality problems in a network with interval activity times [J]. Production, Manufacturing and Logistics, 2002 (136): 541 - 550.

[48] Lin, F. T., Yao, J. S. Fuzzy critical path method based on signed - distance ranking and statistical confidence - interval estimates [J]. Journal of Supercomputing, 2003 (24): 305 - 325.

[49] Chen, S. P. Analysis of critical paths in a project network with fuzzy activity times [J]. European Journal of Operational Research, 2007 (183): 442 - 459.

[50] Chen, T. C., Huang, S. F. Applying fuzzy method for measuring crit-

icality in project network [J]. Information Sciences, 2007 (177): 2448 -2458.

[51] Shankar, N. R., Sireesha, V., Bushan Rao, P. P. An Analytical Method for Finding Critical Path in a Fuzzy Project Network [J]. International Journal of Contemporary Math, 2010 (5): 953 -962.

[52] Williams, T. M. Criticality in stochastic networks. Journal of Operational Research Society [J], 1992 (43): 353 -357.

[53] Demeulemeester, E. L., Herroelen, W. S. Project Scheduling, A Research Handbook. Kluwer Academic Publishers, Massachusetts, 2002.

[54] Pmbok A. A guide to the project management body of knowledge [M]. 3rd ed. Newtown Square, PA: Project Management Institute, 2004.

[55] Bowman RA. Developing Activity Duration Specification Limits for Effective Project Control [J]. European Journal of Operational Research, 2006 (74): 1191 -204.

[56] Golenko - Ginzburg, Laslo Z. Timing Control Points Via Simulation for Production Systems under Random Disturbances [J]. Math Comput Simul, 2001 (54): 451 -458.

[57] Kogan K, Raz T, Elitzur R. Optimal Control in Homogeneous Projects: Analytically Solvable Deterministic Cases [J]. IIE Trans, 2002, 34 (1): 63 -75.

[58] Raz T, ErelE. Optimal Timing of Project Control Points [J]. European Journal of Operational Research, 2000 (127): 252 -61.

[59] 姬忠凯, 杨卫璇, 王仁超, 田钰. 工程网络计划工序"关键性"问题研究 [J]. 水力发电学报, 2015, 34 (5): 172 -180.

[60] Elmaghraby, S. E., Fathi, Y., Taner, M. R., On the sensitivity of project variability to activity mean duration. International Journal of Production Economics, 1999 (62): 219 -232.

[61] 邱聿旻, 程书萍. 基于政府多重功能分析的重大工程"激励-监管"治理模型 [J]. 系统管理学报, 2018, 27 (1): 129 -136, 156.

[62] 苏明城, 张向前. 激励理论发展及趋势分析 [J]. 科技管理研究, 2009, 29 (5): 343 -345, 339.

[63] Wilson R. The strueture of ineentives for decentralization under uneertainty [M]. La Deeision, 1969: 171.

[64] Spence M, R Zeekhauser. Insuranee information and individual action [J]. American Economic Reviw, 1971 (61): 380 – 387.

[65] Ross S. The economic theory of agency: The Prineipal's Problem [J]. Aerican Economic Review, 1973 (63): 134 – 139.

[66] Mirrless J. Notes on welfare eeonomies, information and uncertainty [J]. Essays on economic behavior under uncertaintyed, 1974: 243 – 261.

[67] Mirrless J. The optimal strueture of authority and Ineentives within an Organization [J]. Bell Journal of Economies, 1976 (7): 54105 – 131.

[68] Holmstrom B. Moral hazard and observability [J]. The Bell Journal of Economics, 1979 (13): 74 – 92. .

[69] Holmstrom B. Moral hazard in teams [J]. The Bell Journal of Economics, 1982 (13): 324 – 340.

[70] Grossmans. An analysis of the Principal – Agent Problem [J]. Econometrica, 1983 (51): 47 – 45.

[71] Holmstrom B, Milgrom P. Multitask principal – agent analyses: incentive contracts, asset ownership, and job design [J]. Journal of Law, Economics and Organization, 1991 (7): 24 – 52.

[72] Itoh H. Incentives to help in multi – agent situations [J]. Econometrica: Journal of the Econometric Society, 1991: 611 – 636.

[73] Slade M E. Multitask agency and contract choice: An empirical exploration [J]. International Economic Review, 1996: 465 – 486.

[74] Luporini A, Parigi B. Multi – task sharecropping contracts: the Italian Mezzadria [J]. Economica, 1996: 445 – 457.

[75] Sinclair – Desgagne B. How to restore higher – powered incentives in multitask agencies [J]. Journal of Law, Economics, Organization, 1999, 15 (2): 418 – 433.

[76] Dikolli S S, Kulp S C. Interelated Performance Measures, Interactive Effort, and Optimal Incentives [J]. Harvard NOM Research Paper, 2002: 3 – 17.

[77] Macdonald G, Marxl M. Adverse specialization [J]. Journal of Political Economy, 2001, 109 (4): 864 – 899.

[78] Dewatripont M, Tirole J. Modes of communication [J]. Journal of Political Economy, 2005, 113 (6): 1217 – 1238.

[79] Garcia, Diego. Optimal Contracts with Privately Informed Agents and Active Principals [J]. Tuck school of business working paper, 2003, 3 (1): 34.

[80] Hakan Tarakci, Kwei Tang, Herbert Moskowitz, et al. Incentive maintenance outsourcing contracts for channel coordination and improvement [J]. Jounal citation reports, 2006, 38 (8): 671 – 684.

[81] Sillar, David N. Framenwork model for determining incentive and disincentive amounts [J]. Transportation research record: Jounal of the Transportation Research Board, 2007, 2040: 11 – 18.

[82] Petter Osmundsen, Terje Sorenes, Anders Toft. Drilling contracts and incentives [J]. Energy Policy, 2008, 36 (8): 3138 – 3144.

[83] Chen – Yu Chang. Incentives in engineering contracts: a critical review of optimal risk sharing [J]. Management and Service Science, 2009 (9): 20 – 22.

[84] Brendan Gallagher, Xianhai Meng. The impact of incentice mechanisms on project performance [J]. International Journal of Project Management, 2012, 4 (3): 352 – 362.

[85] Fama. Agency problems and the theory of the firm [J]. Journal of Political Economy, 1980, 88 (2): 288 – 307.

[86] Holmstrom. B. Managerial Incentive Problem A Dynamic Perspective [C]. in Essays in Economics and Mana – gement in Honour of Lars Wahlbeck. Helsinki: Swedish School of Economics, 1982.

[87] Kreps David M., Wilson Robert, Sequential Equilibria [J]. Econometrica, 1982, 50 (4): 863 – 895.

[88] Kreps David M., Milgrom Paul, Roberts John, et al. Rational Cooperation in the Finitely Repeated Prisoners' Dilemma [J]. Journal of Economic Theory, 1982, 27 (2): 245 – 253.

[89] Milgrom Paul, Roberts John. Limit Pricing and Entry under Incomplete Information: An Equilibrium Analy - sis [J]. Econometrica, 1982, 50 (2): 443 -461.

[90] Branconi C V, Loch C H. Contracting for major projects: eight business levers for top management [J]. International Journal of Project Management, 2004, 22 (2): 119 -130.

[91] Chi H, Hou J. Study on Logistics Project team member's incentive mechanism based on reputation [J]. Logis - tics for Sustained Economic Development, 2010: 423 -430. OL. 9

[92] 王健, 刘尔烈, 骆刚. 工程项目管理中工期—成本—质量综合均衡优化 [J]. 系统工程学报, 2004 (2): 148 -153.

[93] 翁东风, 何洲汀. 基于多维决策变量的工程项目最优激励契约设计 [J]. 土木工程学报, 2010, 43 (11): 139 -143.

[94] 戴春爱, 唐小我. 基于挣值的项目管理激励合同 [J]. 系统管理学报, 2009, 18 (2): 147 -152.

[95] 戴春爱, 钟林, 唐小我等. 基于挣值的项目管理多业绩指标激励合同研究 [J]. 中国管理科学, 2010, 18 (6): 113 -121.

[96] 陆龚曙, 易涛. 委托代理理论下业主对施工承包商的激励设计 [J]. 系统工程, 2011, 29 (9): 72 -77.

[97] 李栗. 代建制下基于工期和质量目标的双层委托代理模型研究 [D]. 西南交通大学, 2012.

[98] 施建刚, 吴光东, 唐代中. 工期—质量协调均衡的项目导向型供应链跨组织激励 [J]. 管理工程学报, 2012, 26 (2): 58 -64, 41.

[99] 曹天, 曾伟, 周洪涛. 工程项目质量的团队激励机制研究 [J]. 武汉理工大学学报 (信息与管理工程版), 2015, 37 (3): 368 -372.

[100] 陈勇强, 傅永程, 华冬冬. 基于多任务委托代理的业主与承包商激励模型 [J]. 管理科学学报, 2016, 19 (4): 45 -55.

[101] 李强, 罗也骁, 倪志华. 基于委托代理理论的工程变更监督机制模型 [J]. 深圳大学学报 (理工版), 2016, 33 (3): 301 -308.

[102] 郭汉丁, 郝海, 张印贤. 工程质量政府监督代理链分析与多层次激励机制探究 [J]. 中国管理科学, 2017, 25 (6): 82 -90.

[103] 房勤英，陈立文. 基于多委托人代理理论的监理发展分析 [J]. 技术经济与管理研究，2017（12）：51-55.

[104] 魏光兴，曾静. 基于公平偏好的工程总承包委托代理分析 [J]. 数学的实践与认识，2017，47（16）：81-89.

[105] 王绪民，熊娟娟，苏秋斓. 基于委托-代理模型的施工过程成本博弈 [J]. 控制与决策，2019，34（2）：390-394.

[106] 刘惠萍，张世英. 基于声誉理论的我国经理人动态激励模型研究 [J]. 中国管理科学，2005（4）：78-86.

[107] 段永瑞，黄凯丽，霍佳震. 考虑团队分享和协同效应的团队员工多阶段激励模型 [J]. 系统管理学报，2012，21（2）：155-165.

[108] 郑梅华. 基于委托代理的建筑承包商激励机制研究 [D]. 华侨大学，2012.

[109] 孔峰，张微. 基于双重声誉的国企经理长期激励最优组合研究 [J]. 中国管理科学，2014，22（9）：133-140.

[110] 马力，黄梦莹，马美双. 契约显性激励与声誉隐性激励的比较研究——以建筑承包商为例 [J]. 工业工程与管理，2016，21（2）：156-162.

[111] 张家旺. 基于多任务委托代理的工程项目承包商激励机制研究 [D]. 南京大学，2016.

[112] 曹启龙，周晶，盛昭瀚. 基于声誉效应的PPP项目动态激励契约模型 [J]. 软科学，2016，30（12）：20-23.

[113] 杨俊杰，曹国华. 基于声誉考虑的高管和控股股东策略演化博弈研究 [J]. 重庆大学学报（社会科学版），2016，22（4）：71-80.

[114] 徐宁，张晋，王帅. 创新绩效与经理人薪酬及声誉——基于价值分配与价值创造视角的实证研究 [J]. 商业研究，2017（5）：114-121.

[115] 郭汉丁，王星，郝海. 工程质量政府监督的声誉激励机制 [J]. 土木工程与管理学报，2017，34（4）：64-70.

[116] 时茜茜，朱建波，盛昭瀚，刘慧敏. 基于双重声誉的重大工程工厂化预制动态激励机制 [J]. 系统管理学报，2017，26（2）：338-345.

[117] 陈艳，谢亚雯，杜西津，李浩琪. 基于声誉模型的多周期闭环供应链激励机制研究 [J]. 系统科学学报，2020（2）：129-135.

[118] 王春萍. 基于多任务委托代理的教育部科技查新员激励机制

研究［D］. 昆明理工大学，2017.

［119］屈继成，陈小君. 双层委托—代理视角下的铁路信息技术服务外包问题［J］. 北京交通大学学报（社会科学版），2016，15（3）：93 - 103.

［120］王德东，房韶泽，王新成. EPC 模式下抑制总承包商机会主义行为策略［J］. 土木工程与管理学报，2019，36（4）：62 - 68.

［121］Sappington D. Ineentives. In prineipal – agent relationships［J］. Journal of Economic Perspectives，1991（5）：45 - 66.

［122］周健，杜兴华. 公共采购招标中委托代理问题及其治理的产权逻辑［J］. 现代管理科学，2017（7）：91 - 93.

［123］任勇，李晓光. 委托代理理论：模型、对策及评析［J］. 经济问题，2007（7）：13 - 15.

［124］郭汉丁，张印贤，陶凯. 工程质量政府监督多层次利益分配与激励协同机制探究［J］. 中国管理科学，2019，27（2）：170 - 178.

［125］侯学良. 基于循证科学的建设工程项目实施状态诊断理论与应用［M］. 北京：电子工业出版社，2011.

［126］Fleming Q W. Cost/ Schedule Control Systems Criteria：the management guide to C/ SCSC［M］. Chicago：Probus Publishing Co，1992：75 - 87.

［127］Iman Attarzadeh. Using Enhancement Method to Improve Earned Value Index to Achieve an Accurate Project Time and Cost Estimation［C］. International Conference on Future Computer and Communication，2009：421 - 425.

［128］Walt Lipke. Prediction of project outcome The application of statistical methods to earned value management and earned schedule performance indexes［J］. International Journal of Project Management，2009（27）：400 - 407.

［129］Leila MoslemiNaeni. A fuzzy approach for the earned value management［J］. International Journal of Project Management，2011，12（9）：764 - 772.

［130］Byung - Cheol，Kim. Combination of Project Cost Forecasts in Earned Value Management［J］. Journal of Construction Engineering and Management，2011（137）：958 - 966.

［131］Jose Luis. Ponz - Tienda，Complete fuzz scheduling and fuzz earned value Management in construction projects [J]. Journal of Zhejiang University SCIENCE – A, 2012, 13 (1): 56 – 68.

[132] Timur Narbaev. An Earned Schedule – based regression model to improve cost estimate at Completion [J]. International Journal of Project Management, 2014 (32): 1007 – 1018.

[133] Kim. B, Reinschmidt, K. Probabilistic Forecasting of Project Duration Using Kalman Filter and the Earned ValueMethod [J]. Journal of Construction Engineering and Management, 2010, 136 (8): 834 – 843.

[134] Hong Long Chen, Wei Tong Chen, Ying Lien Lin. Earned value project management: Improving the predictive power of planned value [J]. International Journal of Project Management, 2015 (9): 1 – 8.

[135] Jordy Batselier, Mario Vanhoucke. Evaluation of deterministic state – of – the – art forecasting approaches for project duration based on earned value management [J]. International Journal of Project Management, 2015 (33): 1588 – 1596.

[136] M. Vertenten. Earned Value as a performance measurement tool for small and large construction project in a South African environment [C]. IEEE AFRICON, 2009 (25): 1 – 5.

[137] A. Naderpour. Improving Construction Management of an Educational Center by Applying Earned Value Technique [J]. Proscenia Engineering, 2011 (14): 1945 – 1952.

[138] Awad S. Hanna. Using the Earned Value Management System to Improve Electrical Project Control [J]. Journal of Construction Engineering and Management, 2012 (138): 449 – 457.

[139] Howard Hunter. Improved cost monitoring and control through the Earned Value Management System [J]. ActaAstronautica, 2012.

[140] Abdel AzzemS, A. Hossam E. Hosny, Ahmed H. Ibrahim. Forecasting project schedule performance using probabilistic and deterministic models [J]. Housing and Building National Research Cenrer, 2014 (10): 35 – 42.

[141] Jeroen Colin, MarioVanhoucke. Developing a framework for statistical process control approaches in project management [J]. International Jour-

nal of Project Management, 2015, 33: 1289 – 1300.

[142] 戚安邦. 多要素项目集成管理方法研究 [J]. 南开管理评论, 2002 (6): 70 – 75.

[143] 戚安邦. 挣值分析中项目完工成本预测方法的问题与出路 [J]. 预测, 2004 (2): 56 – 60.

[144] 戚安邦, 高山. 全要素集成的现代项目风险管理模型与原理的实务研究 [J]. 现代管理科学, 2010 (4): 19 – 22.

[145] 戚安邦, 尤荻. 项目四要素科学配置关系及分步集成方法初探 [J]. 科学学与科学技术管理, 2012, 33 (10): 26 – 30.

[146] 戚安邦, 刘俊业. 项目挣值的绩效差异分析方法缺陷与解决方案 [J]. 数量经济技术经济研究, 2012 (2): 152 – 161.

[147] 长青, 吉格迪, 李长青. 项目绩效评价中挣值分析方法的优化研究 [J]. 中国管理科学, 2006, (2): 65 – 70.

[148] Qing Chang, Bao Li, Gedi Ji. A Research on the Earned Value Analysis Methodology Based on the Decomposition of the Project Cost [C]. Proceedings of the 5th International Conference on Innovation & Management, 2008: 1790 – 1796.

[149] 长青. 工程建设项目成本 – 进度挣值方法的改进与应用研究 [D]. 天津: 天津大学, 2007: 69 – 92.

[150] 欧阳红祥, 李欣, 陈伟伟. 基于灰色 Verhulst 和 EVM 模型的项目进度—成本绩效预测研究 [J]. 工程管理学报, 2013 (3): 71 – 76.

[151] 刘广平, 陈立文. 基于挣值管理的项目绩效评价方法改进研究 [J]. 预测, 2013 (4): 75 – 80.

[152] 郑生钦, 牟强. 改进因素分析法在挣值管理中的应用研究 [J]. 工程管理学报, 2014 (2): 71 – 76.

[153] 王佳敏, 陈永洲, 王敏. 工程建设项目成本进度集成控制的模糊挣值法研究 [J]. 项目管理技术, 2014 (1): 49 – 55.

[154] 杨小平, 郝娟娟. 项目进度绩效指标的改进及其动态性预测 [J]. 价值工程, 2015 (9): 12 – 14.

[155] 徐哲, 吴瑾瑾, 贾子君. 基于概率联合分布的费用与进度联合风险估计 [J]. 系统工程学报, 2009 (2): 46 – 53.

[156] 徐哲, 毛婧颖. 基于 EVM 的项目绩效监测改进方法 [J]. 系统管理学报, 2011 (5): 257-262.

[157] 李南, 戴育雷, 杨莉. 基于缓冲区和挣值分析的项目成本与进度风险预警 [J]. 工程管理学报, 2015, 29 (4): 123-127.

[158] 王佳敏. 工程建设项目成本进度集成控制的模糊挣值法研究 [D]. 南京航空航天大学, 2014: 9.

[159] 熊琴琴, 毛晔. 国外项目挣值管理研究述评 [J]. 科技管理研究, 2013 (19): 166-170.

[160] 张飞涟. 建设工程项目管理 [M]. 武汉: 武汉大学出版社, 2015: 5-6.

[161] 齐二石, 姜琳. 大型工程项目的复杂性及其集成化管理 [J]. 科技管理研究, 2008 (8): 191-193.

[162] 陈勇强. 大型工程建设项目集成管理 [J]. 天津大学学报 (社会科学版), 2008 (3): 202-205.

[163] 刘锦, 魏慧丰. 挣值管理实践应用: 现代项目成本、进度与范围综合管理 [M]. 北京: 中国经济出版社, 2012: 4-6.

[164] 王俊博. 基于挣值法的房地产项目施工阶段成本进度控制研究 [D]. 北京工业大学, 2013: 11-25.

[165] 汪聪. 挣值法在商业地产多目标集成控制中的应用研究 [D]. 重庆交通大学, 2014: 7-16.

[166] 长青, 吉格迪, 李长青. 项目绩效评价中挣值分析方法的优化研究啊 [J]. 中国管理科学. 2006, 14 (2): 65-70.

[167] 彭丁聪. 卡尔曼滤波的基本原理及应用 [J]. 软件导刊, 2009, 8 (11): 32-34.

[168] 王苏生, 王丽, 陈搏, 刘艳. 基于卡尔曼滤波的期货价格期限结构模型 [J]. 运筹与管理, 2010, 1 (19): 113-118.

[169] 杨卡林. 卡尔曼滤波在经济预测中应用 [J]. 重庆工商大学学报 (西部论坛), 2008, 5 (18): 103-107.

[170] 杭明升, 杨晓光, 彭国雄. 基于卡尔曼滤波的高速道路行程时间动态预测 [J]. 同济大学学报, 2002, 30 (9): 1068-1072.

[171] 张敏. 基于 ARIMA 的组合模型问题研究 [D]. 大连海事大

学,2015:18-19.

[172] 庄倩,陈良华. 基于卡尔曼滤波的企业财务困境动态预警模型 [J]. 统计与决策,2015 (24):190-192.

[173] 贾小勇,徐传胜,白欣. 最小二乘法的创立及其思想方法 [J]. 西北大学学报 (自然科学版),2006,36 (3):507-511.

[174] 李娜,沈杰. 承包商的项目范围管理 [J]. 建管理现代化,2007 (1):26-29.

[175] 戚安邦. 项目风险与不确定性成本集成管理方法研究 [J]. 科学学与科学技术管理,2003 (12):98-101.

[176] 杜亚灵,尹贻林,白利红. 项目的不确定性管理研究 [J]. 科技管理研究,2008 (6):510-512.

[177] 王苏生,王丽,陈搏. 基于卡尔曼滤波的期货价格期限结构模型 [J]. 运筹与管理,2010,19 (1):113-118.

[178] 曹杜娜. 基于挣值法的房地产公司成本控制研究——以 ZJ 房地产开发公司为例 [D]. 安徽财经大学,2014:27-36.

[179] 吉格迪,长青,赵玉. 项目挣值管理风险控制的激励方法研究 [J]. 工程管理学报,2013 (3):76-80.

[180] M. Vertenten. Earned Value as a Performance Measurement Tool for small and large Construction Projects in a South African Environment [C]. IEEE AFRICON, September 2009, 23-25: 1-5.

[181] Baldwin J. R., Manthei J. M., Rothbart H., et al. Causes of delay in the construction industry [J]. Journal of the Construction Engrg Division, 1971.

[182] McCord J., McCord M., Davis P. T., Haran M. and Rodgers. Understanding delays in housing construction: evidence from Northern Ireland [J]. Journal of Financial Management of Property and Construction, 2015, 20 (3): 286-319.

[183] Wanyona G., Kwatsima S. A. The Application of Project Management in Construction Projects [J]. Journal of Agriculture Science & Technology, 2017.

[184] Agyekum-Mensah G., Knight A. D., Thomson D., et al. The

professionals perspective on the causes of project delay in the construction industry [J]. Engineering, Construction and Architectural Management, 2017.

[185] Majid Parchami Jalal, Shahab Shoar. A hybrid SD – DEMATEL approach to develop a delay model for construction projects [J]. Engineering, Construction and Architectural Management, 2017, 24 (4).

[186] Arditi D., Pattanakitchamroon T. Analysis Methods in Time – Based Claims [J]. Journal of Construction Engineering & Management, 2008, 134 (4): 242 – 252.

[187] Adhikari I., Kim S. Y., Lee Y. D. Selection of Appropriate Schedule Delay Analysis Method: Analytical Hierarchy Process (AHP) [J]. Technology Management for the Global Future Picmet, 2006 (2): 483 – 488.

[188] Kyunghwan Kim. Delay analysis in resource – constrained schedules [J]. Canadian Journal of Civil Engineering, 2009, 36 (2): 295 – 303.

[189] Lee Jae Seob, Diekmann J. E. Delay analysis considering production rate [J]. Canadian Journal of Civil Engineering, 2011, 38 (4): 361 – 372.

[190] Perera N. A., Sutrisna M., Yiu T. W. Decision – Making Model for Selecting the Optimum Method of Delay Analysis in Construction Projects [J]. Journal of Management in Engineering, 2016, 32 (5): 04016009.

[191] Robert F. Cushman. ((Proving and pricing construction claims)) [M]. New York, Wiley law publications, 1990.

[192] Jeremy Hackett. Construction Claims Current Practice and Case Management [M]. Loyds of London, 2000.

[193] Hewitt A. Construction Claims and Responses [M]. Wiley & Sons, 2012.

[194] Barry B. Bramble. Construction delay claims [M]. Wolters Kluwer Law & Business, 2011.

[195] Levin P. Use of Project Schedules and the Critical Path Method in Claims [C] // Construction Contract Claims, Changes & Dispute Resolution. ASCE, 2015.

[196] Tse R Y C, Love P E D. An Economic Analysis of the Effect of Delays on Project Costs [J]. Journal of Construction Research, 2003, 4 (2):

155 - 160.

[197] Mishmish M., El - Sayegh S. M. Causes of claims in road construction projects in the UAE [J]. International Journal of Construction Management, 2016: 1 - 8.

[198] Yulia Panova, Per Hilletofth. Managing supply chain risks and delays in construction project [J]. Industrial Management & amp; Data Systems, 2018, 118 (7).

[199] Fenn P., Lowe D., Speck C. Conflict and dispute in construction [J]. Construction Management and Economics, 1997, 15 (6): 513 - 518.

[200] Harmon, Kathleen M. J. Conflicts between Owner and Contractors: Proposed Intervention Process [J]. Journal of Management in Engineering, 2003, 19 (3): 121 - 125.

[201] Kassab M., Hipel K., Hegazy T. Conflict resolution in construction disputes using the graph model [J]. Journal of Construction Engineering and Management, 2006, 132 (10): 1043 - 1052.

[202] Marzouk M., Moamen M. A framework for estimating negotiation amounts in construction projects [J]. Construction Innovation: Information, Process, Management, 2009, 9 (2): 133 - 148.

[203] El - Adaway I. H., Kandil A. A. Multiagent System for Construction Dispute Resolution (MAS - COR) [J]. Journal of Construction Engineering and Management, 2010, 136 (3): 303 - 315.

[204] Yousefi S., Hipel K. W., Hegazy T. Attitude - Based Negotiation Methodology for the Management of Construction Disputes [J]. Journal of Management in Engineering, 2010, 26 (3): 114 - 122.

[205] Barron E. N. Game Theory: An Introduction, Second Edition [M]. 2013.

[206] Peldschus F. Experience of the game theory application in construction management [J]. Ukio Technologinis Ir Ekonominis Vystymas, 2008, 14 (4): 531 - 545.

[207] Asgari S., Afshar A., Madani K. Cooperative Game Theoretic Framework for Joint Resource Management in Construction [J]. Journal of

Construction Engineering and Management, 2014, 140 (3): 04013066.

[208] Javed A. A., Lam P. T. I., Chan A. P. C. Change negotiation in public – private partnership projects through output specifications: an experimental approach based on game theory [J]. Construction Management and Economics, 2014, 32 (4): 323 – 348.

[209] Kembowski M. W., Grzyl B., Siemaszko A. Game Theory Analysis of Bidding for A Construction Contract [J]. IOP Conference Series: Materials Science and Engineering, 2017, 245: 062047.

[210] 张云波. 工程项目工期延误原因分析 [J]. 华侨大学学报 (自然科学版), 2003 (4): 369 – 373.

[211] 陈桂香, 刘旭, 王军. 粮库项目工期延误影响因素定量研究 [J]. 施工技术, 2015, 44 (6): 84.

[212] 张定邦, 张航, 袁建议, 张礼, 齐港. 西北地区公路工程建设项目延误原因分析 [J]. 土木工程与管理学报, 2018, 35 (2): 95 – 100, 109.

[213] 王卓甫, 洪伟民. 基于 Shapley 值的工期延误分析 [J]. 公路, 2007 (5): 121 – 124.

[214] 杨耀红, 卢娇娇. 南水北调中线干线渠道工程工期延误分析方法研究 [J]. 水电能源科学, 2017, 35 (2): 157 – 160, 78.

[215] 中国建筑工程总公司培训中心编. 国际工程索赔原则及案例分析 [M]. 中国建筑工业出版社, 1993.

[216] 孙彦华, 李红敏. 如何做好国际工程索赔谈判 [J]. 国际经济合作, 2008 (7): 74 – 76.

[217] 陈勇强, 张永波. 建筑工程合同管理与索赔 [M]. 中国建筑工业出版社, 2008.

[218] 李振忠. 多事件交叉干扰下工期延误索赔处理思路探讨 [J]. 宁夏大学学报 (人文社会科学版), 2011, 33 (6): 74 – 78.

[219] 张永波, 吕文学. 工期延误与干扰索赔分析准则 [M]. 北京交通大学出版社, 2012.

[220] 胡兴华. 建设工程工期索赔问题研究 [D]. 湖北工业大学, 2016.

[221] 柳志新, 赵克超. 巴基斯坦阿莱瓦水电站建设全过程索赔案例概述 [J]. 人民长江, 2017, 48 (21): 87-91.

[222] 吴筱文, 高金光, 肖荣, 吕溪源. 海外道路工程项目索赔实例分析 [J]. 建筑经济, 2018, 39 (10): 64-66.

[223] 朱星宇, 陈勇强, 张玲, 马晓苹. 新版FIDIC合同条件之索赔条款分析 [J]. 国际经济合作, 2018 (9): 87-91.

[224] 尹健. 基于价值网理论的建设工程延误控制应用研究 [J]. 生产力研究, 2008 (24): 74-76.

[225] 黄大恒. 水电建设工程工期延误补偿问题探讨 [J]. 人民长江, 2014, 45 (22): 18-21.

[226] 汪玉亭, 张可, 丰景春, 薛松, 崔敬浩. 基于子网络的项目群工期延误惩罚模型研究 [J]. 运筹与管理, 2017, 26 (6): 191-199.

[227] 廖清平. 建筑项目管理中的冲突管理 [J]. 工程建设与设计, 2003 (7): 41-43.

[228] 吴光东, 施建刚, 唐代中. 工程项目团队动态特征、冲突维度与项目成功关系实证 [J]. 管理工程学报, 2012, 26 (4): 49-57.

[229] 雷丽彩, 周晶, 许继文. 考虑决策者态度的大型工程利益相关者的冲突协调方法研究 [J]. 管理现代化, 2017, 37 (1): 46-48.

[230] 唐冰松. 工程项目全寿命周期内的冲突及成因分析 [J]. 重庆交通大学学报（社会科学版）, 2018, 18 (5): 49-56.

[231] Sai On Cheung. Withdrawal in Construction Project Dispute Negotiation [J]. Journal of Construction Engineering & Management, 2011, 137 (12): 1071-1079.

[232] Tak Wing Yiu, Sai On Cheung, Siu, Lai Ying. Application of Bandura's Self-Efficacy Theory to Examining the Choice of Tactics in Construction Dispute Negotiation [J]. Journal of Construction Engineering and Management, 2011, 138 (3): 331-340.

[233] Sai On Cheung, Pang, Karen Hoi Yan. Anatomy of construction disputes [J]. Journal of Construction Engineering and Management, 2013, 139 (1): 15-23.

[234] 任文慧. 多轮谈判中前轮谈判结果对后轮谈判行为的影响

[D]. 天津大学, 2017.

[235] 刘伟, 王羽. 关于赶工费用的不完全信息博弈分析 [J]. 重庆交通学院学报, 2006 (1): 132 – 133 + 141.

[236] 安慧, 郑传军, 李美娜. 基于博弈模型的工程索赔策略探究 [J]. 建筑经济, 2012 (11): 57 – 60.

[237] 徐涵. 基于博弈论的 PPP 养老地产项目风险分担研究 [D]. 安徽建筑大学, 2018.

[238] 柳丽娟, 苏义坤, 周晓冬. 设计施工联合体博弈合作——以设计变更条件下大型建设项目为例 [J]. 土木工程与管理学报, 2016, 33 (3): 87 – 93.

[239] 孙家超. 工程项目目标冲突处理研究 [D]. 西安建筑科技大学, 2010.

[240] Lv J., Ye G., Liu W., et al. Alternative Model for Determining the Optimal Concession Period in Managing BOT Transportation Projects [J]. Journal of Management in Engineering, 2015, 31 (4): 04014066.

[241] 吴绍艳, 刘晓峰. 工程项目纠纷解决方法进化博弈研究 [J]. 北京理工大学学报（社会科学版）, 2010, 12 (4): 70 – 73.

[242] 张维迎. 博弈论与信息经济学 [M]. 上海: 上海人民出版社, 2012.

[243] Nash J. F., Jr. The Bargaining Problem [J]. Econometrica, 1950, 18 (2): 155 – 162.

[244] Smorodinsky K. M. Other Solutions to Nash's Bargaining Problem [J]. Econometrica, 1975, 43 (3): 513 – 518.

[245] R. E. Freeman. Strategic Management: A Stakeholder Approach [M]. Boston; Pitman, 1984.

[246] Max B. E. Clarkson. A Stakeholder Framework for Analyzing and Evaluating Corporate Social Performance. The Academy of Management Review, 1995 (1).

[247] J. Rodllcy Turner, Anne keegan. Mechanisms of Governance in the Project – based Organization: Roles of the Broker and Steward [J]. European Management, 2001 (19).

[248] Keith Lambent. Project Governance [J]. World Project Management Week, 2003 (27).

[249] Winch G M. Governing the Project Process: a Concept Framework [J]. Construction Management and Economics, 2001 (19).

[250] Friedrich Steimann. On the representation of roles in object – oriented and conceptual model. Data and knowledge Engineering, 2000 (35).

[251] J Tumer. Towards a theory of the project management: The functions of projectmanagement [J] International Journal of Project Management, 2006 (2): 7.

[252] Rodney Turner, Anne Keegan, 薛岩. 管理技术——创新、学习及成熟度（上）[J]. 项目管理技术, 2003 (1): 21 – 24.

[253] Thomas L. Saaty. Decision Making: The Analytic Hierarchy and Networks Processes (AHP/ANP) [J]. Journal of Systems Science and Systems Engineering, 2004 (1): 1 – 35.

[254] Study on National Sustainable Development Strategy Management Based on Stakeholders Management Theory [J]. Chinese Journal of Population, Resources and Environment, 2012 (1): 32 – 41.

[255] Vanessa Samuels, Nicki Whitley, Nicole Bloom, Tinya DeLaGarza, Ronald J. Newton. Post – transcriptional Gene Silencing Induced by Short Interfering RNAs in Cultured Transgenic Plant Cells [J]. Genomics Proteomics & Bioinformatics, 2004 (2): 97 – 108.

[256] Venkatraman. Helen Hull Sanders. Performance and Enzyme Activity of Beet Armyworm Spodoptera exigua (Hübner) (Lepidoptera: Noctuidae) Under Various Nutritional Conditions [J]. Agricultural Sciences in China, 2011 (5): 737 – 746.

[257] Zaheer. Theory and Countermeasures on Stakeholder Governance in Redevelopment of Urban Villages [J]. China City Planning Review, 2012 (3): 50 – 55.

[258] Yadav Uprety, Ram C. Poudel, Hugo Asselin, Emmanuel k. Boon, krishna k. Shrestha. Stakeholder Perspectives on Use, Trade, and Conservation of Medicinal Plants in the Rasuwa District of Central Nepal [J].

Journal of Mountain Science, 2011 (1): 75 - 86.

[259] Peter A. Gloor. Swarm creativity: competitive advantage through collaborative innovation networks [M]. New York: Oxford University Press, 2005.

[260] 闫淑敏, 郝启辉. The Exhibition Performance Appraisal Index System Based on Stakeholder Theory [J]. Journal of Donghua University (English Edition), 2009 (1): 89 - 95.

[261] Jiang CuiQing, Liang kun, Chen Hsinchun, Ding Yong. Analyzing market performance via social media: a case study of a banking industry crisis [J]. Science China (Information Sciences), 2014 (5): 33 - 50.

[262] Chen Huarong, Wang Xiaoming. Study on National Sustainable Development Strategy Management Based on Stakeholders Management Theory [J]. Chinese Journal of Population, Resources and Environment, 2012 (1): 32 - 41.

[263] Helen Hull Sanders. Performance and Enzyme Activity of Beet Armyworm Spodoptera exigua (Hübner) (Lepidoptera: Noctuidae) Under Various Nutritional Conditions [J]. Agricultural Sciences in China, 2011 (5): 737 - 746.

[264] 杨飞雪, 汪海舰, 尹贻林. 项目治理结构初探 [J]. 中国软科学, 2004 (3): 80 - 84.

[265] 王华, 尹贻林. 基于委托 - 代理的工程项目治理结构及其优化 [J]. 中国软科学, 2004 (11): 93 - 96.

[266] 李新春, 陈灿. 家族企业的关系治理: 一个探索性研究 [J]. 中山大学学报 (社会科学版), 2005 (6): 107 - 115, 140.

[267] 杨光飞. 从"关系合约"到"制度化合作": 民间商会内部合作机制的演进路径——以温州商会为例 [J]. 中国行政管理, 2007 (8): 37 - 40.

[268] 丁荣贵. 项目利益相关方及其需求的识别 [J]. 项目管理技术, 2008 (1): 73 - 76.

[269] 伊振中, 丁荣贵, 张体勤. 基于复杂网络理论的知识团队成长机制研究 [J]. 山东经济, 2008 (6): 109 - 115.

[270] 冯丽霞, 陈义. 完善工程项目绩效评价指标体系的思考 [J]. 长沙理工大学学报 (社会科学版), 2005 (1): 51 - 53.

[271] 张合军, 陈建国, 贾广社, 毛如麟. 社会网络分析与建设工

程绩效目标设置 [J]. 科技进步与对策, 2009 (21): 176-180.

[272] 乐云, 崇丹, 曹冬平. 基于社会网络分析方法的建设项目组织研究 [J]. 建筑经济, 2010 (8): 34-38.

[273] 王介石, 周晓宏, 郝春晖. 基于利益相关者理论的工程项目关系治理影响因素研究 [J]. 铜陵学院学报, 2011 (1): 29-32.

[274] 丁荣贵, 刘芳, 孙涛, 孙华. 基于社会网络分析的项目治理研究——以大型建设监理项目为例 [J]. 中国软科学, 2010 (6): 132-140.

[275] 王彦伟, 刘兴智, 魏巍. 项目治理的研究现状与评述 [J]. 华东经济管理, 2009 (11): 138-144.

[276] 李永奎, 乐云, 崇丹. 大型复杂项目组织研究文献评述: 社会学视角 [J]. 工程管理学报, 2011 (1): 46-50.

[277] 许劲. 工程项目关系质量对项目绩效的影响分析 [A]. 中国优选法统筹法与经济数学研究会、中国科学院科技政策与管理科学研究所、《中国管理科学》编辑部. 第十三届中国管理科学学术年会论文集 [C]. 中国优选法统筹法与经济数学研究会、中国科学院科技政策与管理科学研究所《中国管理科学》编辑部, 2011.8.

[278] 崇丹, 李永奎, 乐云. 城市基础设施建设项目群组织网络关系治理研究——一种网络组织的视角 [J]. 软科学, 2012 (2): 13-19.

[279] 周晓宏, 王业球, 凌利. 基于利益相关者理论的工程项目治理机制研究 [J]. 安徽工业大学学报 (社会科学版), 2011 (6): 45-46.

[280] 刘兴智, 王彦伟, 魏巍. 基于SNA的项目治理关系网络分析与响应策略研究 [J]. 华东经济管理, 2011 (6): 124-129.

[281] 李永奎, 乐云, 何清华, 卢昱杰. 大型复杂项目组织网络模型及实证分析 [J]. 同济大学学报 (自然科学版), 2011 (6): 930-934.

[282] 郭峰, 刘慧. 建设项目协调管理绩效评价 [J]. 中国工程科学, 2011 (8): 97-102.

[283] 何旭东. 基于利益相关者的工程项目主体行为风险研究 [J]. 科技管理研究, 2011 (19): 207-210.

[284] Durkheim, Emile. The Division of Labor in Society [M]. New York: Macmillan 1893.

[285] 刘军. 社会网络分析导论 [M]. 社会科学文献出版社, 2004.

后　记

在本书完成之际，我首先要感谢长青教授的多年指导与紧密合作，他是多年来对我的研究和事业帮助最大的人。我还要感谢李长青、杜锐、文宗川、李弘、郝晓燕、巩芳、马军、任慧、华连连、张璐等老师，他们在不同阶段对我的课题研究提出了很多有价值的建议。感谢我的学生赵玉、杜泓润、李菁菁、王姬、王一丹、杨康等，他们在相关研究和书稿校对上做了大量的工作。

我要特别感谢南京大学的盛昭翰教授，南开大学的戚安邦教授和华北电力大学的乌云娜教授，他们的相关研究成果和专著对我的研究产生了巨大影响，同时，我还有幸获得了几位教授对我在课题研究和管理实践上的亲自指导，让我受益终身。

国家与自治区基金的资助，为我们的研究提供了有力的支持，使我们的研究十几年来，无论在理论上还是实证上都能保持一种持续性。因此，我们要感谢这个伟大的时代，没有国家的支持，就没有研究的持续和深入，更不会有本书的问世。

吉格迪

2020 年 12 月